庄　庸　杨丽君
王秀庭　吴金梅　｜　主编

蚂蚁哲学
中国网络文学阅读潮流研究
（第5季）

华语国际编剧节组委会
临沂大学中国文艺评论基地　｜　联合编撰
中国青年智库论坛
中国青年阅读指数
中国网络文学网生评论家委员会

中国青年出版社

图书在版编目（CIP）数据

蚂蚁哲学. 第5季, 中国网络文学阅读潮流研究 / 庄庸等主编. -- 北京：中国青年出版社，2020.8
ISBN 978-7-5153-6017-1

Ⅰ. ①蚂… Ⅱ. ①庄… Ⅲ. ①网络文学 – 文学研究 – 中国 Ⅳ. ①I207.999

中国版本图书馆CIP数据核字（2020）第 074053 号

书　　名：	蚂蚁哲学：中国网络文学阅读潮流研究（第 5 季）
主　　编：	庄　庸　杨丽君
	王秀庭　吴金梅
责任编辑：	陈　静　张佳莹
特约策划：	张瑞霞
出版发行：	中国青年出版社
社　　址：	北京东四十二条 21 号
邮　　编：	100708
网　　址：	www.cyp.com.cn
门 市 部：	(010) 57350370
印　　刷：	北京欣睿虹彩印刷有限公司
经　　销：	新华书店
开　　本：	710mm×1000mm　1/16
印　　张：	29.25
字　　数：	459 千字
版　　次：	2021 年 6 月北京第 1 版
印　　次：	2021 年 6 月北京第 1 次印刷
印　　数：	0,001~3,000 册
定　　价：	118.00 元

本图书如有印装质量问题，请凭购书发票与质检部联系调换。
联系电话：(010) 57350337

目录

导论

蚂蚁哲学：
从"活着人生理论"到"美好生活指数"

第一节　活着主题：猫腻系列作品和《将夜》/ 005

第二节　变·化哲学：从"假若重活一次，你会怎么办"到"人生河流说"/ 009

第三节　讲故事的革命：从"第一个黄金十年的爽文技术"到"第二个白银十年的理念变革"/ 015

第四节　假想敌：从"人族内部战争"到"域外天敌入侵"/ 018

第五节　终极大反派：从"神明代言人"到"信奉理念正确大BOSS"/ 021

第六节　超凡者PK凡人蚁民：从异族外域"外部资源战"到人类生命"内部生存战"/ 024

第七节　蚂蚁哲学：从"生而如蚁美如神"到"蚁民英雄创造历史"/ 027

时代互文：
从"猫腻这一个故事星球"到"中国这部'网络'小说"

第一节 解读：从"小说映照现实"到"作者身处时代" / 035

第二节 诠释：中国现实"故事文本"和网络小说"虚拟现实" / 039

第三节 建构：众创中国这部正在形成而尚未完成的"网络"小说 / 041

第四节 阅读新范式：从"庖丁解牛"到"社交、社群、社区和社会网络时代" / 043

第五节 泛文娱创新供给模式：产品—受众互动关系中的粉丝经济论 / 047

连接世界：
从"社交、社群、社区和社会网络时代"到"生而如蚁美如神"

第一节 用户网络社会时代：从"主角是英雄"到"读者才是主角" / 055

第二节 接口理论：从"故事世界"到"新社会现实感" / 057

第三节 连接世界：从"独孤星球"到"沟通宇宙" / 060

第四节 头号玩家：从"真名法则"到"网络笔名" / 063

第五节 解读"蚂蚁哲学"：在"生命（弱小）如蚁"和"飞蚁（英雄）崇拜"之间 / 066

第六节 诠释"生而如蚁美如神"：在"造神运动"和"人即神明"之间 / 068

第七节 构建"美好生活指数"：在"蚁民活着哲学"和"国民新奋斗主义"之间 / 071

■ 选文悦读 猫腻《朱雀记》：人生这么苦，为什么这么多人愿意活着？ / 074

文字宇宙：
从"可知之语言边界"到"不可知之传说世界"

第一节　遣词造句：从"可见之意象"到"不可知之地" / 087

第二节　炼字创意：从"精雕的小字眼"到"神秘的大传说" / 089

第三节　微言大义：从"可见之人"到"不可知之人" / 092

第四节　蛛丝马迹：从"蚂蚁战争"阶层化到"俗世蚁国"鄙视链 / 095

第五节　谋篇布局：从"草蛇灰线、伏脉千里"到"人生的拐点" / 102

第六节　以小见大：从"神明的信仰"到"蚁民的力量" / 105

世界观设定集：
从"蚁族生存战"到"天人资源战"

第一节　世界观架构：从"冥王之子"到"永夜传说" / 117

第二节　闭合循环：从"开篇即结局"到"终点即起点" / 120

第三节　微观宇宙：从"蚁族生存战"到"人和神资源战" / 122

第四节　主题关键词：生存、信仰和自由 / 124

第五节　三重视角链：蚁—人—神（昊天）金字塔 / 127

第六节　轴心矛盾：从"人间之战""天人之战"到"夫妻之战" / 130

■ 选文悦读　猫腻《庆余年》：有这多余出来的一生，那就好好地活着 / 134

第五章

蚁国大道：
从"神国的向往"到"俗世的爱"

第一节　知守观传人叶苏：因为看见，所以恐惧 / 143

第二节　虔诚的信仰：从"不信而惧"到"信而无畏" / 145

第三节　骄傲的少年：从"逼人的青春"到"被逼的失败" / 148

第四节　神道人间：俗世蚁国，大道何如 / 151

第五节　飞蚁理论：从"向上寻救赎"到"朝下找自救" / 154

第六章

生存（信仰）悖论：
从"信昊天（冥王）得永生"到"逆天求活"

第一节　分子PK分母：从"凡人修行观"到"蚁奴通天塔" / 161

第二节　歧路彷徨：从"奴役蚁民"到"大道蚁基" / 163

第三节　未知·情绪：因为恐惧，所以敬畏 / 165

第四节　宏伟之力：从"伟大的神迹"到"渺小的人蚁" / 168

第五节　信仰悖论：从"虔诚信天灾难史"到"逆天艰难生存史" / 171

第六节　为谁而战：从"荒原蚁族"到"唐人飞蚁" / 174

第七节　国民形象代言人：从"安贫乐道"到"安平乐道" / 179

■ 选文悦读　猫腻《将夜》：活着是一件很辛苦但也很幸福的事情 / 183

第七章

主角活法：
从"奴役侍女"到"虐侍渣男"？

第一节　一句顶万句：于方寸之地，跳宇宙之舞 / 205

第二节　一笔写那谁谁谁：从"纸片人"到"熟悉的陌生人"／207

第三节　铺垫陪衬：从"高傲的婢女"到"落难的公主"／211

第四节　非游戏耳：从"赢取天下"到"认真活下去"／215

第五节　旁观者说：从"你就不是个男人啊"到"你就不是一个自带光环的主角啊"／220

第六节　故事信息经济学：从"奴役小侍女"到"超级女英雄"？／222

第七节　故事弹簧法：从"黑白桑桑双人设"到"大复仇终极之战"／225

第八章

故事信息经济学：
从"多重弹簧法"到"多维能量宇宙"

第一节　角色互动：从"主配角的对比"到"路人间的暗战"／235

第二节　不对称的信息：从带路人"信息的披露"到第三方"信息的噪音"／239

第三节　人设、关系和情感的逆转：从"不平等的假象"到"代入感的真相"／243

第四节　阅读的错觉：从"谬误带节奏"到"拐点爆情绪"／246

第五节　他者的目光：从"折叠的纸片人设"到"多维的能量宇宙"／250

第六节　篱笆墙的幻象：从"屠龙公主"到"超级女英雄"／253

■ 选文悦读　猫腻《间客》：宇宙需要有道理的活法／257

第九章

硬"怼"软爽：
从"公主原型"到"故事迷宫"

第一节　超强"怼"话术：从"阅读的阻力"到"情绪的助力"／279

第二节　预期与误读：标点符号居然也玩缺席?!／282

第三节　错位与逆转：在"第三只眼·旁观者说"和"主角代入感"之间／284

第四节　议价能力：摆个POSE（姿势）吓唬你 / 286

第五节　以杀止杀：玉石俱焚？不过是"战略威慑手段" / 288

第六节　故事大坑：从"文武硬怼"到"燎天软着陆" / 291

第七节　以小逆大：从"互怼升级·越境反超战"到"戏剧战争·小事件大引爆" / 295

废柴·飞蚁：
从信天、战天到择天记

第一节　修行强者：史上最强大的三代飞蚁 / 305

第二节　从废柴到天才：史上最弱的那一只飞蚁 / 309

第三节　天道无情：天不让你活，你又能奈何？ / 313

第四节　天人关系：人间有信，但大道无情 / 317

第五节　浩然之气：从"浇心中块垒"到"拔剑问昊天" / 320

第六节　重构合法性：从战天到变天的关键环节 / 325

■ 选文悦读　猫腻《择天记》：我们活在一个年轻人的时代 / 328

尺量世间：
从"强者立言"到"蚁民发声"

第一节　莫道不销魂：最是伤心的那一低头 / 339

第二节　测量人间：二师兄就是一把尺子 / 342

第三节　三点一线：选择支撑，还是被迫放弃 / 345

第四节　大转折：因为看见，所以不再恐惧 / 349

第五节　史上第一人：我对神明说"你闭嘴啊" / 354

第六节　人类极简史：从身体站立史到精神独立史 / 358

第十二章

理所当然：
我用什么给世界讲道理（规矩）？

第一节　强者为王：从"强为普通人代言"到"凡人以强者姿态发声" / 369

第二节　自己发声：从"强者无须发声"到"凡人为自己代言" / 372

第三节　书院的规矩：谁的拳头大谁就是规矩？ / 374

第四节　我就是道：虽千万人吾独往矣 / 379

第五节　不服，来战：道理说不通？那就把它打通！ / 382

第六节　大道之战：这是两个世间最骄傲的人啊 / 386

第七节　IP魔改之败：从"调性情绪流"引爆点到"逻辑自洽"故事建筑 / 388

■ 选文悦读　猫腻《大道朝天》：如果人生能够重来，我还是会这样活 / 391

第十三章

自由的锁链：
从"解放的普罗米修斯"到"春风亭老朝鱼龙帮"

第一节　站队的资格：广挖洞，深积粮？你也就是只"黑暗鼠王"！ / 401

第二节　分母大概率：从"堆人数·码人法"到"千万分之一" / 404

第三节　从"吃货"到"吃人"：皇亲贵胄也想"吃饱了撑一撑" / 408

第四节　优雅的吃相：从"黑暗料理"到"炖狗肉" / 412

第五节　原来如此：满嘴废柴的皇帝也需要"看门狗"？ / 415

第六节　自由的锁链：从"情义链"绑架到斩断"黄金链" / 419

第十四章

苟活OR奋战：从"物竞天择"到"自我抉择"

第一节　造访梦境：永夜将向"我"奔来 / 429

第二节　苟活于世：永夜时代强者的活着法则 / 433

第三节　战天者：从"小师叔之前"到"小师弟之后" / 437

第四节　择天记：举世都逼宁缺做选择 / 442

第五节　扭转乾坤：门房的儿子是大人物 / 446

第六节　鄙视链：原来这是一个蝼蚁的折叠世界 / 450

第七节　精神转向：从"强者时代"到"蚁民时代" / 454

导　论

蚂蚁哲学：从「活着人生理论」到「美好生活指数」

为什么要解读猫腻?

我们一直认为,猫腻是继莫言、麦家、刘慈欣之后,第四个(或第四代)最有可能成为"时代代言人"的"国民型作家"。[①]

他们的作品都具有"划时代"的特点——通过他们的作品,能够划分出"中国时代"不同的"代"——不是"世"代,而是"时"代。

猫腻的系列作品体现并承载了21世纪以来我们正在亲历、见证甚至创造的中国时代鲜明的"时代特征和国民心态"。

所以,假若要重新定义、定性和定位中国网络文学,系统梳理能够入史(文学史)、入典(经典)、入流(主流)的网络文学精品作家作品,撰写中国网络文学史,构建网络文学理论与评论评价体系,那猫腻一定是我们最想解读、诠释和建构的网络作家。

若下一个伟大的文学时代必诞生于网络,猫腻可能会是遇到从"大神"到"大师"时代之间的网络作家第一人:从《间客》到《将夜》,他已经触碰到了网络文学从"术"到"道"的突破与超越之颈。

一如我们在《网络文学评论评价体系构建:从"顶层设计"到"基层创新"》这部专著中,评论《间客》是一部"可以与《平凡的世界》相延续的时代见证之作"、《将夜》是一部"网文版的'文明的冲突'"时所说的:

"它可以视为当下'中国式时代'的隐喻之作:A.中国—世界持续与普遍的紧张关系的隐喻。B.不但是国外而且包含国内各阶层、各类型、各群体'文明的冲突'(社会的撕裂)的隐喻。C.新秩序重建,特别是国民意识形态和价值观念重塑的隐喻。"

"换言之,我以为这部作品延续了猫腻系列作品中的'当下性'立场:少年成长和成熟(担当责任)的过程,隐喻着大国在成长和成熟中寻找和确立自我的意识、身份和位置。这种'别人在写小说,而老猫已经在思考',让我力推他为网络文学正在攀越时代之巅的路标。"

"但问题在于,当思考大于故事时,文字就容易玄而又玄,甚至像当年的先锋派诗人孙甘露在《访问梦境》中一样玩起语言游戏了。这种'诗化哲学',是《将夜》欲登顶却登不了顶,并且陷入迷境和歧路的'业障'。"

"而且,如何能够超越自身的理念拘囿而看到一种新的历史地平线,作者似乎仍然处

[①] 参阅庄庸、王秀庭:《网络文学评论评价体系构建:从"顶层设计"到"基层创新"》,"互联网+"新文艺丛书,福建教育出版社,2016年版。

于黎明前的黑夜里。"①

世界上最难走的路,并不是"明天,太阳照样升起"但"今夜,我们却不知道能不能熬得过去"的那一段漫长而漆黑的长夜难明路——如果活不过今晚,明天的太阳再好,都跟我们没有关系——而是黎明前已经可以预见那一缕"未来已来"的曙光,但是仍然不知道"方向""道"与"路"的那段晦暗不明的雾霾之路。

这既是对猫腻本人状况的折射,亦是对其系列作品状态的描绘,也是对其小说映照现实的关切——正是基于此,我们将猫腻的作品,定义、定性和定位为解读"中国我"的国民心态极简史。

在这样的极简史脉络中,我们可以把《将夜》视为一部"桥接"之作:桥接猫腻系列作品史,桥接中国网络文学史,桥接"作品为世界立法"、小说映照与重塑现实的国民心态观念史。它的世界观设定和人生哲学,一直延续至《大道朝天》之中。

桥接,就是像桥梁一样,把过去、现在和未来"连接"成一个整体。

过去成就未来。而对未来最好的预测,就是从当下出发,去创造它!

---

① 参阅庄庸、王秀庭:《网络文学评论评价体系构建:从"顶层设计"到"基层创新"》,"互联网+"新文艺丛书,福建教育出版社,2016年版。

第一节 活着主题：
猫腻系列作品和《将夜》

猫腻系列作品，除了未完成的处女作《映秀十年事》之外，其余作品均可称为网络文学精品，而且具有自己独特的理念、风格和主题。

我们将其解读、诠释和建构为：活着，就要活得更美好。

2005年开始创作的《朱雀记》，成为后西游潮流中起承转合的桥接作品，主题是"活着"。

2007年开始创作的《庆余年》，成为整个"国民第二人生"重生潮的集大成者，主题是"为什么活着"。

2009年开始创作的《间客》，堪称改革开放四十年国民心态嬗变的延续之作（从《平凡的世界》映射整个中国朝外、向上、进取的全民奋斗潮，到《间客》关照中国人朝内、向下、转后并折返到出发点重新寻找出发的意义与价值的个人心态史），主题是"人要怎样活着"。

2011年开始创作的《将夜》，可以说是一部网文版的"文明的冲突"，而且是一部以此为基础寻找身心灵安放的国民心态重塑史，主题是"如何活得更有尊严和信仰"。

2014年开始创作的《择天记》，抗天命，顺心意，我命由我不由天，从择天变成人择（人的选择），主题已在演绎"人如何如其所愿地活着"——逆天改命，回到人间。

2017年开始创作的《大道朝天》，回到了中华文明基元的起点，以东方玄幻为形态，寻找、发现和探索存在的价值和意义，主题似乎已经在挖掘"人活着的状态与理念的根本分歧（比如存在就是一种残缺）"：假若人生重活一次，我想我还是会这样"活着"——大道朝天，各走半边；我不是配角，也不是炮灰；井水不犯河水的井，人生不如意事十之八九的九——我就是主角"井九"；但我，仍然是我的绝对主角；我仍然想按照我的意愿和方式重活这一生。

我们在"网络文学封神榜：以猫腻作品解读《中国我》"的专章解读中指出：从《映秀十年事》自我意识的觉醒和直面世界规则的"起点之问"，到《朱雀记》建构起自我在这个世界的行事哲学；再到《庆余年》坚持自我的哲学，利用、对抗甚至颠覆规则；直到《间客》《将夜》《择天记》一直在东方和西方、国家和个人、浩瀚星球和渺小如蚁之间寻找个人的生存和生活哲学……猫腻的作品，都是在寻找自我在这个世界中的意识、身份和位置：我是谁？我应该如何活着？我怎样活着，才能活得更美好？①

在这个框架之下，我们对《将夜》，也曾拟出一系列的主题解读提纲——没错，我们曾经列出过至少四五个"主题"解读、诠释和建构的思路和逻辑，试图对《将夜》进行庖丁解牛。

（1）生而如蚁美如神——猫腻《将夜》"蚂蚁哲学"解读。

从宁缺说自己就是一只"蚂蚁"，到小师叔想做一只"飞蚁"；从"生民如蚁"，到"俗世蚁国，大道何如"……《将夜》构建起一个完整的蚂蚁哲学。

（2）梦回大唐——猫腻《将夜》"国族意识"解读。

我们认为，《将夜》切中了梦回大唐的集体情结、身为大唐人的骄傲和自信、举世伐唐的屈辱和压抑、重新恢复大唐荣耀的光荣和梦想，以及一个"非典型唐人"如何融入"典型唐人"集体意识和无意识的历程——这对于当下中国的大国崛起现状、民族复兴信念、个体—大众心理、社会—国民心态、民族集体意识和无意识以及"中华民族意识共同体建设"，极具现实意义与价值。

（3）为什么我的眼里常含泪水？因为我爱它爱得如此深沉——猫腻《将夜》"时代问题（信仰与情感）"解读。

《将夜》切中了当下中国人面临的两大基本时代问题：信仰和情感。我们的信仰出了问题，我们的情感也出了问题。但我们一直是在割裂地看待这两个时代问题。然而，它们却有可能是一个硬币的两面。《将夜》用一种非常"奇特"的

---

① 参阅庄庸、王秀庭：《网络文学评论评价体系构建：从"顶层设计"到"基层创新"》，"互联网+"新文艺丛书，福建教育出版社，2016年版。

方式，将这两个基本时代问题熔铸在一起；而且将这个特别具有现代感的"时代问题"，与非常古老的"中华文明基因"结合在一起，又特别给予了非常超前的"解决方案"：对基于中华文明基因的"天人合一"的信仰纠结，在《将夜》中被拟人化为一对小夫妻的情感问题及解决方案。

（4）我用拳头跟世界讲道理——猫腻《将夜》"规矩法则"解读。

没有规矩，不成方圆。中国人特别"讲规则"，但有些人又特别"不守规矩"。就像人设是拿来崩坏的，规则也是拿来破坏的。《将夜》中"规矩"的法则、秩序及整个"立法"的导向，完全可以用这一句话来描述——"我用拳头跟世界讲道理"。

从书院教授拳打将门虎子，到二师兄用拳头定礼："谁的拳头硬，谁就有道理！"——这就是书院的规矩。

从观主以破来立昊天道的规矩，到宁缺用拳头让世界静听他的声音——整体秩序被打破之后，如何重新界定规矩、规范和规则？如何重建新秩序？

《将夜》就是一部讲述旧秩序如何被打破、失序危机是怎样的、又如何重新建立新秩序的作品。这个是否可以跟21世纪以来整个世界特别是2008年西方金融危机后全球范围内的旧秩序崩溃、失序危机、重建新秩序的过程互文来看？

作品为世界立法，既是"小说映照现实"，亦是创造"新世界新秩序"，同时介入、参与甚至影响现实世界的重塑。这种作品为世界立法的过程，《将夜》以"我用拳头跟世界讲道理"一语来描述之。

小说映照并重塑现实。《将夜》与其诞生的时代，互文起来解读，特别有意义。把一件有意义的事情做得很有意思——这就是我们解读的立场。

这也是我们在进行上述诸多主题的权衡之后，仍然选择"蚂蚁哲学"作为我们对《将夜》的解读主题的原因。

在这一点上，可以把刘慈欣《三体》中的"黑暗森林法则"，和猫腻《将夜》中的"蚂蚁哲学"，对比起来看：在宇宙的黑暗森林法则之中，每个文明都必须遵守丛林法则；但是，在弱肉强食、进化论崇拜的单线条发展史上，"人"自由的选择和选择的自由，仍然是关键。

在蚂蚁和苍穹的关系之中，《三体》强调"天道"，《将夜》侧重"人道"；一个可能是把宇宙架构成一个大写的人世间,一个可能是把人设计为一个小写的宇宙。但二者的笔触都戳到了"生而如蚁"而"苍穹如神"的生存痛点。

只不过选择不一样而已:是"黑暗森林法则"的宇宙规则主宰人类的命运?还是"生而如蚁美如神"的蚂蚁哲学决定我们活着的状态?

第二节 变·化哲学：
从"假若重活一次，你会怎么办"到"人生河流说"

21世纪是变化的时代。

唯一不变的，就是变化本身。

整个中国在巨变，整个世界在剧变，整个时代在遽变。①

2020～2021年，从新冠年代到后新冠时代，变·化冲击波一波接着一波。前浪还没有死在沙滩上，后浪就已经掀起新高潮。

在这种变·化冲击波之下，每一个中国人、每一个种族甚至整个人类所受到的影响和改变，都极其深刻、深邃和深远。

猫腻系列作品，均可视为这种"变·化时代"的接触点、引爆点和潮流风向标：

2005年，《朱雀记》提出自我之道与世界规则的"起点之问"；

2008年，《庆余年》映照汶川地震、时代剧震、心灵余震中的"人生重生潮"；

2012年，《将夜》切中从"强者（英雄）创造史"到"民众（草根）创造史"起承转合的时代拐点；

2017年，从《择天记》IP剧到《大道朝天》，从"逆天改命论"到"人生河流论"，猫腻直面"人生选择的重要性"……

在《大道朝天》中，猫腻借用井九之视角和口吻，不无反讽地解读、诠释和建构了"人生河流说"。这源于古希腊哲学家赫拉克利特那一句流传于世的名言：人不能两次踏进同一条河流。

---

① 参阅庄庸、王秀庭：《从"畅销书时代"到"后主题出版时代"：互联网+出版"供给侧改革"战略研究》，"互联网+"新文艺丛书，福建教育出版社，2017年版。

云雾里有不尽湿意，溪涧往往与之相伴。

离云集镇不远便有一道溪水。那道溪水带着薄雾，绕着高崖与低丘流淌，前行数十里，重新进入另一座山峰的山壁。

溪入山壁不知多远，水道渐宽，光线渐亮，竟有一间石室；壁上镶着世间难得一见的明玉。

石室很简单，只一张与山壁相连的石床。床前有两张已经烂掉的蒲团。

一名少年背着双手，偏头看着石床。偶有风起，掀起白衣。

石床上躺着一个人，浑身是血；到处都是伤口，或窄或宽，或深或浅，根本无法分辨究竟是何种兵器所伤；衣服也破烂不堪，哪里还认得出是天蚕丝所织的布料。那条腰带还很完整，有股极淡的煞气时隐时现，竟是冥蛟筋所做；上面系着一块腰牌，却似乎是普通黑木雕刻而成。

此人气息全无，早已死去。诡异的是，脸上始终笼着一层雾气，无比幽深，无法看清楚容颜。

少年站在石床前，看着那人沉默不语，不知道在想什么。

不知道过了多长时间，他终于说话了。

"真……烦。"

他的声音很干净，却有些发涩，语速非常缓慢，似乎很少说话。

光线落在他的眼睛里。

他的眼睛就像一片大海，看似平静澄清，却无比深广，藏着无数风暴与浪涛。

有不解，有愤怒，有遗憾，有些疲惫，还有些与年龄完全不符的沧桑。

片刻后，他眼里的所有情绪尽数消失，只剩下一片平静。

就像是云雾消失在九峰间，又像是那些自天而落的光浆最终化为虚无。

"有些羡慕你，可以好好休息，我却还要再忙这多年。"

白衣少年对石床上的死者说道。

死者的腰带微微一动，那块木牌忽然消失。

一道寒光离开石床，绕着他的身体疾飞，把石室照耀得光彩不停，片刻后才在他的眼前停下。

那是一道飞剑，长约两尺，两指粗细。剑身光滑如镜。除此再无奇处，却给人一种极不普通的感觉。

白衣少年抬起右手，飞剑自行落下，啪的一声轻响，卷在他的手腕上，渐渐变暗，就像一根普通的镯子。

转身走到溪边，白衣少年忽然想起当年那人对自己说的那句话。

人不可能两次踏进同一条河里。

真的如此吗？

想着这个问题，他走进了小溪。

——猫腻《大道朝天》：第一卷 临江仙 第三章 再次踏进那条河的白衣少年

白衣少年是井九（景阳真人）；那个人就是阴三（太平真人）。[①]

阴三前世是太平真人，井九前世是景阳真人；太平真人和景阳真人前世是师兄弟，而且是一对让整个修行界都闻风丧胆的师兄弟。今生，他们不约而同"离魂寄体"或"转世重生"，在这种"变化的时代河流"之中，重活"第二人生"。

《大道朝天》讲的是这一对师兄弟（当然是以井九为主角）重生或寄生之后，在这一世重续恩怨情仇，"大道朝天，各走半边"，却最终狭路相逢，"我仍然如此"的故事。

从故事角色"变"哲学来看，《大道朝天》中的井九飞升之前是景阳真人，陨落重生为井九。他既是景阳，但又不完全是景阳（至少阴三认为他不是景阳；

[①] 原文中的"井九""阴三"是主角师兄弟今生今世的名字，而"景阳真人"和"太平真人"是随着这对师兄弟"身份（自我）的悬念"一层层揭晓（同时又遮蔽真相）时，显露出来的前世前身之名字。猫腻在原著中讲故事时，一直是以前者为主，以后者为辅。我们在行文中以"井九（景阳真人）""阴三（太平真人）"或"景阳真人（井九）""太平真人（阴三）"的造词用法，来彰显这种"人设（人物角色形象设计）身份（自我）双重结构"，以帮助读者捕获"这对师兄弟前世今生的身份、关系宰制了人世间失序危机与秩序重建"的故事轴心线索。但这不意味着"就一定是对的"，因为：井九"身份（自我）的悬念"一直贯穿到底，"他是景阳真人，还是景阳真人身边的那把剑抑或是别的什么人（东西）"这个问题是一直存在的——这样的终极之秘是需要读者自行去探索的。在最后的谜底揭晓之前，读者不妨把"景阳真人（井九）"的人设身份（自我）双重结构，当作一个过河之桥、渡河之船。在行文之中，我们也会适当地只用阴三、景九、太平真人、景阳真人这几个单独的名字，来表达和叙述与原文对应的"角色身份"，或这种身份的"二重性"。

但井九自以为是景阳）；他既是井九，但又不完全是井九。至少在青山掌门柳词看来，他是那把"青山第一剑"——井九把自己修成了一把剑，还是他本身就是那把剑——不过是融入了景阳的意识和记忆的灵宝？

在提到中州派法宝青天鉴所化宝灵"青儿"，已经复苏意识、觉醒并进化成"灵宝"时，井九曾经说过"她只是他见到的第二个灵宝而已"。问题来了：第一个灵宝就是青山剑吗？灵宝都有属于自己的鲜活世界，亦即"藏天下"。猫腻不止在一处暗示甚至明示地问：井九的"藏天下"，到底在哪儿呢？

这或许是《大道朝天》埋下的一条轴心线索：假若井九非景阳，阴三非太平，那么，他们又是谁？重生一回，重活一世，他们所执着追求的景阳之理念和太平之道路，还有继续追求和实现的价值与意义吗？或许，这才是"人不能两次踏进同一条河流"这句话被《大道朝天》开篇就重述，所要埋下的伏笔、线索和故事之坑：草蛇灰线，伏脉千里。

无论是井九为景阳转世，重走大道无情、斩断尘缘、飞升异界之路，还是化身灵剑，看似无情却多情，孕育与化身新世界的新生命，从而真正"藏天下"——变的都不再是"人"或"物"（所谓"物是人非"），而是"道"与"理"。人不一样了，世界不一样了，人还能走一样的道和路吗？

毕竟，人不能两次踏进同一条河流。

或许正是因为这种特殊性，从题序这一句"井九自白"（如果人生能够重来，我大概还是这样），到开篇这一句"师兄说"（人不能两次踏进同一条河流），就形成了巨大的张力空间，以及几个层面鲜明的对比。

第一层，"师兄说"和"师弟做"的对比。前世，太平真人和景阳真人还是师兄弟时，都是太平说景阳做——景阳其实受太平影响很深。

就像每一个少年在成长的过程之中，都有一个影响他至深的兄长的影子。然而就是这样一个深受师兄影响的少年，最后却与师兄决裂并亲手将其送进剑狱。但就算如此，也不能抹平之前的影响。

即使转世重生之后，太平的影子仍然在井九的重生路上若隐若现——"不可能两次踏进同一条河流"，不过是万中之一而已。但正是这一句的"观念"，将前世的影响延续进了今生。只是在重生开始时，井九并不认同这句话——如同前世最后那个叛逆少年最终做的事情一样：师兄说的，不一定是对的。"如果人生能够重来，我大概还是这样"——两次踩进同一条河流，像前世景阳真人一样修行"无情道"。

第二层，行文之中，井九却渐渐地发现——或者是我们渐渐地发现——自己/他并没有像前世的景阳真人一样修行：景阳修行无情道，井九却处处羁绊尘缘。他与柳十岁羁绊，与赵腊月羁绊，与过冬（连三月）和白早羁绊，道是无情却有情。

景阳不理众生，不济世救人。但是今生今世，面对太平真人转世重生/寄生为阴三，继续实施疯狂的改造世界甚至灭绝凡人/灭世计划，井九从一开始就谋篇布局、谋算未来，以救红尘。

所以，从开篇井九认为自己不会变，到篇中井九不知不觉已经变了很多，井九和景阳其实已经踩在了"两条不一样的河流"之中。

有一个很细腻的细节，就能说明这个问题：井九在和赵腊月同行修道时，猫腻不止一次通过赵腊月的观察或者井九自身的意识，来说明——他现在变得"有情绪了"。井九注定要成为和景阳真人不一样的人。即使前生有羁绊，今生仍是两世人。

第三层，从前世到今生，太平真人（阴三）和景阳真人（井九）这对师兄弟的"大道"，仍然没有"变"；变化的，不过是所选择的"半边道路"——"河流"就成为"大道"和"半边路"的双重隐喻。

太平真人（阴三）选择的仍然是灭世/灭绝凡人计划，以改造世界。但前世太平真人选择的是"有情道"，今世阴三更侧重于"无情宇宙"。

景阳真人（井九）选择的仍然是救世/拯救人类尤其是凡人存续目标，以维系世界。但前世景阳真人选择的是"无情道"——不理众生、不济世事，不干预凡人世间，就是最好的存续；今生井九走的却是"有情路"——把整个世界看成有生命的存在，并唤醒这些有生命的存在——比如，从觉醒青天鉴的宝灵和整个青天鉴世界的众生，到激活修行大陆整个人族世界的生命存续意识……都是"有情世界"的证明。

井九"有情世界"PK阴三"无情宇宙"，基本上是大局大赢、小棋小输。阴三一直想不明白这一点。所以，他回到井九重生转世的柳家村，试图像井九一样，重新踏进一条"不一样的河"，找到赢井九的先手。

半道而阻，阴三忽然醒悟：井九重生转世，踏进了一条不一样的河。所以，他无法再谋算井九的未来。但是，他何必学井九呢？只要坚持踏进那同一条河，"大河觞觞"，顺我者昌，逆我者亡，就算井九再能演算，又能如何抵挡？

于是，阴三在今生最终选择了与前世同样的那一条大河，掀起"洪水滔天"，却依然完败——人"果然"不能两次踏进同一条河流。

阴三今生的做法，大概是对太平真人前世的说法一个最为绝妙的反讽了。但是，景阳真人前世的看法，以及井九今生的变法，却是对这一句话最佳的例证。

人生如河，没有哪一个人能在前世今生"踏进同一条河流"，只有过去、现在和未来"两个不同的人选择不同的方式踏进同一条河流"的区别而已——确实是顺之者昌，逆之者死。

只不过是顺逆二字，说的不是像《庄子·盗跖》原文所言、太平真人（阴三）所意——"丘来前！若所言顺吾意则生，逆吾心则死。"（孔丘你上前来！你所说的话，合我的意，你就活；不合我意，你就等着一死！）而是，人是不可能抗大势的，只能顺势而为、取势而行，不能逆势而动、逆流而上——违背时代潮流、逆势而为的人，必然由盛转衰，自取灭亡。

为什么阴三领秀绝伦、追随者众，却仍然完败？而井九"一个人孤独"，几无朋友，却仍然能成功？就是因为：天行正道，可顺势而行，不可逆势而为。

阴三胸怀天下，却对众生凡间无爱，选择灭凡人救修行道，是谓逆势。

井九不理众生，却对世间万物有爱，选择拯救苍生、济世凡人，是谓顺势。

一个选择"天下灭"，一个选择"天下生"。道不同不相为谋。师兄弟反目成仇：从前世的恩怨，延续到今生的情仇，都不是为己，而是为它——兄弟阋于墙，与你无关，而与对世界的看法和做法有关。

这就是"世界观"。

这就是"人生哲学"。

第三节 讲故事的革命：
从"第一个黄金十年的爽文技术"到"第二个白银十年的理念变革"

"假若重活一次，人生应该怎么过？"这个命题贯穿于猫腻系列作品之中，以《庆余年》为起承转合的拐点。

从《将夜》到《大道朝天》，不但延续了从《朱雀记》到《庆余年》的"爽文"时代，而且可以窥探网络文学发展之未来：把《大道朝天》中的"世界之道和我们之理"，与硬核网文如《黎明之剑》中的"超凡者施法管制"，和灵气复苏流中的"超凡近未来"失序危机和秩序之变化结合起来看，我们能够看到什么？

网络文学正在从"术"到"道"，建构他们自身理解与表达世界、时代和未来的理念与理论之道。

猫腻在《将夜》之中"第一次踏进了这条河"，在《大道朝天》之中"第二次踏进了这条河"——从某种意义上来说，这句话所代表的"变"哲学，适用于《大道朝天》主角井九前世、今生和未来的演变，又可以视为从《将夜》到《大道朝天》的"变"理念；甚至，可以作为我们观测和衡量网络文学从"爽文时代""蚂蚁哲学（理念之道）"到"超凡近未来"等故事革命的变化脉络。

这就涉及了两种根本的讲故事的革命和"世界观"分歧。

从小到大，我们都是在"入世积极、出世消极"的传统评价体系影响下长大的。所以，才会有"穷则独善其身，达则兼济天下"从二元对立到互相转化的传统价值取向与机制体制；也才会有从"格物、致知、诚意、正心、修身、齐家、治国、平天下"的传统儒家观，到金庸"侠之大者，为国为民"的新武侠价值观，将庙堂的家·国天下和江湖的勇武侠义融合了起来。

但是，改革开放四十年以来，特别是21世纪以来，中国人的世界观发生了从"家·国天下"到"平行世界"再到"命运共同体时代"的演变。世界观的变化,带来了故事革命——讲故事的理念、技术和人物的变化。于是,从金庸时代到网络时代,大陆新武侠想革掉"金庸新武侠的命",却找不到自己的根基。①

"武侠"作为一种类型文,正逐渐边缘化和冷门化;但是,作为一种元素甚至基因,它被融入了网络文学各种类型、题材和潮流,获得了另外一种新生。比如,我们认为,猫腻的作品,从《庆余年》到《间客》、从《将夜》到《大道朝天》,都是在用穿越、架空、历史、科幻、玄幻等类型融合的方式,来包装和重述"武侠的魂":我用拳头跟世界讲道理。

在这个过程之中,一个从来没有得到过明确描述的"变革"的确已然发生——猫腻的系列作品不过是可以将这种"变化轨迹"观察、捕捉并且表述出来的某种接触点或者标志点而已:

从《庆余年》到《间客》,从《将夜》到《大道朝天》,基本上可以划分成猫腻两个不同的创作阶段;

而这两个阶段,基本也可以折射网络文学两个不同的发展时代。

这两个不同的文学时代,是靠类似于"我用拳头跟整个世界讲道理"之故事形态和"武侠之魂"来延续、衔接和承转的,也在最深层次的根源(比如人类的本性和世界的本质真正沟通起来的最深之处)代表着一种转折:对网络文学展现"世界之道和我们之理"的解读、诠释和建构。

唯其如此,方能代表所谓"网络文学时代"真正划时代故事革命的里程碑——它或是以"文学"形态的转化为先兆,又或是以"网络"业态的媒介革命为依托,抑或是以"理念"生态系统的重建、重构与重塑为风向标。

故事革命,不仅仅是一种技术(包括写作技术)的创新,也不仅仅是一种媒介载体的变革;最重要的,还是一种理念的颠覆、重述与全新建构。

从《间客》到《将夜》,从"衔接"到"转向",可以强行划分为三个层次:我想跟世界谈谈;我用拳头让整个世界安静下来;我让世界静听花开的声音——我看花,我到花里去;花看我,花到我这儿来;人在花中,花在人

---

① 参阅庄庸、王秀庭:《网络文学评论评价体系构建:从"顶层设计"到"基层创新"》,"互联网+"新文艺丛书,福建教育出版社,2016年版。

中，就像我站在世界的中心呼唤爱，世界其实就在我心中。世界如我，我如世界——"我即世界"。

因此，我让世界静听花开的声音——这其中最真实的表达应该是：我让整个世界（这个世界其实是由他人所组成的表象世界）静听我的理念和道路；而他人要倾听的，其实是"我即世界"（这个世界是"世界如其所是地向我们言说和描述自身存在"的本源）的花开之音——换句话说，我代表世界的本源，正在给整个世界讲"道理"：世界之道，我们之理。我们造词、命名、描述——世界通过"我"的描写，向我们描述它自身的存在：事实、真相以及秘密。

猫腻其实就是这样在通过"我们"的描写，让世界向我们"描述"它自身的存在——我们的理，其实就是世界的道。

假若说《间客》代表着他前面创作的十年（十年只是虚指而非实指）甚至网络文学发展的第一个黄金十年（这是网文界达成最大公约数的实指）的"时代巅峰之作"，并且可以视为已经过去但尚未完全过去的网络文学传统时代的发展里程碑，那么《将夜》则代表着他后面创作的十年（仍然为虚指）甚至是网络文学发展的第二个白银十年的"时代序幕之作"，预示着正在来临而尚未完全来临的新地平线和发展之道——从《将夜》开始，猫腻正在面临讲故事的"术"之瓶颈和"道"之突围。[①]

犹如整个网络文学在21世纪以来的中国故事革命之中，讲故事的技术已经臻至成熟甚至泡沫化的繁荣；但是，讲故事的理念已经到了不破不立、除旧迎新、破茧成蝶的关键敏感期。

---

① 参阅庄庸：《猫腻与〈将夜〉》，网络文学名家名作导读丛书，作家出版社，2019年版。

第四节 假想敌：
从"人族内部战争"到"域外天敌入侵"

这先从"假想敌"——为我们树立一个"敌人"——人设和世界观设定的双生变革开始。

谁是我们的敌人？

谁在掠夺我们的生存和发展资源？

谁在侵入我们的生命和精神家园？

谁是我们逼仄空间"立锥之地"的侵入者？

……

在这一方面，网络文学"讲故事的革命"最显著的一条脉络，就是"外敌"的身份变化：从"外人"到"外族"；从"外域"到"外太空"……

在人族之外有异族；在地球文明之外，还有高维文明在窥伺着——无论他们被命名为"域外天魔"，还是"三体文明""天界神明"，甚至就是"昊天"本身；无论他们对人类和人族抱有善意、恶意，还是善恶难分抑或是褒贬中立，他们都有一个统一的标签和身份：他们是"外来者"（外域者）！非我族类，其心必异；何况，非我域者，其行必侵？！

地球或许就是他们殖民与掠夺资源，甚至全面侵入与占领的"最后一片净土"；人类将沦为他们放牧或圈养的"肥羊"和"食物"——这就是所谓"外星人"入侵。

自科幻小说诞生以来，在近一两百年间，"外星人"入侵的主题，已经演变成了西方科幻小说、影视剧集和动漫游戏的传统文化母题、类型模式和故事原型，并且形成了平行世界、多重宇宙、时间旅行、外太空殖民、高维文明等特殊的世界观设定；从作品创作到诠释模式，也都基本定型，形成了固定的类型和流派……

我们基本上可以沿用这样的"模型",对这种类型的作品进行解读、诠释和建构。

但是,当这样的"西方科幻设定"和"中国传统题材"交流、互鉴、融合,并聚焦于"网络文学"这样一种互联网中特殊的讲故事写爽文的形态、业态和生态系统之上时,就发生了我们所称的"科玄合流——类型融合、变革创新——题材与概念、人设与世界观设定集'系统性重塑'"的发展演变。

从猫腻《将夜》到《大道朝天》,从远瞳《黎明之剑》到烽火戏诸侯《剑来》……其实都是这种发展演变轨迹之上肉眼可见的暴露点。

这不仅仅是从"外星人"到"域外天魔"这样一种概念和名称的变化,而是一种在科玄合流之中从题材类型到价值观念的系统性演变。

猫腻的系列作品就形成了这样一种"价格围绕价值波动""题材与类型围绕着价值观念系统性演变"的轨迹。

在猫腻系列作品及其所映照的中国网络阅读潮流起承转合、集大成者的"拐点"之作——穿越、历史、架空、爆款红文——《庆余年》中,有一个"高科技文明系统'神庙'"的设定,以及一个疑似智能机器人"五竹"。

"神庙文明"是高于这个类似于中国古代王朝的先进文明。它就像是一个"史前先进文明智能系统博物馆",流传出来的知识与技术,不但帮助那个时代的人发明了其他穿越文中比较常见的基础工业系统与产品(比如香皂、玻璃等),还造就了一个史无前例的"大宗师"(修行强者)超凡时代。

在IP改编影视剧集《庆余年》之中,这种"设定"被诠释为:这是同一个地球;只不过在前代资源枯竭、先进文明灭绝之后,人类重生、建设和发展,现在刚刚进化到封建王朝时代;同时,灵气(真气)复苏,前代的技术、文明和修炼术,催生了这样一个"修行强者主宰的超凡时代"。

猫腻随后的作品《间客》,则在效仿科幻巨著《银河英雄传》,将世界观设定架构于"我们的征程是星辰大海之间",在星际穿越之间建构了三种体制:星际联邦制、皇朝帝国制以及介于两者之间的"法外之地"。

《庆余年》中的神庙体系和范闲后人,貌似与《间客》中大师范府的祖先范小花一脉相连。

从《庆余年》到《间客》，其实都是在"高科技文明系统"的技术框架下，讲述王朝国族和人类内部战争——甚至这种高科技文明系统，均是人类自身一脉相传、版本迭代而已。

猫腻从本质上并没有讲述一个人族／人类与外来者（如外星人）发生战争的故事。《间客》之中的两大体制形态联盟（联邦与帝国），其实和《庆余年》中的北齐和南庆这样的封建王朝，并没有太多的区别。

只不过：北齐与南庆，更接近于中国传统王朝皇权战形态；而联邦与帝国，更像是放大版的东西军备竞赛、从冷战到热战，以及在根本处迥异的意识形态、政治制度与文明之战。

两部作品的"地区金三角"——亦即以三大区域作为南北东西脚手架的故事结构——都是相似的，可以算得上是同型异态。

但是，从《将夜》到《大道朝天》，猫腻开始引入了"外敌"（外来侵入者）的概念与参照系：战争不再是在同一地球（星球）上不同经纬发生的王朝／国家／帝国和联邦等"人类／人族内部的战争"，而是人类／人族面临着一个"终极大外敌（外来者／侵入者甚至殖民者）"的威胁。

正是这个"终极大外敌"的威胁，才导致人类／人族内部从信念到信仰的分歧、从修行道路到人生选择的决裂。

第五节 终极大反派：
从"神明代言人"到"信奉理念正确大BOSS"

《将夜》把这个终极大外敌设置为"昊天/冥王"双面一体。

它收割人间昊天信徒的信仰，圈养"肥羊"——亦即从俗世蚁国中培育修行世界的强者，犹如从蚁民之中孵化飞蚁；把整个世界当作羊圈，圈养出一只只修行强者的肥羊；最后让他们一一飞升，回归到昊天神国的光辉之中。这其实是把他们当作自己的食物。

如果人口数量众多导致整个昊天世界资源损耗过大，昊天就会变身为冥王，万年周期性地降临"永夜"，像收割稗草一样成片地收割人族生命——只有那有潜力成为羊的修行者甚至有资格成为肥羊的修行强者，才能活下来，为下一轮的牧羊或圈羊运动提供食物。

昊天真正恐惧的是：蝼蚁虽然弱小，却数量众多；一旦觉醒起来，被"组织"起来，层层堆叠，堆也能堆到云霄之上……这样，就有可能触碰到昊天封闭世界循环的真相，危及它的统治。

因此，它坚决要灭掉那些敢于质疑、对抗甚至有组织地探寻真相的飞蚁；同时，也不可避免地遇到了激烈的反抗：

小师叔轲浩然敢于拔剑问天；

夫子试图掀开天捂得很紧的盖子，想呼吸新鲜空气，最后登天与昊天一战；

书院二师兄敢于组织奴隶起义，从身体上到精神上站起来；

特别是那些唐人，信昊天但更信夫子，信西陵但更信书院，愿做信徒但更愿做唐人，愿意飞升昊天神国但更愿意滞留于美好的人世间；

甚至，他们在举世伐唐、知守观观主战长安城的终极一战之中，愿意听从宁缺的召令：以刀为笔，以天地元气为墨，以苍穹之下整个人世间为纸，书写"大写的人"，把一份份诚心正意"想活着且活得更美好"的意愿，汇聚成那气势磅礴的人间之力，腰斩这天上神明的人间代言人……

我们将其解读、诠释和建构为"长安城的末日审判"：昊天代表昊天，审判整座长安城都是"罪恶之城"，所有长安人都是"罪人"；而整座长安城和所有长安人做出的选择，就是斩掉昊天的代言人，甚至，"敢教日月换新天"——如果，"昊天的代言人"换了一个旧的，来了一个新的，那就索性选择一个崭新的"天"。这就是择天记。①

《将夜》为人世间树立了一个强大的"终极外敌"——既像造物主又像灭世者的昊天（冥王），描绘了从"天人分裂"的持续紧张关系到"天人合一"的和解之道。

这根植于"绝地天通"所造成的"天人分裂与天人合一"等中国传统观念命题。在这种传统思维观念框架之下，演绎人世间的信仰之战、修行世界与俗世蚁国之争、神权与王权之争、自由的选择与选择的自由等人类极简史上的核心主题。

整个叙事相对来说，还是侧重于"传统"的。

但是，《大道朝天》引入"域外天魔"这一终极外敌作为参照系，考察的却是：在"外敌压境"之下，以太平真人（阴三）为代表的修行世界极端主义者，试图在人族之中推动"全族修行强者化"与"人族弱者灭绝计划"——这相当于在整个人世间实施一次又一次"人族优化"的大清洗。

问题还在于：太平真人（阴三）自以为这种理念无比正确、理所当然，并且获得了一大批拥护者——因为他们坚持认为：只有强化人族，消除弱者，让整体人族实现"人人皆强者"，甚至举族飞升，抗击那像钢铁洪流、宇宙无敌舰队一样奔袭而来的"域外天魔"，方能保存这一方天地！

这让我们联想到《复仇者联盟》中超级大反派灭霸那理所应当的理念：为了维持宇宙生态系统的平衡，必须无差别地消灭一半的人口！

恰如我们在解读、诠释和建构"三大终极反派"时所说，现在从网文到影视

---

① 参阅庄庸：《猫腻与〈将夜〉》，网络文学名家名作导读丛书，作家出版社，2019年版。

文娱文创，流行三大"终极反派"角色（大BOSS）：

第一种是坏到骨子里、知其恶行其恶的大反派，已经成为脸谱化、类型化的角色；

第二种是知其善却行其恶、在善与恶之间纠结的大反派，拓展了人心、人性的深度，以及所谓善法恶治交织的角色复杂光谱；

第三种终极大反派坚守自己认为理所应当且"无比正确"的理念，从主观到客观都提出了超级英雄们无法解决的根本问题和极端解决方案。

比如人口膨胀导致地球/星球负荷过重，在资源稀缺甚至濒危崩溃之际，超级英雄束手无策，唯有灭霸这样的终极大反派提出了"无差别地消灭一半的人口，以减轻地球/星球负荷，从而恢复生态系统平稳"的极端解决措施。

这使他们有理念、有旗帜、有人格魅力，也更有蛊惑性和煽动力，从而能吸引、号召和凝聚更多的同盟者、追随者和信徒，一起以"最恶的极端手段"迈向"他们认为最善的愿景与目标"：无论是现实历史之中的希特勒，还是影视和小说中的伏地魔（《哈利·波特》），抑或是网文中的太平真人（阴三）和白真人们（《大道朝天》）……这样有理念、有个性、有手段、有信徒的"终极大反派"，正在成为泛文化娱乐全产业链中影视文创"人设"明星的潮流和趋势。

第六节 超凡者PK凡人蚁民：
从异族外域"外部资源战"到人类生命"内部生存战"

网络文学既吸引与融合、又变革与创新了这些人设的理念、元素、类型，并形成了有自身特质的现象、潮流和趋势。

最重要的是，通过讲故事写爽文，网络文学作家作品提出了自身独立、独到和独特的关键议题。

从远瞳《黎明之剑》到猫腻《大道朝天》，从"施法者管理法案"到"凡人—超凡者—超凡强者进化链"，从硬核网文到灵气复苏流，从中国网络文学"超凡"（超越凡人）阅读潮流到世界泛文化娱乐全产业链"限英"（限制超级英雄）消费潮流，从"超级英雄"拓展到"超级能力者"，与网络文学"修行者"（修道者）和"超凡者"（如灵气复苏流中的修道者和超凡者）相互映照……最后，统统归敛聚焦于"超凡者与凡人蚁民"之间的矛盾和冲突。

它不像是外星人PK地球人、异族PK人族，或者是其他神秘生物PK人类……"超凡者"PK"凡人蚁民"，聚焦于人类的内部矛盾：他们同属于人族，都是人类，是同一种生命而又是不同的生命形态。

这就是猫腻《大道朝天》里井九（景阳真人）和阴三（太平真人）两种观念的根本争执。

井九（景阳真人）认为：修行者（超凡者）和凡人蚁民不是牧民与羊的关系。因为牧民和羊是两种不同的生命形态，而修行者（超凡者）和凡人蚁民是同一种生命的形态。

而阴三（太平真人）却认为：修行者（超凡者）和凡人蚁民已经是两种不同的生命形态，所以他们之间就是牧民与羊的关系；而修行者（超凡者）又要优于和强于凡人蚁民，所以就应该奴役凡人蚁民，亦即"修行者（超凡者）治国和治世"的秩序和格局；甚至最后走向了极端立场，认为应该"灭绝凡人蚁民"，只留修行者（超凡者）于世，建立"修行者（超凡者）社会"，而且是"修行强者（超凡者）宰制一切"。

也就是说，这是从不同生命形态生存和发展空间的"外部之战"，转向了同一种生命形态弱肉强食、优胜劣汰、争夺生存与发展空间与资源的"内部之战"——"内部战争"比"外部战争"更为现实和残酷。①

这就是迄今为止，面对那种所谓有人格、有魅力、有信仰或爱、有望（希望）、有信（信心、信任、信念）的三有"人设明星终极大反派"，特别是在其坚定地执行"人族清减/凡人灭绝计划"时，猫腻从《将夜》到《大道朝天》，提出的最尖锐、最激进的拷问和质疑——

弱者有没有生存和发展的权利？

谁有权力审判、裁决与剥夺他人的生存权？

该不该实施"超凡者（修行强者）管制/限制措施"？……

新生代"超凡者联盟"（超级英雄联盟），满怀热血与激情，试图拯救苍生、济世救民、改造世界——让世界按照自己的意志运作——对这个世界真的好吗？

当这些"具有无比正确的理念、采取理所当然的强力手段、有能力有组织改造世界"的年轻超凡者们，真的掌握拯救苍生、改造世界的权力时，真的——能让这个世界变得更美好吗？

而不是——让这个世界变得更糟糕？!……

这其实是从无罪《剑王朝》到猫腻《大道朝天》，从远瞳《黎明之剑》到烽火戏诸侯《剑来》等网络文学发展潮流与趋势之中，越来越明确提出、持续深入发现发掘和系统性求解与回答的"问题"。

网络文学不仅仅是在讲故事写爽文，最重要的是在"提出问题"：提出了好的问题，就成功了一半。特别是那些切身相关的重大现实攻关问题、时代课题和未来发展趋势命题。

---

① 参阅庄庸、杨丽君等主编：《爽文时代：中国网络文学阅读潮流研究（第1季）》，华语网络文学智库丛书，中国青年出版社，2021年版。

比如，《剑王朝》提出了一个隐含的关键命题，却没有进行明确和系统的阐述：以净琉璃为代表的年轻修行者领袖，若真的执意"按照自己的意志改造整个世界"，并将修行世界的战争引入俗世蚁国，将对天下大一统、新帝国秩序甚至修行世界"剑王朝"本身，带来怎样不可预估的影响与改变？①

---

① 参阅庄庸、杨丽君等主编：《爽点宇宙：中国网络文学阅读潮流研究（第 2 季）》，华语网络文学智库丛书，中国青年出版社，2020 年版。

第七节 蚂蚁哲学：
从"生而如蚁美如神"到"蚁民英雄创造历史"

猫腻《将夜》已经清晰地提出了这个问题。

比如，许世大将军就很警惕以宁缺为新生代天下行走的书院和修行世界，对于俗世王朝大唐帝国和人世间秩序的干预与扰乱。

但是，这样的警惕和戒备在《将夜》之中昙花一现，并没有对宁缺这样扰乱、干预甚至确立人世间秩序的年轻修行强者们，形成体系性和体制性的扼制力量。

毕竟，在这部以宁缺为主角的故事之中，与昊天对抗，与举世伐唐的西陵联军激战，重建大唐乃至整个天上人间的秩序……是宁缺作为大唐全境守护使甚至整个人世间守护使最值得肯定的职责和使命之一，何来许世大将军警惕之事？

而且，宁缺本人并没有改造世界、拯救苍生的强烈意愿：他从一个非典型的唐人一步步走到这种典型唐人的所思所举，完全是"赶鸭子上架"，形势所逼。

但不可否认的是，放在猫腻系列作品之中，许世大将军对新生代修行者的这种"警惕之点"，其实是一种很宝贵的思想火花。

从《间客》中那些热血而又冷酷强硬、为了所谓理想而献身的少壮派军人，到《大道朝天》中试图拯救苍生、改造世界的新生代修道领袖……猫腻在讲故事之时，基本都表达出了对这种情绪、立场、理念与态度的否定。

他甚至以此为轴心，构建了一系列新的矛盾、冲突和战争，比如《间客》中许乐和少壮派领袖杜少卿以及整个三一协会的对抗：他们为了自己所谓的理想，可以牺牲任何人，甚至包括他们自己——但是，许乐不认同！

谁授权给你们，可以牺牲我那些普通的战友？！

即使是为了伟大的理想也不行！

没有那一块砖的"个人授权与批准",没有任何人可以牺牲它,去建筑一个恢宏无比的理想大厦!

换句话说,就算这些人所建筑的理想大厦再伟大,也掩盖不了被他们所牺牲的那些无辜之人特别是小人物作为基石和砖块的血腥。

从这个意义上来说,《间客》其实是一部社会现实批判意味很强的网络小说。

与之相比,《大道朝天》反而柔和了许多。它开始转向深沉地思考(就像罗丹的《思想者》,或者"假装思考者"):

怀着这种情绪与态度、立场与理念的所谓"优良的种子"所诞生的土壤、阳光、空气和森林生态是怎样的?这种种子本身是如何生根发芽、长苗吐叶、开花结果,长成参天大树,甚至长成所谓的中流砥柱和栋梁之材的?……

联系井九(景阳真人)带着赵腊月修行修道修心时所遭受的闲言碎语,把此种脉络耙梳出来,几乎可以视为一部"柳叶刀解剖教科书"。

在提出问题、进行现实性批判和哲学性思考之间,从远瞳《黎明之剑》到烽火戏诸侯《剑来》,其实都在进行另一种问道寻路的探索和实践:如何追根溯源,形成体系性和体制性的外部扼制力量,建构可持续性、深入系统的内部抑制之能量?

远瞳《黎明之剑》走的是外部抑制之力——

以普通公民配备超凡装备,瓦解这种所谓"先天得道者"(魔法师)的优势;

以"施法者管制法案",对具有超凡力量的魔法师进行管制和限制;

以"忤逆神明"与"制造与生产神力链"等所谓科学技术手段,解构与重组整个超凡(神明)授权体系,从而彻底根除"高等生物改造低维世界"的根基和土壤……

换句最通俗的话来说就是,"超级英雄(超凡者/神明)创造历史"的时代一去不复还,而"平民阶层(普通人)创造历史"的时代正在到来。

这其实可以和猫腻《将夜》关联起来看。

以"夫子登天、举世伐唐"为时代的拐点,《将夜》前半部是"昊天神明(修行强者/超级英雄)创造史",后半部则成为"俗世蚁民(普通平民/人民群众)

创造史"。①

当然,这仍然是通过"修行强者/超凡者/超级英雄"来作为转化媒介与机制。

《将夜》是以宁缺为媒介,书写"大写的人",汇聚整个长安城、整个大唐甚至整个人世间的人间之力,从而战胜了昊天神明的代言人知守观观主陈某,甚至战胜了观主"人造新天"造出来的新神以及昊天神国本身,创造出了"俗世蚁民开天辟地创世纪"的英雄历史——没有所谓的超级英雄,只有第一个有担当的凡人;当蝼蚁都学会责任担当时,他们就成为真正创造历史的平凡英雄。

而远瞻《黎明之剑》整部作品,亦是通过高文这个"先知者",通过超凡的科学技术改革和制度体系的变革,唤醒相当于中世纪的落后民众的"公民意识"和"创新进步力量",推动整个社会向前发展:觉醒并自觉自为的普通民众,才是推动历史和时代车轮滚滚向前的力量。

这是我们从小就在教科书中深受灌输的观念。

但是,猫腻却把它讲成了一个"讲故事的网络文学教科书",甚至书写成了一种从变化时代到故事革命的人类极简史和凡人英雄小史诗。

生而如蚁,美如神。

即使渺小如蚁,也要像神明一样存在,活着,且活得更美好。

即使螳臂当车,我们也要有勇气,去推动时代滚动的车轮。

---

① 参阅庄庸:《猫腻与〈将夜〉》,网络文学名家名作导读丛书,中国青年出版社,2019年版。

第一章

时代互文：

从「猫腻这一个故事星球」到「中国这部「网络」小说」

我们为什么要对《将夜》作品本身进行"庖丁解牛"？

因为所有理念、思想和重大理论问题，都要基于故事本身的"技术活"——从字法、词法到句法，从思路、结构到逻辑，从文本、文体到语体——语言的边界就是世界的边界。"上帝说，要有光，世界就有了光。"这就是语言创造世界的范例。这至少对于作家作品来说，是适用的。只有文字本身才能承载一个宏大的语言、故事和世界。

因为，我们不只是要"解读"作品（技术、技巧、技能；内容、情节、人物），我们还要"诠释"思想，最终我们还要"建构"评论、理论体系和思想新范式。就像庄子中的庖丁解牛，最初以"形遇"，然后以"意遇"，最后是"神遇"。

解读—诠释—建构，是我们庖丁解牛《将夜》的方法、逻辑和思路。我们希望通过这种方法，探索和实践中国网络文学的评论评价和理论体系构建之道，甚至整个中国—世界—人类未来"这部正在形成而尚未完成的'网络小说'"[①]的"时代新范式"解读、诠释和建构之道。

[①] 参阅庄庸、杨丽君主编：《中国网络文学阅读核心书目（第1季）：中国本身就是一部正在形成而尚未完成的"网络"小说》，华语网络文学智库丛书，中国青年出版社，2019年版。

第一节　解读：

从"小说映照现实"到"作者身处时代"

基于作品文本细读精读基础上的庖丁解牛，解读是起点。

在此基础上，他写他的，我评我的。解读是一种由"我"出发、向之寻找、发现与探索的冒险之旅，是一种我与作品的看见、遇见和相见之旅，更多地强调"我"的主观看法和感受，而非作品的客观呈现、展现和绽放，尤其是其背后的意义、内容和内涵的发现和发掘。

每个作家作品都是时代的产物。不管一个作者是愿意还是抗拒，他其实都在下意识或者集体无意识的深处，深受这个时代的国家叙述模式、个体叙事模式和时代精神的宰制和支配，一如支配近现代中国一两百年"民族—国家中心论"的宏大叙事模式和个体"自由、解放和科学"的微观叙事模式。所以，整个时代的精神、气质和潮流必须穿透作家作品的身体和骨骼，从而成为其灵魂和精髓。

在我们看来，中国网络文学或许是最能体现这个时代的整体精神，亦即民族—国家集体情结和人类集体无意识、社会—国民心态与个体—大众心理的文学。猫腻及其系列作品，又是最能切中这种当下性、国民性和时代性脉动的网络文学作家作品。所以，他的作品不管是有意还是无意，都折射和反映了中国人在这个波澜壮阔的大时代之中的集体印记，特别是21世纪以来中国人亲历、见证和创造的时代潮流、集体境遇和切身感受。[①]

大唐以武立国，民风朴素而争勇好狠，堪称天下最强之国，最是在意尊严。然而如果要彻底平掉草原蛮族金帐，只怕也要让国力损耗大半。

[①] 参阅庄庸、王秀庭：《网络文学评论评价体系构建：从"顶层设计"到"基层创新"》，"互联网+"新文艺丛书，福建教育出版社，2016年版。

为了一位嫁了人的公主遇袭而让帝国陷入动荡艰难，这看上去似乎是不可能发生的事情。但事实上，在大唐的历史中经常出现这种可以说意气用事、也可以说豪气干云的故事。

最著名的一个例子发生在太祖晚年。

其时草原某部屠了白羊道某处村镇，村民一百四十人被斩尽杀绝。帝国使者前去问罪，又被那部落骄奢单于割了耳朵赶回。太祖勃然大怒，当即决定亲征草原。帝国全体动员，支撑一支由八万骑兵构成的浩荡铁骑征北。该部落大感震栗恐惧，闻风而逃，顶风雪直入北部荒原。而大唐铁骑则是紧追不舍，竟是连战数月，最终将对方部族全数屠灭。

连战数月，尽屠敌骑，看似简单的描述，看似潇洒风光的结局，却隐藏了大唐帝国为此付出的可怕代价。

为了支撑这场耗资巨大的战争，朝廷发百万民夫，征河北道三郡牲畜。岷山四周田地荒废，十室九空。南方赋税连翻四倍，民怨沸腾。朝中官员根本无力兼顾政事。天下陷入了动荡甚至垮塌的危险边缘。

大唐帝国最奇妙的气质，便在这种最危险的时刻以及随后的无数岁月对此事的评价中呈现了出来。

当帝国铁骑远征荒原之时，南方的反贼义军竟是没有趁此良机加大攻势，甚至反而纷纷潜回山林湖泊之中，看上去就像是他们不想在这时候拖帝国的后腿。造反的草莽们，或许并不见得每个人都会想着所谓民族大义，或许他们当中也有人想抓住这个天赐的良机，然而他们不得不面对一个现实——往常默默支持他们的穷苦民众、义军中的很多底层头领和士兵，在他们决定要抓住这个机会时，纷纷用脚步和沉默表示出了最激烈的反对。

打胜了这场仗的唐太祖的历史地位并不高，就算在帝国内部也是如此。无论是在史书上，还是在酒楼说书先生的故事里，对这位雄主的评价往往不离好大喜功、喜用小人佞臣、好酷法、求长生而无道……诸如此类。

但不管是最迂腐的文人、最漠视君权的书院教授，还是最恨加赋的农夫商人，他们会找各式各样的理由去痛骂那位开国皇帝，但却从来没有人认为那场只因君王一怒而耗尽国力让黎民受苦的战争不该打。

因为从开国到现在，生活在这片土地上的人们始终坚持信奉并守卫一个朴素的道理：我不欺负你，但你也别想欺负我；就算是我欺负了你，但你……依然别想欺负我！

谁欺负我，我就打谁。

这就是大唐帝国的立国之本。

这就是大唐帝国的强国之路。

这也正是为什么这个世界上最强大的国度叫作唐。

——猫腻《将夜》：第一卷 清晨的帝国 第三章 唐人的朴素是非观

尽管猫腻本人，可能一直在抗拒这一点，试图刻意保持一定的距离，以保持自己的独立、自主和自由意志，或者只是为了掩盖自己的焦虑、纠结、不确定和不安全感。

犹如我们回望过去，可以清晰而有条理地总结出一、二、三；展望未来，同样可以非常有逻辑地预判出若干有力的言论；但唯独对于当下，我们经常迷失其中，无力"看见"正在发生的事实和趋势——因为，我们是局中人。

被时代的潮流裹挟着往前走，不知从何而来、向何而去，已经不是当下中国人最典型的特征与困惑。21世纪以来，直到当下，亲历、见证、创造这个时代潮流的中国人，集体陷入的核心状态是："我"们不知道当下的自己处于何时何地何种状态！

所以，不是现实"混乱"，而是面对这样的现实，我们的精神陷入了"混乱"。作品为世界立法。与其说猫腻这样的作家，是以自己的作品，赋予"混乱的现实"以某种意义、形式和秩序，从而能够看见那些看不见的东西——比如"现实的纹理"（犹如中国汉字起源说：天有纹，地有理，万物皆有纹理），不如说，他以文字重塑了某种思维方式，帮助我们从"混乱的精神"棉花絮里"蹦出来"——犹如孙悟空从那补天石里蹦出来——重新观看那花还在枝头绽放的状态，看见我们在这个时代处于何时、何处、何地、何种状态。

"只要老不死的，不要年轻的。"

朝老太爷说道，神情并不严肃，也没有什么风萧萧兮的悲壮感，反而带着笑容，就像是喊这些老家伙们去西湖喝茶下棋。

街坊里的那些老家伙，也没有觉得如何。唐人尚武，他们当年都是当过兵的人。此行往朱雀大街，对他们来说就像是当年出发去战场。

这是很寻常的事情。

他们甚至仿佛感觉自己回到了当年的军营，很是兴奋。

陈七处理完曾静夫妇，疾步迈出朝宅去追老太爷，看到的便是数十名皓首老人和他们的子侄辈们满是剽悍意味的身影。

看着这幕画面，他露出一丝苦涩微嘲的笑容，心想人流如此浩浩荡荡，却只是为了让那个神仙多看一眼，真是愚蠢而白痴的行为。

想虽然这般想着，他脚下的速度却并没有变慢，不多时便赶到了人群的最前方，替下那名老仆，搀住朝老太爷的身躯。

没有办法，谁叫他也是唐人！唐人有时候就是这么愚蠢而白痴。

——猫腻《将夜》：第四卷 垂幕之年 第一百七十二章 罪恶之城（下）

作品就为这种"混乱的现实与精神"重新赋予了某种形式、秩序和意义。但作家在创造这种新形式、新秩序和新意义的"赋予"时，却未必完全是自觉、自主和有意识的。所以，作家写出来的作品，未必就是他本人看见的"那个样子"。他只能"看见"自己有意识地创造的内容。而我们站在他的背后或者肩上，或许不但能够"看见"他看见的地平线，还能看见比这个地平线更远的世界——地平线很遥远，但还有比地平线更遥远的世界。

这就是我们为什么不会局限于作品本身，只去发掘文本的字法、词法和句法等，也不仅仅是像传统作家作品论中的"知人论世"，而是要切中和关联这个时代，来"解读"整个作品的世界、秩序和意义。

哪怕它只是一部"玄幻"作品，但仍然有可能极具"现实"意义。那个完全虚构的东方玄幻世界，或许就是这个真实的现实世界在文字幻象之中的映射和重组。我们在这个时代亲历、见证和创造的"第一人生"，在这个虚构的世界里或许会书写成另外一种方式的"第二人生"。

第二节 诠释：
中国现实"故事文本"和网络小说"虚拟现实"

我们在"解读"的基础上，会进行"诠释"：以作品来"诠释"社会现实生活中的基本时代问题。如：

以"活着，而且要活得更美好"为主题和理念的蚂蚁哲学，来"诠释"现实世界中的蚁族、蜗居、北漂等生存体验、集体境遇和精神状态；

以"这是你们的大时代，也是我们的小时代"来"诠释"作品中的人设（人物角色设计）、故事、脑洞（创意）、语言和理念；

以"小确幸""小幸福""佛系青年"等比照"俗世蚁国""蚁族蚁民"的生存权、发展权和安全感；

以"美好生活"的幸福指数和美好指数，诠释从"梦回大唐"到"民族复兴"的荣耀、尊严和骄傲……

这是可以"互文"，并进行"解读"和"诠释"的。

"唐之所以强，在于唐人。"朝老太爷看着观主，用苍老的声音说道，"我大唐从古以来，就有埋头苦干的人，有拼命硬干的人。面对不公与欺凌，有人敢拍案而起；面对侵略，有人慷慨赴死……"

朝老太爷看着满街的唐人尸体，忽然间老泪纵横，然后又笑了起来，看着观主大声喝道："……临大节而不可夺，君子也！"

苍老的声音在朱雀大道、在风雪中回响，在冬柳雪湖上回响，在青峡前回响，在崤山里回响，在东疆、在北疆、在唐国的每一寸土地上回响。

可托六尺之孤，可寄百里之命，临大节而不可夺，君子也！

"我大唐从来都不缺少这样的人。大唐就是君子国。"

朝老太爷盯着观主的眼睛，厉声说道："如此美好的国度却要被你们这些贼老道从人间毁掉，你还问我是否甘心……"

他举起拐杖便准备砸过去。

"我甘你奶奶！"

——猫腻《将夜》：第四卷 垂幕之年 第一百七十六章 君子国的不甘（下）

因为，在这里，我们有一个核心的观念：中国本身就是一部正在形成而尚未完成的"网络"小说；每一个中国人都是主角，或者说，每一个中国人都是最重要的书写者；中国这部"网络"小说是由14亿中国人"众创"而成的。

而中国网络文学，是中国这部"众创"作品的重要组成部分；每一个网络作家创作的网络小说，都是这个我们"尚未完全充分认识其力量的文本"的细节内容。①

所以，"中国"这个现实的文本和中国网络小说这种虚构的世界，如何不能"互文"，互相进行"解读"和"诠释"？

因此，我们从来不会将一部网络小说作品当作一种"孤立的文本"，而是会将其放置于整个时代的语境和现实潮流之中，去进行解读和诠释。甚至，我们根本就不会局限于所谓"文学""文本"或者"作品"的定义和概念，将其仅仅视为一种由作家在网络上创作和表达，然后由用户传播、分享，以及评论和再创造的"内容"，而是一种在社会现实生活中不断解构、重组并切实发生影响力、塑造力的"实践"——创作是一种"实践"，阅读也是一种"实践"，评论也是一种"实践"。

中国网络小说这种已经形成的网络"作品"，在中国这种尚未完成的网络"文本"中，在"互文"的实践框架体系下，正在"形塑"某种特定类型、阶层和群体甚至整个中国人的自我画像、生活方式、族群认同和价值观念。

因此，阅读网络小说，就是在阅读中国；众创"中国"这部作品，就是在书写我们的第二人生。

---

① 参阅庄庸、杨丽君主编：《中国网络文学阅读核心书目（第1季）：中国本身就是一部正在形成而尚未完成的"网络"小说》，华语网络文学智库丛书，中国青年出版社，2019年版。

第三节 建构：
众创中国这部正在形成而尚未完成的"网络"小说

"资本论"是以"商品"这个基元细胞为逻辑起点，构建起一个宏伟的理论大厦的。

从"中国网络小说"这样一种"微观的作品"，到"中国"这样一种"宏伟的文本"，那种"构建"的基元、逻辑和力量，到底是什么？

这正是我们以"中国"文本和网络小说"互文"，对《将夜》进行解读和诠释时致力于解决的核心问题。

在《将夜》大唐蚁民的故事体系和"中国"大国崛起强国富民的现实体系之间，我们能否找到中国网络小说"构建"的基元、逻辑和力量？

作品为世界立法。

作品不仅仅是对现实生活的折射和映照，更是对它的解构、重组和重构，亦即赋予其新的形式、秩序和意义；更重要的是，作品求真、求善、求美，于探索和发掘宇宙的暗黑森林法则、世界的丛林法则、现实生活的折叠空间基础之上，切实反射着我们对美好生活的向往和期盼——我们应该如何为这种美好生活而奋斗，获得这种美好生活的创造权、贡献力和成就感，从而真正在物质文明、精神文明和制度文明的创造之中，推动中国国家治理体系现代化、全球治理体系变革、世界新秩序重建，为建设更加美好的世界提出真正的中国方案？

作品为世界立法，更重要的意义就在于此。我们不是面向"过去"，而是立足于"当下"，着眼于"未来"，创造一个更美好的世界、更美好的秩序、更美好的未来。现实的作品，是对未来的预演。未来是被我们创造出来的。中国这部未完成的网络"小说"，到底应该如何写，这是每一个参与"众创"的中国人特别是中国青年都应该思考和探索的。

宁缺忽然说道："我懂了。"

　　夫子沉默片刻后说道："我也懂了。"

　　宁缺说道："老师您错了，小师叔也错了，反而莲生是对的。"

　　夫子叹息着说道："不错。如今看来他才是对的。"

　　宁缺说道："还来得及吗？"

　　"我此时已经在路上，自然来不及回头。而且这是我的故事，我要去试试自己的方法究竟能不能行。至于以后故事怎么写，那是你的事情。"

　　宁缺说道："我担心自己没有能力写这个故事。"

　　"没有冥王，也可以说有很多冥王。昊天是冥王，因为它要降下永夜惩罚人类；我是冥王，因为我要逆天；她也是冥王，因为她就是昊天；你也是冥王，因为你来自另一个世界。按照你的说法，那个世界最广阔的区域，都处于极端的寒冷之中。如果我不行，那么你就必须行。"

　　夫子看着他说道："事实上，从你开始修行的那一天开始，你就有且一直有这种能力。你可以改变这个世界，现在或者以后，只看你如何选择。"

　　——猫腻《将夜》：第四卷 垂幕之年 第七十六章 身在黑暗，脚踩光明

　　就像《将夜》里面的夫子对宁缺说的，这终究是你自己的故事。你的故事到底应该写成什么样子，那是你应该考虑的问题。

　　我们每一个人都应该为中国这个故事写成什么样子负责。

　　这就是我们研究"蚂蚁哲学"的出发点和目的：通过对《将夜》作品的解读和诠释，寻找众创中国这部网络小说所需要建构的基元、力量和逻辑。

第四节 阅读新范式：
从"庖丁解牛"到"社交、社群、社区和社会网络时代"

为什么我们把自己对《将夜》的庖丁解牛方法，概括为"解读—诠释—建构"？

因为当下，中国青年阅读范式正在发生新的重大转移。

中国网络文学、内容创生行业以及整个泛文化娱乐全产业链，正在从传统需求—供给模式"文本/作品/产品中心论"，历经泛文娱创新供给模式"产品—粉丝互动论"，转向以用户社交、社群、社区和社会网络为接口"连接世界"的新文化/文艺机制体制。

粉丝经济要求作者（内容创生者）要和受众建立更亲密的互动关系。这种观点在当下仍然是主流，并引导着从中国网络文学到整个泛文化娱乐全产业链的内容创生机制。但这种观念，仍然局限于文本—受众的传统关系模式，已经不能与当下的创作实践和创新风潮相匹配，甚至会滞后和脱节。

事实上，当下和未来的趋势，不是内容创生者和受众之间建立更亲密的关系，而是，你和你的文本，在受众之间构建的连接世界（如社交/社群/社区/社会网络）中，处于什么样的位置？

因为现在，内容创生者及文本本身，不过是受众构建彼此之间新型社群关系的媒介而已。所以，我们从"弹幕吐槽"刷屏，到新媒体对任何一种官方文本（如各大商业公司危机公关的官方声明）的解构、重构、反讽或者幽默衍生式的肢解，再到网络文字、新媒体、内容创生以及各种新文艺文化形态业态……都能看到从内容创生、技术触达到媒介传播的重心的根本转移：受众，正在以所有文本为媒介，构建自己的社交场景、趣缘社群、社区圈层和社会网络关系，形塑自我意识、文化建构和治理基元体系，并连接成一个世界；而在这种连接运动之中，你的文本能不能找到自己留在场中甚至场中央的位置，就成为关键中的关键。

否则，受众并不介意将你以及你整个文本抛到场外去——对不起，这场狂欢虽然因你而起，但最终，其实与你无关。

这才是接下来从中国网络文学、内容创生行业到整个泛文化娱乐全产业链，必须直面的形态、业态与整个生态系统重塑之轴。

现在，流行的阅读解读方法，以及文艺理论评论方法，仍然是"传统文本中心论"，以作家作品为中心。

所以，在解读作品时，仍然会以此为轴心问出一系列的问题：作者是谁？他是什么背景？为什么要写这部作品？这部作品表现了他什么样的意图、观点和思想？如何反映了他和他所处的时代？……

我们认为他是时代的代言人。不管是他主动为时代代言，还是时代强制性地选择他为自己代言，作者和作品事实上都是社会思潮和时代精神的传声筒——不管是主动的，还是被动的，那种庞大的时代潮流都在裹挟着作者往前走，不可避免地穿透了他敏感而脆薄的灵魂，并且通过他的嘴和手传递了出来。

因此，传统文本中心论，认为作者会不可避免地深受他所处的生活、社会和时代状态的影响，被强制阐释他所认知的这个世界——不管这个客观存在的世界和他主观阐释的世界，存在多少微妙的差异。

但传统文本中心论的核心观点，认为存在着这样一种以主观来表达客观的"强制阐释机制"。因此，我们既要关心作家的"主观意图"，又要关心世界的客观存在，以及把两者关联起来的"文本"原型（模型）。

按照这种"强制诠释世界"的机制：世界本身是物质的，时代、社会和生活都在直接而客观地影响着我们对它们的认知、理解和接受；但作家在创作和创造作品时，事实上只能通过他的感官和大脑构建的模型去解读、诠释和建构世界；但客观存在的世界和他主观诠释的世界，是相互独立的——而且文本中最终被解读、诠释和建构的世界，也与这两种客观世界和主观理解相互独立。

它们并不是外部客观存在的完整世界的微缩影象，也不仅仅是作者主观上理解的世界的完整呈现——对于两者来说，它或许都只是一个碎片，却被强制诠释成一个"大一统"的世界。

"当年的先祖们疆域百倍于我们这些子孙,人口百倍于我们这些子孙,强者更是繁若夜穹星辰,数不胜数,尚且亡于唐人之手。如今我部在热海艰难煎熬千年,也不过数十万子民,哪里能与先祖们相提并论,又凭什么藐视唐人?"

"现在我们需要关心的问题便是,一旦与唐人接触,应该如何处理。"

帐篷内响起应答声:"我们不要中原人的土地,抢夺回来的是自己的草原。就算蛮人王庭被我们赶到南边,与中原人发生争执,又与我们有何干系?"

有人担忧地说道:"我族南迁终究违背了千年之前与唐人签下的协议。如果唐人借此发难,又该如何应对?"

老人目光微垂,说道:"左帐王庭,右帐王庭,金帐王庭,千年之后的草原上就只剩下了一些蛮子。而我们这些天可汗真正的子孙,却被迫在热海旁艰难过活。若真能活下去倒也罢了,然而如今既然活不下去,南迁也是必然之举。黑夜在前,死亡在后,什么协议相对都没有意义。"

然后他抬起头来,看着帐内荒人族内最重要的人们,沉声说道:"但若能避免与唐帝国的战争,那便一定要避免。唐人若遣使前来责问,好生应对便是。"

帐内众人齐声应是。

——猫腻《将夜》:第一卷 清晨的帝国 第一百八十七章 看西边

也就是说,文本中的世界,其实只是一种被解读、诠释和建构起来的模型。以这个模型来解读、诠释和建构世界,不仅仅跟外部世界有关,或跟作者内在心灵世界有关,还跟"学科"自身演化和发展过程有关——也就是说,这种解读、诠释和建构世界的模型,其实跟那种名叫文学、故事或影视等形态与业态的"知识谱系"有关,比如:文化母题、故事原型、类型模式;个体—大众心理、社会—国民心态、民族—国家集体情结与人类集体无意识;题材、流派和风格……

总而言之,任何文本都会被强制置放于一种名叫文学、故事和影视"学科历史"的脉络之中:我们观察、认知和理解外部客观存在的世界,我们表达内心主观世界的经验、体验和实验,以及我们在文本中解读、诠释和建构整个世界的

"模型"及其故事和理论框架，都要受制于这名叫文学、故事或影视等"学科"的历史、"专业"的技术，以及那些将继续塑造它们"讲故事、表达情感和思想的套路"的社会、文化和时代生态系统。

因此，"以文本为中心"，其实重在解读、诠释和建构作者、作品和世界（生活、社会和时代）的关系。它其实跟我们无关。

文本/作品/产品中心论，不可避免地将"受众（读者/用户）—文本（作品/产品）—作者（创作和生产者）"限定为一种单向度的关系。

因此，它总会从界定和分析用户及其需求的角度出发，来倒逼作者（创作和生产者），提供特定的文本、作品和产品，以满足所界定和分析的那些新需求或者未得到充分满足的细分需求……

但这种机制体制，却从未真正解决一个核心问题：那些需求会不会像"刻舟求剑"一样，从你界定和分析的那一刻起，已经"不在那里"？

第五节 泛文娱创新供给模式：
产品—受众互动关系中的粉丝经济论

当下，以中国网络文学为代表，泛文娱需求和供给的匹配、荐送和反向定制等变化的轨迹，完全是以文本（作品/产品）—受众（读者/用户）互动关系中的粉丝经济为轴心旋转。

换句话说，"粉丝经济"形成了——受众变了。

受众变了，粉丝驱动经济，重构了包括网络文学、内容创生和影视文娱在内的整个泛文化娱乐全产业链的形态、业态和生态系统。

粉丝经济要求从作者到内容创生者，都须在产品和受众之间建立更亲密的互动关系。这种观点在当下仍然是主流，并引导整个泛文娱内容创作自主发展和生产引导体制机制的重建。

泛文娱的所有关键环节，确实是因之而变，如以中国网络文学为代表的网络出版，以两微一端（微信、微博和APP客户端）为代表的内容创生，以网络影视、动漫、游戏和综艺等为代表的网络文艺和泛文娱新机制……除了出版发行这个最后的堡垒。

于是，从中国网络文学的创作和生产，到泛文化娱乐全产业链中的整个IP化进程，都有一个明显的倾向，就是以"粉丝"为中心，特别注重粉丝的需求，并以此来倒逼内容供给的创新与变革，同时期待构建起一种良好的"作品/产品—粉丝"互动机制与体制。

"讨好粉丝"（媚粉），甚至成为一种很重要的策略和手段。

就如《将夜》在IP化过程中，导演和制作方在官方软文宣传中，一直很强调作品的改编非常注重粉丝的感受、需求和接受度。

但这里面，有一个微妙的差异需要辨析：

他们是要构建原著者（作家／作品）和粉丝的互动机制与体制呢？还是要构建明星人设和粉丝的互动模式？

IP化过程中，其实没有对此进行精密的区分，因此带来了许多微妙却很根本的差异和迁移：我们以为IP化的重点是为作品／产品中的人设（人物角色设计），重新构建与粉丝良好的互动机制；但是最后发现，重心却偏移到了为扮演这个角色的明星偶像人设打造"粉丝值"——以至于引导粉丝追的，不是角色，而是明星。

就像不同IP中的粉丝迁移，是因为一个明星，而不是作品本身。从《楚乔传》迁移到《知否，知否，应是绿肥红瘦》（下文简称《知否》），不是因为IP本身，而是因为主演都是赵丽颖。

因此，这样的粉丝价值，对于网络文学的IP作品本身来说，是否增效，值得存疑。对于明星人设来说，做的只是存量，而不是增量。

比如，从《楚乔传》到《知否》，赵丽颖的粉丝值，其实并不会因为IP化中的粉丝战略而受益。因为，一旦焦点是明星人设本身，而不是角色人设，粉丝从存量到增量、从黏性到用户时长（消费投资）……就决定了估值空间的拓展。

但不管如何，IP化中的粉丝策略，其实是在"文本／作品／产品中心论"和"用户社群"之间，搭起了一座桥梁，也构建起了一个缓冲地带——趣缘社群。用户、受众和粉丝因为兴趣和机缘，不停地细分和重组成一个个的社交、社群、社区和社会网络化的"亚文化×微社群"部落。

但是，不是每一部网络文学作品在创作、生产和IP化中，都甘愿受到粉丝中心论的宰制。每一个作者或者导演，都有"作品为世界立法"的王之情结：我希望主导整个作品；我希望在作品中创造一个世界；我为这个世界立法；而所有人都必须遵守我在这个世界里立的法，亦即游戏规则——读者也不例外；哪怕庞大的粉丝群体，也应该遵循我的地盘上所有的游戏规则——我的地盘我做主。

因此，即使文本/作品/产品中心论不断地被解构，每一个作者或者内容创生者也仍然基于根深蒂固的王（神）之情结，企图主宰这种"创世权"！创作、生产和IP化的第一个出发点，也必须是强化而不是弱化这种"王或者神的创世权"：

从造词、议题设置到思想生态的重塑,每一个人都希望把这个创世权的权杖,掌控到自己的手里,而不是拱手让于粉丝或者其他解读、诠释和建构者。

然而,粉丝由于庞大的体量、严密的组织以及现在新的动员能力,已经获得了强大的议价能力。因此,网络文学创作、生产和IP化的重心,正在从内容专业创生者(PGC)的供给侧,移向粉丝互动或中心论的需求侧。

粉丝的需求倒逼内容供给侧的结构性改革——变革与创新,都以粉丝的需求侧为旋转的轴心,从利益诉求到审美趣味和接受机制。

但这个过程,带来了内容下移的问题:满足受众的需求,变成了贴近甚至迎合粉丝的需求——当这种需求满足变成了一种"媚×"的行为,整个生产机制就变质了,甚至变成了三俗论(粗俗、低俗和媚俗)和快感娱乐驱动机制,甚至出现了"低俗者也有低俗化满足的权利"等论调。

创世论的精英或者专业生产者,趁机发起了反扑。他们可以利用的点,恰恰就是"低俗权"的主张。并且,他们借用"三精论"(思想精深、艺术精湛、制作精良),来打压"三俗论"。双方在中国网络文学甚至整个泛文娱市场,发动了激烈的战争,所采用的策略如出一辙:

第一步,造词或者利用现成的词,先占领权利诉求的制高点——如反方:低俗者也有低俗化满足的权利。或正方:三俗作品不是新时代中国特色社会主义文艺的重要组成部分,因此没有合法生存和发展的空间。

第二步,议题设置,操控并掌握话语权、舆论权和文化领导权。

第三步,重塑脑图,重塑思想生态系统……

我们把这种战争,称为"制脑权"——双方都在抢占制霸大脑这个人类终极疆域的核心控制权。

这就是近年来在中国网络文学和整个泛文娱领域的产品—受众互动关系中的粉丝"制脑权战争"。

第二章

连接世界:

从『社交、社群、社区和社会网络时代』到『生而如蚁美如神』

猫腻和《将夜》只是一个接口。

他/它把每一个"独孤星球"和所有人的"沟通宇宙"连接成了一个整体——我们把这个社交、社群、社区和社会网络时代的世界，命名为"连接世界"。

这使得我们在解读、诠释和建构猫腻的《将夜》时，有了一种全新的理念、立场和方法：我们所遵循的不是传统文本/作家/作品中心论，甚至不是泛文娱的受众—产品互动论（尤其是粉丝中心化），而是用户网络社会（社交、社群、社区和社会网络）时代的连接世界。

解读猫腻和《将夜》的"蚂蚁哲学"，是为了诠释我们"活着且为了活得更美好"的时代境遇，构建起"生而如蚁美如神"的美好生活指数。

"蚂蚁哲学"是猫腻一直贯穿《将夜》全文的思考。人类就像蚂蚁一样渺小，面对那种裹挟一切的时代潮流，深深产生"无力驾驭"的感觉——21世纪以来，中国人最深切的感受是什么？就是这种"无力驾驭感"！

在这个时代，现实世界是如此的庞大，我们是如此的渺小！就像一只蚂蚁，直面浩瀚的星空，往往有一种极度的无力感。关键还在于，并不只是在那些重大的世界性事务面前，我们才会有这种无力感；当我们试图紧握人生的小方向盘，驾驭自己的个人事务时，也往往会有这种无力驾驭的无力感！

这是一种无力干预重大事务，甚至连自己生活中的小事都无力驾驭的渺小感。这个社会、时代和世界的重大事务完全在我们的掌握之外，"小人物没有什么可为的"；而关系到我们切身利益的个人事务又往往控制着我们，"有时候我感觉我无论如何都不能控制自己的生活"——尽管我们无不努力用双手牢牢掌握着自己的方向盘，但"无论我做什么，事情都不会按我的方式进行！"①

但是，渺小也是美丽的。即使渺小如蚁，事小如斯，为了追求美好生活，我们也要有去推动时代车轮的勇气和担当！

这就是"生而如蚁美如神"。

---

① 参阅庄庸、王秀庭：《网络文学评论评价体系构建：从"顶层设计"到"基层创新"》，"互联网+"新文艺丛书，福建教育出版社，2016年版。

第一节 用户网络社会时代：
从"主角是英雄"到"读者才是主角"

比"新受众"更为重要的，是"新需求"。

千百年来，主宰着人类讲故事和听故事的核心模式之一，就是"超级英雄"。比如，从史诗神话中的千面英雄，到漫威宇宙中的超级英雄——他们都有"救世主"的人设，把普通人拯救出水深火热。

但是，21世纪以来，整个时代的精神正在发生变化。

从"草根逆袭"到"主角为王"，宰制中国网络文学二十多年发展的爽文时代，映射了普通人可以通过"金手指"成为绝世强者的心理需求机制。

这和超级英雄的诞生机制是完全不同的：超级英雄渴望成为白马王子、白袍骑士和救世主，把解放的力量融入外来者的力量；

但是，"逆袭为王"却把解救的机制，放在自己身上：我就是王，我就是主角，世界因我而变——不是我为世界而变，而是世界为我而变。

无论是九个王子围绕着我一个人转的言情争爱，还是穿越救国、重生第二人生，都体现出这样的特别。

于是，从超级英雄到草根逆袭，千百年的救世主论调被解构和重构。中国网络文学改变了接续千年的爽点机制：从"超级英雄"的期望值，到"我就是王"的代入感。而这种改变是根本性的。

但是，当下，国家意志和国民心态两股潮流汇合，夹逼整个中国重塑"国家英雄或国民英雄"——网络文学如何变革和创新，才能重塑国家英雄、国民英雄，特别是"人民英雄"？

英雄是人民群众的杰出代表；而人民群众是谁？就是我和"我"们！而"我"们的爽点机制是什么？就是：我们不是配角、跑龙套的！我们更不是炮灰。

我们就是自带光环的时代主角。

于是，需求倒逼供给侧的变革与创新，网络文学就需要在这两种机制之中找到恰当的结合点、平衡点和引爆点。

当历史上那些超级英雄一一出场时，我们已经不习惯当配角、跑龙套，甚至成为那个很悲催的被拯救者了——当吃瓜群众，搬个小板凳，嗑点香瓜子，我们就是打酱油的：把超级英雄的拯救之旅，当作马戏团耍猴的，围观一下，评头论足一下，偶尔嫌一下他的颜值不够高，也就罢了。

结果猝不及防地被背后一股不知来路的力量狠狠地推进了场，变成了场中人，当配角、跑龙套，甚至还得配合超级英雄及与其相爱相杀的绝世仇敌，成为那个被解拯或被暗杀的人！

这怎么可以！

小爷/老娘——我——不干了！

我才是那独一无二的主角好不好！

你们，是系统指定给我当配角的好不好！

搞清楚自己的身份、角色和台词！别抢小爷我的戏！

……

这种"我才是主角"的心理需求机制，主导了整个作品的创作和生产——缺什么，就补什么。每个在现实生活中做着主角的梦，干着配角的活，甚至仅仅是个跑龙套的，更悲催的是还时不时成为炮灰的人，都希望通过"小说映照现实、故事弥补缺憾"的替代机制，在故事世界里，真正成为"一切都是我说了算""地球以我为中心旋转""整个世界因我而变"，甚至"我就站在宇宙的中心，拥有全部的爱"的创世主角色。

换句话说——我才是英雄！

请注意，说这句话的，不是作者，不是作品中的主角；而是读者，是受众，是用户，是粉丝，是每一个面对作家作品中的主角进行"阅读和解读"的人。

第二节 接口理论：
从"故事世界"到"新社会现实感"

这改变了网络文学的创生、传播和触达机制。

你还在以作家作品文本为中心，审视你的读者、受众和粉丝，以为他们真的以你为王、以你为神、以你为创造世界的上帝而旋转吗？

错了！

受众和你是平等的。你们互鉴、交流和融合的关系，才是彼此亲疏远近的轴心。作品、文本、故事，不过是你们沟通的语言和媒介而已。

这还不是真相的全部。

真相是：作品只是一个接口，让每一个独孤星球都能连接宇宙。它让你和整个世界都连接在一起了。

也就是说，作者在创作和生产作品时，其实并不只是在表达他自己，也是通过这种故事星球的接口，跟意想不到的人发生了连接，跟一个意想不到的群体、一个意想不到的世界、一个意想不到的宇宙……连接起来，并连接成一个整体，被接入一个更大的世界、更多重的宇宙之中，从此不再孤独。

读者、受众和粉丝也是一样的。

他们都有把自己跟整个世界连接起来的需求；他们都预留了许多接口；他们都已经、正在、即将成为连接人。

而你和你的作品，不过是一个接口。

宁缺之所以会被选中，和他今天在墨卷上留下的簪花小楷还有对数科试题的迅捷反应有关。书院方面认为他应该有修行方面的潜质；然而负责检查身体的教习却极少见地失了手，失望地发现他气海雪山里居然诸窍不通。

只不过再次经受一次希望与失望的转换。如果无所谓希望，也便无所谓失望。宁缺非常清楚自己的身体状况，所以能够平静对待。

谢承运是在南晋时便已经踏入了修行之途，当然没有什么兴奋的点。而王颖诸人今日才知道自己有可能踏入传说中的玄妙之门，却是难抑激动兴奋。

"我不行。"宁缺摊开双手，向众人解释道，"噢……不能说不行……教习说我的意志力没问题，就是雪山气海差了些，身体不适合修行。"

书院点名召唤七人，就他一个人没能通过检查。石坪上的考生们望向他的目光变得复杂起来。有些眼中的隐隐敌意变成了同情，当然也偶有几人眼中全是嘲讽。

唐人尊重强者，但并不会歧视弱者。千年风流养就了他们宽容大气的心境。先前一直看宁缺不顺眼的司徒依兰看着他叹息了一声，同情安慰地说道："不用太失望，能修行的人终究是少数。你看我们不一样没办法。"

"这话有理，而且不能修行也不见得就是废柴。"宁缺从桑桑手里接过水壶喝了口，望着她笑着说道，"我是专业砍柴的。"

说完这句话，主仆二人在暮色下向书院外走去。

——猫腻《将夜》：第一卷 清晨的帝国 第七十七章 暮色中的"学术讨论"

你和作品提供了一个接口。

这个接口很关键，值得你以及你的读者重视；但是也不能太重视，重视到以为自己就是王、读者就是臣仆——他跟你一样，也渴望"我就是主角""我就是王"的代入感。

所以，你可以对你和作品为他提供了这个世界的接口认真，但是不可以太当真。他因你而接入这个世界；他在这个世界，仍然会以他自己为中心，认为他才是舞台的主角；他正在站在宇宙的中心呼唤爱——剑来！

于是，你和你的作品就来了！成了他手中的倚天剑、屠龙刀——斩断跟主角、跟作品、跟你的羁绊！

"我知道你们已经做好了赴死的准备。先前告诉你神殿的要求，不是为了羞辱你，而是希望你们能够重新拥有希望。希望是那样的美好，随后的绝望那该是多么的痛苦，就像死在诸阀手里的那些官兵们一样。"

宁缺说道："这确实不是我大唐军民的行事风格，只不过我向来都是个非典型唐人。为了把痛苦回赠给对手，我可以做很多事情，我会非常有耐心。你们将是第一批体会到的人，而必然不会是最后一批。"

崔掞的脸色苍白无比。先前听到西陵神殿要求唐国把自己在内的数百族人送回清河郡时，他的眼眸深处曾经掠过一丝喜色；此时那些喜色早已消失无踪，也看不到任何希望，便是平静也不复存在，只剩下绝望。

"先前隐约听到了些压抑的欢呼声，想来我们的谈话已经传遍会馆。想着那些欢呼声稍后便会变成惨呼，我就觉得身心愉悦。"

宁缺说完这句话，抽出朴刀向前送去。

噗的一声轻响，锋利而沉重的刀锋缓慢地捅穿崔掞的腹部。

宁缺开始拔刀，动作很缓慢、很温柔，所以崔掞非常痛苦。

崔掞捂着流血的腹部，缓慢地坐倒在椅上，脸色苍白，胸膛不停起伏，显得痛苦万分，却一时无法死去。

——猫腻《将夜》：第四卷 垂幕之年 第二百零五章 不借春雨洗我血

为什么？这样，才会有一种掌控自己人生的感觉。

当整个世界宏大的事务都跟自己没有关系，人生的小方向盘也无法驾驭，每天却又被朋友圈等碎片化的刷屏、聊天、点赞裹挟着往前走时……他们实际上，在这个时代的潮流中，就像浮萍，找不到自己的根系，固定不下来，也无法与他人真正地关联在一起。

因此，他们迫切地需要通过从"人"变"从"，人人成"众"，与世界连接起来，并站在宇宙的中心，掌控自己的人生。

这才是接下来从网络文学、内容创生到整个泛文化娱乐全产业链和大文创全价值链，必须直面的形态、业态与整个生态系统重塑之轴：从"人"到"从"再到"众"，让中国青年与整个世界连接起来，中国青年"阅读新范式"正在发生需求重心的根本性转移——所有的文本、作品和产品，都成为"连接世界"的社交、社群、社区和社会网络的"接口"。

第三节 连接世界：
从"独孤星球"到"沟通宇宙"

"连接世界"可能是当下中国人最典型的生存和社交关系。

网络文学能切中中国人的生存状态、集体境遇和时代关切（关爱）。所以，它体现出了中国人的社交关系和精神状态。

在这种社交、社群、社区和社会网络运动中，为什么大家并不关心某个事件/文本/作品本身呢？

如果只是关心某个事件/文本/作品本身，那么，就事谈事，就文本谈文本，就作品谈作品好了，为什么大家总是会由某个事件联系到某种社会问题，总是会从文本出发去挖掘某种舆情环境，总会在某部作品中去寻找某种身心灵可以安放的映照世界？

并且，所有这些，最后绕一个大圈子，都会回到：关切自身。

也就是说，我们从这个事件的阅读出发，走了大半个社会或地球，最后一定会回到切身相关的利益和精神诉求——我们为什么要读它啊？因为，我们想通过它，和某个世界连接起来。

它其实只是一个桥梁、一个媒介、一个接口而已。

因此，我们与其说：最后会定义"这是一部什么样的作品"（这是一个什么样的事件/文本/故事），定性"它好与坏、好看不好看、价值观表达正确与否、构建了什么样的世界观"，继而定位"它在中国网络文学二十多年发展史上的身份、位置"——比如说，《将夜》是网文史上×××的开创之作"……不如说：我们真正想问的问题是——这部作品到底会把我们—作者、其他读者—作品本身……连接成一个什么样的世界？

因此，对猫腻《将夜》的解读与诠释，对中国网络文学的评论与评价，已经

第二章 连接世界：
从"社交、社群、社区和社会网络时代"到"生而如蚁美如神"

从"这是什么"（定义）、"它怎么样"（定性）、"它凭什么入史、入流、入典"（定位），转向了：《将夜》把我们从"人""从"到"众"，连接成了一个什么样的世界？

以《将夜》为接口，我们和整个世界连接起来，最后会形成一个什么样的"连接宇宙"？

而这个连接宇宙，与我们切身相关——我是谁？我从哪里来？我要到哪里去？我处于何种状态之中？我能做出什么样的选择？又将得到什么样的结果？

或者换个问题来问猫腻和《将夜》：它提供了什么样的接口？让作者和什么样的世界连接起来？

粉丝、用户、受众，以此为接口，跟什么样的世界连接起来？

我们通过这部作品，"连接世界""连接宇宙"——到底连接成了什么样的世界、宇宙和人？

这一切的问题，都有一个基本的前提：这一切到底是怎么发生的？

只有宁缺依旧警惕。从战斗开始到现在始终像个鹌鹑般藏在落叶中的他，盯着大树旁那名浑身浴血的中年书生，握着弓箭缓慢逐寸移动着身体，寻找着最佳的冷射位置。

大唐帝国看待荣誉重于生命。无论是士大夫还是市民阶层都格外推崇风范气度。在他们看来，敌人苦战将死之时，应该得到和他实力身份相符的尊重。

此刻将要死去的是一名地位尊崇的大剑师，所以侍卫首领会领首还礼。哪怕对方杀死了自己很多忠心耿耿的下属，吕清臣还是会和他说话释疑，让他完成生命最后的言语交代。

宁缺从来就不是一个典型的唐人。

他看重荣誉，但坚持认为荣耀即吾命是废话，并不认为世界上有比生命更重要的东西，即便有也不会是荣耀。

他是个小小的边城军卒，根本不了解这些强大的修行者战斗的方式，甚至今天才是他第一次看到这种战斗。

但今天那位大剑师既然成了他的敌人，那么他就会一直保持警惕，时刻准备出手用任何方式去杀死对方。

　　从小艰辛流浪，在边塞里与蛮人刀口见血数年，让少年养成了一个根深蒂固的认知：只有死了的敌人才是安全的敌人，才是好敌人。也只有到那个时候，他或许才会脱下军帽，对敌人的尸体行注目礼，表示自己极有限度的尊重。

　　就在这时，异变陡生，或者说如他所预料的那般发生了。

　　　　——猫腻《将夜》：第一卷 清晨的帝国 第十二章 魔宗断指与边军闪箭

　　在当下这个连接宇宙的世界，作者已"隐"——就像上帝已经退隐出人们的视线。

　　作者曾经被视为上帝。

　　但这个上帝已然归隐。

　　我们曾说：上帝创造了世界。作者通过作品，创造一个世界。但现在，世界还在，创造权却已经被移交给了别人。

　　就像我们爱说的"作品为世界立法"，整个重心、内涵和外延，也发生了迁移：作者创造了世界，然后为世界立法吗？不是！作品自己为世界立法——而这种立法已经超出了作者的掌控。

　　作者已经隐名。他的名字，其实都只是一个马甲。

　　这个马甲其实已经不具备"真名之力"了——就像从古到今流传于各种文化与信仰中的"真名法则"。

　　我只要知道"你的名字"，就能掌握束缚或者隐藏于你的真名中的那种神奇力量。

　　但是，现在流行"网名"——网名法则，其实在解构和重构真名之力。

第四节 头号玩家：

从"真名法则"到"网络笔名"

网络作家的名字，其实已经和真人无关了。就算他现在频繁地出现于各种镁光灯之下，让人牢记的也是他的网名，而不是真名——

比如"猫腻"的网名，其实已经取代了"晓峰"这个真名，成为"你的名字"的通行证。

谈到《将夜》《间客》《择天记》，有几个知道这是晓峰写的？通常的表述是："这是猫腻写的。"

但这就对了吗？

在传统的语境里，"鲁迅原名周树人"是约定俗成的表述：鲁迅就是周树人，周树人就是鲁迅；这两个名字指的是同一个人。

我们现在把这种表述移植到网络语境里，试图表述为：猫腻就是晓峰，晓锋就是猫腻；这两个名字指的是同一个人。

没错。没毛病。但还是会显得很怪异。

在传统的语境里，这样的怪异也存在，但基本可以忽略不计。比如：《呐喊》是鲁迅写的；周树人写了《呐喊》；《呐喊》的作者既叫鲁迅又叫周树人。

我们把它同样移植到网络的语境里，这样的怪异就凸显了出来，被网络这个放大镜放大得不是一倍两倍。如：《将夜》是猫腻写的；晓峰写了《将夜》；《将夜》的作者既叫猫腻又叫晓峰。

好像也没错，也没毛病。但为什么会显得有些荒诞？特别是在从网络语境转向现实语境时。

现在网络作家开会，基本上都会在名单或者座签上这样写：猫腻（晓峰）。为什么？细节之中有学问——其实就是想淡化这种荒诞感，或者说，不适感。

真名和网名同时出现，才能匹配网络作家从虚拟网络到现实生活的通行证：这就是《将夜》的作者啊！

好吧，这样兜来兜去兜圈子，其实把某庄也兜晕了。

不如简单、直接、粗暴地说——为什么会出现这样的不适感，以及需要用类似的小细节，冲淡某些荒诞感？

因为，网络小说的作者其实正在与"名字的作品创造权"剥离——你的名字就是一种力量；这种力量放在作品的创作上，就是创造权。

尤其是"作品为世界立法"的创造权：谁创造了这个世界？谁又为这个世界立法？又是谁在用小说映照世界，甚至用作品的世界反向介入、干预甚至形塑现实的秩序？

这个"谁"现在其实变成了一个名字。

不是一个人——猫腻或者晓峰。

这两个名字被剥离开了：一个现实，一个虚拟。它们指向的尽管是同一个人，但其实是两种完全不同的形象。

就像"头号玩家"一样，你在真实生活里可能就是一个住在地下室的油腻中年人，但是，在虚拟形象里你就是一个颜值即正义的英俊少年。

这两个能画等号吗？或许能。每一个油腻中年人都有可能是从英俊少年蜕变而来的，仍然可以在大冬天扇着风骨扇（此梗出自《庆余年》)，故作轻描淡写地说：本尊出走半生，归来仍是少年（此梗出自电视剧版《择天记》）。

鹿晗现在确实可以这样说，因为，油腻中年的苟且人生离他尚且遥而远。但若是面对一个人生不仅仅有苟且而且还有诗和远方的粉丝少女来说，如果执拗地不顾钱钟书老爷子的劝诫，吃了那颗彩蛋，还想再看那只下了彩蛋的金母鸡，撕开屏幕，忽然发现那个虚拟世界里颜值无敌的英俊少年，居然是一个苟且而且只能苟活的油腻中年人——你想她会如何愤怒滔天？

即使你再怎么辩解"初心仍是少年"，也不能问天借来一块息壤，填平那堪比水漫金山的滔天巨浪！

人生是不能逆转的。

在网络上，谁也不知道对面是不是坐着一条狗。在人工智能时代真正来临之前，我们其实不用担心这个问题。但是，在现实生活中是个人，在虚拟世界里变身为一条狗，还是有可能的。

即使逆推的可能性不大（如在现实中是一条狗，在虚拟中却变身为人），但我们还是逐渐学习并习惯了把现实生活和虚拟世界分开。比如，猫腻就是写《将夜》的网络作家；他不是那个叫晓峰的人。

但这还不够。不但他的真名被剥离了和作品的关系，就是网络作家赖以成名的网名，也正在被剥离它与作品创造出来的世界的关系。

比如：猫腻"写了"《将夜》——这是对的；但是，猫腻"创造"了"将夜"——这正在成为一种错误的表述。

换句话说，猫腻写了《将夜》这部作品，但是，"将夜"这个世界的创造者，却不是猫腻——猫腻这个名字，正在和作品世界的创造权剥离开来。创造权正在发生移交。"作品为世界立法"，已经与猫腻这个名字无关，甚至与《将夜》这部作品无关。

因为，它们都只是一个"接口"——猫腻这个名字和《将夜》这部作品，是而且只是提供了一个"接口"——通过这个接口，猫腻把自己、《将夜》和"将夜"的世界体系连接成为一个整体。

而更多的人，却通过猫腻这个名字、《将夜》这部作品、"将夜"这个世界的"接口"，从"人"到"从"再到"众"，以及"众""众"成网，跟整个世界都连接起来，构成了一个更为广阔的"连接宇宙"。

这个连接宇宙，虽然以它们为由之出发、向之回归的接口，但其实已经与猫腻这个名字、《将夜》这部作品无关了。

因为，他和它，只是一个孤独星球；在和沟通宇宙连接成一个整体的连接世界时，他和它是而且只是一个接口。

我爱你，其实与你无关。

第五节 解读"蚂蚁哲学":
在"生命(弱小)如蚁"和"飞蚁(英雄)崇拜"之间

我们可以重构一个"为美好生活而奋斗"的新知识/见识/智识谱系,亦即按照国民思想市场需求的"阅读新范式",来对猫腻《将夜》的"蚂蚁哲学"进行解读。

我们可以借鉴中国古典文学"文法与创作批评体系"(如《西游记》注中对灵根谱系的文本解读方式,以及"龙脉"之说对于"草蛇灰线"写作方法的诠释),也可以从西方"叙事学"理论中掌握庖丁解牛文本的技巧(如从"符号结构学"到"空间并置"叙事技法)……

这两相结合,都可以让我们扎根于文本,全面解剖作品的"字法、句法、文法",以及"用笔、用墨、用纸"之术,同时深入字词句等"造词"能力后面的"故事体系"和"思路、逻辑和结构"体系。

但是,如何解读、诠释和建构《将夜》的思想观念、价值取向和世界观体系呢?

我们与其借助"外来"的理论来削足适履,剪裁其丰富的创作实践,为什么不从它的创作实践、创新风潮、重大理论和评论评价问题出发,去提炼总结出我们自己"科学化、专业化、学科化、智库化"的理论、评论和评价体系呢?

像"蚂蚁哲学""国族意识""时代问题(信仰与情感)"都是我们为这部作品造出来的"锐词"。但这个"锐词"正面临着如何"学理化"的难题——亦即如何把它当作一个"核心观点",进行分析论证,最终提炼总结成"理论体系"。而且,这种"理论体系"要具有"原型(模型)"范式,可以验证,也可以作为标准来衡量其他作品。

这种"理论建构的逻辑和力量",就来自"抽象力":解构——定义、定性和定位；重组——找出整部作品中的核心基元（细胞），然后以此为最基本的核心概念和逻辑起点，把作品的各个组成部分"解构"（把一种事物分解为它的各个组成部分），进行层层分析、定义和归纳（描述它不同的发展形式，发现其中的内在联系），然后再进行"重组"，重塑为完全不同的形态，发现其"涌现的整体"，并建构起自己的"理论大厦"。

老人笑道："我本以为你会问如今世上有哪些出名的大修行者、哪些出名的世外高人。看上去年轻男子本应该对这些东西更感兴趣些，没有想到你会问这些。"

宁缺双手扶膝，沉默很长时间后抬起头来，看着老人认真回答道："知道那些人世间的最强者，对于现在的我来说没有任何意义。他们是高飞在天的雄鹰，我只是在地上艰难爬行的蚂蚁。他们眼中不会有我，所以我的眼中也不必有他们。"

——猫腻《将夜》：第一卷 清晨的帝国 第二十一章 问道无矩

这种理论的构建力量和逻辑，从两个方向生发出来。

一是作品本身内部的"蚂蚁哲学"。生而如蚁，但美如神。人类如同蚂蚁一样渺小，所以在丛林法则中，弱者就被视为蚁族——生命如蚁。

在这样一种严密的等级体系之中，天道、神道、王道、霸道……都是"俯瞰"之姿，独独没有"人道"。

但是，蚂蚁之中也有"飞蚁"——所谓"摩西带领埃及民众出走记"，所谓"英雄揭竿而起"——这里面又有"英雄崇拜"的痕迹。

一部历史就是帝王将相、才子佳人、英雄豪强、士绅侠客等的历史，但独独没有蚁民、人民、普通民众的历史。

但是，《将夜》又不可能走向"人民叙事"——在他的文本中，从下而上的"人民创造历史"和"人民英雄论"是几乎不存在的。

他的作品中，也没有蚁民、流民、暴民……的历史。因为这样的历史，就会写成另外一部"地下帝王史"。那可能就真的是"潜规则""血酬定律""暗黑世界"了。

第六节 诠释"生而如蚁美如神"：
在"造神运动"和"人即神明"之间

在双重矛盾之中，《将夜》是如何构建那种"生而如蚁美如神"的历史的呢？

从蚁族暗黑的境遇（如悬空寺下的农奴），到不同飞蚁的抉择：夫子是抗天；小师叔是战天；知守观观主陈某是代天行事；酒徒是畏天苟活……总之，在攀升天道的过程中，有些人脱离了蚁族，成了飞蚁，走在从"蚁"到"人"再到"神"的不同道路上，或者说走在这条道路的不同位置上。

真正做到"生而如蚁美如神"的，或许就只有夫子、小师叔等书院诸人。

然而，正是在这种不同"参照"和"陪衬"之下，宁缺领悟并写出"大写的人"，方才真正验证了"生而如蚁美如神"的立地成神过程：昊天是聚信民之力，成就自己之道；而宁缺却是聚集民心、民情、民力，终究写出大大的"人"字——而这个"人"字，一撇一捺，立于天地之间。两个人相扶，便为"从"；而三人垒加，便为"众"……无数的"众"人交织在一起，便是"众"连接"众"的网络——我们将其命名为"连接世界"。

从"人"到"众"，宁缺写出这样的"符"，便是"网聚人的力量"。这种力量来自凡夫俗子、普通民众、芸芸众生……那些在天地之间、帝王将相等阶层等级之中，被视为像"蚂蚁"一样渺小的个人。

但是，正是这些渺小如蚁的人，汇聚起来，就形成了一股气势磅礴的力量。恰恰是这股力量，赋能于宁缺所写的"人"字、所书的"乂"符、所形成的"从"势以及最终汇聚而成的"众"力……字为符之法，符为字之势。来之于人，成之于众，这才是真正的"生而如蚁美如神"。

那个时候，宁缺只是"代言人"——是这种"生而如蚁美如神"的代言人。生而如蚁美如神的，不是加戴冠冕并自带光环的主角，而是这些隐身于主角光环、被掩盖了一切光彩且渺小如蚁的人。

但是，恰恰是这些渺小如蚁的人，才蕴藏着人世间真正磅礴的力量。

正是由于他们对凡间生活非常热爱，对这片土地爱得深沉，对这个城市以及自己的身份骄傲如斯……才让他们沦落尘间的"人性"之中，闪耀着超越"天国"的神性光辉。

"自己的事情自己做。"

那么人间的事情也应该人来做，大家一起来做。

宁缺睁开眼睛，发现自己还站在风雪长街之上。

他不知道是已经醒来，还是说依然在梦中。

他看着街上那些咬牙不肯发出惨呼的伤者，看着那些普通人的尸首，看着那两名身受重伤却倔强坚狠的少年，想明白了很多事情。

长安城不是城，是人，是生活在城里的每个人。

人间的力量，来自生活在这里的每一个人。

数人，数十人，数百人，数千人，数万人，千万人。

每个人的意愿与渴望，都是一种力量。

千万人的渴望，在一起便是人间的力量。

这种力量威力无穷，可以改变天地的容颜，可以对抗时间的流逝。

这种力量在莲生处，便是滔天的血浪。

这种力量在小师叔处，便是剑留下的痕迹。

这种力量在夫子处，便是破天的渴望。

但那都还不是这种力量的全部。

莲生得不到这种力量的认同，或者说他没有机会来调动这种力量。

小师叔千万人吾往矣，豪迈无双，所以孤单。

夫子堪为万世师，却忘了墨卷总是需要学生自己来写的。

颜瑟大师用一生的时间，在苦苦寻觅那个字。

那个字便代表着人间的力量。

但正如观主曾经说过的那样，那个字太过沉重。

千万人的意愿如何能不沉重。

而且千万人的意愿如何能够一样？

所以没有人能够写出那个字。

即便是夫子也写不出来。

此时的宁缺，终于清楚地看到了那个字。

他看到了朱雀大街上的很多人。

成千上万的普通人，为了同一个目的，走到了一起。

他们用血肉，筑起一座新的城墙。

众志，在此时，真的成城。

此间的千万人，他们的意愿与渴望是那样的强烈一致。

此间是人间的一部分。

对长安城来说，这是最绝望愤怒的时刻。

却是写出那个字最好的时刻。

——猫腻《将夜》：第四卷 垂幕之年 第一百七十八章 千万人

这种"人即神明"，昊天是不懂的。

叶苏当初也是不懂的——他像所有的"高等生物"俯瞰"低等动物"一样，最初是超脱于尘世间，游离于凡尘之外。别说人世间的俗世生活，他不会留恋；就连自己最亲爱的妹妹，他也弃如敝履。

但是，当他从天堂跌落尘埃，亲身体验了贱民如蚁，并于凡尘生活中体会了真正深沉而伟大的博爱时，他反而走通了"人性即神性"之道，开辟出了"新教"的道路。那一刻，他是人，而且是渺小如蚁的生民之人，但是，他同时也是"神"。因为蚁民之力，将他从"人"造成了"神"。

叶苏和宁缺，代表着两种不同的"生而如蚁美如神"的造神运动。

一个走的是宗教之路，由人成神，神立于人之众；一个走的是世俗道路，神则神矣，但仍然返归于人，神在众人中。

而他们这两种不同的造神运动，相对于儒释道的"造神运动"，又有何迥异呢？

第七节 构建"美好生活指数"：
在"蚁民活着哲学"和"国民新奋斗主义"之间

通过"生而如蚁美如神"，将《将夜》中的蚂蚁哲学和猫腻与我们一起生活的这个时代连接起来之后，我们如何构建"美好生活指数"呢？

现实生活中，对应《将夜》中的蚂蚁哲学，每个人其实都有一样的精神状态：渺小如蚁，但仍然有滚动时代车轮的勇气。

生而如蚁美如神。

活着，就要活得更美好。

只不过，在现实生活之中，"人民"是一个强大的话语系统。因为人民这个强大的话语系统，所以，每个人从法、理、情上都"有权选择自己最想要的生活"——不管有多少这样那样的缺憾，这都会赋予每一个人以强大的话语权和能量。

这与《将夜》之中的"蚁民"有着天壤之别。

但是——力量却是同源的。

他看到人类修筑房屋，有了村庄与道路；最后看到了一座雄城，矗立在平原之上，似乎要把天空给捅穿——那是长安城。

他行走在长安城里，看到了前些天曾经看过的包子铺、那些青石板，想起那日曾经感悟到的那道气息——那道只属于人间的力量。

这种力量可以改天换地。

这种力量可以战胜时间。

这种力量最普通也最不普通、最耀眼也最不起眼，是包子铺里的热雾或城墙里的一块青砖，但也是智慧的传承和不屈的反抗。

宁缺忽然间觉得非常感动。

这种力量是如此的伟大。

他却距离对方如此的近,能够拥有如此真实的感受。

他感觉到自己的渺小,却不像在面对昊天时,会因为自己的渺小而愤怒,只会因为自己的渺小而心生敬畏向往。

因为再渺小的他,也是这道力量里的一部分。

这道力量再伟大,也来自无数个渺小的他。

——猫腻《将夜》:第四卷 垂幕之年 第一百七十七章 如果天不能容我

政治、经济和阶层上的自我意识、身份和地位,赋予人以不同的意识和追求。这是一种根本性的差异。

正是因为这种"政治"属性的根本差异,导致人在经济和精神上的不同追求。从政治上,可以从个人信仰,诉诸国家信仰——国家信仰可以容纳个人信仰;个人信仰能够上升为国家信仰。

同样道理,个人梦想也能提升为国家梦想——人因梦想而出彩,国家因梦想而伟大;个人情感能够包容于国家情感,国家情感也因为个人情感而变得接地气,有人间烟火味儿。

正是由于这种被赋予的政治身份、地位和自我意识,所以,在社会现实生活之中,即使每个人都生而如蚁,但仍然有勇气和力量,寻找自己的梦想,并追爱和奋斗——这就是全民奋斗潮的由来。

活着,就要活得更美好。这种"为了美好生活而奋斗"的新奋斗主义,成为构建美好生活指数的轴心。

而这种美好生活指数,到底包含哪些指标呢?

首先就是生存权和发展权——活着,就是为了能够生存下去,而且不仅仅是解决温饱问题、解决基本的衣食住行。生存,也是要有质量的。

这种有质量的生存权,其实除了基本的衣食住行等物质消费之外,还有尊严、体面、荣誉等精神生存质量。

所有这些都要有获得感——想要和得到之间,最重要的,就是这种"获得感"指数。

如果一个国家供给得很多，但仍然没有让人民有"获得感"，那也是没有用的。

在"获得感指数"之上，就是"安全感指数""幸福感指数"和"美好感指数"……而这，就构成了整个"美好生活"的感受层次指数。

它类似于马斯洛的需求层次理论，但又略微有所区别。

它以生存发展为底基，以"欲望指数"为指标——包括衣食住行等物质消费需求和感官机能刺激的快（感）乐（娱乐）等精神消费需求。正是在这个基础上，才会产生所谓的"爽点时代的快乐文学"。

但是，随着时代和社会的发展，在"爽点时代的快乐文学"的基础上，逐渐出现了"社交文学：社交、社群、社区和社会网络时代"——网络社会（社群）重组运动，成为最重要的时代特征。

这主导了当下大多数泛文娱企业、行业和产业的商业模式。

而在这种社群时代的进化史上，可以预见的，就是未来的"自我实现与社会成就时代"——这是"人的全面发展"的核心。

然而，人要全面发展，就必须有一个全面完整的"人的发展生态系统"——这种生态系统包括什么呢？

政治、经济、文化、社会、生态……各种"制度文明"！这就是"美好生活"的核心精髓：从物质文明，到精神文明，再到制度文明……

美好生活必须靠这种文明滋养。

也就是说，这种对美好生活的向往，并不仅仅是渴求物质文明和精神文明的供给、满足和享受，而是期待获得赋能、赋权和赋予机遇，从而能够在物质文明、精神文明和制度文明方面，有所贡献、创造和成就（获得）。

这就是我们所说的当下中国人在为美好生活奋斗之时，所渴求的参与感、代入感和主角感。我们不是在索取、满足和享受"别人给予、赐予和赋予"的美好生活；我们要获得美好生活的创造权、贡献力和成就感（获得感）。

这才是从猫腻的"独孤星球"到我们这个时代的"沟通宇宙"，从"蚂蚁哲学"到"生而如蚁美如神"，从"活着"到"活得更美好"，我们在这个"连接世界"之中，要构建起的"美好生活指数"。

选文悦读　猫腻《朱雀记》：

人生这么苦，为什么这么多人愿意活着？

就猫腻自身系列创作史、二十年中国极简网络文学发展史和中国青年年轻世代迭代演变与需求嬗变史三条根本脉络的"关联度"来说，从《映秀十年事》到《朱雀记》，都代表着一种极其重要的"建基点"。

特别是在"从理想主义到现实主义"（网络文学发轫初期现象、潮流和趋势之变）、"自我PK规则"（年轻世代与整个世界的价值观和运作规则冲突）、"解读中国人"（网络文学是认识中国的最佳文本；中国本身就是一部"网络"小说）等关键议题之中，《映秀十年事》《朱雀记》都是很好的标本。猫腻后面三个阶段的里程碑式创作，都是在这样的基础之上转型升级，甚至转场升维的。

《朱雀记》这部小说是一部非著名少年妖怪神仙成长史，讲述了一个小红鸟在成长过程中减肥的故事。

它用整部故事回答了这个很重要的人生问题：人生这么苦，为什么这么多人愿意活着？

"我这才发现了一个很有趣的事实……人类，他们所寻求的快乐，往往就是建立在苦楚的基础之上，比如喝酒——那酒精明显是伤着他们的心神；雪让他们冷，所以他们专门去玩雪；夏天吃火锅特痛苦，所以他们吃得特别开心；按摩捏脚的时候，他们会痛得直叫唤，偏又乐在其中；坐过山车吓得哇哇大叫，偏那些公园里面，过山车前面排的队最长；登山吧，明明有可能摔死，雪山的下面，每年却没断过人……人类还真是有些自虐的倾向。不过也很厉害，本来就是充斥在他们生活中的苦楚，却被他们变成了一种美好。"

有生皆苦，但没有痛苦，如何能感受到欢乐？

人间不值得，但活着就好。

就我们的解读、诠释和建构而言，《映秀十年事》展现了少年意气、热血江湖，提出了自我与世界规则的"起点之问"：自我到底是遵循世界既有的规则，还是按照自己的意志让世界运转？

《朱雀记》展现了中后青春期叛逆、不"老"于世故，终于明确自我在与世界的冲突之中，应该有可遵循：就算是渺小如蚁的一个"人"，也应该把人生的小方向盘牢牢地掌握在自己的手里，而不是被时代的潮流裹挟，或被那一个个有形但隐性存在的人"安排"，甚至被那一只无形的命运之手主导和宰制——就像主角易天行发出的那一声怒吼和咆哮：凭什么孙悟空的命运要被佛祖安排？凭什么"我"的人生要被别人掌握？

第三部 围城　第二章 蕾蕾妈与鸟儿子（节选）

下午的时候，易天行回到了自己居住的小黑屋。本来想学几十年前的可怜人们吃忆苦饭一般，再去那个自己当年赖以为生的垃圾山上踏踏旧迹，不料却找不到了拾破烂的家什。那根前端分叉的竹棍也不知道哪里去了。他冥思苦想，才记起来，自己当时是顺手将这些塞到口袋里带到了省城。想到此节，他不由苦笑起来，早知道在省城里会遇见那么多神神道道的事情，自己哪里还敢有做一个伟大破烂王的美梦？

想到晚上蕾蕾要来，想到晚上就要在蕾蕾面前表露自己的妖异体质，易天行自然十分紧张。他先是将小黑屋好生打扮了一番。当然，做做清洁工作而已。接着去小池塘边将小朱雀召了下来，好生端详了许久。虽然还是不敢确定这小家伙能不能增加自己在蕾蕾面前过关的机会，但把牙一咬，心道：拼了！

一时盼着邹蕾蕾来，一时又怕邹蕾蕾来，就在这般忐忑的心情中，夜色渐渐降临。易天行去街上买了些小吃食，然后便像等待审查的犯人一样，双手放在膝盖上，坐得笔直，等待着那个姑娘的到来。

咯吱一声，邹蕾蕾怯生生地推门进来看了一眼，看见坐在床上作威武状的易天行，捂嘴偷笑，也放了心："这地方只来过一次，差点儿找不到地方了。"

易天行微笑道："先吃饭吧。吃完了和你说件事儿。"他尽力想把这件事说得轻描淡写一些，然后注意到了邹蕾蕾手上提的一个袋子。

"是什么？"他有些好奇。

邹蕾蕾走上前去，颇豪气地把他推开，将袋子里的东西拿了出来，将袋子里的东西铺到床上。易天行这才看清楚，是一床淡青色的被褥。原先易天行那破烂的被单，早就因为要断薛三儿一条腿的事情，被他撕成两半，去写了幅标语，挂在了海鸥商店外的大树上。

"真拿了床来啊？"易天行挠挠后脑勺。

邹蕾蕾笑着看了他一眼："你答应元旦回来看我，就真的回来了。我当时答应给你买新被子，当然也得做到。"

易天行感觉真窝心，心想有个女子关心自己真是人世间最快乐幸福的事情，眼眶将湿却赶紧嬉皮笑脸道："吃了饭再来。咱俩人待会儿在这新被褥上躺躺。"

邹蕾蕾难得没有嗔怪着吼他，反而幽幽道："何苦老在脸上摆出这副小丑神情来。"易天行一时默然，温柔应道："还是你最了解我。你也知道，我一大老爷们，总会不好意思的。"

昏暗却温暖的桔黄灯光下，这一对少年男女开始对桌上的吃食发起进攻。

蕾蕾递了张纸给易天行擦嘴，然后静静望着他："说吧，什么事情。"

易天行看着她的双眼，发现宁和的眼神只有信任，不由有些无来由的惊慌，就此沉默下来。不知过了多久，他才抬起自己的脑袋，有些吃力地说道："还记得有一天在江边我和你说过的话吗？"

邹蕾蕾似乎也感觉到了气氛有些怪异，强自笑道："我又不是你这个怪物天才，记性当然不如你。"

"当时我问你，如果我是个怪物怎么办？"

邹蕾蕾一笑，露出白白的牙，甜甜道："你本来就是怪物天才嘛。"

小姑娘这个回答和当时在江边的回答一样，甚至连神情也一样。易天行也与当时一样一笑无语，转头却看不到道路边上的江水在夕阳照耀下闪动着，只看见小黑屋里橘黄的灯光像一个怪物的眼睛一样悄悄眨着。

"我就是一个怪物。"易天行鼓足了无比的勇气，拿出了在归元寺里救小朱雀玩叠罗汉时的力量，拼出了与秦梓儿往武当狂奔时的决心，还带上了一丝"鸟逼火鸟"时的破罐子破摔精神……用蚊子哼哼一样大小的声音说出了这七个字。

小黑屋里一阵沉默。

易天行有些害怕，低头不敢言语。半晌之后抬起头，却有些莫名其妙地发现邹蕾蕾正用一种电视剧上常见的伤痛欲绝表情，眼眶里泛着泪花看着自己。

他一时慌了手脚："蕾蕾，别哭。乖，别哭啊。"慌了手脚，于是只好毛手毛脚地走上前去，想把这个惹人怜爱的姑娘搂在怀里。

不料却挨了一耳光，啪的一声脆响。

收回手掌，蕾蕾姑娘的眼里闪过一丝黯然，半晌之后幽幽然轻声道："说吧。"

易天行捂着自己的左脸，心想自己不是已经说过了吗？还要说什么？抖着声音又重复了一遍："我真是一个怪物。"

"你觉得这种借口有劲吗？"蕾蕾同学眼中的幽怨足以击倒五百个刀枪不入的易天行，"胡云来信里说了，你在省城经常不在学校。他和何伟找你人也找不到。你如果在那里认识了什么女孩子，和我直说就是。我邹蕾蕾难道还会与你厮脱不开？你也太小瞧我了吧？"

易天行瞠目结舌。哪里料到这妮子竟然是这般想法！脑中浮出诸般念头，一时既想去痛揍多嘴的胡云一顿；一时又想拜倒于地，为女人天生与众不同的思维模式大哭一场；一时……却又想起了秦梓儿那张秀丽无比的面容，心头莫名愧意渐起。他赶紧摇摇脑袋，把这些乱七八糟的念头甩开，苦笑着说道："你想到哪方面去了？"

蕾蕾姑娘虽然性子开朗可爱，但这时候想到易天行移情别恋，还用了这样一个蹩脚的借口来侮辱自己的智商，早就是又气又怒又伤，眼泪珠子一串串地滴了下来。

"真的没有，俺发誓！如果俺有别的心思，罚俺一辈子欲举无力！"此誓不可谓不毒矣。

邹蕾蕾被这无赖逗得破涕为笑，还带着泪珠的脸庞却忽然疑惑起来："那你到底想说什么？"忽然像是醒过来一般："你说……你是怪物？"

"是啊。"易天行被这么一闹也认命了。

邹蕾蕾失笑道:"你瞎说什么呢?"

易天行极认真地回答道:"不是瞎说,是真的。"说完他从身旁拿起一把菜刀,在蕾蕾的一声惊呼里向自己的左臂用力斩去!

噗的一声闷响,不像铁石相触,也没有入肉之音。

易天行的手臂仍然是完好如常,只是袖子已经被砍出了一道大口子。

邹蕾蕾看看他的手臂,又看看他的脸,又看看他的手臂,嘴巴张得老大,似乎想说些什么,最终却是没有说出来。

易天行安静地等待着。他有信心,因为他这个怪物喜欢的女人,在某些方面也有比怪物更加坚韧的神经。

蕾蕾姑娘果然没有令人失望地晕厥过去,只是面色有一些苍白。她轻声说道:"就是这样吗?"

"不止。"易天行淡淡地说着,心里却是有些心疼面前这个可爱的姑娘,今天晚上要看到很多变态的表演。

"还记得另一次你和我说你是妖怪时,我的反应吗?"邹蕾蕾带着倔强劲儿,用袖口擦干自己脸上的泪水。

"当然记得。"易天行低下头去。

邹蕾蕾当时的回答让他感觉很好、很自然,很符合易天行对理想伴侣的想象。女生当时睁着大大的像黑晶一般漂亮的大眼睛,认真地说道:"那你得先变成怪物让我看看,我才能决定怎么办。如果能比你现在变得更帅一点,那可是件好事啊……"

"我现在才知道当时你为什么老问我这些莫名其妙的问题。"蕾蕾微笑着望着他,床角的双腿却有些发抖,"既然我回答过你,那我就有勇气来看一看,看看你到底能不能变得帅一些。"

易天行叹了口气,还没来得及说什么,却听着丫头带着哭腔说道:"我还是不敢看,该看的时候你喊我一声。"一说完便往床上趴去,用被子捂住自己脑袋,整个身体瑟瑟发抖。

怕成这样,她还是没有逃跑。

这个事实让易天行感动得稀里哗啦的,有些掏心掏肺的感动。所谓许终身,便是在这一刻许下了。

过了许久。

埋头于被褥冒充鸵鸟的蕾蕾同学终于颤抖着身体回过头来,然后看见小黑屋的地上多了一团红乎乎的东西。她下意识里想要尖叫,却用无比的毅力指挥自己的双手死死捂住了自己的嘴唇。

小黑屋里死一般的沉默。昏黄的灯光此时不再渗出温暖。

邹蕾蕾死死盯着面前这团红火的东西,大大的眼睛里虽然充满恐惧,却是倔强地不肯闭上。过了很久很久,仿佛一个世纪之后,女孩儿的眼睛终于眨了一下。一滴泪珠从眼眶里滑落,在洁净的脸颊上淌成一道弧线。

"虽然……但是……还是很可爱的……"

"声音虽然很抖,但毕竟还能说出话来。"站在角落里的易天行一颗心放下来了一半,心想小红鸟今天表现得不错,初见蕾蕾妈,表现得颇为温驯。他心一松,便没有注意到邹蕾蕾的眼神有些涣散。

邹蕾蕾看着面前的红鸟儿,嘴唇微微抖着,忽而唇角一咧,呜呀一声哭了出来。这一哭,哭得比孟姜女还要凄凉三分,凄凄惨惨戚戚,将那红肥绿瘦全哭成了易安笔下惨淡颓然之景……

"你……你怎么能是一只鸟呢……"

再坚强的姑娘,此时也终于抵挡不住今晚的冲击。蕾蕾同学眼珠子迷离地翻了两翻,身子向后一倒,便昏了过去。

留下在一旁角落里尴尬无比、被视而不见的易天行目瞪口呆。

"醒醒,醒醒。"

邹蕾蕾醒过来,便看见易天行那张平凡无奇、平日里亲切今天却觉得有些害怕的面孔。她先是下意识地往墙角里躲了躲,接着便嘴巴一咧又哭了起来。

这女子真是可爱,说不哭便不哭,说哭……那便很难停下了。

"错了,错了。"易天行急得一佛出世、二佛升天,像个大舌头一般将事情解释了一通。邹蕾蕾虽然被骇得有些糊涂了,但看着床前的易天行,再看看床下那只露出无辜神色的大红肥鸟,神智终于慢慢恢复过来。半晌之后,她镇定了一下心神,抖着声音问道:"你不是鸟?"

易天行恨不得把自己的头发揪下来。只可惜这头发比归元寺里的铁莲还要扎实,虽然这么多年没有长长过,但要撕下来也是件不可能完成的任务。

接下来的一个小时里,易天行终于颇为艰涩地将自己的身世和在省城里的遭遇讲了个通通彻彻、明明白白。而在故事结束之后,邹蕾蕾却仍然睁着那双灵动的大眼睛,重复问着那一句话:"你真的不是一只鸟?"

易天行不知道自己心爱的姑娘是否能够接受自己这异于常人的体质和别的方面,只是看着有些痴痴的邹蕾蕾傻傻地坐在床角。

"现在你什么都知道了。"他苦笑着说道。

邹蕾蕾用奇怪的眼神看了他一眼,似乎还是无法接受这些光怪陆离的故事:"真的很难相信。"

易天行叹了一口气,体内火元命轮微转,手掌上燃起了熊熊火焰。

在火光的映照下,邹蕾蕾美丽的脸上露出几分不可思议的表情。

又是一阵极长极尴尬的沉默之后,邹蕾蕾试探着想恢复两人平常说话的气氛。

"这就是你说的朱雀儿子?我刚才就是把它误认成你?"她看着正在地面上百无聊赖地进行走路运动的小红肥鸟。

"是啊。"易天行习惯性地苦笑道,"我向你保证,我不会变身,更变不成什么奇形怪状的家伙。"

"真的挺可爱的。"女孩儿爱小动物的天性终于暂时战胜了莫名的恐惧。

小朱雀从生下来的那天起,便开始听自己没用的老爹在自己耳边唠叨,说在县城里有个蕾蕾妈。这时候看着床上那个蛮可怜的女孩子,知道这位便是蕾蕾妈了;知道这位姑娘对于自己老爹似乎比自己更为重要些。想着平时被老爹教训的可怜模样,它决定找一个厉害些的靠山,于是摇摇摆摆地向床前走了过去,憨态可掬。

邹蕾蕾先是因为它的靠近吓了一跳,接着却被这红色肥鸟走路时小屁股颠颠的好笑模样逗笑了。

小朱雀见蕾蕾妈似乎挺喜欢看自己扭屁股,于是干脆在床下跳起了巴西桑巴,将那胖乎乎的屁股扭成了麻花。邹蕾蕾捂着嘴咻咻笑着。易天行在一旁看着终于松了口气，心里给自己这鸟儿子记了大大一功。

"我能抱抱它吗？"邹蕾蕾情绪有些平复了，但还是不大敢看易天行，却似乎不怎么害怕这红鸟。

"当然。你可是它的蕾蕾妈。"易天行喜出望外。

"瞎说什么呢？我可不想这么早当妈。"一句调侃出口，一句嗔怪出口，男女间先前被凭空拉远的关系似乎又稍微近了一些。

小朱雀被易天行耳濡目染着，虽然今天是第一次看见"传说中的蕾蕾妈"，但早就已经会了老爹那套拍美人臀的溜须功夫。见蕾蕾妈要抱自己，红火的双翅一扑腾，便往蕾蕾的怀里扑了过去。

"真沉。"邹蕾蕾渐渐不再害怕了，抱着这只肥重的大红鸟。

小朱雀最近天天往武当山来回飞玩减肥，最听不得诸如沉、重、肥、笨之类的话。听见初见面的蕾蕾妈也这般说，耍赖似的把小脑袋往邹蕾蕾怀里钻着，在蕾蕾柔软的胸上又蹭又拱。邹蕾蕾吃痒，呵呵笑了起来，用手指轻轻梳理着小朱雀柔顺的鸟羽。

第三章

文字宇宙：从「可知之语言边界」到「不可知之传说世界」

猫腻开头几千字，就奠定了《将夜》后面几百万字的故事纲领。

字里行间、笔墨内外包含了太多的线索和密码，值得精读、细读和咀嚼式阅读。

我们将以此为基础的解读方法、诠释方式和建构模式，命名为"庖丁解牛"。

以开头为例，我们回到这种庖丁解牛的基础：语言即生产力——话语体系——语言创造世界；语言的边界就是世界的边界。

毕竟，网络文学无论如何定义、定性和定位，也仍然是以语言为基石，来创造和构建整个故事大厦以及世界观体系的。

所以，一部作品内容创生和评论评价的首要标准，就是它的话语体系。它是用语言/言语、文字与叙述讲出来的。一部作品的话语体系，最基本的就是它的词汇量、用词习惯、造词能力以及叙述模式，包括讲故事的语气语调、每个人物的对白特点——是千篇一律，还是千人千面，并能在不同的话语之中驾驭得娴熟自如？

我们可以通过以下几个标准来进行庖丁解牛。

一是词汇量：词汇量一定要大。"大"未必是"多"，未必是说你的生词、奇词、怪词越多越好。词汇量大意味着你可选择的余地很大——不管什么时候，最后考量的，还是你的词汇量。

二是用词习惯。比如有些人特别会用动词。会用动词的话，整个文都像在"动"。

三是词语特质：陈腔滥调OR新鲜有张力？比如：有狠劲儿。用词，如何才能特别有狠劲儿?!有些作品，辞藻特别华丽，却很苍白，没有生命力；有些词特别普通，但是特别有嚼劲儿；介于两者之间的大多数词语，都是属于温和平淡而无特质的。猫腻在追求有力量的词语。

因此，庖丁解牛猫腻的作品特别是《将夜》，第一个要分析的就是他的"语言""话语体系"以及"语言中的世界观"——他的语言不能只用"有特点"三个字来形容，而是得说：他的语言中隐藏着世界；世界就在他的语言之中；他的话语体系里有着他的"世界观"——就像天地人有三层，从三星堆到北京社稷坛的中国式祭坛也有三层，猫腻的语言世界也有三层"通天塔"。

第一层，从遣词造句入手，分析字词句等语言/言语特质、语体/文体、类型/题材风格——比如，从起笔到整体氛围的营造，猫腻如何以"可知"的语言，来穷形尽相、精致入微地创造那"不可知"的故事？从看得见的"刺激点"，到看不见的"整体意蕴"，《将夜》是如何让我们猜测、勾勒并且只能靠想象力重构并连接整个世界的？

第二层，以微言大义为切口，挖掘《将夜》的主题、题材和世界观架构设计体系——我们将其提炼并命名为"蚂蚁哲学":生而如蚁美如神。

第三层,以谋篇布局为脉络,分析整部故事的思路、逻辑和结构——如将《将夜》开头和《哈利·波特》开篇进行对比,分析其内在的"奇迹男孩金三段理论"。①

从遣词造句到微言大义,再到布局谋篇(草蛇灰线、伏脉千里)……庖丁解牛读《将夜》,语言创造世界,开篇即宇宙——整个故事星球,都浓缩在这几千字的文字宇宙中了。

这或许是猫腻这部《将夜》最有意思的特质之一了。

---

① 参阅庄庸、杨丽君等主编:《爽点宇宙:中国网络文学阅读潮流研究(第2季)》,华语网络文学智库丛书,中国青年出版社,2020年版。该书在第五章中对开篇进行了另一个方向的庖丁解牛,解读、诠释和建构了"奇迹男孩金三段理论":猫腻《将夜》可以说是将这"史上最糟糕/最神奇的一天"所隶属和隐藏的宏大世界观设定得最典型的一部网络文学作品,和J.K.罗琳的《哈利·波特》系列基于开篇"史上最日常/最不寻常的一天",架构设计出一个气势磅礴的魔法史诗世界观,有着异曲同工之妙。书中提炼了一个"金三段"理论,用来概括这种"开篇"的奇妙之处。就像"程咬金三板斧",仅三斧,就劈出了一个天地。对于这"史上最不寻常的一天",《将夜》是通过这种"金三段"理论来呈现的。

第一节 遣词造句：
从"可见之意象"到"不可知之地"

《将夜》开头就用非常老套的讲故事的手法展开："在很久很久以前，有……"

随后笔锋一转，紧跟着就是一句富有哲理又神秘的话，让读者带着思考和问号，还有好奇心，沿着猫腻的思路去阅读。

在很久很久以前，有很多不可知之地。在那些不可知之地里，有很多不可知之人。

——猫腻《将夜》：第一卷 清晨的帝国 开头

地球本来就是一个谜，包罗万象。而在这千千万万的谜团中，时间、地点、人物、事情是永远不可缺少的。

犹如第一卷卷名"清晨的帝国"：清晨，是名词；帝国，也是名词。清晨的帝国，以时间名词，来形容空间的疆域。与此相似的，还有"黄昏的荒原"。时间加上地点，形成了一种界定位置的组合——从已知的疆域，引向那未知的领域。

猫腻在开头就引出了在那些不可知之地里的很多不可知之人，然后就画上了句号，一个字都不愿意多说。

这给读者留下了想象的空间，也侧面通知读者，接下去你所看到的就是那些不可知的人，在不可知的地方，演绎的不可知的事情……

宁缺问道："为什么？"

莫山山回答道:"因为天书这等事物,似乎本就应该在不可知之地里。"

山脚疏林里的谈话,不停地给宁缺带来震惊。他隐约记得自己应该听说过什么不可知之地,但又总想不起来说的是什么。

他认真问道:"什么是不可知之地?"

莫山山愣了愣,发现他不是在说笑话,认真回答道:"世人无法接触的地方。"

宁缺揉了揉眉心,无奈说道:"能不能说得更具体一点?"

——猫腻《将夜》:第二卷 凛冬之湖 第五十三章 一场修行的开端

从不可知之地,到不可知之人,形成一种排比,用句颇显神秘色彩。遣词都很普通,但是造句却形成了一种奇特的句式与意涵。

"不可知"这三个简单的字,却涵盖了无穷的想象和无数的未知。而且最关键的是,猫腻抓住了一个最核心的东西——人类的好奇心和偷窥欲。

还有最重要的一点就是——每个人内心都住着一个侦探。

千百年来,我们不管听或者读什么故事,第一反应,其实不是"这个故事是什么",而是"这个故事有什么东西'钩'住了我"!

讲故事犹如钓鱼。

我们第一眼看到的,其实就是那个"饵"——饵后面隐藏的就是那个钩子。

从一开始,对一个故事最重要的提问或者判断就是:它下了一个什么样让我们无法拒绝诱惑的"饵"?

只要我们忍不住一口咬下去,就被牢牢地"钩"住了。

《将夜》就是这么钓鱼的。

它就用不可知的饵,把我们紧紧地钩进了四大不可知之地的神秘故事之中:一观(知守观)、一寺(悬空寺)、一门(魔宗山门)、二层楼(书院后山)……

第二节 炼字创意：

从"精雕的小字眼"到"神秘的大传说"

开篇更是打破常规的写法——没有具体的地点，没有形象的描写，更没有具体的意象。

荒原、火球、原野、积雪、苔藓、伤疤、鹰、黄羊……看似很具体，都是人"可知"的东西。

然而，一嵌入这个"陌生化"的场景，就瞬间变得抽象、不可知起来——看到这些熟悉的事物嵌入陌生的画面，从而形成可见但又不可知的语境、意境和神秘之境，你又能知道什么呢？

> 黄昏的荒原远方悬着一颗火球。它散发出的红色光线像一团体积巨大的火焰，缓慢而坚定地逐渐蔓延开来。原野上积雪融化后初生的苔藓，像烧伤后的疤痕一样涂抹得到处都是。四周一片安静，只偶尔能听到上方传来的鹰鸣和远处黄羊跳跃时的声音。
>
> ——猫腻《将夜》：第一卷 清晨的帝国 开头

这完全符合开场白那句话的逻辑。

猫腻通过关键词和抽象的想象，直接在读者的脑海里形成一个地点，而不是老套地对一个地点进行单调乏味的阐述。

从可知的地方切入——荒原、天象、积雪、动物——会通往不可知的世界吗？！

从这些关键词里，我们可以想象猫腻所描写的地点——这是一个刚刚开春或凛冬渐去的黄昏；这是一片毫无人烟的荒原；这片荒原似乎离天空很近很近。

那么在这样一片万物似乎绝迹的荒原上，又会出现什么呢？会发生什么事呢？

这是每个读者通常都会打出来的大大的问号，直接呼应那一个"悬"带出来的叹号——它其实不是句号。

"悬"是一个动词。一般会这样说：火球悬于荒原之上。但是现在却故意倒置过来：荒原远方"悬"着火球——从上下的位置关系，变成了远近平视的视觉关系。

到底是荒原上"悬"着火球，还是火球"悬"于荒原之上？

而且，从上下空间关系，变成远近平视关系，一个"悬"字，就将整个画面带出了屏幕。

"逐渐"，这个词削弱了"蔓延"的力度。蔓延本来就带有逐渐的意识，而逐渐的叠加，让整个过程缓了一缓。

几个层级的动作，也被这种叙述削减了动态性：

积雪融化；

苔藓初生；

到处涂抹；

像烧伤的疤痕……

用的是形容词，而不是动词。

所以，显得舒缓，而不是简洁有力。

猫腻并不是一个简洁有力地用动词的人。

"能听到"暗含了有人在倾听，而不是让声音的动作者直接发声：鹰在上方偶尔鸣叫，黄羊在远处跳跃。

这里，将它们置于被动的角色和位置——被听到，而不是让它们处于强势地发声的主角之位。

为什么？

光明大神官沉默。

李青山转首望向残破的将军府，慨叹道："就因为你当年一句话，长安城里死了这么多无辜的人。这座将军府拜你所赐也已经衰败如此。莫非你还不满意？"

光明大神官面无表情地说道："不满意。"

李青山指着将军府，厉声斥道："将军府的人都死光了，你还有什么不满意的！"

光明大神官摇头说道："不，还有一个没有死。"

李青山眼瞳微缩，震惊异常。

"当年无论是神殿还是你们唐国的亲王大将，都同意配合我的目光，因为没有人愿意看到冥王之子降临世间。然而事后不知为何，所有人都认为我看到的是假的。你们的亲王认为是受到了我的蛊惑，你们的皇帝震怒异常，所以明明有些人知道这座将军府里还有一个人活着，却再也不愿意查下去，甚至严禁谈论此事。"

"为什么我会被囚禁十四年？因为我知道冥王之子还在这个世界上，并且变得越来越强大！我要继续寻找他。而那些人根本不相信有冥王之子，也不相信他的存在。如果让我继续查下去，西陵和唐国之间会出大问题。"

"那么某些人只好把我关起来。"

他带着悲悯的情绪缓声说道："桃山，唐国，整个世界都腐朽了。"

——猫腻《将夜》：第二卷 凛冬之湖 第十三章 举世之敌

因为，这暗含了读者的视角，也跟随了作者的视角："我"们偶尔能听到……

从这样的细节中可以看出猫腻叙述的主观性，而不是客观性——仿佛将其置于替代读者的第一人物视角之中，而不是上帝全知全能地俯瞰一切、给予其平等的客观视角。

后者会更加有动感、简洁和有力；但是前者却更富含情绪和体验。

于是，犹如钩子钓出鱼，凿条缝漏进神秘的光线，线头扯出金毛线球和故事迷宫……这些精炼的字眼，让我们偷窥到了神秘的传说：冥王之子降世，不动冥王和冥界将入侵——而这直接关联的，就是开篇"缺席"却"隐性出场"的两大主角宁缺和桑桑。

第三节 微言大义：
从"可见之人"到"不可知之人"

人来了。

三个人，出现在荒原，聚焦在树下，低头……

很简洁的描述。

这句话看似还是有点抽象，但其实已经有了具象感——三个人聚集在小树下，终于拉近了距离，让人物和读者真正地熟悉起来。

没有开口、同时低头、研究思考……这一系列的动作都在围绕人来写。从这句话里可以看到这样的一个信息——这三个奇怪的人发现了一个奇怪的现象。

> 空旷的原野上出现了三个人。他们聚集到一棵荒原不多见的小树下，没有开口打招呼，很有默契地同时低头，似乎树下有一些很有趣的东西值得认真研究和思考。
>
> ——猫腻《将夜》：第一卷 清晨的帝国 开头

"万变不离其宗"是猫腻的特点和特色所在。

这三段话，用不同的手法写，却始终贯穿着三个字——不可知。

从不可知之地，到可知之荒原，再到可见之人。

这是一种镜头由隐到现、由远到近的移动感。

两段话看似散乱，实则始终在聚焦——地点、人物、将要发生的事件。

不可知的地点，不可知的人物，不可知的事件。

就因为这些不可知，直接就把读者的胃口吊起来了，让读者内心的谜团越来越多，阅读的欲望越来越强烈。

换句话说，猫腻用看似抽象的写法，准确地驾驭了读者阅读的欲望。他只是驾驭，却没有绑架，因为他又巧妙地给读者留出了很大的想象空间——这就是他的本事所在。

她看着宁缺轻叹道："你知道世间有哪些不可知之地吗？"

宁缺把手上的水在胸前擦干，嘲笑道："既然是不可知之地，我又怎么可能知道？"

她摇头说道："不可知之地为一观、一寺、一门……二层楼。观是知守观，寺是悬空寺，门是魔宗山门，二层楼自然就是书院的二层楼。"

宁缺盯着她的脸，震惊得完全说不出话来。

过了很长时间，他才压抑住脑子里的混乱情绪，带着丝羞恼，大声喊道："你上次告诉我，那是一些俗世之外的神秘地域。很少有人能够亲眼看到这些地方，就算去过的人出来后也不会谈及，所以才会叫作不可知之地。可是书院……就在长安城南，人人都知道它在哪里，又哪里不可知了？"

"书院二层楼也极少现世。当然，和山中不知何处的知守观以及远在大荒的悬空寺比起来，确实应该算是在红尘之中。"

莫山山看着他说道："世间曾经流传一句话，俗世与世外这两个世界的悲欢离合从来都不相通，若能相通，便是圣贤。"

大概是想起老师曾经流露出来的唏嘘感慨，以及修行世界里关于那位的传说，她的神情微微一凛，继续说道："若能相通便是圣贤。虽说烂柯寺长老曾经说过夫子坚决不承认自己是圣人，但书院二层楼理所当然是圣贤之地。"

她盯着他的眼睛，继续说道："你来自书院二层楼，来自世间唯一的圣贤之地，那么根本没有谁够资格影响你的信心！你凭什么不自信？"

宁缺不可思议地说道："按照你这种说法，我岂不就是传说中的天下行走？"

莫山山看着他点点头，然后蹙着眉尖认真补充道："当然，以往传说里的那些天下行走，确实没有像你这般弱的。"

——猫腻《将夜》：第二卷 凛冬之湖 第五十九章 大明湖之钓

这三个人物,来自三大不可知之地,分别是知守观的叶苏、明(魔)宗的唐和悬空寺的七念。

这三个"史上最强的天下行走",都是"绿配链"①——红花还需绿叶配——上的关键人物。

一是用来"三星拱月",拱出那个史上最牛掰的书生李慢慢(书院大师兄);

二大概就是用来衬托出"史上最弱的天下行走",亦即本文的主角宁缺。

---

① 参阅庄庸、杨丽君等主编:《爽感爆款系统:中国网络文学阅读潮流研究(第3季)》,华语网络文学智库丛书,中国青年出版社,2020年版。该书对"绿配链"进行了专门的解读、诠释和建构。

第四节 蛛丝马迹：
从"蚂蚁战争"阶层化到"俗世蚁国"鄙视链

这三个史上最强的天下行走，不约而同齐聚荒原，到底想干什么？当然是要查看冥王之子降世和冥界入侵传说的"蛛丝马迹"啊。

他们在荒芜原野中的一棵树下汇聚，竟然是为了观看一场蚂蚁战争：两窝蚂蚁，为了争夺一个浅褐色的树根，而争得你死我活。

两窝蚂蚁正围绕着露出寒土的浅褐色树根进行着争夺。或许是因为这片荒原上像树根这样完美的家园难以找到第二个，所以这场战争进行得格外激烈。片刻后便残留了数千只蚂蚁的尸体，似乎应该很血腥惨烈，但实际上也不过是一片小黑点而已。

——猫腻《将夜》：第一卷 清晨的帝国 开头

猫腻巧妙地引用"蚂蚁"来阐述一个"大道理"，再一次把读者的思维推到了一个高度——思考与自省。

这短短一段话里隐藏着太多的信息。

蚂蚁本来就是力量弱小、无足轻重的昆虫。

猫腻借用蚂蚁来影射我们的现实生活——人类就像蚂蚁一样渺小。

我们众生其实都是一只"蚂蚁"，在这个社会上无足轻重；我们在利益驱动的凡世之间，不停地、盲目地奔波，而忘了自我的本性。

这是第一个思考：从生存到发展，从信仰到精神家园，其实都是利益驱动的争夺战。比如，荒人部落南下，就是为了求得生存和发展的地盘与空间。

雷声在荒原上不停响起，极细的电光照亮了烟尘。那些雷电并不是来自高空，而是在离荒原地面十余丈的空间里，突兀出现然后突兀落下。

这些雷电的威力不如自然界真正的雷电恐怖。但如果落在人的身上，依然会造成极可怕的杀伤力。就算是再强悍的荒人战士，一击之下都必成飞灰。

但奇怪的是，那些生于虚空的雷电，并没有击向战场上到处都是的荒人战士，而是时而消失，时而出现，似乎在追着某人，就像是具有灵性的剑一般。

荒原上有种在地面筑巢的苍鹰。有只苍鹰的巢，早已被无数马蹄践踏成了废墟。那只苍鹰惊恐地飞舞在空中，不舍远去却也无能为力。

当雷电响起后，它终于承受不住本能里的惊恐，再也顾不得巢里的稚鹰，凄鸣两声，振翅向更高的空中飞去。

苍鹰不敢往北飞，因为北面有片乌黑的云，只能往上飞，往南飞。飞得越高，荒原地面上的人便越小，渐渐变成密密麻麻的蚂蚁。

如果苍穹有眼，此时在荒原上舍生忘死厮杀的人类，大概就是比蚂蚁更小的黑点。它或许会疑惑、或许会发笑于看到的这一切。

——猫腻《将夜》：第四卷 垂幕之年 第四十九章 苍鹰

"争夺"——从这里就看出猫腻的用心良苦。

他前面对地点的描述就是为了引出这段话——为了荒原上唯一的一个树根而发生的激烈战争。

战争的主体和对象是"蚂蚁"。

这是一群"蚂蚁"之间的战争，也就是所谓的"窝里斗"。

世间的争夺无处不在，即便是弱势群体都会为了利益相互残杀。

这种"窝里斗"的现象难道在我们人类之间就没有发生过吗？

也许我们不会斗得你死我活，但一定会是两败俱伤。

在这个世界里，我们一直在说输赢不重要，但其实每时每刻都在演绎着输和赢：每个人都是为自己而战斗的士兵，每个人都在保护自己的疆土和界域（核心权益）不受到侵害。

这其实是世界最基本的"规则"之一。

桑桑站了很久，久到她自己最后都忘了多长时间，只记得太阳落下升起重复了无数次，雨雪霜风轮转了无数次，镇子里庆贺的鞭炮声也响了很多次。

这些人家好像有很多喜事要办。桑桑心想，宁缺这么久还没有找到自己，再听鞭炮自己也高兴不起来。时间还在继续流逝，桑桑依然在等待。她站得脚酸了，便坐下休息会儿；困倦了，便靠着那棵树眯一会儿。

那棵树下有两窝蚂蚁。桑桑等宁缺等得实在有些无聊，便开始看蚂蚁搬家或是蚂蚁打架，看了不知道多少次。那两个蚁窝里的成员大概换了几百代后，她终于发现了这些蚂蚁搬家时，有些很有趣的地方。

两窝蚂蚁爬行的速度绝对相同，离树的距离也完全相同，树上溢出蜜汁的地方却是每次都不同。有时候其中一窝蚂蚁可以走直线，另一窝蚂蚁却必须绕过水洼走曲线，所以走直线的那窝蚂蚁便能先采到蜜。

两点之间直线最短。

桑桑默默想着，这就是这个世界想要告诉自己的规则。

这个世界里有镇子；镇子里有人，有山；山里有野兽，有树；树上有鸟。这里有水，有风有云，有日也有夜，自然也有规则。

桑桑始终没有下山。因为有太多时间可以去看去思考，所以她渐渐掌握了这个世界上的很多规则，比如光是暖的、夜是冷的。这种规则很没有意思。

有的规则更加令人心酸。

镇子里除了喜事放鞭炮，丧事也会放鞭炮。桑桑站在山上，看着小镇里那些小孩渐渐老去，变得多病，然后死亡，伴着鞭炮消失无踪。

鞭炮的灰烬，被风卷起，从小镇外的坟田里飘起，绕着山峦不停向前，直至逐渐淡去。桑桑注意到每次风都从一个地方来。那些灰烟飘行的方向都完全一模一样，好像有个箭头指挥着，永远向着前方。

她明白了这是时间的规则。

时间一路向前，谁都无法停止。

——猫腻《将夜》：第三卷 多事之秋 第七十四章 在山上等着你

这是第二个思考：从生存到发展空间，从信仰到精神家园，其实都是利益驱动的资源争夺战；由于争夺甚至掠夺不同的资源，从蚁族到人类，从个人到群体，分出了三六九等，分出了不同的阶层和等级。

有春风亭老朝这些长安城地下江湖势力和俗世王朝权贵势力的"血拼战"；

有修行界势力组织和利益集团对俗世蚁民（如悬空寺对农奴）的"剥削链"；

有权贵对贱民、修行者对普通人、苍鹰（超级修行者）对飞蚁（修行强者）、昊天（神明一样的存在）对修行强者（飞蚁）的"鄙视链"……

"对比"——"血腥惨烈"地战斗到最后，"不过是一片小黑点而已"。

这急速的语言变化就是一个很强烈的"对比"，算是一个"大逆转"和"大爽点"：我们以为自己是一只翱翔天空的雄鹰，但对于×××而言，其实就是一只蚂蚁。

这既是一处反差，亦是一种逆转。

对于谁来说，我们是一只渺小的蚂蚁？

不同的参照物，就会带来不同的视角，造成不同的对比、反差和逆转。

对于苍鹰来说，蚂蚁就是蚂蚁；

对于权贵来说，贱民就是蚁民；

对于修行者来说，普通人就是蝼蚁；

对于昊天或神明一样的存在来说，再强大的超级修行者，都不过是它俯瞰大地时的一个小黑点而已……

在知命境的大修行者眼中，修行道上曾经的同路人都会变成蝼蚁一般的存在。任何能够影响到道心的障碍，都将不复存在。因为一旦知命，便有世内与世外之别；一旦知命便非世内人，自然不用再在意世间的规矩道理。

道痴叶红鱼坐在雪崖另一处。她没有看隆庆，因为她知道他今日必将知命，反而觉得有些无聊无趣，忍不住蹙了蹙眉，有些不耐。

说来奇怪，作为西陵神殿年轻一代的佼佼者，她和隆庆皇子共掌裁决司，虽未明斗却有暗争。这些年来她一直压着对方一头，此时隆庆眼看着便要入知命，不知为何她竟是表现得毫不在意，似乎不觉得这是一种威胁。

她也没有凝视青翠山谷，因为她已经感应到先前那刻的天地之息变化，知道那个叫宁缺的书院弟子已经到洞玄。虽有些出乎意料,却也不在意,心里想着若要维护神殿的尊严,大不了稍后把宁缺和书痴尽数杀了,世间又有谁知道这场赌约?

——猫腻《将夜》:第二卷 凛冬之湖 第六十二章 毁灭人生的一箭

我们每一个人,都把自己很当一回事,以为自己有多重要,以为世界没有我就不会转动了。

其实事实不是这样的:也许人家从未把你当回事;你真的没那么重要;世界真的与你没有实质性的关联。

真的,你的生活其实和别人无关,别把自己想得那么重要和强大!

就像这三个人之中的木剑少年,就把自己看得特别重要和强大——然而事实上,那一条黑线,就粉碎了他所有的"强大纸面具"。

对于所有比你强大的人(物种)来说,你的存在与不存在都无所谓——存在,就是一只在攀爬苟活的蚂蚁;不存在,就是一粒留不下痕迹的尘埃;存在不存在,都只是一粒微不足道的黑点而已……也许还比不上文章里的一个句点。

但是,存在就是合理的。

蚂蚁亦有蚂蚁的存在之道。

世界就是残酷的。

你能不能被人重视,关键在于你自己是不是强大。

要想强大起来,我们该怎么认清自己的定位很关键:自己的位置到底在哪里?什么才是值得我们去争夺的?……

这是第三个思考:即使生而如蚁,我们也要寻找像蚂蚁一样的生存和发展之道——活着,就要好好活着,且要活得更美好?

宁缺双手撑着微冷的窗台,回身望向屋内的大师兄,想着先前在冬园里,就是这个面容寻常普通、没有丝毫强大气息的书生,只用了简简单单一句话,便让帝国最强大的夏侯大将军甘愿放弃手中的权势荣华归老,不由得好感慨。

夏侯与皇后娘娘之间的兄妹关系令他震惊。然而在今日所见所闻里体会到的书院和大师兄的强大,则更加令他震惊。他忍不住问道:"大师兄,你究竟有多强?"

大师兄正捧着那卷书在看,听着宁缺的问题,缓慢拢好书卷。抬头望向窗畔的他,沉默片刻后微笑着说道:"强大其实只是一种相对的概念,比如苍鹰之于蚂蚁。看似苍鹰强大,但苍鹰永远不会与蚂蚁相搏,所以蚂蚁并不弱小。"

宁缺摊手说道:"师兄,你说的话太过深奥,我有些听不懂。"

大师兄笑了笑,把那卷书插回腰间,缓步踱到窗旁与他并肩站立,看着冬园里的霜树冰池,缓声说道:"这或红妆或素裹的世界其实被人为区隔成了很多不同的世界,比如皇宫与市井,比如煌煌神殿和破落的道观,比如所谓的不可知之地和充满烟火气的真实人生。据闻悬空寺首座讲经时,有无数飞蚂蚁浴光而起。你说这位首座究竟到了何等境界?又比如说知守观观主能教出叶苏这样的徒弟,那他又该有多强大?然而这些人永远不会……至少到现在为止都不曾在人间出现过,那么他们便是俯瞰蚂蚁的苍鹰,虽然强大但并不会伤害到你。"

宁缺好奇地问道:"知守观究竟是什么地方?"

大师兄认真回答道:"知守观是一座道观。"

宁缺认真等着听后续,然而没有后续。

他有些无奈地笑了笑,忽然问道:"夏侯算苍鹰还是蚂蚁?"

大师兄叹道:"他本应是荒原天空上的一只苍鹰,只可惜给自己套上了一道锁链。从那之后,他便变成了猎人驯养的牧羊犬,然后他便再也无法挣脱。"

宁缺沉默片刻后说道:"成为神殿客卿的强者,是不是身上都系着一根链子?"

大师兄认真回答道:"夏侯心忧皇后,相对而言自然更为难熬些。只不过师弟你说得也不为错。神殿客卿自然都有自己的难处。"

宁缺想着莫山山的老师,蹙眉说道:"难道柳白和王书圣也是如此?"

大师兄感慨地说道:"剑圣柳白被称为世间第一强者,即便是神殿掌教对他也要以礼相待。然而昊天神辉照耀世间,只要生活在昊天的世界里,便总有些规矩需要去遵守。你我幸而生在书院,相对要自由很多,也幸福很多。"

很简单的一段话,却让宁缺心头微动。

这段话里那些规矩和自由之类的词汇,让他隐约间感觉到了一些什么。尤其是最后那句生在书院相对自由很多也幸福很多,更是让他生出很多想法。

——猫腻《将夜》:第二卷 凛冬之湖 第一百三十章 每个人的颈间都有一根链子

这里让我们再一次深刻感受到猫腻那种凌驾于思考之上的笔力。

他没有大篇幅地去阐述和表达自己的观点,而是用讲故事的方式,用一个个镜头把读者推进了一个个思考的空间。这就是我们一直在剖析的写作方式——千万不要去绑架读者,要用第三者的眼光去写自己的观点。

其实在这段文字中,猫腻还是牵着"不可知"这条隐线。

不管是蚂蚁还是人类,都面临着不可知的生活、不可知的战争、不可知的结果、不可知的命运——

这种蚁族之战,其实是隐喻和象征。

因为在俗世蚁国,芸芸众生也不过是蝼蚁而已。同样会为栖憩之地,而相互厮杀,你死我活。

但活着,就要好好活着,且要活得更美好!

没有谁有权力剥夺一只蚂蚁生存和发展的权利。

即使是像神明一样存在的昊天也不行——为了生存和发展的权利,即使像蚂蚁一样渺小的人类,也敢抗天和弑神!

第五节 谋篇布局：
从"草蛇灰线、伏脉千里"到"人生的拐点"

从蚁到人，从人到神……就是以这三个"史上最强大的天下行走"的形象描写为桥接点的。

> 天气还很寒冷，树下那三个人穿的衣服却不多，似乎并不怎么怕冷。就这样专注地看着，不知道看了多久，其中一人忽然开口低声说道："俗世蚁国，大道何如？"
>
> 说话的那人眉眼青稚，身材瘦小，还是一个少年，穿着件月白色无领的单薄轻衫，身后背着把无鞘的单薄木剑，乌黑的头发细腻地梳成一个髻，有根木叉横穿其中——那根木叉看似随时可能堕下，但又像是长在山上的青松般不可动摇。
>
> ——猫腻《将夜》：第一卷 清晨的帝国 开头

这一段话看似只是在描述一个人的容貌、穿着和言语。

但在现实生活中，我们从一个人的言行举止和穿着打扮，就能获取到他的个人信息——比如年龄、性格、家境，甚至喜好。

在这段文字里，在我们尚不知他就是知守观天下行走叶苏的身份和地位之前，猫腻就已经传递给了我们两点关键的信息。

"俗世蚁国，大道何如？"这句话，出自一个身材瘦小的少年。

一个少年竟然会说出如此富有大道哲理的话，说明他不是一个简单的人，必定是一个饱读经书又思想深厚的人。

其次，虽然猫腻没有用词语去描述说话者的语气，但单从这句话的用字和用词，还有这个问号，就能猜测出这个少年的身份背景：他不是师出名门就是来自望族。不然，他不敢用这样尖锐的字词，更不敢用极其尖锐的反问语气来说出这句话。

"俗世蚁国，大道何如？"这句话更值得大挖特挖。

正如我们在后面的故事中看到，这个少年是"道门天才"叶苏。在像蚂蚁王国一样的俗世里，如何寻找大道？大道又是什么？

这句话，代表着他终生的追寻。而且一波三折，有几个重大的转向——"那根木叉看似随时可能堕下，但又像是长在山上的青松般不可动摇"，其实是这几个重大转向的"蛛丝马迹"。

十四年前，七卷天书中最神秘的天字卷显现出了一个极重要的征兆，然而负责看管天书的观中道人却对此保持了绝对的沉默。

西陵神殿天谕大神官入观阅天书，亦未多言。

然而谁也没有想到，光明大神官卫光明便在此时向天启的神圣领域迈出了半步。那双幽深而纯净的眼眸，看到了黑夜的影子降临人间。

道佛魔三宗这一代的天下行走齐聚荒原。

当年的三位天下行走还是三个少年。他们聚集在一棵小树下，沉默着看蚂蚁看了很长时间，然后他们看着那道黑线看了很长时间，最后各自离去。

那时候的知守观传人叶苏很骄傲，很自信。

他喝斥唐为邪魔，不屑言七念为外道，一剑便把那株小树斩成了五万三千三百三十三块，然后念出一道至今为止自己最满意的道偈。

当时的他并不知道在那一天黑夜将至时，在那道他们不敢跨越一步的黑线那边，有一个穿着草鞋破袄的书生，一直平静地坐在一方小池塘旁，手握一卷书喜乐颂读，腰间挂着一只木瓢，饥渴时便饮一瓢池水。

其后他周游列国，勘破死关，前往南海，兴奋地向师尊禀报。

礁石上那位穿着青衣的道人看着他怜惜地笑了笑。

那时候他才知道，原来当日黑线的那头一直有一个人坐着。

于是他无法再像从前那般骄傲、那般自信。

多年后，历经俗世繁华世外霜露，他成功地看淡看透了很多事情，于是自信自然地回到了身躯中，然而当年的青春与骄傲已经不在了。

他一直很遗憾，没有机会向线那边的那个人请教。

直到今天，他似乎终于有了机会。

所以小水潭畔明明没有人。

站在雪峰之巅的他，却认真地看着山腰里的水潭。无论是道髻间的乌木叉，还是身上的单薄轻衫，在寒风里都纹丝不动，便如他此时的静明道心。

——猫腻《将夜》：第二卷 凛冬之湖 第一百一十一章 一声轻噫，粉墨登场

这就是细节特征——上帝和魔鬼都在细节之中。

从这句话里，我们似乎嗅到了这个少年的性格。他是一个清高又自负，甚至不可一世的少年。猫腻再次巧妙地引用一根简单又普通的木叉来影射这个少年的性格。

如果猫腻没有这层意思，那么他根本就没有必要花这些笔墨特地去形容这根木叉。由此可见，他想突出的是——这个少年看似柔弱瘦小甚至不堪一击，但是他心高气昂、强大自信，有一身的傲骨……

借物来塑人，这是猫腻最巧妙和最有智慧的地方。也就是说，他笔下的人物都是有可塑性的，像流水，完全掌控在他的笔下，而并不是像有些作者那样，直接把人物给定位死。

这样一解剖，就很明显地发现这两段话是贯通的。

这个少年的傲气来自他的身份背景和他自身的修行能力。因为有这两样东西的支撑，他才有胆量用这样的语气说这样的话。

猫腻用这样的手法来描写一个人，其实是为了给这个人镀上一层神秘的外衣，呼应他的开场白，并为后文做铺垫。

从不可知之地到不可知之人，从史上最强的天下行走到"史上最强的绿配链人物"，叶苏的人生是以此为"拐点"的。

第六节 以小见大：
从"神明的信仰"到"蚁民的力量"

史上最强的天下行走，三显其一。

第二个人物（七念）的出现，依然延续着第一个人物（叶苏）的写作手法，用新生出的发茬儿来突出他执着、强硬，甚至天不怕地不怕的愚直（或者说执拗）性格，依然充满了不可知。

"青黑锋利"四个字尤其关键。

"首座讲经时，我曾见过无数飞蚂蚁浴光而起。"

说这句话的是个年轻僧人。他穿着一身破烂的木棉袈裟，头上新生出的发茬儿青黑锋利，就像他容颜和话语中透出的味道那般肯定坚毅。

木剑少年摇头说道："会飞的蚂蚁最终还是会掉下来。它们永远触不到天空。"

"如果你始终坚持这般想法，那你将永远无法明悟何为道心。"年轻僧人微微阖目，望着脚下正在抛洒残肢的蚁群，说道，"听说你家观主最近新收了个姓陈的小孩子，你就应该明白，知守观这种地方永远不会只有你一个天才。"

木剑的少年挑眉微讽回应道："我一直不明白，像你这样无法做到不羁身的家伙，有什么资格代悬空寺行走天下。"

年轻僧人没有回应他的挑衅，望着脚下焦虑乱窜的蚂蚁说道："蚂蚁会飞也会掉，但它们更擅长攀爬，擅长为同伴做基础，不惧牺牲。一个一个蚂蚁垒积起来，只要数量足够多，那么肯定能堆成一个足以触到天穹的蚂蚁堆。"

天空暮色里传来一声尖锐的鹰叫，显得很惊慌恐惧，不知道是惧怕树下这三个奇怪的人，还是惧怕那个并不存在的直冲天空的巨大蚂蚁堆，或是别的什么。

"我很害怕。"

背着木剑的少年忽然开口说道,瘦削的肩膀往里缩了缩。

年轻僧人点头表示赞同,虽然他脸上的神情依旧平静坚毅。

——猫腻《将夜》:第一卷 清晨的帝国 开头

这里非常值得结合我们曾经说过的"体貌特征、语言特征、行为细节特征",来揣摩猫腻是如何把一个人写活,立在纸上,演给你看的!

这几个人物,庖丁解牛之后,完全可以帮助我们揣摩和掌握人物的这种"特征"写法。

对于这三大天下行走的形容和描写,猫腻均采用了这种以点带面、以小见大的特征法。

小树下的第三个少年身体精壮,裹着些像是兽皮般的衣裳。赤裸的双腿像石头一般坚硬,粗糙的皮肤下能够清晰地看到蕴积无穷爆发力的肌肉。他始终沉默,一言不发。然而皮肤上栗起的小点,终究还是暴露了他此时内心真正的感受。

——猫腻《将夜》:第一卷 清晨的帝国 开头

第三个人物,猫腻完全用人物的身体描写来影射他的个性和身份,让读者只能对这个人物有抽象的认识,却不能具象。然而,何以却产生了"形象化的视觉冲击力"?

这是魔宗少年唐。身体强悍是其主要特征。

所有身体强悍的整体描写,与"皮肤上栗起的小点"这一个局部对比,形成了一种强大的张力。它让我们对"唐"产生了深刻的第一黄金印象。

如此强大的"三大天下行走",却都不约而同,面对这神秘的事件,产生从内到外的恐惧甚至灵魂的战栗。

到底发生了什么?

或者,他们到底看到或预见到了什么?

第三章　文字宇宙：
从"可知之语言边界"到"不可知之传说世界"

树下的三个年轻人来自这个世界上最神秘的三个地方，奉师门之命在天下行走，就仿佛三颗横贯于人间的星辰般夺目。但纵使他们，今天在这片荒原也感到了难以抵抗的恐惧。

老鹰不会惧怕蚂蚁，在它眼中蚂蚁只是黑点。蚂蚁不会惧怕老鹰，因为它们连成为鹰嘴食物的资格也没有。它们的世界里甚至根本没有老鹰这种强大的生物，看不到也触摸不到。

然而千万年间，相信蚂蚁群中总有那么特立独行的几只，出于某种玄妙的原因，决定暂时把目光脱离腐叶烂壳，向湛蓝青天看上那么一眼，然后它们的世界便不一样了。

因为看见，所以恐惧。

——猫腻《将夜》：第一卷 清晨的帝国 开头

我们的脑海里开始有问号了。

第一，在这个还寒气逼人的初春（或晚冬），为何这三个少年都穿着这么单薄？这是普通人的正常反应。然后我们反应过来：这不是在生活中，而是在读故事——这种最正常的现实反应，反而成为最不正常的阅读反应。故事之中，到底有什么不可能发生的？但，这是"如何发生"的呢？这就是悬念——或者"大迷局论"。①

第二，完全不同性格、不同身份的三个人怎么会聚到一起？他们到底是什么人？这就是"身份（自我）的悬念"。

让人不可知的他们，到底来自哪个不可知的地方呢？

第三，他们是为什么而来的呢？

这些围绕着"不可知地、不可知人、不可知事"提出的悬念和疑问，留待着

---

① 参阅庄庸、杨丽君等主编：《爽点宇宙：中国网络文学阅读潮流研究（第2季）》，华语网络文学智库丛书，中国青年出版社，2020年版。对于这种网络文学的创作现象、阅读潮流、发展趋势，该书解读、诠释和建构了一个网络文学造里、理论与方法论原型（模型）：身份（自我）的悬念、大复仇情结、阴谋/圈套论（大迷局OR大格局论），并在该书第六章中对猫腻《将夜》的这种金字塔结构进行了专门的解读、诠释和建构。

后面的故事——揭开谜底。

十六年前,长安城通议大夫府里,受宠的小妾生了位黑黑的、被夫人判定为邪祟的女婴;相隔不远的柴房中,宁缺拿起柴刀开始杀人。

在遥远的北方荒原上,出现了一道黑色的沟壑。道门少年叶苏与魔宗少年唐还有年轻的僧人七念,在黑线外的那棵树下看蚂蚁搬家,看了很长时间,警惧不安,不敢逾越半步;而在黑线的那一头,有位书生在池塘边看书,倦时便少歇,渴时便解下腰间的木瓢盛水饮,满身灰尘,一脸安乐。

十六年后,宁缺已经不再用柴刀杀人,而习惯用铁弓铁箭;桑桑依然是黑黑的,小脸却变得非常苍白,虚弱地靠在宁缺的怀里,看着上方的大黑伞在万丈佛光之下变得越来越薄,默默等待着最后时刻的到来。

曾经的少年们已经长大成人,成为修行界里最强大的存在。叶苏渐渐变得不那么骄傲冷漠;唐似乎什么都没有改变;改变最大的是七念——他已经很多年没有开口说话,仿佛要变成真正的哑巴。那名书生则是在烂柯寺外的石阶下站着,身上的旧袄微振,腰间系着的木瓢轻荡,灰尘渐离,一脸平静。

相隔十六年,曾经因为冥王之子降世而相聚、或相聚而不知的人们,再次因为冥王之女的苏醒而相聚。时间的流逝和世事的变迁,总是这样令人感慨。

——猫腻《将夜》:第三卷 多事之秋 第九十九章 破阵!

这里猫腻用"蚂蚁战争"来隐喻、象征和预示的东西,我们便以三点意思来解读、诠释和建构成"蚂蚁哲学"——当然,限于此时、此刻、此段文字的阅读局限,我们只能从最表层的意思切入。

第一,任何战争的发生,都是不可知的。对待战争,我们千万不要低估任何一个对手,哪怕是一只微不足道的蚂蚁。任何对手都有他们强势的一面。只有知己知彼,才能百战不殆。越是不可知的东西,有时候往往就越是致命的。

第二,如果你想要改变、突破,那么你就一定要有信仰。这种信仰除了建立在你个人身上的品质之外,还有与别人之间的信任、团结、尊重。任何不可知的事件都有可能发生。

第三，每一个生命都有它可贵的地方，都有它执着的地方，都有它不为人知的地方。这其实也在警示人类，千万别用有色眼镜去看你身边每一个卑微、不起眼的人；千万不要去挑战那些你认为微不足道的人。一旦挑战了，也许你就要为此付出代价——也许这个代价会是惨痛的。任何事情都是不可知的。

这其实都是逆着来理解的：逆飞蚁而理解蚁民，逆冥王而理解修行强者的恐惧，逆昊天而理解俗世蚁民的真正信仰——其主旨意思就像我们常说的："一个人就像渺小的微尘，但是数亿人汇聚起来，就是一股磅礴的力量。"

但在这史上最强的三大天下行走特别是佛宗少年七念的眼里，蚂蚁其实比喻着人类：俗世蚁国，人类渺小如蚁，是谓蚁民——蚁民可以因为信仰而飞升。

七念想起自己多年前在荒原上，和叶苏的那段对话。

"首座讲经时，我曾见过无数飞蚂蚁浴光而起。"

"会飞的蚂蚁最终还是会掉下来。它们永远触不到天空。"

"蚂蚁会飞也会掉，但它们更擅长攀爬，擅长为同伴做基础，不惧牺牲。一个个蚂蚁垒起来，只要数量足够多，那么肯定能堆成一个足以触到天穹的蚂蚁堆。"

七念悚然而惊，浑身寒冷。

叶苏最后开始相信蚂蚁，开始带着那些蚂蚁向天空飞去。

他却早忘了当年说过的话、相信过的道理。

他望向那名站在佛光里的奴隶，忽然绝望。

这只是第一只蚂蚁，还会有更多的蚂蚁站起来。

是的，跪在佛光里的奴隶们，互相看着，眼光虽然惘然，却有更多的人站了起来。有的人喊着闭嘴，更多的人沉默。

但他们站起来了。

越来越多的奴隶，在万丈佛光里缓缓站起，像黑色的潮水。

越来越响亮的喊声，在天地间回荡。

闭嘴！

闭嘴！

君陌低着头，听着，唇角越来越高，最后变成笑容。

起始是微笑，然后是展颜的笑，最后是开怀放声大笑。他笑得快意无比！

哈哈哈哈！

终于还是站起来了，那些不愿做奴隶的人们。

"你听到没有？"

他看着七念，脸上的笑容渐渐敛去，喝道："闭嘴！"

他的声音像钟声般，飘荡于峰间，沁人心脾，震人心神！

万峰一时俱寂！

七念和无数僧人喷血倒地！

佛唱就此终止。

——猫腻《将夜》：第六卷 忽然之间 第九十二章 灭佛（下）

这里有一个很有意思的逆转，就是七念最后的行为颠覆了他源初的观念。或者不如说，深层次结构性的价值取向，解构和重构了他表面的信念信仰。

"人设就是用来崩塌的"——再完美的人设，都是用来瓦解的。提出一个"完美的人设"，就是树立一个靶子，供大家来解构。

同样的道理，开篇就提出三个不可知之地传人对"蚂蚁"的探讨，其中有些观点就是拿来否定的——否定之否定，就是肯定。

这三个不可知之地的天下行走，从形象到观念，在整部作品之中，都有一个根本性的逆转：

叶苏，这个知守观的传人，经历了颠覆革命、脱胎换骨的重生和新生之后，从原来高高在上、俯视蚁民的旧教神使，变成了俗世蚁国、生民先知的新教代言人——就像当初摩西带领埃及民众出走记一样。这贯彻了他"俗世蚁国、大道何为"的拷问。他最终用生命为自己找到了最好的信仰献祭。

而魔宗传人唐，则一直在为活着而奋斗。他可能比任何人更能体会，也更有权利来评论这"蚁族生存权和发展权的生死争夺战"……

七念最后的经历和遭遇，特别是与书院二师兄的"狭路相逢勇者胜"，对他的信仰和理念带来根本性的冲击，迫使他直面讲经首座"飞蚁论"的困境——

这与其说是书院二师兄后来革命性的实践对悬空寺传人观点的否定，不如说，悬空寺传人七念后来的所言所行，对于讲经首座飞蚁观点令人迷惑的演绎，都是在为整部作品真正的"蚂蚁哲学"提供解读、诠释和建构的逻辑起点。

　　甚至，三大不可知之地的传人"认真研究和思考蚂蚁战争"的有趣东西，都可以成为我们深入解读、诠释和建构《将夜》蚂蚁哲学的起点：

　　什么是蚂蚁哲学？

　　它到底可以分成哪几个层次？

　　其基本内涵、核心理念和思想到底是什么？

　　我们如何对其定义、定性和定位？……

　　它的起点、支点和基点，或许就来自从"三大不可知之地史上最强天下行走"到"书院二层楼史上最弱天下行走宁缺"之间观念、形象和践行的逆转点：

　　蚁民不是因为对神明的信仰而强大，而是因为自身"觉醒"后对自身的信念而强大！

　　整部作品，其实都是以这种思想观念为基础的：信神明，得永生？还是信自己，我强大？

　　主角宁缺在"举世伐唐"中保护长安城时，写出了"人"字神符——这其实就是汇聚了千万人的人世间力量——成为一个"大写的人"（大写的我）：

　　为"我"赋能；

　　"我"就是力量；

　　我们是比神明还要强大的人！

第四章

世界观设定集:从『蚁族生存战』到『天人资源战』

《将夜》一开篇，就细致入微、穷形尽相地简笔勾勒了蚁、人和神的生物链、关系链和象征链。

那两窝蚂蚁，在荒原资源极其稀缺的情况下，围绕着一个树根的家园，进行如此血腥、激烈和残酷的争夺，就是以小见大，撕开一条裂缝，让人看到整个人类生存的残酷，以及与整个昊天"不对称"的关系——何况是，风起雨落夜将至①，人的生存和发展，可能比蚂蚁们更为艰难。

一沙一世界，一叶一菩提。上帝和魔鬼都在细节之中。就这样一个"蚁族争树根"的小细节，如冰山之一角，揭开了残酷的人道、王道（或霸道）、神道和天道的关系。

渺小如蚁的生存之道，关乎每个人甚至整个人类，在王道（或霸道）、神道和天道错综如树根一样复杂的关系和斗争之中，是否有自己的生存权和发展权。而且，在整个人类的生存权和发展权之争中，是否有个人的生存权和发展权？

我们以为，在"将夜"之中，在天道变化并导致神道和王道（或霸道）竞合格局新一轮洗牌之中，"人道"的哲学性思考，其实是有一个演变过程的：

从整个人类（如夜之将至，人是否还能生存下来——这是夫子思考的问题）迁移到整个国族（如唐和神殿究竟谁将获得新格局的制霸权），最终落脚于普通而又特殊的个体生存权之争——人和人之间的生存战，突然演变成了人和天之间的资源战！

我们如何看，怎么办？

---

① 参阅庄庸、杨丽君等主编：《爽点宇宙：中国网络文学阅读潮流研究（第2季）》，华语网络文学智库丛书，中国青年出版社，2020年版。该书在第五章中对"风起雨落夜将至"进行了庖丁解牛的解读、诠释和建构。

第一节 世界观架构：
从"冥王之子"到"永夜传说"

猫腻在这里用了"对比"的手法。

一个是强者，天空中的强者；一个是弱者，只能匍匐在地上的弱者。

通过这两者的强烈对比，再加上前面三个神秘又不可知的人物，来突出即将发生的不可知事情的神秘性，同时再次埋下伏笔——冥王之子的传说或是别的什么，比如，永夜。

"既然日月相应，有日便应有月。"
"日月轮回，光明交融，月便应在夜里。"
"然无数劫来，万古长夜不见月。"
"这便违了生生不息自然之理。"
"夜临，月现。此句中的夜，指的当不是每个寻常的夜，而是永夜。"
"永夜之末法时代，方有月现，自然复生。"
"如此方不寂灭，世界另有出道。"
"既然如此，静候长夜到来便，何苦强行逆天行事。"
"莫非这天也在等着夜的到来？"
"还是说它在恐惧夜的到来？"
"它恐惧的是夜本身，还是随夜而至的月？"
……

佛祖的笔迹很普通，和固山郡乡村学舍里的教书先生没什么两样。笔记上的语句也很随意寻常，非常浅显易懂。

宁缺看得很认真。暮光落在他的脸上，让他的眉毛镀上了一层金色的光泽，就如同寺中殿内那些尊者的金像。

天书明字卷一直在书院，被大师兄随意插在腰间。他曾经看过两次，却始终有些迷茫。今天看到佛祖当年留下的笔记，终于确信了一些什么。

在佛祖看来，这一次的永夜与人间过往遇到的无数次永夜都不相同。然后他又想起，老师似乎不相信冥界入侵，却从来没有否定过永夜将会到来，甚至曾经提到过，有位屠夫、有位酒徒曾经生活在上次的永夜里。

这一次永夜与以往最大的区别，大概便在于那个明字，在于明字中的月字，在于这个世界上从来没有看到过、便是夫子也感到惘然的那个事物。

但明字卷上为什么会记载有月亮？这个世界无数年前曾经有过月亮，却离奇消失？然后如佛祖预知的那样，会在这次永夜时重新出现？

——猫腻《将夜》：第三卷 多事之秋 第八十二章 夜观石尊者像有感

其实在五行三界中，最可怕的也许就是那"不可知"的东西。

它就像梦魇一样，如影相随，却又无法让人触碰到。它是暗箭，让你防不胜防；它是隐藏在无边黑夜里的黑，让你无法看见；它是邪？是魔？一切都不可知……

整个开篇，猫腻仅用一个抽象化的地点、三个人物的对话，再借用动物和昆虫特别是鹰和蚂蚁的形象对比，围绕着"不可知"三个字，把整个故事讲得出神入化，让读者的好奇心达到了极点。

在上述段落中，猫腻都是在构建"不可知"的东西——已知的东西越多，未知的领域就越大。

这三个人物都来自世间"不可知之地"，所以，他们之间本来就存在着入世"已知"和出世"不可知"的矛盾：不可知之地的不可知之人，进入俗世蚁国的可知之领域，却是要探索不可知之地之外的世界，比如冥王入侵或者永夜的传说。

夫子看着他严肃地说道："以一己之性命，换世间亿民之安全，这乃英雄圣人之所为。若真有那日，为师希望你能自我了断。"

宁缺自然不同意，愤愤不平地说道："我说过大师兄是仁人，二师兄是志士，我只不过是个自私的小人，连仁人志士都不想做，哪里想做什么圣人！老师你用这种话来激我，实在是有些过分。"

　　夫子忽然哈哈大笑起来。

　　听着笑声，宁缺有些无措。

　　夫子看着他赞赏地说道："不错不错。既然是人，做人便好，为何一定要做什么圣人？你这家伙想得倒是透彻。在为师看来，你既然能想得正确，将来想必也不会做什么乱七八糟的错事。我很欣慰啊，哈哈。"

　　夜色中，过于爽朗甚至显得有些嚣张的笑声，在绝壁间不停回荡，然后渐渐消失。宁缺依然无措至极，不知该说些什么。

　　夫子看着他微笑着说道："冥王之子需要定义，却不能由人类来定义，只能由你自己定义。正如人之所以为人，是因为我们相信我们是人。只有我们才能给出人的定义，而不能由昊天或别的存在来定义。"

　　宁缺苦笑着说道："老师这话很有道理……学生不是在拍马屁，是真心觉得有道理。不过也只有您才有资格说这种话。"

　　夫子说道："这话不是我说的，是你小师叔当年说的。"

　　　　　　——猫腻《将夜》：第三卷 多事之秋 第八章 此去拜佛好不好

　　从此出发，《将夜》架构起了一个宏大的"世界观"：从俗世蚁国到修行世界，从不可知之地到冥王、昊天世界，从昊天世界到天外天世界……

　　这多重世界的贯通轴和连接点是什么？

　　资源！

　　生存和发展的资源！

　　像蚂蚁一样生存和发展的资源。

　　这多重世界的蚁、人、神，以争夺资源为轴心，发动着一场又一场以家园的守望为名、以昊天的信仰为名、以永夜的传说为名的生存和发展之战。

第二节 闭合循环：
从"开篇即结局"到"终点即起点"

开篇即是时代的序幕，亦是宏大的故事结局之预兆。

当"不动冥王降子临世"的传说发生时，在荒原之上出现了一道深黑的沟壑，"两窝蚂蚁正围绕着露出寒土的浅褐色树根进行着争夺"。

争夺的原因很简单但很关键：资源有限，"或许是因为这片荒原上像树根这样完美的家园难以找到第二个"。

因此战争格外激烈和残酷，"片刻后便残留了数千只蚂蚁的尸体"。

但如此血腥惨烈的战争与结局，在人类这样比蚂蚁高等的生物的俯瞰之下，"实际上也不过是一片小黑点而已"；更别说在浩瀚无际的昊天之下，更是显得微不足道了。

这是不是具有"象征"的意味？

人类历史上，围绕着"资源"的争夺战，难道不是一次比一次激烈和残酷？

但是，再激烈和残酷的人类战争，在冷漠无情的冥王或昊天看来，不过是一次又一次微不足道的小事件而已。

宁缺一直在思考，一直在痛苦地思考，用尽自己所有的智慧与经验在思考。忽然间他想到一件事情，眼睛骤然明亮，看着老师说道："不对……如果冥王就是昊天，它为什么要让永夜降临人间？"

"这些天我也在思考这个问题。我在想，人间种地，昊天便是辛苦耕种的农夫，一茬一茬收着庄稼。再肥沃的原野，种了很多年庄稼之后，也总是需要休息的。永夜大概便是休耕的时间。"

夫子说道："还有一种可能。人类在人间不断繁衍，数量越来越多，文明越来越发达，修行者的数量越来越多，越五境的强者也越来越多。昊天的食物来源虽然会更充沛，但它也开始恐惧。在荒原上吃涮肉的时候，我曾经对你说过，狮子固然强大，但如果野牛的数量足够多，它也只有死路一条。"

"蚂蚁固然卑贱，但如果有足够多的蚂蚁飞上天空，也可以把整片天空都遮住。如今想来，佛陀当年说人人可以成佛，或者便是这个道理。"

宁缺说道："您是说：昊天害怕人类繁衍生息强大，所以在人间发展无数万年，到了某种临界值的时候，它便会降下大灾难灭世？"

夫子说道："应该便是这个道理。当然，这依然只是你我的推论。真相到底如何，看来只能等会儿我当面来问它。"

——猫腻《将夜》：第四卷 垂幕之年 第七十六章 身在黑暗，脚踩光明

因为，人类本身就是昊天圈养的资源。

所谓冥王入侵或永夜的传说，所谓人类消灭冥王之子或冥王之女的人世间战争，所谓冥王与昊天的诸神之战，甚至昊天神明本身的信仰之战……其实不过是争夺生存和发展资源的利益战而已。

就连冥界入侵、永夜传说本身，也不过是昊天"收割韭菜（损耗资源）"休养生息的一种方式而已。

冥王即昊天。

于是，人类之间的资源生存战，就转向了人类与神明之间的资源收割与反收割战。

第三节　微观宇宙：
从"蚁族生存战"到"人和神资源战"

　　这荒原上两窝蚂蚁争夺树根亦即争夺家园之战，其实是人类和昊天关系的类比与象征。

　　蚁—人—神的生存资源战，成为这种从已知到未知、以可见类比不可见、以形象象征抽象的轴心桥接。

　　尤其，"将夜"之下，更有"血战"——因为，夜之将至，资源会更有限。

　　人类将会对活着和未来更恐惧。人和人之间、国和国、族与族之间的关系，将更普遍并持续地处于紧张之中。

　　连夫子这样比几层楼还高的修行强者，仍然一生都活在担心被冥王或昊天"吃掉"的恐惧和担忧之中。

　　这艘船很大，大黑马可以在甲板上尽情奔驰。

　　宁缺站在船舷旁，看着夜穹下的那座雪峰，震撼得无法言语。

　　夫子走到他的身旁，抬头看着漆黑的夜穹，说道："黑夜便是从这里开始的，然后逐渐向南蔓延。"

　　宁缺望向他，问道："老师，这艘船是……"

　　夫子说道："很多年前，我担心被昊天找到吃掉，一直想着怎么逃、怎么躲。我心想既然这里是黑夜的开端，应该离冥界最近。冥王的力量最强，昊天的力量很难延伸到这里。所以我在这里造了只大船，准备若昊天来吃我时，我便逃到这里来，乘舟泛于黑海之上，然后再也不出去。"

　　宁缺怔住了。通过这番话，便能推想过去千年里，老师始终活在昊天的世界里，那该是怎样的焦虑与不安。

"后来我变得更强了些，不再时刻担心被昊天找到吃掉，这艘船自然也就没有了用处。不过我忽然发现这里的夜很干净，很适合观星，所以又过来了，而且真的乘舟往汪洋深处去旅行过一次。没想到那次旅行，却让我发现了一些很有趣的事情。"

"什么事情？"

"这个世界不是平的。"

"老师，我不明白你的意思。"

"我带你来这艘船上，就是要让你明白。"

"明白什么？"

夫子说道："为什么要与天斗，当然是因为昊天要吃我。但像酒徒和屠夫这两个老鬼懦夫都能躲这么多年，我一样也能躲，大不了学佛陀那样闭眼去俅。我之所以要与天斗，还有一些在我看来更重要的原因。"

——猫腻《将夜》：第四卷 垂幕之年 第六十八章 夜海泛粥及舟

男主角宁缺一次又一次进入梦境，在雪山气海修行梦中，一遍又一遍地经历"天就要黑了""人们都在看天"的焦虑和恐惧，就非常典型地呼应了这种"将夜"和"血战"的象征。

夫子、酒徒和屠夫等这几个在夜之将至时战或不战，抑或是血战到底的选择之中至关重要的几个关键人物，都不停地访问宁缺的梦境。

甚至，夫子还一次又一次地拷问宁缺在将夜之中，将会做出怎样的抉择。

当冥王之子忽然变成冥王之女，宁缺驾着马车，带着被满世界追杀的桑桑，亡命天涯。他用脚做了选择。

如果我和我身边这个世界上最亲密的人都不存在了，那这个世界再美好，又跟我有半毛钱的关系？

世界并不是我的中心，我才是世界真正的中心。

或者不如说，我站在世界的中心呼唤爱。那个爱才是我和这个世界真正的中心。

第四节　主题关键词：
生存、信仰和自由

蚁族争夺资源的栖憩之地，其实是由两个层面构成的：一是地盘（利益），二是家园（精神）。

于是，蚁族之战，从一开始就是利益驱动和精神家园的双重结构。

这也构成了《将夜》整部作品的双重结构：生存和信仰。

信仰是什么？

用最通俗的话讲，就是一个人要追求点什么——《将夜》整部作品都是在追问"一个人应该追求（信仰）什么"。

但是，一个人能够追求点什么，最根本的前提就是"生存"——因此，信仰的基石，其实就是活着。

争夺地盘（利益），就是为了活着——从一个人的活下来（如主人公宁缺从一个场景活到另一个场景），到一个部族的生存（如魔宗的唐率领荒原部落南下），再到整个国族的生死存亡（如举世伐唐中的大唐存亡战）……都是为了活着。

凛冬将至，永夜即临，如果活不过今夜，明天的太阳再好，都跟你没有关系。生存的底色和活着的焦虑，成为整部《将夜》的基调。

寻找精神家园，是为了活得更美好，所以需要"信仰"——

从昊天道均衡恒定的幸福（如道门之信），到明宗的离经叛道（如莲生大师之悟），到书院的自由和向往（如夫子之升），再到叶苏创办的新教……什么才是更美好的生活？

不同的信仰体系在做着不同的诠释。

换句话说，诠释的话语权掌握在谁的手里，谁就能定义什么才是美好地活着。

不同的信仰体系，对"活得更美好"的话语权的争夺，成为整部《将夜》的主旋律。

昊天，是这个世界上至高也是唯一的信仰。

天下无数信徒虔诚地以精神和金钱，供奉着昊天道门遍布天下的各座道观。位于西陵桃山间的神殿，便是影响甚至控制这些道观及世俗皇权的至高中枢。

西陵神殿以掌教大人统领道门。道门事务则由三位大神官具体管理。这三位大神官权柄极重，威严极盛，地位极高，故称神座。

三神座分别是天谕大神官、裁决大神官、光明大神官。

其中裁决大神官主司裁决异端、缉捕魔宗余孽，麾下强者无数，武力最盛，拥有明面上最大的权力。天谕大神官主司领悟昊天意旨，修编典籍，以七分书法遥控世间各座道观，在世俗间拥有极大的影响力。

光明大神官是三神座里最特殊的存在。他没有具体的道门事务分配，却有权力触控所有的道门事务。因为但凡能成为光明大神官的人，必然是神殿内部最精通教义妙旨、信仰最坚定、对世间黑暗阴影最为敏感的大成者。

回想千年之前，那位光明大神官携某卷天书入荒原传道，可谓是承载着昊天道门最艰巨也最重要的历史使命，便可以想见其地位。而那位光明大神官不知为何放弃昊天神眷，自创宗门，在世间造就了一个魔宗，从此便与昊天道门对抗至今日。纵使被西陵神殿严酷打压扑杀，依然死而不僵，由此可以想见其大能。

西陵神殿历任光明大神官，都是这样了不起的绝顶人物。所以事实上在神殿内部虽无排名，但光明大神官隐然为三神座之首，仅在掌教之下。

这些年来，世间偶尔还会出现以西陵三神座之名发出的诰书。然而在桃山之外根本没有人知道，那位地位尊崇的光明大神官竟是被神殿囚禁在桃山后麓阴森终年不见阳光的幽阁之中，而且一囚便是十四年。

——猫腻《将夜》：第二卷 凛冬之湖 第十一章 假如光明来临

从活着到活得更美好，从生存到信仰，从一个人能够活下来到一个人应该而且能够追求点什么……

这之间的纽带和中介是什么？

那就是自由——选择的自由和自由的选择。

生存、信仰和自由，构成了《将夜》作品主题的三大关键词。

一如猫腻在作者公告里所说：千万年来，拥有吃肉的自由和自由吃肉的能力，就是我们这些万物之灵奋斗的目标。

或如小师叔轲浩然理所当然而行的浩然之气和自由意志。

隐隐约约间，他领悟到了更深层的东西。

小师叔留在青石墙上的这些剑痕，原来只是想表达某种情绪。

脚下走得越来越通畅，刀挥舞得越来越流畅，到最后便是畅快。

旅人要看世间更多风景，要忘却旅途间的疲劳痛楚，便应该手舞足蹈且走且歌之。

大山独立尘世间，要无视庶民的膜拜才能自在，便应该如此骄傲凛然。

流云在碧空里停留或飘荡，都是它在追随着风的方向。

溪水在涧谷里流淌而下，必然要把与石块的每一次撞击当成游戏，轻快地随着大地的吸引奔腾而下，激出无数美丽的水花，这样才叫雀跃。

繁星在夜空里静止或者流转，只是按照它自己的想法微笑着看着世间。

所有的事情都是理所当然。

这是一种叫作理所当然的畅快。

因为理所当然，所以哪怕千万人在前，我要去时便去。

我有一股浩然气，便当自由而行。

这就是天地之间的至理。

——猫腻《将夜》：第二卷 凛冬之湖 第八十七章 入魔（十二）

但是，对于极少数人来说，人世间最荒唐、荒诞和荒谬的地方就在于：无论是地盘（利益），还是家园（精神）……其实不过就是一段"浅褐色的树根"而已。

就像扔给疯狗的骨头，不管你如何美化，它也只是一根骨头而已。

第五节　三重视角链：
蚁—人—神（昊天）金字塔

这就构成了蚁—人—神（昊天）从荒唐（真实）、荒诞（真相）到荒谬（真理）的三重视角链。

从荒原蚁族到俗世蚁国，因为要活着，所以需要地盘（利益）；

因为要活得更美好，要有信仰，从而要建设家园（精神）——

这都很真实，也很现实。

但是，就像人类（或者是高飞于天的雄鹰）俯瞰蚁族之战，觉得这个场景极其荒诞——无论这场战争再血腥惨烈，其留下的数千只蚂蚁尸体，也不过是个小黑点而已。

那么，俗世蚁国，人类如蚁，也在争地盘、争家园，也格外的残酷和现实。

但是，谁又在俯瞰它们？

神明？昊天？

他们是不是也觉得人类之战特别荒诞？！

蚁—人—神（昊天），就构成荒唐PK真实、荒诞PK真相、荒谬PK真理的"生存、信仰和自由"三重塔。

这种三层塔是由下到上单向递进的。

也就是说，只有上一层的优势物种，才能发觉下一层劣势物种的荒诞之处；而下一层的劣势物种，是决计不会产生对上一层优势物种的蔑视的。

就像只有人蔑视蚁，神蔑视人——而无法逆转。

人和蚁都自觉活得很真实，绝对识别不出自己的荒诞。因为，他们是局中人。

宁缺看着站在崖畔夜风中飘然若仙的老师，思考着这连续三句是否真有天道，沉默了很长时间后，忽然坚定地说道："但老师你不是蚂蚁。"

夫子大声笑起来，笑声中满怀壮阔之意。

这道笑声自崖畔骤然升起，直刺高远冷漠的天穹夜色，崖壁间的云海恐惧乱流。直至夫子的笑声渐远，云层才恢复了平静。

夫子站在崖畔，看着夜星乱云，沉默很长时间后，忽然感慨地说道："棒子老虎鸡，可惜没有虫子。"

棒子老虎鸡是最简单的酒拳，但宁缺知道夫子当然不是此时想要饮酒，才会说出这句话。他心想，这种简单甚至粗浅的形容，想必便是老师此生对昊天的认知。只不过言俗意深，他暂时还无法了解。

夫子先前的话，解开了他心中某些疑惑，却又让他生出了一些新的疑惑。如果小师叔当年便是那只生出双翼的蚂蚁，想要飞上天穹，因为触动了天道的尊严则遭天诛而死，那他为什么要这样做？

人世间亿万蚂蚁，肯定有不止一只曾经抬起头来，向着天空望过一眼。漫长的岁月里，肯定有很多人曾经试图飞向那湛湛青天。

那些人都去了哪里？像小师叔一样壮烈地死去，还是真的如西陵教典里记载的那些羽化故事一般，回到了昊天光辉的怀抱，进入了完美的永恒？

如果说当年小师叔的境界，已经不允许他再在浊世里继续停留，那么他为什么没有选择进入永恒，而是选择对天道发起挑战？

仅仅是因为骄傲吗？

可老虎再如何凶猛骄傲，也不会无缘无故对着猎人的哨棒厉啸。

还有一个问题，夫子为什么还留在人世间？夫子把自己的翅膀收敛在了什么地方？夫子难道不想去看看天道真实的模样？

——猫腻《将夜》：第二卷 凛冬之湖 第二百零一章 如果真有天道

不识庐山真面目，只缘身在此山中。

唯一能够察觉到这种"真实—荒诞"结构中的荒谬的，只有那种飞蚁——从蚁族中沐光而飞的蚂蚁，或者像飞蚁一样想突破神明或昊天之禁的人类。

只有他们，才能在循环往返之中，在"见过天国的荣光"之后，察觉到俗世蚁国的荒诞、神明/昊天的神之蔑视，以及蚁—人—神（昊天）这种金字塔结构的荒谬——

所以，才会产生质疑、产生挑战、产生从已知到未知的恐惧，去寻找更为广阔的生存和自由发展空间。

第六节 轴心矛盾：
从"人间之战""天人之战"到"夫妻之战"

这就触及了《将夜》故事的轴心矛盾。

每一个故事，都应该有一个贯通到底的轴心矛盾。

故事轴心矛盾决定所有的冲突、戏剧和战争，并以自身为轴线进行构建和交织。

这个轴心矛盾是什么？

生存资源之争，已不是人与人或人族人类彼此逼仄或狭小的生存空间争夺，而变成了整个人类这种蚁族与昊天（天道）的生存资源、发展空间和自由选择之争。

书院后山的绝壁间。

夫子穿着一身黑色罩衣，坐在崖畔，看着远处的长安城。那处正落着大雪，远远望去，就像是昊天在向人间施舍盐花。

"十五年前，我就坐在这里，看着通议大夫府的柴房。"

夫子说道："我看着你小师弟脸色苍白地握着柴刀，走出柴房；我看着他抓着绳子躲进井里；我看着他翻出院墙，走进人群；我看着他离开长安城……仿佛看到了很久以前你小师叔的模样。"

大师兄站在一旁，问道："小师弟他和小师叔到底哪里相像？"

夫子摇头说道："我也说不清楚。大概是对自由的强烈渴求？"

"我能明白老师为何如此说小师叔。"大师兄不解地问道，"但小师弟当年遭逢的惨事，和自由二字又有什么关系？"

夫子说道："所谓自由，便是选择的权利。选择去生，选择去死，或者选择不选择。当年你小师弟选择拿起那把柴刀，杀死管家和自己最好的玩伴，在那一刻，他便向自由的彼岸迈出了第一步。"

大师兄诚实地说道："老师，我无法理解。"

夫子说道："你是世间最清澈见底的小溪，这些年一直在山野间自由地流淌，或许曾经遇过险滩礁石，却未曾遇见过真正的河道岔口，没有遇到过你小师弟当年所面临的选择。"

"你小师弟当年做出的这个选择，没有人有资格判断其对错。但他能够做出这个选择，就已经是异于常人了。就如同你小师叔当年一样，无论面临怎样的境遇，他们都只会做自己想做的事。"

大师兄说道："所以老师才会想收小师弟入门？"

夫子感慨地说道："春天的时候，在松鹤楼见你小师弟，在草庐里与他说话，我发现他与你小师叔并不一样。当时还觉遗憾。"

"然而世事便是如此，哪里能够找到完全相同的两片树叶？"

夫子看着远处的雪云和笼罩在风雪中的长安城，欣慰地说道："不过今日你小师弟的选择依然给了我惊喜。我未曾想到，他会有如此的勇气去正面挑战夏侯。我很喜欢这种选择里透出来的笨拙意味。"

他转身望向自己的大弟子，微笑着说道："在书院众弟子中你最笨拙，所以我最喜欢你。但在某些方面，你真的要向君陌和小师弟学习。"

大师兄凛然受教。只是看着远处的风雪，他难以抑制心头的担忧，犹豫片刻后说道："如果小师弟真的败给夏侯，我该如何做？"

这句话里的如果以及真的两个词很有深意。这说明在书院大师兄看来，宁缺对上夏侯并不是没有一战之力。

"我不信天，也不信命。我只相信自己。"

夫子看了一眼寒冬里灰暗的天空，说道："每个人也都只能相信自己。这是你小师弟自己的选择，是他对天道命运的嘲弄和轻蔑。那么除了一个公平的环境，他什么都不需要。"

——猫腻《将夜》：第二卷 凛冬之湖 第二百七十八章 旗展

在人类战争中，对方对任何生存空间的寸土争夺，都意味着己方生存空间的进一步逼仄与狭小。

所以，都要把对方当作"侵入"自己生存空间、"侵掠"自己生存资源、"侵袭"自己生存家园的不共戴天之敌，誓死相争。

人类像蚁族一样的残酷战争，说到底，都是生存资源之战。

甚至，为何"内战"比"外战"更频繁、更激烈、更残酷？就是因为在一个逼仄、狭小的生存空间里，内部资源更为有限，所以争夺起来也更为血腥和惨烈。

但"有限"毕竟还是"有"。

天道"无限"现在却都偏向于"无"。

在苍穹之下，人类就像是蚁族——像蚂蚁一样渺小的人类，对生存资源和生存空间的需求渺小得可怜。

只要给我一点点有限的空间，我就可以无限地活下来。

但就是这种有限的需求和愿望，却也要被"天道"无情地"抹杀"。如此卑微的生存之愿，却在永夜时代来临之际，变得如此的无望。

连活下来，都成为一种奢侈，何谈活着就要活得更美好？

天人之战，已然不可避免。

于是，通过从已知的生存空间越来越逼仄的生存资源战，到追求"不可知"的自由发展空间（从实际的领域到精神的境界），整部《将夜》就构建起了一种反差：

越是局限于狭小封闭的空间里，生存资源的争夺战就越是残酷和激烈；

越是对不可知的领域恐惧，人类就越是想朝外、朝世界、朝天外天探索，寻找能够满足自己生存和精神"双重自由"的广阔未知领域……

好奇心、想象力和求知欲是人类的本性。

所以，人类向往去探索那些不可知的领域。

这就构成了最大的矛盾：太阳底下无新鲜事，昊天之下全是可知的——即便是不可知之地，也不过是相对已知的"不可知"罢了。

但是，人类总想冲到天外，去探索那未知的东西。所以就构成了整部作品中不可调和的矛盾和冲突：

人类想探索天外之不可知，从而寻找生存和精神的自由；

但昊天总是将人类压制于天空之下的可知，导致蚁—人—神的生存资源和发展空间越来越逼仄……

整部《将夜》，就是以"蚂蚁、人类（蚁民和飞蚁）、冥王/昊天"这个链条，构成这样一种强烈的矛盾和冲突：

活着，就需要争夺越来越稀缺的已知生存资源；

想要活得更美好，就需要探索充满变化的未知发展空间——

草蛇灰线，伏脉千里，生而如蚁美如神。从信天到战天再到择天的蚂蚁哲学，就成为贯穿整部作品的轴线。

这还不是问题的关键。

问题的关键在于：宏大的"天人之战"，最后演变成了微观的"夫妻之战"——像神明一样的天道信仰之战，最后还是回归到了男和女柴米油盐酱醋茶的日常相爱与相处之道。

生而如蚁美如神，神明最后还是回归到了蚂蚁的俗世生活。

这才是蚂蚁哲学的核心、精髓和真谛。

选文悦读 猫腻《庆余年》：

有这多余出来的一生，那就好好地活着

"一个年轻的病人，因为一次毫不意外的经历，穿越到了一个完全不同的世界，很奢侈地拥有了多出来的一截生命，所以暂时取名为：庆余年。"

有这多余出来的一生，他很想好好地活着——不想死。于是，这不同的一生一世，便全是为了"不死"而奋战。他的爱、他的战、他的阴谋、他的梦想……都是为了不想死，不想身边的人死，特别是因他而死。

读起来很意外，是不是？活着的理由，就是不想死——犹如大地震后最朴实但也最打动人心的一句话：活着，就要好好地活下去。很诡异的是，作者以前写过一本《映秀十年事》，后来写《庆余年》的时候便有人做了一个书名联诗：映秀十年事，生者庆余年。虽然《庆余年》与大地震毫无关联，但是，生者庆余年，活着，就是为了活着，成为全书的核心，仍然是一件让我们觉得很诡异的事。

假若人能够重新活一遍，会做些什么？在影视文学中，我们经常看到绝症的桥段：假若人能够重新活一遍，会做些什么——重吃一遍最爱的小吃？重走一遍最留恋的风景？重新拥抱一下最爱的那个人？……每篇小说中身患绝症的人物，都作如是想。是俗套？还是那种平淡中见真性情的欲望？

大地震中那些呼天抢地的悲亲失友，让这一切桥段的矫情和做作黯然失色——当然，也让那种普遍和基本的人类、人性、人情默然浮现，亦让每一个幸免于难或在想象中经受着精神地震的人提问自己：我的余生应该怎样过？哪怕只是二三十岁的年轻人。

每一个人都向死而生。向死而生《庆余年》，一秒"即"一生。[①]

---

① 参阅庄庸、王秀庭：《网络文学评论评价体系构建：从"顶层设计"到"基层创新"》，"互联网+"新文艺丛书，福建教育出版社，2016年版。

第一卷 在澹州 第一章 故事会（节选）

这一天风和日丽，大人们坐在酒馆里享受海风所携来的咸味和湿气，享受盐渍的梅子和杯子里的那些酒水。

也有一堆十几岁的少年正围在城西司南伯爵别府的后门石阶外，密密麻麻的，不知道正在做什么。

往近处看，才发现是个十分有趣的场景。原来这些少年都是在听一个只有四五岁的小孩子讲话。

小男生长得很漂亮，眉毛如画，双眼清亮无比，声音虽还是奶气未褪，但说话的语气却是老气横秋得厉害。

只听他叹了口气，小小的胳膊比画道："话说那楚门走到墙边，发现那里有个梯子，所以一步一步地走了上去，找到了门，所以推门而出……"

"然后呢？"

"然后？然后……自然就是回到人世间喽。"小男生嘟着嘴，似乎很不耐烦旁边比自己大的少年们居然会问出这样弱智的问题。

"不会吧？难道不会去把那个什么什么哈尼……"

"哈尼死。"另外一个少年接话。

"对，难道楚门不去把那哈尼死打一顿出气吗？就这样被关了好多年。"

小男生耸了耸肩："没有哎。"

"喊！真没劲。范闲少爷，今天这故事可没有前几天的故事好听。"

"那你们喜欢听什么？"

"飘邈之旅。"

"风姿物语。"

"喊！"叫范闲的小男孩，对着四周比自己大的孩子们比了个中指，"打打杀杀不健康，四处挖宝不环保！"

院里忽然传来一个极为愤怒的声音："少爷！你又到哪儿去了？"

围成一圈的孩子学他模样也比了个中指，只不过人数多，所以显得壮观许多，同声发道："喊！"然后笑嘻嘻地散了。

叫范闲的小男孩儿从石阶上站起身来，拍拍屁股上的灰尘，一转头就跑进了院子。只是关门之前，那双机灵劲儿十足的眼睛，瞄了瞄对面杂货铺里那个年青的瞎子老板，脸上浮现出与他年纪完全不相符的复杂情绪，然后轻轻地关上了木门。

这是范慎来到这个世界上的第四年。这些年里，他终于明白自己不是在做梦，而是真的来到了一个未知的世界。这个世界与自己记忆中的那个世界似乎是一样的，但又似乎有很多不一样。

通过偷听伯爵别府里下人的说话，他终于明白了自己的身份——原来自己是京都司南伯爵的私生子。

就像一般的豪门恩怨剧一样，私生子的身份很容易招致大姨妈、二姨奶之流的毒手什么的，而自己那个便宜老爹似乎又只有自己这一个儿子。为了延续伯爵的血脉，所以自己被送到离京都十分遥远的澹州港来了。

这些年来，他渐渐地习惯了自己的身份。虽然说一个成年人的灵魂被困在一个幼儿的身体里，不论是生理上还是心理上都要经受完全不一样的体验，如果换成一个正常人，只怕会发疯——但很凑巧的是，范慎前世的时候，就是个重症肌无力患者，在病床上已经躺了很多年。现在只是有些行动不便而已，与前世的凄惨情形比较起来，也就不算什么了。所以他现在寄居在这个小儿身体之中，并没有太多的不适应。

最不适应的其实是现在的名字。在他一岁的时候，京都的伯爵大人寄了封信来，将他的名字取成：范闲，字安之。

这名字不好，听上去很像他原来家乡里骂人的话——"犯嫌"。

但他的外表只是个小孩子，所以根本不可能用言语表示反对。

前世在医院里治病的时候，前期还可以扭动头部，所以经常央求那个可爱的小护士给自己买些盗版影碟和书籍来看。

在伯爵府中住久了，虽然老夫人外冷心热，骨子里很疼爱自己，府里的丫环下人也没有因为自己私生子的身份而另眼看待，但是无处与人交流的痛苦还是让他有些不爽。

难道能和丫环去说，自己是另一个世界来的人？难道能告诉教书先生，自己其实能认得这书上所有的字？

所以他经常偷偷溜出伯爵府侧门，和街上那些平民的孩子一起玩。更多的是在给他们讲故事，讲自己那个世界里的电影小说。

似乎他想以此来提醒自己些什么，提醒自己是不属于这个世界的人，自己的那个世界里有电影，有网络，有YY小说。

直到今天，不知道为什么，他讲述了楚门的世界这部电影。这电影的剧情本就有些木然，又没有金凯瑞在那里扮可爱，所以他应该很清楚，这些澹州港十几岁的少年们根本不可能喜欢。

但他还是讲了。

因为他的内心深处总是有一种荒谬感。自己明明是要死的人，为什么会忽然在这个躯体里重生？不免会想到那部电影……也许，眼前的这些人、这些街道、天上飞翔的这些海鸥，都是被人安排的？

就像楚门一样。

楚门最后发现了他身处世界的虚假，所以毅然地坐船而行，找到了出口。

但范慎，不，应该是范闲……知道自己不是楚门。这个世界确实是真实存在的，并不是一个大的摄影棚。

所以他发现，自己天天讲故事提醒自己是另外一个世界的人，这本身就是很荒谬的一个举动。

第五章

蚁国大道：从「神国的向往」到「俗世的爱」

俗世蚁国，大道何如？

木剑少年叶苏这一句发问，很好地解释了他们何以齐聚荒原，又何以局限于黑线一边，只看蚂蚁争夺资源（家园）战。

他们本来是来荒原查看"天降异象"的原因和道理，肩负着查找冥王之子的传说、事实和真相，现在却默契地聚集在一起，研究蚂蚁战争！

这三个来自不可知之地的传人，对"蚂蚁战争"的不同感受和诠解，就为这部作品的"蚂蚁哲学"，提供了不同角度和层面的视角与线索。

按照我们的解读、诠释和建构，三大不可知之地的传人聚集荒原，查探冥王之子的传说和真相，却聚焦于蚂蚁战争这一"场景"之中——这分成了三段论叙事。

第一段论，三大传人一起研究"蚂蚁"，并归于对天道的敬畏。

第二段论，三大传人探讨"冥王之子"的传说，并各有所得——最终归于叶苏的骄傲和自信。

第三段论，以那条黑沟壑为界，将三大传人和书院大师兄划成两个阵营（畏天的和不畏天的），并为后面叶苏一直想对垒大师兄埋下伏笔。

这成为叶苏必须超越自我的心障。

而这一关，也成为叶苏"成圣史"上重要的一环。

第一节　知守观传人叶苏：
因为看见，所以恐惧

虽然三大天下行走一同出场，但是笔墨的重心却有意识地偏向于叶苏，从而让一个强大、骄傲但又懂得敬畏的木剑少年跃然纸上。

在研究蚂蚁和天道时，叶苏是三个传人中最先表示自己"害怕"的人——人敢于面对自己心中的恐惧，也是一种勇气；敢于面对畏惧本身，也就是一种无畏。

单就这一点，就已经将叶苏"雕刻"出来了：因为看见，所以恐惧。

"看见"是一种能力；"恐惧"是一种情绪；面对"看见的恐惧"本身，却是一种勇气。

这三种素质，对于我们解读叶苏这个人很重要。

树下的三位年轻人抬起头，望向数十米外地面上的一道浅沟。浅沟自然不深，里面除了黑色什么也没有，在斑驳的荒原地表上显得格外清晰。

这条沟在两个小时前突然出现，陡然一现便直抵天际，仿佛是只无形的天鬼拿如山巨斧劈出来的，仿佛是位神匠拿如椽巨笔画出来的，令人不寒而栗、不解而惧。

背木剑的少年盯着那道黑线说道："我一直以为不动冥王是个传说。"

"传说中冥王有七万个子女。也许这一个只是偶尔流落人间。"

"传说就是传说。"背木剑的少年面无表情地说道，"传说里还说每一千年便有圣人出，但这几千年来，谁真见过圣人？"

"如果你真不相信，为什么你不敢跨过那条黑线？"

没有人敢踏过那条黑线、那道浅沟，即便是骄傲而强大的他们。

蚂蚁能爬过，长肢虫能跳过，黄羊能跃过，鹰能飞过，只有人不能过。

正因为是人，所以不敢跨过。

背木剑的少年抬头向天边望去，问道："如果那个孩子真的存在，那么……他在哪里？"

——猫腻《将夜》：第一卷 清晨的帝国 开头

在整部作品里，叶苏恰恰是因为比别人更能看见那些看不见的东西、更能产生植根于人性中的情绪（比如骄傲和恐惧）、更能直承这些作为天下行走本应禁绝的东西……所以才成为真正的叶苏。

这个场景将叶苏从看见到恐惧再到骄傲的变化弧雕刻得骨骼分明，似乎非常具有逻辑、结构和层次。

首先，直面对那条沟壑的恐惧。

这个沟壑，除了黑色什么都没有；

看似非常"浅"，却陡然一现直抵天际，突兀而现，不知从何处来，也不知向何处去；

如天鬼拿巨斧劈出，如神匠拿巨笔画出，非人力所为；

不知其缘由，也不知其目的……未知的东西才会让人真正恐惧，所以，"令人不寒而栗、不解而惧"。

在这非常的现象面前，叶苏坚持"眼见为实，耳听为虚"，终于开始正视"不动冥王"的传说。但他仍然持高度的怀疑。

这种"质疑"精神虽然在整部作品的前四分之一只是昙花一现，却是未来叶苏改变、蝶变、蜕变的关键。

尤其是，他质疑的不仅仅是不动冥王的传说，还包括圣人的传说——千年以来，谁见过不动冥王？谁又真正见过圣人？

这后一点质疑尤其重要。

七念对叶苏的反驳也很关键："如果你真不相信，为什么你不敢跨过那条黑线？"

这一条黑线，将三大不可知之地的传人和书院大师兄划分成了两大阵地——畏惧的和无畏的。

第五章 蚁国大道：
从"神国的向往"到"俗世的爱"

第二节　虔诚的信仰：
从"不信而惧"到"信而无畏"

最特别的是，叶苏为何"不信而畏惧"？

假若把叶苏在《将夜》中的一生划分为三个时期，那么第一个重要时期就是：愈是追求修行境界的强大，愈是对昊天虔诚地信仰，就愈是需要求解和克服对昊天的敌人即所谓冥王"不信而畏惧"的难题。

经过第二个重要时期的破而立——从对昊天即冥王虔诚信仰的怀疑与质疑，到昊天和蚁人、神性和人性、天道和人道二元对立的重构——叶苏才能真正进入第三个时期，"信而无畏"：信昊天，即信自己，无所畏惧。

所以，虽然这里只是一个简笔，但放在叶苏的人物发展史来看，这种人设和写法颇得"草蛇灰线、千里游走"的神髓。

正因为"不信而疑且惧"，叶苏才会紧接着问出第三个关键的问题：如果冥王的孩子真的存在，那么他在哪里？

正是这个问题，引出了"夜之将至"的"将夜"主题。

由于这个冥王之子降临于世，整个世间都将笼罩于黑暗之中，那么，你又能到哪里找到这个孩子？

魔宗传人唐第一次开口说话，就戳中了这个事实和痛点。然后，他以一种特别的方式离开了。正是从这里开始，开篇叙事就转入了叶苏的角度。

甚至，在三个不可知之地的传人之中，"浓墨重彩"已然放到了叶苏身上。

此时落日已经有一大半沉入地底，夜色正从四面八方涌过来，荒原上的温度急剧降低。一股令人心悸的气氛开始笼罩整个天地。

"黑夜降临，到处都是，你们又能到哪里寻找？"

那名穿兽皮的少年打破了一直以来的沉默。他的声音拥有与年龄不符的低沉粗糙，嗡鸣振动就像是河水在不停翻滚，又像是锈了的刀剑在和坚硬的石头不停摩擦。

说完这句话，他就离开了，用一种特别的方式离开。

数蓬火苗忽然从他两根坚硬粗壮的裸腿上迸将出来，把少年下半身罩进一片赤红色中。狂啸的风让地面的碎石急速滚动，然后仿佛有种无形的力量抓住他的脖子，把他的身体提向十几丈上的天空；紧接着呼啸破空落下，狠狠砸在地上；然后再次蹦起，就像一块石头毫无规律地蹦向了远方，看上去异常笨拙却又极其迅猛高速。

"只知道他姓唐，不知道他的全名是什么。"

背着木剑的少年若有所思地说道："如果换一个时间换一个地点遇到，我和他肯定只有一个人能活下来。徒弟就这么厉害，他那个师傅又会强到什么程度？……听说他师傅这些年一直在修二十三年蝉，不知道将来破关之后身上会不会背一个重重的壳。"

身旁一片安静，没有人回答。他有些疑惑地回头望去。

只见那名年轻僧人双眼紧闭，眼皮疾速颤动，似乎正在思考某个令人困扰的问题。事实上自从那名兽皮少年说出关于黑夜的那番话后，年轻僧人便一直陷在这种诡异的状态之中。

感应到目光的注视，年轻僧人缓缓睁开双眼，咧嘴一笑，笑容里原初的坚毅平静已经变成不知从何而来的慈悲意。张开的唇内血肉模糊，是嚼碎后的舌。

木剑少年皱了皱眉。

年轻僧人缓慢摘下腕间的念珠，郑重地挂在自己颈上，然后抬步离去。他的步履沉重而稳定，看似极慢，但不过刹那便已经身影模糊，将要消失在远处。

树下再没有别的人。木剑少年脸上所有的情绪全部淡去，只剩下绝对的平静，或者说绝对的冷漠。他望向北方尘埃里那颗像石头般不停跳起砸下的影子，低喝道："邪魔。"

他望向西方那个低着头沉默前行的年轻僧人背影，说道："外道。"

"不足道也。"

邪魔外道不足道也。

说完这句话,少年身后背负的单薄木剑无由而振,发出嗡嗡异鸣,嗤的一声凌空而起,化作一道流光,将荒原上那棵小树斩作了五万三千三百三十三片,不分树枝树干尽为粉末,纷纷扬扬地覆在那些忘生忘死的蚂蚁之上。

"哑巴开口说话,饼上放些盐巴。"

少年唱着歌走向东方,单薄的小木剑悬浮在身后数米处的空中安静无声地跟随。

——猫腻《将夜》:第一卷 清晨的帝国 开头

这种叙事有着三个隐形的张力。

第一,这是第一次也是唯一一次雕刻叶苏的"碎碎念"——放在整部作品里来看,无论是在叶苏作为天下行走时,还是在其作为新教教主时,都没有再见过这种碎碎念。

这种"碎碎念"里,包含了相当复杂的几种情绪:探究(他的全名)、跃跃欲试的好斗(只有一个人能活下来)、熊熊燃烧的八卦之心(会不会背一个重重的壳)……尤其是在后面,越看到叶苏傲然屹立于世的形象,就越容易开始回味,觉得它有一种"妩媚"的语感。

虽然,"妩媚"这个词用来形容某种语感,特别的怪异。

第二,在经历了前面"不信而疑且惧"之后,这里陡然上扬,描绘他对同为不可知之地的传人的评价:对魔宗传人唐的评价是"邪魔",对悬空寺传人七念的评价是"外道";然后归结到终评——"不足道"。邪魔外道不足道也。

这需要多么骄傲、强大和自信,才能对同为不可知之地的传人、同如星辰般夺目的同龄人,做出如是评价?

这世上,多的是想踩着别人的肩膀搏上位的。但是,叶苏并不是那种用贬低他人来抬举自己的人。事实上,七念和唐的确也是不逊于他的传人,无论是身份、地位和实力。

但是,叶苏仍然是这么说了、评了并定性了。这除了彰显"知守观"自命为天下正宗的立场之外,确实也张扬出了少年的骄傲、自信与强大。

第三节　骄傲的少年：
从"逼人的青春"到"被逼的失败"

这种"不屑于比肩同辈"的骄傲、自信与强大，在此前"不信而疑且惧"的态度和此后剑斩荒原小树的气势之间，构成了层层递进的渲染和铺陈。

他剑斩那棵两窝蚂蚁争夺资源和家园的象征之树，既是斩掉了蚂蚁的生死存亡之道，也斩灭了冥王和圣人不信而疑且惧的情绪，更是斩出了自己强大的提升和超越……因此，才会说他"勘破死关，周游诸国"。

这可以说是一种层层递进的烘托法：在魔宗传人唐隐入大漠、悬空寺传人七念修闭口禅时，叶苏却是勘破死关……三人各有所得，却又因叶苏自评和评他"邪魔外道不足道也"，隐然让自己立于三层塔之上。

而就叶苏自己而言，在第一层，观蚂蚁悟天道；在第二层，对不动冥王和圣人不信而疑；在第三层，剑斩蚁族家园之树，勘破死关……这种渲染和铺陈，最终形塑出一个强大、自信和骄傲的木剑少年。

这种强大、自信和骄傲一直支撑着他"周游诸国"。

然而，所有配角出彩的表演，都是为了烘托主角的光环。浓墨重彩地将叶苏推至山巅，是为了衬托出还有那山比这山高。

在对三大不可知之地的传人的雕刻之中，以魔宗传人唐、悬空寺传人七念为第一梯度，重点渲染了叶苏这个知守观的"正道"传人；

但是，以叶苏不屑邪魔外道、勘破死关为第二梯度，是为了烘托出居于第三梯度上的书院大师兄李慢慢……

叶苏再骄傲、再自信、再强大，却仍然没有越过那一条"黑线"。

然而，在他们不敢跨越一步的黑壑那头，书院大师兄却一直安静地坐着。那才是真正的自信和强大。

于是，这个唱着歌离去的木剑少年，在周游诸国之时，一直以为自己才是那个最强大、最骄傲、最自信的人。直到他前往南海，从自己师尊那里第一次知道，原来当时黑线那边有个人，有一个书生！

当然，如果他还是十几年前那个骄傲的木剑少年，就绝对不会在乎这些事情。然而他现在已经不是那个年少的自己，对于这个世界和自身的认识早已不同。

只是他偶尔还会怀念已经远去多年的逼人的青春。

看看天书究竟会落在谁的手中，是他出现在这里的原因之一。然而自幼在知守观里长大的他，从刚识字时便开始看那六卷天书。少了神秘感，自然不会像世间凡人或是那些修行者般对天书存有一种莫名敬畏。所以这并不是他来到此地的真正原因，至少不如那个真实的原因重要。

他来这里，或许是为了怀念已经远去多年的逼人的青春，或许是为了祭奠远去多年的逼人的青春，或许是为了寻回远去多年的逼人的青春——那些青春叫作骄傲。

——猫腻《将夜》：第二卷 凛冬之湖 第一百一十一章 一声轻噫，粉墨登场

喝斥唐为邪魔，不屑言七念为外道，那就是少年！

一剑便把那株小树斩成了五万三千三百三十三块，那就是逼人！

念出一道至今为止自己最满意的道偈，唱着歌渐行渐远，那就是青春！

那个时候，这个少年很骄傲、很自信、很强大。

但是，少年那骄傲、自信和强大的逼人的青春，被坐在黑线那边的书生"一只木瓢里的水"浇了个透心凉。

从此，青春不再，少年不再，骄傲不再。

而那个书生，就成了少年追赶并试图超越的丰碑。大师兄成为叶苏少年青春成长史上一个绕不过去的坐标。

站在雪峰之巅的叶苏，一直很想挑战书院大师兄。

他是知守观传人，昊天道门最强大的当代天下行走。十四年前，还是少年时

便是那般骄傲自负，最能了解轲先生以及书院二师兄君陌的骄傲自负里所蕴藏的意味。所以他会因为君陌的态度，对那位一直未曾相遇的书生保有尊重和敬意。

但他绝对不会错过挑战对方的机会。因为他青春时的骄傲自信，便是因为黑线那头那名书生的平静喜乐而渐渐敛没，化作沉默孤独。

他很清楚，沉默孤独地背负木剑行走天下的自己，要远远比当年骄傲自负的自己更加强大。然而他总想寻回那些失去的东西，所以他必须遇见当年线那边的那个人。

这种想法甚至可以称之为渴望的情绪，在这些年里随着修行境界越来越深妙圆融，随着对这个世界的认知越来越清晰，在他心里也越来越强烈。

甚至比雪峰上方太阳洒下的光芒还要强烈。

——猫腻《将夜》：第二卷 凛冬之湖 第一百一十四章 书院大师兄

一直到作品第二卷的第一百一十一章，叶苏都在试图逼大师兄出手。

因为，"他偶尔还会怀念已经远去多年的逼人的青春"，"他来这里，或许是为了怀念已经远去多年的逼人的青春，或许是为了祭奠远去多年的逼人的青春，或许是为了寻回远去多年的逼人的青春——那些青春叫作骄傲。"

但结果是，叶苏出手了，大师兄仍然没有出手。

所以，出走半生，叶苏归来时，仍是那个逼人但最后却让自己被逼失败的少年。

第四节 神道人间：
俗世蚁国，大道何如

但这并不是叶苏一生的转折——让叶苏的人生真正拐了弯并重新折返到起点的，是信仰的解构、重构和建构。

叶苏的起点又是什么？

就在这开篇之中：俗世蚁国，大道何如？

从我们看来，"俗世蚁国，大道何如"，构成了叶苏一生追问的起点——"蚁国大道"更像是一种哲学、一种观念、一种信仰，是必须寻找、必须求解但又面临最多困惑、疑问和磨难的精神支撑。

犹如此时的叶苏，面对冥王降临的异象和威压，感悟到人类就像蚂蚁一样挣扎求存，在不动冥王夜之将至的大恐惧之前，"哀生民之多艰"，不禁追问：人何以才能摆脱这俗世蚁国的生存艰难？

这就需要从"人道"到"天道"的神道转向。非这样，不足以抗争不动冥王带来的天灾，以及俗世蚁国自身为了资源等争战不休的人祸。

无论是像神使一样高居云端，俯瞰蚁国生民一样的世人；还是最后堕落于尘埃，身居蚁国生民之中；抑或是最后像摩西带领埃及民众出走记一样，带领这些俗世的普通人走出了一条自己的大道……自始至终，叶苏都在追求天道和人道之间衔接的"神道"（成神成圣之大道）。

有意思的是，书院大师兄李慢慢、二师兄君陌、小师弟宁缺，相继成为中间衔接和传递的桥梁。

比如，书院大师兄与知守观传人叶苏"有史以来最强的信仰辩难"，就在这种传递链中起了一个至关重要的过渡作用——这让叶苏逐渐从崇拜飞蚁（修行强者）的力量，转为意识到蚁民（普通民众）的力量。

叶苏也笑了起来，笑容显得那般淡漠而寒冷，说道："书院里果然生活着一群可怕的无信之人。你们根本就不应该存在。"

大师兄诚恳地请教道："为何如此说？"

叶苏看着他的眼睛，声音低沉而寒冷地说道："没有信仰就无所敬畏；不懂得敬畏的人自然不在意洪水滔滔。当年轲先生如此，难道书院的下一代还将如此？那会落在谁的身上？你，还是二先生，抑或是宁缺那个家伙？"

大师兄看着他平静地说道："书院只教我们道理，不教我们信仰。事实上我的师弟和师妹当中，有几位也是虔诚的昊天信徒。只不过我们更相信一种说法，能够没有信仰，其实也是一种信仰。"

没有信仰，其实也是一种信仰。

叶苏微微蹙眉，在心中把这句话重复了一遍，若有所思。

大师兄说道："如果将来某一天，你能够同意，或者哪怕仅仅是尊重我们的这种信仰，那么你其实也就拥有了相同的信仰。"

——猫腻《将夜》：第二卷 凛冬之湖 第二百六十五章 街头论道

追求"大道"的人看似无情，却多情。

叶苏的妹妹叶红鱼"孺慕情深"，一直以自己的哥哥为人生的楷模和修行的目标，却讥讽道：你这样的人还会在乎兄妹之情这种叫作感情的东西吗？

但事实上，叶苏是忘小情而向大道——真正的大道，并不是要绝情绝性，而恰恰要至情至性。

非有大悲悯、大慈悲、大情怀，不足以体察俗世蚁国之情悲，不足以拥有诉诸天道之勇气。因此，叶苏其实是有"大情"的——亦即为整体蚁民代言、为整个人类情感立命的"情根"和"智慧"。

在天道和人道之间追求大道，叶苏寻找的其实也就是"神道"。只不过前后半生，叶苏追求的神道，有了本质的区别。

前半生，是从知守观到神殿的神道；而后半生，却是从蚁民直抵天道的神道。

从前半生到后半生的转向，触发的机缘是他在都城长安接触到的那个道人——"道教就在人间烟火气之中"。

而叶苏真正质变的开始，是在举世伐唐中，他被二师兄君陌毁掉了一生的修为，最终沦落为平凡人。

恰恰是在这些像蝼蚁一样的普通生民之中，在跟他们一起生活、像他们一样生活并像教书先生一样启蒙他们……之时，叶苏体悟到了自己的"新教"，从而与道观和神殿的神道分道扬镳，并被他们判为异端，举世围剿。

但那又怎么样？

被废了一生修为的叶苏，虽然只是一个普通的蚁民，却比当初晋入知命境界的天下行走叶苏更为强大，甚至比任何进入更高境界的大修行者都还要强大。

这样的人，像蚂蚁一样渺小，却强大得让神殿都感到恐惧。因为他的观点动摇了神殿的体系，动摇了知守观的根基，动摇了数以亿计信徒的信仰，所以，叶苏——必须死。

但是，有的人死了，他还活着。有的人活着，他已经死了。

当叶苏平静地走向"焚烧"堆，为自己的信仰"殉道"时，他的平静本身就是一种强大……

第五节 飞蚁理论：
从"向上寻救赎"到"朝下找自救"

"飞蚁理论"在叶苏的寻道问路转向史之中，起着某种界碑性质的作用。

悬空寺的传人七念，目睹首座讲经的异象，说："首座讲经时，我曾见过无数飞蚂蚁浴光而起。"

从此，"飞蚁"贯穿于整部《将夜》的故事布局之中。我们将其解读、诠释和建构为"飞蚁理论"。

有意味的是，从整部作品来看，这种"飞蚁理论"，虽然是经七念之口率先出现的，但是最后的解读和践行，基本都悖逆了七念自己出身悬空寺的信仰与言行。

至少，在此时的七念看来，修行界就是要有一只又一只的飞蚁浴光而起，不停飞升，超越天际。

此时的叶苏说："会飞的蚂蚁最终还是会掉下来。它们永远触不到天空。"

这代表着道门对昊天的敬畏，也代表着叶苏个人的虔诚信仰。

昊天是神明一样的存在，不可抗拒，只可仰望；不可平视，更不可能俯瞰。

飞蚁飞得再高，都无法超越昊天。你只能无限接近，却永远无法触摸到昊天的边界。因此，道门那么多的绝世强者，仍然匍匐于昊天之下，甘作蝼蚁。

道门的信仰结构贯彻的是一种弱肉强食的法则：最强的是昊天；中间层是飞蚁；最底层蝼蚁般的人类，则始终是最弱小的存在——在丛林法则的基础上，又构建了食物链献祭的法则。

越是处于底层和基层的信徒，越要向处于中层和高层的昊天代言人献祭——神明一样存在的昊天，就是最大的祭主。它的神圣领域，其实就是整个天上人间食物链的最高端。

第五章 蚁国大道：
从"神国的向往"到"俗世的爱"

但是，真相被掩盖在神圣的天道信仰之中。

这既是从西陵神殿到知守观的道门对昊天的信仰和设定，也是叶苏本人在天道和人道之间的神道选择。

从神殿到知守观，所谓道门就是昊天的道门；而昊天在《将夜》里是一种封闭自守、内生循环的规则集合体。

换句话说，天最大。假若天地是一方空间，那么，"天"就在上面捂了一个盖子。天绝不允许有人把这个盖子揭开。凡是试图把这个天盖子揭开的人，都必须死。

所以，试图捅破天的小师叔，死了；

有能力揭开天盖子看一看月亮是什么的夫子，也成为天苦心孤诣要设局诱入囊中的人……

无论如何，天都是最大的，绝不容许人触碰它的权威，哪怕你是那只最大的飞蚁也不行。

至于那些不曾入它法眼的飞蚁甚至蚁国生民，更是连边都碰不到一下。

这已经成为教义和信仰，渗透到每一个普通的神殿子民和昊天道信徒之中。

作为知守观的传人，叶苏或许是对这种教义和信仰最为虔诚的人。

所以，他才会质疑七念的飞蚁理论——飞蚁飞得再高，又如何？最终还是会掉下来的。它们永远触不到天空。因为，天是不可触碰的。

在市井里传道，这是叶苏自我的救赎，也将带领世人展开自我的救赎。对于这个世界已经维系无数万年的昊天教义来说，这个改变看似微小，实际上却是一次革命性的变化。对昊天的崇拜将会被新的教义所取代；对神国的向往将被对现世的爱所取代——这便是宁缺感到震撼的原因。

——猫腻《将夜》：第五卷 神来之笔 第十八章 月缺

正是对于飞蚁理论的质疑，让我们可以看见叶苏前半生和后半生的转折，从何而来，因何而去——总有一个"基点"，可以导致信仰和人生的转向。

事实上，或许就来自这种观念：不是向上、向上、再向上，像飞蚁一样飞升，在不可触碰的天空之中，去触碰天道；

而是，向下、向下、再向下，在俗世蚁国、蝼蚁生民之中，在人道深处，接通天道。

我以为——我应该往上飞；但实际上——我应该往下钻。

也就是说，真正的天道不在天之外，而在人之中。

或许，正是以这种观念为基点，叶苏才会真正完成从旧教到新教的颠覆性革命。

真正颠覆性的革命，总是从自身骨子里的观念开始的，只不过是借用外力催生和引爆而已。

这是内因在起主导作用，哪里是"外因决定论"呢？

第六章

生存（信仰）悖论：

从「信昊天（冥王）得永生」到「逆天求活」

叶苏、七念为信仰而战。魔宗传人唐，则一直在为活着（生存）而奋斗。

他可能比任何人更能体会、也更有权利来评论这种"蚁族生存权和发展权的生死争夺战"……

从唐到魔宗，从荒原部族的活着史到渺小如蚁的人类生存史，引出了一个最基本的生存（信仰）悖论：为什么我们越信仰昊天，就越会在昊天不断赐下各种灾难（礼物）的大道里艰难求活——"活下去"居然成了一个基本的问题？

所以，蚁族不甘，荒原部族不甘，人类不甘。

不甘就要愤怒、抗争……

从"信昊天（冥王）得永生"到"逆天求活"，"活下去"构成了人类蚁族生存史的基本起点；生存（信仰）悖论，成为蚂蚁哲学的基本矛盾。《将夜》对这种蚂蚁哲学的解读、诠释和建构，就从此时、此地、此事、此蚂蚁战争开始——

这三个不可知之地的传人，因为这一道不动冥王降子于世的黑鳌而聚集到一起；他们虽然与书院大师兄，由于那一条黑线，被划分成了"两个不可相通的阵营"——大道朝天，各走半边。

但是，他们对"蚂蚁"争夺生存权、活着权和发展权的感触，对飞蚁现象的议论，以及对"俗世蚁国，大道何为"的拷问……确实提供了一种理念的雏形，来供作品演绎。

但它也只是一个起点，而不是完整的蚂蚁哲学体系。

它作为一个逻辑的起点，为整部作品的解读、诠释和建构，提供了某种方向和路径。

第一节　分子PK分母：
从"凡人修行观"到"蚁奴通天塔"

叶苏和七念的争论，隐藏着悬空寺佛宗和知守观道教不同的信仰与教义。

悬空寺扎根于人间，建基于俗世蚁国，从蚁民中榨取力量。

而知守观来源于天道，以昊天神辉为最大的力量来源，所以更注重天之权威。

这种不同的教派之道，导致了双方观念的根本分歧。

这种分歧并不在于：一个更相信"人"的修行，一个更崇拜"天"的力量。

而是在于：一个更相信，"人"的修行特别是天才的修行，是可以触碰天甚至超越天的——或者换一个角度来说，他们修行的方向和道路，不是朝天和朝向今生，而是朝向彼岸和来世。

而另一个却认为，再强的修行天才，如果只是"会飞"，且只是"朝上飞升"，也是触碰不到天空、领悟不了天道的。

这就在蚁民和飞蚁、凡人和强者之间划出了一个界限。

这导致了叶苏和七念两个人不同的"修行观"。

七念就直指叶苏的问题："如果你始终坚持这般想法，那你将永远无法明悟何为道心。"

因为江山代有才人出。

知守观不可能只有叶苏这样一个天才。

如果秉持个体强者修行观，叶苏只能朝上、朝强、朝前修行，自我迭代；若不能在"天才修行"上飞升境界，那么，后起之秀如陈皮皮、叶红鱼之类，绝对有可能在修行之道上，取叶苏而代之。

但既然人人都能成佛，那凡人亦能成为修行者，蚁民亦能成为飞蚁——那么,飞蚁听经而起、沐光而飞,何以不能朝天、近天甚至超越所谓"天"的存在?

然而,叶苏却以牙还牙:"我一直不明白,像你这样无法做到不羁身的家伙,有什么资格代悬空寺行走天下。"

羁绊于尘世和凡俗,哪里来的飞蚁和蚁民之分?都是蝼蚁而已。

这种口舌之争的挑衅,有意思,但没有意义。

比这个重要的,是美好面纱背后的残酷事实和真相。

所谓人人皆可成佛、蚁蚁皆能为飞蚁,却是与"一将功成万骨枯"同样的思路、逻辑和结构。

"蚂蚁会飞也会掉,但它们更擅长攀爬,擅长为同伴做基础,不惧牺牲。一个一个蚂蚁垒积起来,只要数量足够多,那么肯定能堆成一个足以触到天穹的蚂蚁堆。"

七念美好的"飞蚁理论"背后,掩盖着悬空寺真正的本质:"垒垒蚂蚁堆",其实代表着悬空寺在人间势力的结构。

天穹其实是可以触顶的,所以昊天也没有那么神圣——触顶甚至超越天穹上最大的飞蚁,其实就可以取而代之,自成神明——佛不就是这样的吗?

但这需要一个硕大无比的蚂蚁堆,而且是由一个个蚂蚁垒积起来的——因此,悬空寺需要一个严格的等级制度,来确保这种蚂蚁垒积起来的通天塔精密有效。

而这种结构,需要大面积的基座——那需要大量"为同伴做基础、不惧牺牲"的累累蚂蚁尸骨。

第二节 歧路彷徨：
从"奴役蚁民"到"大道蚁基"

单从这段话来看，七念的话颇具煽动性（鼓舞人心）：人人皆可为佛，人人皆可成佛，人人皆可成为像神明一样的存在。

但问题是：你是那个万中有一的分子，还是庞大无数的分母？

而且，正如后来书院二师兄骂其虚伪一样，这些成了庞大分母的蝼蚁，并不是受到精神感召而自愿牺牲的，而是被强制性地做了基石——悬空寺甚至建立奴隶制，来强制保障这种"蚁奴通天塔"的建立。

这一种残酷的现实和统治结构，直到悬空寺的真面目被书院师兄弟一层层剥开面皮后，才真正绽露出来。

悬空寺就像是一个金字塔，其生存的模式和根基，就是俗世蚁国、蚁民奴隶的血肉白骨。

它们以此垒土筑台，一层层地建立起"通天塔"。

也就是说，他们以蚁民白骨为原料，构建起一层又一层"向上的阶梯"，供他们这些"僧侣统治者"登高触天，甚至代天而统治。

更关键的是，这是一种"强制牺牲"——悬空寺以蚁民为奴隶，强制他们为同伴做基础，强制他们做牺牲，强制他们这一个又一个蚂蚁尸身垒积起来，堆成一个足以触碰到天穹的蚂蚁堆……

所以七念口中的这些"蚂蚁美德"，在悬空寺"奴隶制"的统治结构之中，变成了一种"被美德""被牺牲""被基础"的行为。

至于这些蚁民自身的意愿和想法，谁在意？

一切温情脉脉的面纱被撕开之后，真相都是如此的残酷和血腥。

七念现在越是称颂"蚂蚁的美德"，在后面被书院师兄弟特别是二师兄撕开面纱之后,就越是显示出悬空寺"奴役蚁民"的残酷和虚伪。

> 桑桑问道:"世人若要我搭救,何苦自救?"
> 叶苏说道:"昊天爱世人,怎能不允世人自救?"
> 桑桑看了宁缺一眼,说道:"我为何要爱世人?"
> 这个问题,她曾经问过宁缺,宁缺无法做出回答。叶苏的学识远胜宁缺,也无法做出回答,但他可以做出反问。
> "既然如此,世人为何要爱昊天?"
> ——猫腻《将夜》:第五卷 神来之笔 第九十八章 陋巷

但最有意思也最有意义的悖论也就在这里——

七念脱口而出和悬空寺讲佛论经的飞蚁理论和现象,最终却成就了叶苏从旧教之天道,转向新教之人道的"俗世蚁国、蚁民大道"的根基。

蚁民是一切力量之源。正是因为他们擅长攀爬,擅长为同伴做基础,不惧牺牲,才能真正垒起一个巨大无比的蚂蚁堆,可以直抵苍穹……

理论就是这种理论。只不过,从"奴役蚁民"到"蚁民大道",却有一种本质上的区别,犹如河之两岸。

在这两个极端的河岸之间,从此岸到彼岸,需要一个摆渡人——那就是书院师兄弟,特别是像二师兄这样的"飞蚁行动者"。

二师兄在悬空寺地底,率领蚁民们"揭竿起义",并与他们生活和战斗在一起;最终,在数以亿万计习惯了被奴隶、被侮辱、被损害的蚁民之中,"启蒙"出了真正的民众飞蚁——

朝天空看了一眼。这种看见不是恐惧,而是勇气和希望。

在七念和叶苏之后,可以说,二师兄才是真正的"蚁民启蒙导师"。

叶苏和二师兄在这个方向上,走出了两条不同的道路:

一个是还民以信仰,从对昊天的信仰到对自己的信仰;

一个是还民以自由,从身体的自由到精神的自由——

两者相同的地方,都在于赋予了选择的希望。

第三节　未知·情绪：
因为恐惧，所以敬畏

唐对此保持沉默，犹如明（魔）宗对昊天和冥王的双重沉默。

他们以沉默的方式，保持着绝对的恐惧和驯服，但又始终蕴藏着最为桀骜不驯的抗争与叛逆——无论是当初创立明宗的第一位光明大神官，还是那个极品妖孽莲生大师，或者是这个执拗地用拳头说话的唐。

而这，都是从开篇中的"恐惧"开始的。

如果说"蚂蚁战争"就是一个象征，象征着人类之间的内战以及人类与昊天之间的关系，那么，这三个不可知之地的传人越是研究荒原上的蚂蚁，就越是恐惧。

哪怕是骄傲、强大如他们这样举世罕见的修行者，面对不动冥王降临于荒原上的深黑沟壑，也不禁战栗和恐惧。

让人意外的是，居然是知守观传人叶苏首先表示："我很害怕。"

然后是悬空寺传人七念点头表示赞同。

魔宗传人唐虽然没有说话，"然而皮肤上栗起的小点终究还是暴露了他此时内心真正的感受。"

《将夜》直接将他们的恐惧，用冷峻的笔法雕刻了出来。

而且，从唐到魔宗的"恐惧"最为间接、隐秘却庞大——因为他们逆"天"而行，为世人不容，为天不容，想把自己的"蝼蚁之躯"改造成"人身小天地"。

令人世间最恐惧的人，其实就是天下最恐惧的人。

这三个人来自不同的不可知之地，教派不同，信仰不同，大道不同，但几乎一致地表示出了对不动冥王（其实就是昊天）的第一重情绪：敬畏，或者畏惧。

然后，就像鸡汤文或者哲理文一样，在讲完一段故事之后，《将夜》来了一段晦涩难明的哲学性阐述，把这种"敬畏"提升到了蚂蚁哲学般的高度或者深度，让人在开篇读了之后觉得其很"深刻"，却又难以明了它的真正意味，除非是贯通全部作品——但这一段话的确重要，所以我们不得不反复引用，进行解读、诠释和建构。

老鹰不会惧怕蚂蚁，在它眼中蚂蚁只是黑点。蚂蚁不会惧怕老鹰，因为它们连成为鹰嘴食物的资格也没有。它们的世界里甚至根本没有老鹰这种强大的生物，看不到也触摸不到。

然而千万年间，相信蚂蚁群中总有那么特立独行的几只，出于某种玄妙的原因，决定暂时把目光脱离腐叶烂壳，向湛蓝青天看上那么一眼，然后它们的世界便不一样了。

因为看见，所以恐惧。

——猫腻《将夜》：第一卷 清晨的帝国 开头

假若按照七念的飞蚁理论，蚂蚁擅长集体牺牲，以尸身骨肉堆起一个巨大的蚂蚁堆，可以直抵苍穹，那么以这种蚂蚁堆的巨大牺牲，就可以成就几只立于蚂蚁堆之上的"飞蚁"，就像山高人为峰一样。这些飞蚁最终可以成为"蚁上蚁、人上人"，居于蚂蚁堆之巅，触摸到苍穹。

甚至在天空中飞翔的那只巨大的鹰，都有可能因为这直冲天空的巨大蚂蚁堆，或者这三个像飞蚁一样居于巅峰的天下行走，或者其他什么……而恐惧。

但也仅此而已。

因为，这种"理论的推论"马上就遭遇到了"现实的狙击"。

在现实和常识的逻辑之中，渺小的蚂蚁和强大的老鹰眼里都没有对方；蚂蚁连成为老鹰嘴里食物的资格都没有；再强大的蚂蚁在老鹰眼里，也只是一个小黑点而已……它们无须因对方而产生恐惧。

然而，老鹰这种在蚂蚁眼中如斯强大的生物，在更为强大的昊天之下，不也是如蚂蚁一样的小黑点？

在强大的食物鄙视链中，蚂蚁或者老鹰，连被昊天鄙视的资格都没有。而它们，按照常识和惯例，看不到也触不到昊天这样强大的存在。

然而，总有偶然出现，意外存在。

当那几只特立独行的飞蚁，脱离自己的俗世生活，朝天看了一眼。就看了一眼，然后他们的世界就不一样了——

"因为看见，所以恐惧。"

在看得见的事物之中看见那些看不见的东西，在已知的领域偷窥到未知的世界，在正在发生的事件里预见未来可能发生的趋势……

因为知道，所以，才会恐惧。

这是所谓的预言者、先知、铁屋中的清醒者等一系列复杂的角色，在"遇见未来、未知和神秘的世界和自己"时，最正常的本能的"第一反应"。

这也代表着俗世蚁国直面昊天威严的第一人类反应。哪怕是最早做出这种反应的，是如叶苏、七念和唐这样横贯于人间的最杰出的"飞蚁"，他们也仍然因为"看见"，所以"恐惧"。

所以，如果非要把《将夜》中的蚂蚁哲学，画成像金字塔一样的可视图，那么底层最广阔的人类集体情绪和体验，绝对就是"恐惧"——它是敬畏和畏惧的核心情绪。

因为恐惧，所以敬畏。

第四节 宏伟之力：
从"伟大的神迹"到"渺小的人蚁"

人类从混沌之外，对于未知的事物和现象，第一反应都是恐惧；相伴而生的情绪就是敬畏。

就像硬币的两面。

无论是人类的创世神话、大洪水神话，还是希腊神话中将风雨雷电都拟人化成神灵……其骨子里的情绪，都是恐惧和敬畏。

神话信仰和宗教崇拜，就建基于这种一体两面的情绪之上。

所以，人类建立大到"万神殿"、小到"土地公公庙"的各类神灵祭祀之地，就是为了奉上这种基于恐惧情绪的敬畏。

特别是前者，更是将这种恐惧与敬畏的普遍情绪，扩散成一种宇宙式的氛围。

而魔宗天下行走唐所恐惧的冥王，恰恰是魔宗虔诚信仰和祭拜的神明之对象——就像西陵神殿对昊天的信仰。

不可知之地的魔宗山门建筑，就是这样一种恐惧和敬畏复合的奇迹：像蝼蚁一样的人类，恐惧和敬畏着像神明（魔王）一样存在的不动冥王（明王）。

雄伟、庄严、肃穆、宏大、神圣……这种特质的感受，往往都建立在巨大的空间尺度上，就如同苍鹰不敢轻越的长安城，就像是桃山上俯瞰苍生的神殿建筑群。当这些建筑与人类渺小的身躯产生极强烈对比时，便会产生这种感受。

走进巨大的石门，向上攀爬了不知几万级的漫长石阶，来到魔宗山门本殿的时候，这些感受也瞬间占据宁缺和莫山山的脑海。

因为他们看到的魔宗山门比以往看到的任何建筑都更加宏伟巨大。

第六章 生存（信仰）悖论：从"信昊天（冥王）得永生"到"逆天求活"

> 魔宗山门就在山中，更准确地说是在大明湖畔的雄伟雪峰之中。魔宗便在一座高耸入云的雪峰腹部完全掏空后形成的巨大空间里。
>
> 这个空间大到完全无法想象，幽深不知深几许，高远不知高几许，甚至大到让人产生错觉。这是梦境中才能出现的地方；这是昊天才有力量开辟的世界。
>
> 不知从哪里透来的清光照耀，无数根粗壮的巨大石梁，横亘在空间里。这些石梁上刀砍斧斫的痕迹规律而清晰，极为粗壮，平面可以让四辆马车并行。
>
> 二人看着身前那条宽敞笔直悬空的石梁，竟觉得自己根本看不到石梁的尽头。然而远处粗大的石梁横亘在巨大空间内，仅仅像极细的蛛丝而已！
>
> 粗大的石梁像蛛网一样向中间集中，最后汇成遥远岩峰中空部的一处石坪。坪上远远可见一座殿宇。那座殿宇应该极大，但站在崖壁处望去却像是巧手匠人在米粒上雕出的镂空微雕。至于与那座殿宇遥遥相望的宁缺和莫山山，对于这个巨大空间而言更像是不存在一般，如同岩壁间的一粒沙！
>
> 二人对视一眼，都看出彼此眼中的震撼。
>
> 面对这样不可思议的宏伟存在，谁都会难以自抑地生出敬畏感，想要跪倒在地膜拜，甚至会因为感受到自身的渺小无谓而泪流满面。
>
> 因为在这样宏伟的世界面前，人类只能是蚂蚁。
>
> 然而真正令宁缺感到震撼的是，这个巨大的仿佛只有昊天才有能力开辟的空间，却是千年之前由那些像蚂蚁一样的人类开凿出来的！
>
> ——猫腻《将夜》：第二卷 凛冬之湖 第七十一章 伟大与渺小的石洞

这是宁缺和莫山山闯进残存的魔宗山门时最真切的感受。

魔宗山门巨大如山，"天下第一雄城长安都没有这般宏伟巨大的石门"。而走进山门，来到魔宗山门本殿的时候，上述这些感受"也瞬间占据宁缺和莫山山的脑海"，"因为他们看到的魔宗山门比以往看到的任何建筑都更加宏伟巨大。"

这种宏伟巨大不可想象——"至于与那座殿宇遥遥相望的宁缺和莫山山，对于这个巨大空间而言更像是不存在一般，如同岩壁间的一粒沙！"

《将夜》不吝笔墨，花了洋洋洒洒成百上千字，来描述这种巨大、宏伟和不可思议。似乎这种巨大、宏伟和不可思议，就是为了彰显神迹、奇迹和伟迹——而这，正是"万神殿"之类建筑的初衷。

因为，"这是昊天才有力量开辟的世界。"

然而，《将夜》在看似承传这种"昊天的神迹"，让人顿生"无穷的敬畏"之际，笔锋却是陡地一转——这是"蚁民创造的奇迹"。

开凿出这种仿佛只有昊天才有能力开辟的空间的人类，就是像蚂蚁一样的荒原部族——也就是魔宗传人唐的部族。

唐所在的荒原部族，最像那两窝争夺树根的蚂蚁，为了生存，不得不南下。

所到之处，犹如蚂蚁一样，蚕噬千里，引起从草原金帐部落到西陵神殿再到唐朝帝国的警惕……

因为，那像蚂蚁一样征战千里的荒原部族，携带着几十上百年前搅动天下风云、令人谈虎色变的魔宗记忆。

何以如此？

荒原部族像蚁族一样，争夺生存的资源，引发所到之处所有国家和部族的警惕；魔宗强纳天地元气于体内，争一分，元气这种稀缺资源就少一分，因此为神殿和悬空寺及其他修行者不容。

但整个荒原部族和魔宗"不容于世"的根本原因，却在于：这种人类渺小之力的集合，却能创造出仿佛只有昊天才有能力开辟的神迹——这岂不是可以证明"人可以生而如蚁美如神"？

第五节 信仰悖论：
从"虔诚信天灾难史"到"逆天艰难生存史"

这是对昊天的亵渎。

尤其是在西陵神殿的人看来，更是一种叛教。

蚂蚁怎么能像神明一样？

人类怎么能够拥有与昊天一样的能力？

蚂蚁就是蚂蚁，神明就是神明；

人类就是人类，昊天就是昊天。

两者之间绝不可以等同。

非但不能等同，两者之间的距离，反而是一种不可触摸、不可相通、不可勾连的存在。

他们之间的关系，只能有一种——那就是敬畏、崇拜和信仰。

然而现在，从荒原部族到魔宗，这些像蚂蚁一样渺小的人类，却展示出了第二个层次的"蚁族态度"——那就是不甘、愤懑、倔强并充满棱角地沉默向上，以无声的抗议，表达自己的力量和态度。

犹如那魔宗山门的千年大阵——块垒！胸中有块垒，何以浇灌？自然是湖中之山水、天地之元气。

为何如此？

自然是荒原部族甚至整个人类像蚂蚁一样北上南下大迁徙、在恶劣环境下艰难生存的大历史所造成的。在这种过程中，昊天都漠视无情，甚至还是"罪魁祸首"。

一如宁缺在魔宗山门里看到的那些古老的岩画，每一幅岩画都展现了人类像蚂蚁一样艰难而卑微的生存，以及"天地不仁，以万物为刍狗"的大道无情：大洪水、大火灾、大雪灾、大地震……几乎就是一部人类生存简史，而且是一部人类生存灾难史。

而且，这种"大灾难"几乎都是昊天赐予的灾难。"每一幅岩画画的都是昊天降落到人间的怒意，画的是人类的痛苦与拼争……"

说到底，最终还是聚焦于人类的生存权与发展权；生存和发展，是需要资源的——

"活着"成为永恒的主题："无论怎样，他们生存了下来，并且一直活到了现在。"

这种"活着"不是昊天的恩赐，而是人类的抗争。

换句话说，人类的生存权和发展权，不是昊天赐予的最美妙的礼物；甚至，它还降临各种灾难，试图剥夺人的生存和发展。

人类正是在与昊天赐予的各种灾难的斗争中，才艰难地活了下来，并且活得越来越好。

所以，人为什么要感恩昊天？

因此，从荒原部族到魔宗，才会表露出对昊天的不甘与愤懑。

蚂蚁再渺小，也是昊天之下的生灵；

人类再孱弱，也有基本的活着权；

荒原部族再不文明、再不开化，也应该"活下去"……

为什么在昊天不断赐下各种灾难的大道里，"活下去"居然成了一个基本的问题？

所以，蚁族不甘，荒原部族不甘，人类不甘。

不甘，就要抗争，就要争夺资源，就要逆天修行……

宁缺以前一直不明白，为什么无论是西陵神殿、佛宗还是大唐帝国的修行者们，提及魔宗便视之如仇，誓不两立，决然得令人心悸。今日叶红鱼的这番话终于让他想明白了其中的道理。

魔宗功法吸纳天地元气为己所用；境界越高深者所吸纳的天地元气越多。如果任由魔宗在世间发展，直至人人修魔，到那日只怕整个世界的天地元气都会被吸干净，到那时这个世界只怕也会步入毁灭。就像是放养在草原上的羊群，若把这片草原上的草叶草根全部啃食干净，那么草原会变成沙漠，那些羊儿自然也会死去。

他终于发现，魔宗被世界敌视，原来是个环境问题。

——猫腻《将夜》：第二卷 凛冬之湖 第七十七章 入魔（二）

从荒原部族到魔宗，代表了"蚂蚁哲学"的第二个层面：不甘与愤懑、倔强与棱角、沉默的叛逆与无声的抗议。

这比第一个层面的"恐惧、畏惧和敬畏"，要上了一层楼。

然而，与昊天赐予的各种灾难抗争，毕竟不是与昊天抗争；

证明人类拥有跟昊天一样开辟空间的能力，毕竟不是真的拥有昊天的神力；

越来越能应对各种自然的灾害，并不能像昊天一样能够终止这些灾害……

说到底，荒原部族和蚁族的抗争，不过是置换资源的一种方式。

他们对于昊天骨子里还是"敬畏"，只不过期待以叛逆的姿态，渴望获得昊天更多的恩赐和眷顾。

这种抗争，不是针对昊天本身的抗争。

所以，比起神殿，它有"进步性"；但是，比起书院，它有"局限性"。

第六节 为谁而战：
从"荒原蚁族"到"唐人飞蚁"

这就提出了一个很关键的问题：我们到底为谁而战？

因为宁缺是为了一个人、后来是为了他和桑桑两个人的生存而战，直到后来重担压身，他才被迫为书院、为唐人以及整个唐朝"国族"的生存而战——但是当第二大的谜底亦即谁才是冥王之子的秘密揭开时，他在最关键的时刻，仍然选择的是为他和桑桑而战，而弃书院之责任、唐朝之使命、整个天下之安危而"不顾"，甚至不惜被整个天下追杀——这也是最让人"诟病"的地方。

但也恰恰是这一点，构成了这部作品、这个人物最"至情至性"的地方。或者说，宁缺这个人最没有信仰，但骨子里却有着某种最深的信仰——他信仰"人道"胜于"天道"，信仰他和桑桑的生存之道胜于传统"王道"（修身、齐家、治国、平天下）和"神道"（信仰神明），甚至信仰活着就要活得更美好的活着之道，胜于内圣外王的圣王之道。

在书院招生时，宁缺在登山的过程中，完成了看似不可能完成的任务，最终战胜了各方面都优于他的隆庆皇子。隆庆皇子最不服的，就是"为什么最有信仰"的他败了，"最没有信仰"的宁缺反而胜了。书院二师兄难得长篇大论，和隆庆皇子有过一番极其精彩的对话。

隆庆皇子沉默地站在巨石下方的草坪上，仿佛根本没有听到这首动人的古曲。那张有若春日桃花的年轻面容依旧完美，只是头发不知何时已经散开，带着汗水微湿凌乱地披在肩头。他抬起头来，说道："也许说来有些可笑，欠缺了些风度，可我真的不服。"

不知何时，二师兄在那首古曲中长身而起，来到了草坪之上。他看着隆庆皇子的脸颊，看着对方眼眸里的两抹幽光，平静地说道："如果我是你，我也不服。"

隆庆皇子沉默片刻后说道："如果做到了灭情绝性，还是无法看破选择，那谁能看破？"

二师兄看着他，面露淡淡怜悯地说道："灭情绝性，说明性情之中本来便有恐惧，无论是对选择还是别的。我虽不知道你们先前看到了什么、经历了什么，但我大概能想到宁缺和你的不同：他的性情之中本无恐惧，所以不需要像你这般艰难地抹去本心。"

隆庆皇子盯着他的眼睛，带着强烈的不解问道："恐惧本就是人的天性；只要是人就一定会恐惧。宁缺他也是人，他的性情之中怎么会没有恐惧的存在？"

二师兄沉默了很长时间，似乎觉得这个问题确实有些令人疑惑，摇头说道："或者这是小恐惧与大恐惧的区别。你们都能战胜本能里的小恐惧，但若是生死之间、昼夜之间的大恐惧，情形便又不一样了。"

隆庆皇子听懂了这句话，眉梢猛然飞起，问道："你是说宁缺没有信仰。"

二师兄回答道："也许如此。"

隆庆皇子怔了怔，旋即自嘲伤感一笑，喃喃说道："因为信仰过于坚定，所以输给了一个万行绝对以己为先、没有任何信仰的人。这叫我如何能够服气？"

二师兄沉默片刻后说道："宁缺或许也有信仰。只是那份信仰在他的心里藏得太深，石径上的幻境无法激发出来，甚至有可能连他自己都不知道他心中真正的信仰是什么。"

——猫腻《将夜》：第一卷 清晨的帝国 第一百五十八章 咔嚓！咔嚓！

宁缺是为了"飞蚁"而奔，魔宗之唐却是为"蚁族"而怒。

所以，我们可能更容易代入宁缺的经历，而难以切身体验唐的努力和奔波——尤其是在当下个性主义崛起的年轻世代，我们更容易欣赏宁缺那种看似是"精致的利己主义"，但骨子里仍然是"出走半生，归来仍是少年"的热血沸腾，而难以理解、认同和接受魔宗传人唐那种为了部族"不动如山、静默似渊"的性格、精神和气质。

因为，唐这个人的形象，就像整个荒原部族一样，有时候就是一个整体性强但独特性不够的个人，有着模糊的轮廓和并不鲜明的棱角……所以，唐在四大不可知之地的天下行走之中，是形象最不突出的，但也是最容易让人一眼看到、让人最难以忘记的。

为什么？因为他最"硌"——就如他开篇像石头一样蹦出去的形象、动作和速度，让人看到他身上那像荒原上的石头一样又硬又硌的气质。而荒原部族南下，像洪流一样席卷整个草原，又像唐这个人一样，具有强大的裹挟能力，裹挟着人不由自主地跟着他走。

所以，当他对自己的妹妹难得流露出某种柔情（觉得她在荒原上待得太久了，都没有在唐朝的繁华地带生活过）时，我们会有一丝丝的不习惯，却又觉得理所当然，灵魂在最深的柔软处有某种触动。所谓"铁骨柔情"大概就是这样的吧。

但无论如何，唐和整个荒原部族，就像一个整体，席卷而来，又奔袭而去。犹如一股强大的潮流，裹挟着人往前走。就像浩浩荡荡的蚁族一样，让人望而生畏，瞬间忘记他们是由那种渺小的蚂蚁所组成的庞大族群。

蚂蚁是如此弱小的一种生物；手指头一捻一捏，就能让它们灰飞烟灭。然而，数以亿万计的蚂蚁汇聚起来，就是一股磅礴的力量。

这种论调是不是很熟悉？没错，这就是近年来盛行于中国人之中的大流行论调。每一个中国人都是犹如蚂蚁一样渺小的微尘，但是，当十四亿中国人汇聚起来时，就是一股气势磅礴的中国力量。

然而，这种流行论调有了一点微妙的改变——而这种改变，正是基于国民心态的微妙变化：不再局限于将自己视为渺小、弱小、微不足道的蚂蚁。小就是美的；生而如蚁美如神！

这才是对中国人国民心态变化最精准的概括。我们有着蚂蚁一样的体量，却有着神明一样强大的力量。每一个中国人都正在培育一种"个体"的骄傲和强大感。正因为这种个体的骄傲和强大感，才能汇聚起来，成为一股气势磅礴的中国力量。

这种精神气质，不可能是荒原部族这个一直挣扎在生存边缘的生死蚁族所能具备的；唯有在富足、骄傲和强大的唐朝国民身上，才能整体绽放出来。所以，最能体现当下中国人从活着到活得更美好的国民心态变化的，唯有"唐人"的精气神。

因此，在荒原蚁族和唐人飞蚁之间，就形成了"蚂蚁哲学"的两个极端理念。而由于它切中了中国近一两百年间整个国家和民族的集体情结和无意识，以及21世纪以来国家与全民奋斗潮流，特别是这五年来国民心态、大众心理和个体意识的微妙变化，又被"活着，就要活得更美好"的轴心理论贯通到底，所以成了一个奇妙的和谐体。

虽然，荒原蚁族因为生存而像蚂蚁一样席卷天下，让人很"硌"很不舒服，但这种"陌生化"的场景仍然会唤回中国人难以忘怀的熟悉记忆——那就是：活下来，活着就好。

同样，虽然《将夜》中间部分的"举世伐唐"，也唤醒了中国人近一两百年来屈辱而愤怒的集体情绪——曾经骄傲和自豪的国度与民众，何以低下高贵的头颅，任人欺凌？但终究——这部作品比起其他以穿越架空、工业救国、进化论崇拜和民族再现辉煌为基调的作品"特别不一样"的地方，就在于它真正写出了唐这个国度、唐人这个国族真正的骄傲、强大、荣光和梦想：在每一个骄傲的唐人背后，都站着一个强大的国度；而这个国度之所以强大，在于它可以为了每一个唐人"焚天一怒"，千里奔袭，不破仇敌誓不还。

这特别吻合当下中国人三种新国民心态重塑的时代拐点。第一种新国民心态是：大国崛起之下，每一个国家公民都十分骄傲和自豪；第二种新国民心态是：每一个公民的背后，都站着一个强大的国家，不管你站在地球上的哪个地方；第三种新国民心态是：再造全球化的负责任的大国担当。

它像导火线一样，引爆了中国人这种新的"国民燃点"——中国人的"个人情感"正在上升为"国家情感"；"国民信仰"正在渗透进每一个中国人普通、日用而觉的"个人理念"。

所以，这不仅仅是"梦回大唐"。这不是我们真正想要的"唐"——在这个叫唐的国度里，有两个世界不相通的鸿沟、等级森严的阶层，整个社会仍然被贫富等撕裂成不完整的板块……但就算如此，至少有一点是根本的：每个唐人都是骄傲、强大和自豪的,整个国族和国家是骄傲、强大和自豪的;他们互为依托,相互支撑,成为对方的力量之源。唯其如此,他们才能就个体而言,生而如蚁美如神;就整体而言,汇聚成一股磅礴的大唐力量。

因此,真正能够体现《将夜》中的"蚂蚁哲学"的,就是"举世伐唐"之际,在知守观观主就要摧毁都城长安时,宁缺终于悟出并写出了那个字——"人"。人而为人,每一个长安城百姓都走上街道巷口,悍不畏死,捍卫自己的家园、城市和国度;宁缺用这个字符,"众"聚了整个长安城百姓的信心、信念和信任。这才是真正气势磅礴的大唐力量——它由"乂"成"网","网"聚了数以亿万计生而如蚁美如神的普通人的力量,从而"乂"掉了知守观观主半人半神的"翅膀",让他直接堕落尘埃。是神又怎么样?

而这,正是宁缺从非典型唐人转化为典型唐人的关键之役。这种转化,也让贯彻飞蚁理论的强者时代,真正转向了"蚁民创造历史"(蚂蚁哲学)宰制的新凡人英雄时代。

第七节 国民形象代言人：
从"安贫乐道"到"安平乐道"

这亦是一种国民形象和气质的变化——书院大师兄大概可以算是这种国民形象与气质的"第一代言人"。

开篇之中，大师兄第一次出场，就给大家代入了深厚的集体记忆。

"左手里拿着一卷书，右手里拿着一只木瓢。无事时便读书，倦时便少歇，渴了便盛一瓢水饮。满身灰尘，一脸安乐。"

是不是似曾相识？

"贤哉回也，一箪食，一瓢饮，在陋巷，人不堪其忧，回也不改其乐。"

这是中国人从小就耳熟能详的《论语》中的句子：颜回的品行是多么贤良啊。一箪饭，一瓢水，住在简陋的小屋里。别人都忍受不了这种穷困清苦，颜回却没有改变他的安乐。

这让人不禁疑惑：莫非大师兄的书生原型，就是孔子七十二贤中的弟子颜回？

不管是或不是、似或不似，两人的精神同样强大：吃得简单，住得简单，活得也简单；但物质生活的简单，不掩其精神世界的丰富。人只有知道自己活着是为了什么，应该追求什么，生命才有意义。但世上，又有几人知道人活着是为了什么？应该追求什么？生命如何才能有意义？所以，人才会功利、焦虑……

这样极其强烈的相关性或暗示性，唤醒了中国人植根于五千年中华文化的集体无意识，同样显示了《将夜》极其鲜明的中华文明基因和血脉。于是，具有这种文明基因和血脉的《将夜》之书院，第一次出场，就让人下意识地产生了亲厚感。

但两者之间有承传，也有变革，有根本的同中之异：颜回是"安贫乐道"，侧重于生活的清苦、简陋甚至贫困；大师兄是"安平乐道"，落脚点在于平和、平静、平常。

一如陈皮皮和宁缺两个人争论时所说：夫子每次出游，为什么带的都是大师兄？因为大师兄会把他服侍得妥妥帖帖。但反过来也是一样，要服侍好夫子这样的大吃货，大师兄如果仅仅安于"一箪食"，怎么能够？至少，在"食之道"上，大师兄的造诣还是很深厚的——那个他为夫子切鱼的桥段，就非常鲜明地表现出了这一点。

从安"贫"乐道，到安"平"乐道，一字之改，不仅仅让历史上的书生颜回和《将夜》中的书生李慢慢，在原型和人设方面有了微妙但根本的不同，而且阐述了《将夜》所立足的现实和精神的双重核心变化：生活"简单"，但不是"简陋"；物质"平常"，但不是"贫困"……这是真正让《将夜》的精神气质可以映射社会现实和时代问题的根本点。

这也是《将夜》之中以书院（儒学）为代表的中华优秀传统文化"创造性转化和创新性发展"——这就是我们解读、诠释和建构的"网络文学双创观"——的核心要点。

假若说宁缺的个人经历是物质贫乏时代的求温饱、求生存、求活着，那么，大师兄、书院、大唐的精神强大，则是建立在物质富足时代的求发展、求自由、求活得更美好——这种比喻也许略显生硬，但可以作为《将夜》映照时代的参照系：从物质贫乏时代，转向物质富足时代，人如何活着且活得更美好？

《将夜》或许将一种历时性的发展阶段，折叠成了一个共时性的双重结构。

宁缺作为一个"非典型唐人"，始终挣扎于生存死亡、温饱饥寒的边缘，所以，在他身上始终有着物质贫乏时代吃不饱、穿不暖、穷怕了、贪钱守财的性格特征。

但是，整部《将夜》中，从唐人到大唐，从师兄到书院……基本没有任何物质贫乏的痕迹。相反，所有的骄傲与自信、平静与强大，完全建基于一种物质的富足。

我们一直说猫腻是一个时代（世代）型、国民代言人型的网络作家，并且说他的作品体现了21世纪以来变化中的中国、中国人的精神印痕和时代问题。《将夜》同样如此。

比如说，李慢慢脱胎于颜回的原型，仅仅一字之改，就把精神同样强大的根基，从"安贫乐道"转换成了"安平乐道"——其实折射和映射了猫腻所处的中国时代在精神气质方面的根本性转向：

从物质消费到精神消费，从数量时代到品质时代……亦即从生产力不充足、物质不充分、无法完全满足人们日益增长的需要的物质贫乏时代，转向不充分、不平衡的生产力发展无法满足人们日益增长的美好生活需要的物质富足时代。

这是当下中国人最根本的"时代精神转向"。猫腻身处这个时代，必然会受到这种时代精神的浸染和穿透。就像时代精神穿过荷尔德林、里尔克等天才诗人的灵魂，从而让他们发出时代之先声，我们也一直认为，这种时代精神穿透作家的灵魂、身心和笔墨，从而可以让其发出新时代之啼声。但这未必是作家意识到、理解透并主动付诸笔墨和作品的，很大程度上，他或许根本就是"无意为之"——他就那样写了，写出了他想写并以为是长成那样子的东西。但或许，这个作品最后长成的样子，完全超出了作家自己的意识和潜意识能够掌控的范围。

"笔落惊风雨，诗成泣鬼神。"在我们落笔着墨、收笔成篇时，或许真正宰制这支笔的，并不是我们自己，而是那个叫作"时代"的隐形人，或者是那个叫作"缪斯"的女神。所以，作家在创作自己的作品时，其实在无意识的深处，深受这个时代的精神、观念和某些特殊的集体情结所支配，只不过他自己并不知道罢了。

因此，或许猫腻自己都没有意识到，当宁缺这个主角，遇上大师兄李慢慢这个配角时，"活着"的主题，就从"活着，就要好好地活下去"的物质贫乏时代（受温饱、战乱、安全感、恐惧、朝不保夕等诸多因素影响），转向了"活着，就要活得更美好"的精神品质时代：生存、温饱、物质已经不是问题，现在的问题是，在充裕、富足、盈余的物质，与骄傲、自信和强大的精神基点之上，如何让我们拥有更多的幸福感、安全感、获得感、美好感？

这是当下"中国人的精神"最显著的转变。犹如@藩茉莉在我们的微信朋友圈所说的："下一个十年，将很难再用物质去吸引一个人了。因为随着社会的发展、文化修养和灵魂敏感值的埋设，物质会显得肤浅。因为大家需要财富的初衷并不会改变，但吸引人们的方式，却会逐渐由物质转向内在。人生不再是一场物质的盛宴，而是更追求精神的修炼。"

这或许是从以生存为导向的"飞蚁理论"，转向以美好生活为导向的"蚂蚁哲学"的关键——生而如蚁美如神，是桥接的那一座彩虹桥。

选文悦读　猫腻《将夜》：

活着是一件很辛苦但也很幸福的事情

"你是我从死人堆里刨出来的，而我小时候能活下来，也经历过一般人根本无法想象的悲惨事。"

"桑桑，你永远要记住这一点。我们是很辛苦很辛苦……甚至是拼了这条命才能够继续在这个世界上活着。既然我们这么辛苦才活下来，那我们就不能轻易去死。"

宁缺望向脚那头熟睡中的桑桑，看着小丫头黑黑鼻梁尖上那颗可爱的汗珠，忽然觉得活着是件非常幸福的事情。

与此前穿越文主角自带"金手指"不同，宁缺一来，就背上了一个"穿越者超级大黑锅"——这也可以理解为"穿越者地球世界"与"昊天异世界"的矛盾；但这种矛盾在整个《将夜》的故事布局之中，其实就是一个背景幕布，而不是主要矛盾。

故事的主要矛盾，还是宁缺这个地球穿越者，如何在这个对他极其不友好的昊天异世界之中活下去，且活得更美好。在"苟活"和"乐活"（如范闲那样追求乐活逍遥）之间，宁缺一直在挣扎着走钢丝绳：他不是"苟活"，亦非"乐活"，而是一直在谋求"活着且活得更美好的权利"，亦即所谓的"活权"。

《将夜》从一开篇的"生死旋转门"之中①，就把这个矛盾尖锐地摆了出来。从冥王之子降世传说，到生而知之背黑锅……不仅为宁缺带来了"杀身之祸"，还为整个将军府带来了"灭门惨案"。

但真正给宁缺带来生与死逼迫的，不是这种超级大黑锅所意味的昊天世界对

---

① 参阅庄庸、杨丽君等主编：《爽点宇宙：中国网络文学阅读潮流研究（第2季）》，华语网络文学智库丛书，中国青年出版社，2020年版。

穿越者主角的极不友好、极现实和极残酷的"不可抗力",而是当这种不可抗力聚焦于柴房的"最大压力"之下,宁缺所做出的"生与死的选择":

谁说门房之子就该死,将军之子就该活?

谁说门房之子就应该替将军之子去死,将军之子就应该踩着门房之子"被替死"的尸骨活下去?

在穿越者的视角里,生命都是平等的。没有谁有权力剥夺他生存的权利!

就算这个昊天世界的社会阶层等级金字塔,要求门房之子必须为将军之子去死;而那个作为阶层代言人之一的将军府老管家,的确准备执行这种"被牺牲"的权力与权利——甚至要求宁缺要有自觉牺牲的光荣意识和神圣义务与责任。

但是,被宁缺用行动拒绝了。他没有将军之子的命就高于、优先于门房之子的概念。如果有,那就不是穿越者,而是原住民了——而且是原住民中的忠仆。

很显然,老管家就想扮演忠仆的角色——不对,是想强制宁缺进行忠仆角色的扮演。

这是一种危险的游戏。这种角色扮演是会死人的。就算主角穿越而来、具有第二条命(多出来第二种人生)也不行。从范闲到宁缺,都是这样的"主"。既然上天给了我一段多余的人生,那我就要好好地活出一个精彩来——其他任何人都没有剥夺这种权利的权力。就算老天爷想把它重新收回去,那也只能回应一个字:NO!

何况,对于范闲来说,穿越第二人生,的确算是多出来的,所以可以潇洒走一回,乐活过一生。但是,对于宁缺来说,他穿越到昊天世界过这一生,是以地球世界那剩余的人生为代价的。因此,怎么能不惜命?如何能不拼命?

第二卷 凛冬之湖 第二百七十五章 那些被遗忘的名字

除了轲浩然和宁缺这两代入世之人,书院后山向来不入世。雪桥那头的羽林军将士,并不知道盘膝坐在雪中的高冠男子是谁。

听着此人居然敢对许世将军如此不敬、如此嚣张,羽林军顿时愤怒到了极点,须发偾张,直似要刺破身上的盔甲,拔刀提枪便欲冲上雪桥,将那厮当场斩杀。

许世面无表情地举起右臂,身后的骚动与杀意顿时平息。他看着盘膝坐在雪中的那人,神情渐凛,说道:"书院莫非真要出尔反尔?"

二师兄看着桥下的他,说道:"书院不反对夏侯归老,也不反对小师弟挑战他,因为没有办法去反对。"

许世蹙眉道:"你知道我是去反对这件事的。"

二师兄说道:"我反对你的反对。"

许世看着雪桥上的这个人,沉默了很长时间后,声音微哑地问道:"这是院长的意思?"

二师兄说道:"不,这是我自己的意思。"

许世微微眯眼,说道:"所以你拦在雪桥之上。"

二师兄盘膝坐在雪中,身姿挺拔,衣袍在风中无一丝颤抖,若雪峰中的崖松,似极了当年书院那个了不起的人物。

他看着雪桥下方的许世以及羽林军的铁骑,面无表情地说道:"我尊敬小师弟,所以我不会插手。但我要他得到公平。"

皇宫御书房内不停响起愤怒的骂声、激烈的争论声、白痴与各式各样的污言秽语,就像漫天飘舞的雪花般,向着四处播散。

国师李青山离开书院,以最快的速度进了长安城,来到那家刚刚修葺一新的小道观。因为雪势太大的缘故,街坊们的庆祝活动已经草草结束。叶苏听到皇城处的事情后笑了笑,便消失在风雪中。

皇城外的街巷里,驶来了很多辆马车。收到消息的各方势力,都派出人马来打探消息,包括各国使节以及西陵神殿在世间的代表。

护城河远处的雪亭里,一身青色道袍的叶红鱼看着宫门方向,看着那面在风雪中呼啸飘舞的血旗和那把刺眼的大黑伞,沉默不语。

陈皮皮带着唐小棠从雪街那头走来。因为唐小棠的身份,他没有让她跟着自己走到皇宫之前,转身敲开了南街巷一家紧闭的店门。

他在那家店里借了把椅子,然后挪动着圆滚滚的身体,从雪街挪到了皇城下,看着宁缺说道:"准备打架之前,要节约体力。"

宁缺说道:"谢谢师兄。"

早有亲兵替夏侯端来桌椅,甚至还有一盏热茶。在血旗之前、风雪之中,他捧着茶碗,随意饮着,神情自然平静。

看到陈皮皮,夏侯微微蹙眉,却也没有多加理会。

宁缺在椅子上坐下,桑桑在椅后撑着大黑伞。陈皮皮想要替他包扎还在流血的左手掌,却被他摇头拒绝。

宫门前,血旗黑伞在风雪中,将军饮热茶,宁缺养神。这幅画面很诡异,甚至有些荒唐,却又很可怕。

皇城前的街巷里隐藏着很多辆马车。还有很多人没有到现场,在各自的府邸里情思各异地等待着最终的结果。

"二先生出现在雪桥之上,便等若是表示了书院的态度——书院同意宁缺挑战夏侯。那么大唐军方也无法阻止这件事情。"

来自清河郡的三供奉,把目光从公主府露台前方飘落的雪花里收回,看着那两名身份尊贵的皇家姐弟,微笑着说道:"恭喜殿下。"

李渔的神情很平静,眼眸深处却隐藏着忧虑的神情。

夏侯是皇后娘娘最强大的助力。他解甲归老对她和李珲圆来说,已是极好的事情;宁缺挑战夏侯则是更好的事情。无论谁胜谁负,即便书院会对此事保持沉默,也会对皇后一方生出憎恶的情绪。

然而她无法开心。因为她和世间所有人一样,都认为宁缺不可能是夏侯的对手。换句话说,今天宁缺一定会死。

她望向一直沉默地坐在另一方的何明池,微微蹙眉,问道:"国师去了小道观,叶苏先生有什么说法?"

何明池摇了摇头,说道:"即便是西陵神殿,想要在长安城里阻止这件事情,也不可能做到,因为书院已经点头。"

三供奉淡淡地说道:"殿下如果还是不放心,老夫或许可以有些手段,让西陵神殿和书院因为这件事情再生嫌隙。"

听着这句话,李渔面色渐寒,微微眯眼警告道:"不要尝试用任何手段去挑弄书院的怒火，无论是你还是我都承受不起。"

三供奉平日里在清河郡备受尊敬，有若老祖，面对着大唐公主殿下，可以自居下位，然而听着这番话，心中依然生出些恚意。

"殿下说的是，那我去看看。"他面无表情地说道。

他轻拂衣袖，走出露台，迎着风雪离开公主府，向雁鸣湖畔走去。

雪一直在下，而且越下越大，纷纷扬扬地洒向长安城。

雪再如何轻，终究也会落在地面上，或者被扫进水沟，或者积至来年，春暖花开时被太阳融化成水，混着灰尘枯叶，流逝无踪。

这便是天地间的至理。

就如同该做的事情总是要做的，该来的人总是要来的，很多人伴着漫天的风雪来到了长安城，其中便包括一位僧人。

那名僧人戴着一顶破旧的笠帽，身上穿着一件破烂的木棉袈裟。露在笠帽阴影外的面容寻常无奇，却天然带着一股坚毅的味道。

僧人经由西城门入城，站在风雪长街上，似乎不知道该怎么走。转身来到一家热粥铺前，摘下笠帽，开始问路。

摘下笠帽，露出满头青黑锋利的新生发茬儿，就如同僧人的神情一般肯定坚毅。然而当他问路时，脸上的笑容却是那般慈悲温和。

用问路这个词并不准确，因为这名僧人始终紧紧闭着嘴。偶尔咧嘴笑时，能看到他的舌头只剩下半截。原来是个不能言的哑巴。

对于坐在风雪中的宁缺和夏侯来说，这一个时辰很长。因为不管风雪再如何寒冷，他们的身体也早就已经热了起来。

对于皇宫里的皇帝陛下和雪桥那头的许世来说，这一个时辰很短。因为书院的态度让他们无奈，他们来不及做更多的事情。

就在这个时辰快要结束的时候，朝廷终于找到了方法。宫门骤然大开，大唐国师李青山和文渊阁大学士曾静，在数十名太监的护送下，脚步匆忙地来到了场间，开始宣读陛下的旨意。

亲王殿下李沛言，沉默地走在人群最后方。

文渊阁大学士曾静，在大唐内阁中排名最末；但他是桑桑的亲生父亲，身份特殊。国师李青山乃是修行之人，向来不理会朝事；但他与宁缺有旧，从颜瑟大师那边算起，宁缺要称他一声师叔。

陛下让他们二人来宣读旨意，自然是要走以情动人的路数。

果不其然，宁缺看着这二位，不得不站起行礼。

曾静大学士咳了两声，伸手把落在圣旨上的那抹雪花抹掉，说道："陛下有旨。"

皇城前的所有人都敛气静思。

曾静看了亲王李沛言一眼，轻声一叹，然后声音微涩地说道："大唐毅亲王李沛言，因天启元年旧事，自请除王爵。"

满场俱静。皇城前的人们，难以压抑心头的震惊，望向亲王殿下。

李沛言那顶尊贵的王冠，现在还在宁缺和夏侯之间的雪地上，已经渐要被积雪掩埋。他的头发现在有些乱，看上去有些狼狈，但脸上的神情却异常漠然。

曾静没有理会众人的反应，双手握着圣旨，声音微颤地继续念道："前宣威将军林光远谋逆叛国一案，因证据不足，现予撤销……"

圣旨上的那些名字，经由大学士微颤的声音，被一个一个接着报出，回荡在风雪中，撞击在朱墙上。

"宣威将军林光远……"

"林光远夫人……"

"偏将沙刚……"

"校尉程心正……"

"文书林海……"

"属官胡华……"

听着那一个个早已消失在历史里的名字，听着那一道道官复原职、加以追思追封的旨意，皇城之前死寂一片。

陛下的旨意里，没有提到重审当年旧案。然而堂堂亲王自请除王爵，涉案的所有将士都被平反，这……和翻案有什么区别？

人们终于明白了宫里的意思。

陛下曾经想过替宣威将军叛国案翻案，只不过因为朝中局势和西陵神殿的关系，尤其是没有证据的关系，没有做成这件事情。

今日书院默许宁缺挑战夏侯，给朝廷设下了一道难题。然而在没有证据的情况下，陛下依然不能翻案，于是他选择用这样的方式。

不是翻案，亦是翻案。

至少，这可以给当年冤死的人以及今天的宁缺一个交代。

宣旨开始时，夏侯从椅中站起。陛下的旨意里没有牵涉到他，他的眉头却渐渐蹙了起来，然后缓缓重新坐下。

那些名字还在风雪中飘着。

夏侯知道那些名字，见过那些名字所代表的人。

十几年前，他曾经亲眼看着那些人死在自己的面前，见过那些堆成小山的头颅：有闭上眼睛的，有睁着眼睛的，眼睛里有绝望的，眼睛里有愤怒的。

那些名字隔了十几年再一次响起，在皇城之前，进入他的耳朵。他越来越沉默，脸色越来越铁青，握着椅扶手的手越来越用力。

他不觉得愧疚，更没有自责，也并不黯然。

他只是愤怒。

扶手化作粉末，从他的手指缝里簌簌落下，带着怒意，落在雪上。

没有人注意夏侯大将军此时的情绪。

因为陛下的旨意里没有提到他。

从律法规矩上来说，他现在已经不是夏侯大将军了。

他要做的事情就是平静接受，然后老老实实地离开长安城。

所有人的目光都望着宁缺。

他们清楚陛下这道旨意的对象是谁。

想要阻止这场生死决斗，只能寄希望于宁缺撤销挑战的邀请。

陛下替林光远翻案，厚赐重赏，恩荫三代，为的就是这一点。

皇城前的人们看着黑伞下的宁缺，心想应该就这样结束了。

从听到林光远三字开始，宁缺便低下了头，专注地看着脚下的厚雪，侧着脸，专注地听着旨意上那一个又一个的名字。

他听过那些名字，所以他今天听得很认真，但脸上的神情却很复杂：有些欣慰，有些失落，有些自嘲。

圣旨上的名字终于念完了。

曾静大学士和国师李青山走到他身前，把圣旨郑重地递了过去。

宁缺接过圣旨，沉默不语。

李青山神情凝重，说道："陛下说，只要你承认前面那些命案，他会特赦你，因为毕竟情有可原。如果你觉得亲王殿下除爵还不能补偿，陛下和皇后娘娘会代表夏侯将军向你致歉，做出补偿。"

国师说话的声音很轻，被风雪掩盖。除了他自己和宁缺之外，没有任何人能够听到，但人们能猜到他和宁缺在说什么。

然而就在所有人都以为事情到此为止，心情渐渐放松的时候，宁缺做出了一个令人意想不到的决定。

宁缺把圣旨搁到身后的椅子上，看着李青山和曾静以及皇城前的人们，笑了起来，然后举起手掌。

他开始鼓掌。

开始的时候，他的动作很轻柔，然后越来越用力，劲道大得仿佛是在用力拍打着一面墙。掌心的伤口再次迸裂，四处溅血。

啪啪！

啪啪啪！

啪啪啪啪！

掌声越来越响亮，血水从他的手掌间不停溅开，然后洒落，滴到他的身上，淌至他的腿上，最后落在雪地里。

看着这幕画面，皇城前的人们再次感觉到一股冷漠而恐怖的意味。他们的身体再次随着风雪而渐渐寒冷起来。

"陛下很仁厚，唐律确实有些作用。能够听到圣旨上的那些名字再次在长安城里响起，这是很好的事情，我很欣慰。"

宁缺感慨地说道:"可惜终究还是有些名字被遗忘,我很遗憾。"

曾静紧张地问道:"还遗漏了谁?我马上入宫去请示陛下。"

宁缺微笑着说道:"还漏了将军府里的很多名字,比如马夫,比如厨娘,比如园丁,比如丫环,还有……我的父母。"

曾静不解地说道:"最先追封的便是将军以及将军夫人……"

宁缺低头看着脚下的雪以及雪上的血点,沉默了很长时间后,说道:"将军和将军夫人并不是我的父母。"

此言一出,风雪骤散。

第二卷 凛冬之湖 第二百七十七章 这不是书上写的故事

从很久以前,军方便开始调查宁缺和那几桩离奇命案之间的关联。虽然没有找到任何证据,但是他的身世传言早已在长安城里流传开来。

所有人都相信,宁缺便是宣威将军林光远的儿子、当年灭门惨案的遗孤。他在世间蛰伏多年,终于进入书院一朝得势,便要展开血腥的复仇。甚至皇帝陛下和夏侯,以至书院后山很多师兄师姐都相信这个传言。

所以此时,当皇城前的人们听到宁缺轻声说出这句话后,不由被震撼得难以言语,完全无法相信,心想你若不是林光远的遗孤,那你为什么要做这些事情?

夏侯看着黑伞下的宁缺,眉头微蹙,不知道在想些什么。

宁缺低头看着雪上那些如梅花般的血点,仿佛看到了十五年前柴房里地面上的那些血点,脸上露出莫名的笑容。

风雪骤散骤拢,渐骤渐急。

宁缺抬起头来,看着众人问了三个问题。

"为什么你们都以为我是将军的儿子?"

"我为什么一定要是将军的儿子?"

"为什么你们都希望我是将军的儿子?"

众人还处于极度的震惊之中,根本无法回答他的问题。

宁缺自嘲一笑，说道："很遗憾，我真的不是。"

"我的父亲不是宣威将军，不是校尉，不是属官，甚至也不是文员。他只是将军府的门房，而且是二门的门房，便是连门包都拿不到多少。"

"我的母亲自然不是将军夫人。她只是一个出身低贱的婢女。虽然她喂过少爷奶，可以出入后宅，但她依然只是一个婢女。"

"陛下替将军翻案，我很欣慰。这是真实的感受。因为将军和将军夫人都是好人，他们死得很冤枉。只是我很遗憾于……没有听到我父母的名字。"

他看着皇城前的众人说道："这是很自然的事情。我的父母本来就是些不起眼的人，他们的名字也很不起眼。"

"我父亲是个孤儿，得将军赐姓为林。他叫林涛。"

"我母亲甚至没有名字。她是被人从河北郡卖到长安城的，从小到死都被人叫李三娘，因为她隐约记得自己在家里排行第三。"

血水顺着宁缺的手掌继续向雪地上淌落。他脸上的神情很平静，叙说得也很平静，不是冷漠，是真正的平静。

然而这种毫不激动的平静，却让看到宁缺面容的所有人，都感到一股寒意从脚底生起，然后僵冻了全身。

这种平静很可怕。

桑桑没有害怕，只是感受着他此时的感受，悲伤着他此时的悲伤，寒冷着他此时身心的寒冷，下意识里伸手握住他的手，想要给他一些温暖。

"我知道，书上都是这样写的。"

宁缺平静地说着："被夺走皇位的王子远走他乡，然后回国复仇；被奸臣陷害的大臣家逃出了一位少爷，多年之后他考中状元，得到陛下恩宠，然后重新翻案。"

他望向人们，认真地问道："可为什么每个复仇故事的主角都必须是王子？难道门房和婢女生的儿子就没资格复仇？"

面对这个平静却掷地有声的问题，皇城前的人们只能沉默。曾静想要说些什么，却张不开嘴。李青山轻轻叹息了一声。

"书上都是这样写的；人们都是这样想的。我知道这不能怪任何人。任何自怨自艾的情绪都很白痴。但我依然很厌憎这种想法。"

"就像十几年前那样。"

宁缺看着夏侯说道:"那一天,我带着少爷去街上玩,就像我经常做的那样,因为他把我当成很好的朋友……说得有些多了,反正就是管家想要替将军留住血脉,顺带着也把我带进了街对面的通议大夫府。"

听到这句话,曾静大学士的神情微僵,想起当日还是小妾的夫人诞下一女、街对面血流成河的情形。

宁缺继续说道:"你带着兵马杀进将军府时,我正和少爷还有管家躲在通议大夫府的柴房里。"

夏侯面色沉郁地说道:"我的下属最终还是追到了柴房,并且看到了两具死尸。我当时确认林光远的公子已经死去,所以我一直很疑惑于你的身份。现在不再疑惑,我开始好奇你当时是怎么做的。"

宁缺看着周遭的风雪,似乎在回忆什么,微笑着说道:"昊天之下本来就没有什么新鲜事,还不就是那些老套的故事。"

"将军的儿子要活着,门房的儿子就必须要死去。都是四岁多的小男孩儿,砍得血肉模糊,换了衣服,谁能看出谁是谁?"

"管家以为不需要警惕一个小四岁的小男孩。所以他当时怔怔地看着我,眼睛里流露出抱歉、同情、悲伤的情绪,在那一刻我就知道他要做些什么。"

他摊开双手,微笑着说道:"书上不都是这样写的吗?"

然后他脸上的笑容渐渐敛去,看着夏侯,看着曾静,看着李青山,看着他能看到的所有人,面无表情地问道:"但凭什么?"

"凭什么书上怎样写,我就要怎样做?"

"凭什么将军的儿子要活着,门房的儿子就要去死?"

"凭什么我要去死?"

风雪落宫门,众人俱沉默。

没有人能够回答这个问题,于是一片安静。只有宁缺的声音还在大雪里飘着,并且飘得越来越高、越来越冷。

"我只是一个门房的儿子。"

"但我要活着。"

"我要活下去。"

宁缺的声音平静而坚定,述说着自己当年的想法,就如同在讲述太阳必将每天升起、流水必往下流这些万世不变的真理。

他继续说道:"所以在管家试图骗我脱下衣服、自己去拿那把柴刀的时候,我抢先把柴刀拿到了手里,然后捅进了他的肚子。"

"捅了不止一刀。"

宁缺回忆着当年的事情,皱着眉说道:"好像是五刀。"

"因为力气不够大,捅得不够深,一时捅不死他,所以要多捅几刀。只是不知道为什么,管家没有叫。他只是惊恐地看着我,就像看着一个魔鬼。这些年我一直在想,他是被吓到说不出话,还是不想开声惊动了柴房外的人。"

他沉默片刻后继续说道:"少爷……也就是将军的公子,并不知道当时发生了什么。只是看着一向最疼爱他的管家躺在血泊里,他便像发疯了似的向我冲了过来,想要打我,想要咬我。"

他摇头说道:"我当时也很慌乱,拿着柴刀乱舞,不知怎的便划破了他的脖子。然后他捂着脖子向后倒退,便倒在了柴堆上。"

"少爷脖子里的血,从他的指缝里喷出来。我想替他捂住,却怎么捂都捂不住。直到最后,他流的血在我的手指上凝成了浆子。"

宁缺抬起头来,看着雪中的众人,沉默了很长时间,摇了摇头,说道:"不是误杀。"

"也许我当时就是想杀了他。"

他看着夏侯微笑着说道:"因为只有他死了,像你和亲王殿下这样的人,才不会再理会我这个门房的儿子。"

世界笼罩在风雪中,笼罩在死一般的沉寂中。

雪花飘至宁缺的脸上,触着那抹微笑,似被冻得更加寒冷。

那是一抹看似温和、实际上寒冷到了极点的笑容。

人们看着宁缺脸上的笑容,震撼得难以言语,感到前所未有的寒冷。

他们仿佛看到了十几年前通议大夫府柴房里的画面。

一个四岁的小男孩，双手握着生锈的柴刀，站在那两具尸首前，小脸上满是绝望和恐惧，身体不停颤抖，随时可能瘫倒在地。

但小男孩始终没有倒下。

现在，当年的小男孩正站在风雪中，站在巍峨的皇宫前，站在人们面前，讲述着那个久远的故事。

书上的故事往往都是那样写的。

他讲的这个故事，不在书上。

第二卷 凛冬之湖 第二百七十八章 旗展

书院后山的绝壁间。

夫子穿着一身黑色罩衣，坐在崖畔，看着远处的长安城。那处正落着大雪，远远望去，就像是昊天在向人间施舍盐花。

"十五年前，我就坐在这里，看着通议大夫府的柴房。"

夫子说道："我看着你小师弟脸色苍白地握着柴刀，走出柴房；我看着他抓着绳子躲进井里；我看着他翻出院墙，走进人群；我看着他离开长安城……仿佛看到了很久以前你小师叔的模样。"

大师兄站在一旁，问道："小师弟他和小师叔到底哪里相像？"

夫子摇头说道："我也说不清楚。大概是对自由的强烈渴求？"

"我能明白老师为何如此说小师叔。"大师兄不解地问道，"但小师弟当年遭逢的惨事，和自由二字又有什么关系？"

夫子说道："所谓自由，便是选择的权利。选择去生，选择去死，或者选择不选择。当年你小师弟选择拿起那把柴刀，杀死管家和自己最好的玩伴，在那一刻，他便向自由的彼岸迈出了第一步。"

大师兄诚实地说道："老师，我无法理解。"

夫子说道："你是世间最清澈见底的小溪，这些年一直在山野间自由地流淌，或许曾经遇过险滩礁石，却未曾遇见过真正的河道岔口，没有遇到过你小师弟当年所面临的选择。"

"你小师弟当年做出的这个选择，没有人有资格判断其对错。但他能够做出这个选择，就已经是异于常人了。就如同你小师叔当年一样，无论面临怎样的境遇，他们都只会做自己想做的事。"

大师兄说道："所以老师才会想收小师弟入门？"

夫子感慨地说道："春天的时候，在松鹤楼见你小师弟，在草庐里与他说话，我发现他与你小师叔并不一样。当时还觉遗憾。"

"然而世事便是如此，哪里能够找到完全相同的两片树叶？"

夫子看着远处的雪云和笼罩在风雪中的长安城，欣慰地说道："不过今日你小师弟的选择依然给了我惊喜。我未曾想到，他会有如此的勇气去正面挑战夏侯。我很喜欢这种选择里透出来的笨拙意味。"

他转身望向自己的大弟子，微笑着说道："在书院众弟子中你最笨拙，所以我最喜欢你。但在某些方面，你真的要向君陌和小师弟学习。"

大师兄凛然受教。只是看着远处的风雪，他难以抑制心头的担忧，犹豫片刻后说道："如果小师弟真的败给夏侯，我该如何做？"

这句话里的如果以及真的两个词很有深意。这说明在书院大师兄看来，宁缺对上夏侯并不是没有一战之力。

"我不信天，也不信命。我只相信自己。"

夫子看了一眼寒冬里灰暗的天空，说道："每个人也都只能相信自己。这是你小师弟自己的选择，是他对天道命运的嘲弄和轻蔑。那么除了一个公平的环境，他什么都不需要。"

皇城前的死寂维持了很长一段时间。愈发暴烈的风雪袭着血旗，吹得大黑伞微微摇晃，拂得众人面容仿佛被冻僵一般。

大唐国师李青山看着宁缺，眼神很是复杂，说道："便是如此？"

宁缺沉默不语。

李青山轻声一叹，无奈摇了摇头，说道："陛下有言，如果你坚持要将这场决斗进行下去，那么你必须先把东西交出来。"

他向宁缺伸出了手，说道："你知道陛下说的是什么。"

宁缺眉梢微挑，问道："为什么？"

李青山说道："你这是私仇？"

宁缺说道："是。"

李青山说道："既是私仇，又怎能动用国器？"

然后他认真地说道："如果这场战斗结束，你真的侥幸活了下来，那么我会把东西交还给你。"

宁缺看着脚下厚厚的积雪，沉默片刻后，从怀中取出一个被布紧紧裹住的物事，却没有递到李青山的手中。

李青山微微蹙眉，说道："莫非你连我都信不过？"

"我向来除了自己，谁都不相信，抱歉。"

宁缺说道，然后把布裹着的那个物事，递到了身后陈皮皮的手中。

李青山微涩一笑，不再理会场间的事情，向皇宫里走去。

宫门前的人们，不知道宁缺从怀里拿出来的是什么东西，不禁有些好奇。夏侯清晰地感受到了那个物事隐隐传来的气息波动，铁眉缓缓蹙起，看着宁缺说道："原来阵眼枢真的在你手中，难怪你有如此大的气魄来挑战我。"

宁缺说道："先前便说过，我还有很多强大的手段。"

夏侯缓缓抚摸着椅扶手，似乎没有发现那里是一片虚无，说道："现在阵眼枢被夺，你还坚持要杀我？"

宁缺说道："你杀过很多人，我也杀过很多人。像我们这样的人应该很清楚，杀人的方法有很多种。"

夏侯神情漠然地说道："明知道肯定会死，也坚持杀我，是为了复仇？四岁小男孩的记忆能这般长远？能记得你父母的容颜？我根本不相信。我认为你只不过是一直无法摆脱当年的心理阴影罢了。"

听着这番话，宁缺说道："我必须承认，手上染着少爷的血很不舒服，怎么洗都觉得洗不干净，手指缝里始终黏糊糊的，也许确实是有心理阴影吧。我第一次杀人用的是柴刀，后来便一直习惯用刀。"

他看着夏侯说道："不过那又如何呢？你说这番话有什么意义？"

夏侯铁眉微挑，脸上流露出嘲讽轻蔑的神情，说道："至少可以证明你的复仇并不像你想象的那般伟大与正义。"

"伟大与正义？"

宁缺摇了摇头，说道："逃离长安城后，这些年我想象过无数次，如果将来有一天我在山中遇着奇人，继承了一身绝世本领，直闯军营去杀你之前要说些什么。"

"我会质问你为何如此冷酷好杀？我会说今天杀死你，是要替将军府里的冤魂、燕境村庄里的焦尸，替所有无辜死去的人向你讨个公道？那个名单很长，最后还加上了我一个很好的朋友。"

说到此截，他看着夏侯微嘲地说道："这些都是一些很正义凛然的话、很掷地有声的话，但是……和我有什么关系？"

风寒雪冷袭体，宁缺以拳堵唇咳了两声，然后把一口浓痰吐到雪地里。脓黄色的痰在洁净的白雪里很是刺眼。

"我杀的人不比你少。我也做过很多旁人无法想象的恶事。我的双手从来都不是干净的。我哪里是什么正义的使者！"

他看着夏侯说道："你杀再多的无辜者都与我没关系。只要与我无关，我甚至可以在旁边替你鼓掌叫好。但既然你杀了我全家，我自然就要杀你。这是天经地义的事情，不需要别的任何理由。"

夏侯沉默了很长时间，忽然说道："有点意思。"

然后他从椅中站起身来。

便如一座坚不可摧的山峰，突兀地出现在漫天风雪中。

"来杀死我。"

他最后说道："或者被我杀死，结束你这痛苦的一生。"

暮时的长安城，如堕永夜。厚实的雪云遮住了最后的余晖和满天的星光。雁鸣湖畔漆黑一片，只有远处那些火把，照亮了自天而降的雪花，把那些繁密呼啸的雪耀成了人间的星光。

夏侯面无表情地看着身前紧闭的院门，伸手向后，从亲兵手中接过那面军旗，走到院门之前，右手握着军旗向下一顿。

他的动作很随意。院门前的地面是坚硬的石地。旗杆落下时，石地面却片片碎裂，溅起无数石砾，杆尾深插入泥。

夏侯缓缓松开手掌，旗杆仿佛生在地面一般坚定。血红色的军旗在满天的雪片里猎猎作响，卷噬所有的夜色。

这面血红色的王将旗，陪伴了夏侯很多年。

无论是与燕国军队交战，还是与左帐王庭的骑兵厮杀，这面将旗始终飘扬在大唐帝国东北边军的队伍里。

数十年来，这面血旗从来没有倒下过。

就如同血旗下那个强大的男人。

雁鸣湖外围的亲兵们、那些警惕的大臣们、维持秩序的长安府衙役们，看着夜色中的那面血旗，都生出一股强烈的感觉。

今夜，这面血色的将旗依然不会倒下。

夏侯走上了石阶。

然后他推开了院门。

于是他走进了夜色之中。

宁缺并不在雁鸣湖畔的宅院里。

他和桑桑这时候正站在湖南岸的雁鸣山上，俯瞰着遥远的对岸。

桑桑撑着大黑伞，遮着愈来愈暴烈的大雪。

在世人眼中，宁缺一身修为境界最强大的便是符与箭二字。要与夏侯这样一位武道巅峰强者对战，理所当然要拉开战斗距离。

夏侯虽然不知道这时候宁缺身在何处，但想来也能猜到这一点。只不过骄傲自信如他，根本不在意这一点。

只是今夜风疾雪骤，夜幕遮星，凛冬中的雁鸣湖仿佛被冻凝的墨砚。即便是宁缺感观再敏锐，也无法看清对岸的画面。

如果看都无法看到，那么元十三箭又怎么能射得中敌人？

第七章

主角活法：从「奴役侍女」到「虐侍渣男」？

为什么连"活下去"都成了一个基本的问题?

将宁缺和唐进行对比,或许可以看清楚小到一个人、中到一个部族、大到整个渺小如蚁的人类的生存和发展艰难史,甚至可以清晰和精准地瞄定蚂蚁哲学的两个极点。

"唐"这个名字有着双重视角:一是指魔宗的唐;一是指大唐帝国的唐。

而对比却是三重对比:

宁缺既和魔宗之唐进行对比,又和大唐帝国之唐进行对比;

魔宗之唐和大唐之唐进行对比;

然后,作为非典型唐人的宁缺和成为典型唐人后的宁缺进行对比。

这种对比的关键词是什么?

活着!就要好好活着,而且要活得越来越美好。

假若说宁缺是为个人的生存权而战,而魔宗传人唐则是一直为了整个荒原部族的生存权而战——即使渺小如蚁,也有"活下去"的权利。

于是,《将夜》开头通过四个不可知之地(一观、一寺、一门、二层楼)的天下行走(书院大师兄李慢慢从某种意义上说只是"代为行走")之言和行,进行解读、诠释和建构的"蚂蚁哲学",就自然而然地落地、落细、落小为极具代入感和共鸣感的"活着主题":如何活下去?如何活着?如何活得更美好?……

"将军府死,文官府生",从一开篇,宁缺和桑桑就置于生死旋转门之中,连"活下去"都成了极其艰难的一件事情。①但由此也带来了"生而如蚁,也要活下去"的权利之争——没有谁有权力审判和剥夺蚁民蚁族生存与发展的权利!夏侯大将军不能,光明大神官不能,知守观观主亦不能,甚至连昊天都不能!

这贯穿于整部《将夜》的故事布局之中——这不仅仅是宁缺从"伪王子(门房之子)大复仇记"②到"书院史上最弱天下行走"和"大唐全境守护使"的质疑与抉择,亦是夫子和书院在"整个世界都在追杀冥王之子宁缺或冥王之女桑桑""化月与昊天而战"和"举世伐唐和唐对抗全世界"等重大事件之中的拷问与道理。

它使宏大而抽象的"蚂蚁哲学",与具体而踏实的"活着主题",被熔铸为一个硬币的两面。它将这两面连接成为一个整体,又将其断裂成隔离带,同时又解构、重构和建构出

---

① 参阅庄庸、杨丽君等主编:《爽点宇宙:中国网络文学阅读潮流研究(第 2 季)》,华语网络文学智库丛书,中国青年出版社,2020 年版。该书在第五章中对此进行了专题解读、诠释和建构。

② 参阅庄庸、杨丽君等主编:《爽点宇宙:中国网络文学阅读潮流研究(第 2 季)》,华语网络文学智库丛书,中国青年出版社,2020 年版。该书在第六章中对此进行了专题解读、诠释和建构。

一个多场景、多维度、多界域、多重时空的"故事迷宫"。

从"蚂蚁哲学"到"活着主题",从"连接世界"到"故事迷宫",那个轴心杠杆,就是我们解读、诠释和建构的"生而如蚁美如神":

生而如蚁,亦有活下去的权利,没有谁有权力审判和剥夺这种生而有之的权利;

活着,就要好好活着,且活得越来越美好;

即使如蚂蚁一样渺小,亦要有像神明一样存在的伟大……

这使《将夜》的开篇具有高屋建瓴的"蚂蚁哲学"宗旨、理论和提纲之宏大,又有像针尖一样"活下去"的小切口、支点和着力点——于是,整部作品的谋篇布局,就有了杠杆,可以按照从"活着"到"活得更美好",再到"生而如蚁美如神"的主题、思想和理念进行演绎。

正是从这个角度,我们说《将夜》的"蚂蚁哲学",延续了猫腻系列作品对于"活着主题"的解读、诠释和建构,而且以宁缺这个"非典型唐人"在异唐世界"活下去"的生存、发展资源与权利之争为落脚点和着力点。

犹如《庆余年》之范闲"重活第二生",《间客》之许乐"小人物大权利之弈",《择天记》之陈长生"顺心意逆天改命",《大道朝天》之井九(景阳真人)"人生第二次河流的抉择"……有什么样的人设,就有什么样的人生。

《将夜》宏大的世界观设定和主角"非典型唐人"的人设,均可以在"渭城有雨,少年有侍"这一章中找到像针尖一样的切入点和着力点。

第一节　一句顶万句：
于方寸之地，跳宇宙之舞

人设就在针尖上舞蹈。

所谓主角光环，就是在那针尖上舞蹈时所发出的绚烂之光：世界就是一个舞台；我在舞台的中心，跳出绚烂的宇宙之舞；我就是整个宇宙的中心。

而这，都"笼挫"于笔尖之上。

就像陆机在《文赋》之中所说的："笼天地于形内，挫万物于笔端。"

但猫腻是如何做到的呢？

我们对此的解读、诠释和建构，致力于从两个方向来互动。

其一，把一张纸看厚，看成一本书——这就是所谓的庖丁解牛。每一部小说的场景和细节呈现都有它惊艳并值得推敲的地方。

其二，把一本书看薄，看成一张纸——这就是把一本书的精髓全部融到一张纸上。每一部小说宏大的故事布局都可以"构思"成一片不大不小的蛛网。

以是观之，猫腻完全打破传统的写作手法，把我们带入一个完全陌生的阅读领域。

不管是怎样的风格，都隐藏着猫腻独特的思路。我们要把这些独特的东西挖出来，看看到底是什么。于是，我们细细阅读，一句话看几遍，每个字都去抠，并思索：猫腻为何这样写？这样写的目的是什么？他使用的是怎样的手法？作为读者在阅读时是怎样的感受？看到了什么？弄懂了什么？……

如此，我们或许会挖掘到全新的视觉和思维。这个视觉和思维是我们在之前的粗读中找不到的。

唐帝国天启十三年春，渭城下了一场雨。

——猫腻《将夜》：第一卷 清晨的帝国 第一章 渭城有雨，少年有侍没有多余的描述，猫腻起笔，就直接把自带主角光环的人设所在舞台的时间和地点，以最简单和直观的方式展开。

简练但不简单，简约但不简化，简洁但不简陋。

与之相反的观点和做法是：喜欢把文章唯美化；喜欢用一些唯美繁复的形容词去描写和描绘……有些人觉得，只有这样才能让读者对这个地点有更多的了解，或者说在阅读和节奏上更有美感。

故事关键看的是内容。一些场景描写或氛围渲染并不是很重要。

有时候繁琐和唯美的描写，只会给读者带来阅读上的障碍，甚至可能会误导读者对这个地点和时间的理解。

猫腻以"交代"的方式展开，其实就已经将读者带进了这个时间和这个地点，等待着人物出场、故事发生……

有时候，简明比繁琐更有说服力。简明扼要其实是讲故事的第一步。能简洁的地方一定要惜字如金，让每一个字都有它存在的意义。这样的作品不但有质感，而且会让人深思，读起来有趣。比如：渭城下了一场雨。

一句顶万句，于字里行间的方寸之地，搭起了一个"我站在世界中心呼唤爱（吸引注意力、吸睛吸金）"的大舞台，等着跳出自带主角光环宇宙之舞的人设出场，成为世界镁光灯下的焦点人物。

猫腻在这里看似只是说了天气，实则是为后面的故事埋下了伏笔。

猫腻最大的特点就是喜欢不断地挖坑，而且挖得特别隐蔽。如果你不仔细阅读根本就无法察觉，关键是他挖的每一个坑都有它存在的意义。

当然这点，你必须认真往下读才会发现，然后不由得嘴角上扬：哦，原来是这样啊……

第二节 一笔写那谁谁谁：
从"纸片人"到"熟悉的陌生人"

看猫腻的这部作品，总是让我们不由得停下来思考：这段话背后隐藏的是什么？……

被他挖坑挖怕了。

就像下面这寥寥几句话，难道只是在描述这座军事边城吗？

不！

从这段话里，我们可以获悉几个信息。讲故事、写网文，其实就是在传递信息。网络文学中的"故事信息经济学"同样重要。

不对称、不完美、不充足的信息，可以建构"预期—打破—逆转"的阅读机制；

恰到好处、颇有分寸、必要必需的信息，则可以重构"展示—揭秘—悬疑"的故事逻辑。

唐帝国天启十三年春，渭城下了一场雨。

这座位于帝国广阔疆域西北端的军事边城，为了防范草原上的野蛮人入侵，四向的土制城墙被垒得极为厚实，看上去就像是一个敦实的土围子。

干燥时节，土墙上的浮土被西北的风刀子一刮便会四处飘腾，然后落在简陋的营房上，落在兵卒们的身上。整个世界都将变成一片土黄色，人们夜里入睡抖铺盖时都会抖起一场沙尘暴。

——猫腻《将夜》：第一卷 清晨的帝国 第一章 渭城有雨，少年有侍

第一，这座边城是有敌人的——草原上的野蛮人。这些人可能会是故事里与

主角敌对的反角。上下互文，它其实是给帝国局势的大叙事和主角宁缺个人际遇的小时代，找到了一个从地理到人事的变化和转化轨迹：大唐公主李渔从草原回归（逃离与追杀），与"边城唐军—小卒宁缺"建立了隐秘和必然的逻辑关系。

第二，这座边城地理环境不好，气候也不好——西域边疆。环境影响人，可以通过对环境的描述来传递这个边城的人的一个特性。比如"民风彪悍又淳朴"之类。这既可以用来解读宁缺和桑桑生死旋转、万里求生，最后扎根的"恶劣生存环境（生存状态和生态系统）"——一向有危机意识、对整个世界都缺乏信任的宁缺，居然能在这儿扎下根来，甚至隐隐然把它当作了自己的"第二故乡"，可以说是个异数；亦可以用来诠释他们从"长安之子—边城少年—重返长安"的大复仇记；还可以在"从非典型唐人到大唐全境守护使"的主角人设演变史之中，建构边城小镇渭城少年那四两拨千斤的杠杆作用。

第三，这座边城的自我防范意识很强烈，防范措施却极其脆弱——四向的土质城墙垒得极为厚实；但，土墙毕竟是土墙，如何当得起铜墙铁壁之称？一旦敌人攻进来，可能瞬间就会把整座城市踏平！事实上也的确如此。

但，就是这种土筑的弹丸之地，却犹如尖刀一样，作为帝国西北端军事"重镇"和"桥头堡"，插入战线的最前沿——不仅仅是对抗草原人，在后来举世伐唐时也成为饱受冲击的第一线：城，一下子就被摧枯拉朽地毁掉；但，人才是无坚不摧的新长城。

从举世伐唐到我以长安战一人，宁缺最后之所以能汇聚人间之力，书写出那一个"大写的人"字，追根溯源，却是源自渭城那一个个"小写的人"！

比如，跑龙套跑出"代主角光环"[①]的马士襄马将军！

从昨夜至此时，淅淅沥沥的雨点洗涮掉屋顶的灰尘，仿佛也把人们的眼睛洗得明亮了很多。至少马士襄此时的眼睛很亮。

作为渭城最高军事长官，他此时的态度很谦卑。虽然对名贵毛毯上的那些黄泥脚印有些不满，却成功地将那种不满掩饰成一丝恰到好处的惊愕。

[①] 参阅庄庸、杨丽君等主编：《爽点宇宙：中国网络文学阅读潮流研究（第2季）》，华语网络文学智库丛书，中国青年出版社，2020年版。该书在第十三章中对此进行了专题解读、诠释和建构。

对着矮几旁那位穿着肮脏袍子的老人恭敬地行了一礼，他低声请示道："尊敬的老大人，不知道帐里的贵人还有没有什么别的需要。如果贵人坚持明天就出发，那么我随时可以拨出一个百人队护卫随行。军部那边我马上做记档传过去。"

——猫腻《将夜》：第一卷 清晨的帝国 第一章 渭城有雨，少年有侍

再一次打破常规，再一次惜字如金，对一个配角甚至一个跑龙套的人物的第一次出场，猫腻并没有花笔墨去描写。

很多人会习惯性地花一些笔墨来介绍刚出场的人物，如通过穿着、言语、长相等一系列的东西来勾画一个人物，然后我们的脑海里就会勾勒出一个人物的样子。

对，没有错，这是千篇一律的写作手法。读者同样习惯接受这样的人物出场。

这是谁啊?!

其实，我们花大量的笔墨去描写一个人物，最终目的是什么？难道是为了在读者脑海里留下这个人物的容颜吗？错！（"颜值无敌"还差不多。）

不就是为了知道这是"那谁谁谁"嘛！

而那谁谁谁之所以是谁谁谁，不就是因为——他就是"这样子的人"嘛！

没错，马士襄就是这样的人！

很多时候，我们花大量笔墨去浓墨重彩地描绘一个人的容貌，只是为了让读者从一个人的容貌里看出这个人物的特征：特点与特质，特别之处与特殊之点。

对，人物的特征才是我们想要传递给读者的！

因为特征才是塑造一个人设的关键。而塑造一个人的特征，其实完全可以借助细节来描写：从细节中看出一个人的特征——如果简笔勾勒，就能让人看到"这个人就是这样子的人"，那为什么还需要浓墨重彩、繁复描写呢？细节不在于"字多"（体量），而在于"到位"（质量）。

或者不如这样说：简笔勾勒PK浓墨重彩，并没有高下之分、优劣之别，只在于有没有必要、需不需要，有没有写出"那谁谁谁……就是这样的人"！

马士襄这样的人，不需要浓墨重彩；

简笔勾勒，我们就看出了他是什么样的人！

猫腻就是这样的，用一个非常简洁的细节，却把人物的特征完全展露在读者面前。他打破你阅读的常规预期，把你的眼睛和思维捆绑在了一起——我们看到了；我们知道了；我们认识了他；我们就知道，他就是这样的人！

一落笔，人物就活了过来。

我们看到并知道，这个马士襄从"纸片人"活成了我们"熟悉的陌生人"：他不一定有洁癖，却肯定有脾气；他不一定谨小慎微，但肯定懂得察言观色；他不一定特别聪明，但肯定有圆滑又会伪装的精明……

最重要的是，作为边城小镇的"渭城最高军事长官"，他做小伏低，刻意谨小慎微，却又恰到好处地把自己的"不满"掩盖成了"惊愕"——这不就是三毛头上的那三根毛吗？

三毛之所以为三毛，就在于头上那三根毛；

马士襄之所以为马士襄，就在于嘴角那一抹"不满的惊愕"！

大长官？土霸王！

小人物？名贵毯……

小人物亦有小人物的生存和政治智慧。

土霸王亦有土霸王的小心思和小细腻……

一点小反应，引爆大情绪，或许还会影射到他在后面故事里的做事风格：性格决定做事风格嘛。

第三节 铺垫陪衬：

从"高傲的婢女"到"落难的公主"

渭城有雨，毛毯有泥。

现在终于知道猫腻前面提到的"渭城有雨"是为什么做铺垫的了！

猫腻写事、写物、写人，别有他的用心。

他写故事是层层铺下来的，一层挨着一层，结构紧密又贯通。

那位老人温和地笑了笑，指了指帐里那几个人影，摇摇头表示自己并没有什么意见。就在这时，一道冷漠骄傲的女子声音从帐里传出："不用了，办好你自己的差事吧。"

今天清晨，对方的车队冒雨冲入渭城后，马士襄没有花多长时间便猜到了车队里那位贵人的身份，所以对于对方的骄傲冷漠没有任何意见，也不敢有任何意见。

——猫腻《将夜》：第一卷 清晨的帝国 第一章 渭城有雨，少年有侍

老人，女子。

没有具体到点出是"谁"。

一明一暗；一随和一骄纵。

猫腻依然没有花大笔墨去介绍这两位人物，但是通过"对比"的手法，把两个人的身份和角色透露给了读者。

用细节来突显地位和身份悬殊，人的行为也不同。

这也是我们在生活中所说的：从一个人的言行举止，就能看出这个人的身份和社会地位。

只是在这里，猫腻似乎又埋了一个坑——老人身份和角色的模糊化，与动作的精细化形成了对比："温和地笑了笑""指了指""摇摇头"……这三个关键词非常容易让人敏感。它似乎透露了些什么。

在这句话里，没有任何一个词语说明了这个老人的身份，但又似乎字字、词词、句句都在传递言外之意、弦外之声。

他没有仆人或侍从的那种毕恭毕敬和胆小如鼠，也没有那种刻板和形式化的"端起架子"，但又似乎刻意地把自己的身份等级划分出来了：

谦虚之中，又有那么一股骨子里的傲气，言行举止拿捏得很有分寸。

那么——

这个老人到底是谁？他的身份是什么？

帐里的人沉默片刻，忽然开口说道："从渭城往都城，岷山这一带道路难行，看样子这场雨还要下些时日，说不定有些山路会被冲毁……你从军中给我调个向导。"

马士襄怔了怔，想起某个可恶的家伙，沉默片刻后低头回应道："有现成的人选。"

营房外的几名校尉面面相觑，脸上的表情各不相同：有惋惜、有不舍、有庆幸、有震惊……但很明显他们都没有想到马士襄居然会选择让那个人去做贵人的向导。

——猫腻《将夜》：第一卷 清晨的帝国 第一章 渭城有雨，少年有侍

同样没有直接推出"那谁谁谁"，而是借用第三者的神态反应，埋下那一个未知的人，直接把读者裹挟在了一个未知又令人好奇的人物形象里。

那个人到底是谁？

他是怎样的一个人？

为何会让几名校尉面面相觑而且表情不相同？

这些人的表情后面隐藏的是什么？

这个未知的人物和这些校尉之间的关系怎么样？

第七章 主角活法：
从"奴役侍女"到"虐侍渣男"？

在这里，猫腻挖了很多的坑。

"将军，你真准备就这么把他放走了？"一名校尉吃惊地说道。

渭城不大，军官士卒全部加在一起也不超过三百人。远离繁华地的军营有时候更像是一个土匪窝子，所谓将军只不过是最低阶的裨将。然而马士襄治军极严，或者说这位渭城匪帮头领很喜欢被人叫将军，所以即便是日常交谈，下属们也不敢忘了在抬头加上将军二字。

马士襄抹了一把脸上的雨水，看着营房四周的黄褐色积水，感慨叹息道："总不能老把他留在这个鸟不拉屎的地方。推荐信的回执已经下来快半年了，大好的前途在等着那小子。反正他要去都城进行书院初试，恰好和那位贵人的队伍顺路，就算送那位贵人一个人情也好。"

"我看那位贵人可不见得领情……"校尉恼火地回答道。

众人身后的营房门被推开，一名模样清秀的婢女走了出来，望着马士襄和校尉们冷淡地说道："带我去看看那个向导。"

到底是贵人的贴身婢女，面对着朝廷边将竟也是毫不遮掩自己的淡淡傲意。

宰相门房、贵人近婢、亲王清客，这是官场上极令人头痛的角色。近则惹人怨，远之惹麻烦，最是麻烦。马士襄实在是不愿意和这种人打交道，随意说了两句闲话，便挥手召来一名校尉，吩咐他带着这名贵人婢女自去寻人。

——猫腻《将夜》：第一卷 清晨的帝国 第一章 渭城有雨，少年有侍

把每一个人物写活了，就是让他（她）有存在感的意义。

在猫腻的作品里，我们看到了这点。

即便是一个婢女，他只用淡淡的笔墨就把这个人物给写活了。无须描写婢女的言行举止和神态神情，仅"淡淡傲意"这四个字里就涵盖着很多的内容——身份、地位、性格、内心世界。

同时映射出婢女所伺候的主人的一个人物形象——一般婢女就是主子的一面镜子。

假若她真的是婢女的话——可是她不是。所以，她映射的其实是她自己。这

又是一种逆转。

后面的一句更加形象："宰相门房、贵人近婢、亲王清客，这是官场上极令人头痛的角色。近则惹人怨，远之惹麻烦，最是麻烦。"

其实这种关系角色的复杂，自古到今都是一样的，所以给读者的感觉特别接地气。对马士襄的"同情共理"和对公主婢女的"反感厌恶"，相伴而生。

好吧，这一切都是为打破阅读预期而准备的。后文才可以看出：这个婢女是公主假扮的！

这会是"公主与王子落难相见记"的套路吗？

在一次又一次的逆转之中，一重又一重地打破我们的阅读预期。

从高傲婢女到逃难公主，从落难王子到门房之子……身份的逆转只是表层的叙事结构，深层结构的驱动力还是源自主角人设的"身份（自我）的悬念"。①

所以，无论是高傲的婢女，还是落难的公主，这个事后揭晓名为李渔的女人，注定了不过是一个用来铺垫主角出场的陪衬人物而已。

就算是走红地毯的"完美明星公主"，仍然不过是绿叶配红花的"绿配链"人物而已。②

---

① 参阅庄庸、杨丽君等主编：《爽点宇宙：中国网络文学阅读潮流研究（第2季）》，华语网络文学智库丛书，中国青年出版社，2020年版。该书在第七章中对"身份（自我）的悬念"的网络文学造词、理论与方法论原型（模型），进行了解读、诠释和建构。

② 参阅庄庸、杨丽君等主编：《爽感爆款系统：中国网络文学阅读潮流研究（第3季）》，华语网络文学智库丛书，中国青年出版社，2020年版。该书在第三章中对"绿配链"的网络文学造词、理论与方法论原型（模型），进行了解读、诠释和建构。

第四节 非游戏耳：
从"赢取天下"到"认真活下去"

一切铺垫，都是为了"那个人"的出场。

只是，那个人以何种方式出场呢？

通过婢女（公主）居高临下的视角，猫腻采用了"反差"的手法，把他很直观地推到了我们的面前。

开门见山；

登堂入室；

千呼万唤，那个人竟然以这样数重"反差酷（萌）"的方式出场了。

第一个反差："龌龊"兵卒和傲气婢女之间的类型反差。

第二个反差：那少年穿着和外貌的形象反差。

第三个反差：那少年外貌和行为的人设反差。

雨暂歇，轻雨过后的渭城显得格外清新，道旁三两枝胡柳绽着春绿。不过景致虽好城却太小，没走几步路，校尉便领着那位婢女走到了目的地。那是一处简陋而热闹的营房。

听着门内传出的嘈乱声喝骂声行令声，婢女微微蹙眉，心想难道光天化日之下，居然有人敢在军营里饮酒？门帘被风拂起，里面的声音陡然清晰。果然是在划拳，却不是什么正经酒拳——听着行令的内容，婢女清秀的容颜上闪过一丝羞红恚怒，暗自握紧了袖中的拳头。

……

龌龊的行令声往返回复嘈嘈不绝，竟是过了极长时间都没能分出胜负。表情越来越恼怒难看的婢女掀起门帘一角，眼神极为不善地向里望去，第一眼便看见方桌对面的一个少年。

那少年约莫十五六岁,身上穿着一件军中常见的制式棉衫;棉衫襟前满是油污。一头黑色的头发不知道是天然生成还是因为几年未曾洗过的缘故,有些发卷,也有些油腻。偏生那张脸却洗得极为干净,从而显得眉眼格外清楚,脸颊上那几粒雀斑也格外清楚。

……

与龌龊的划拳内容截然相反,这少年此时的神情格外专注严肃,不仅没有丝毫淫亵味道,甚至眉眼间还透着几分圣洁崇高之意。他右手不停地在身前比画着剪刀石头布,出拳如风,出刀带着杀意,仿佛将这场划拳的输赢看得比自己的生命还更加重要。

几只在西北恶劣环境下生存下来的拥有强悍生命力的绿头苍蝇,正不停试图降落到少年染着油污的棉衫前襟上,却总被他的拳风刀意驱赶开来。

——猫腻《将夜》:第一卷 清晨的帝国 第一章 渭城有雨,少年有侍

在第一重文字里,我们可以解读贵族和普通人之间的差别——至少从字面上理解是这样的——不只是生活上的差别,还有思想上的差别。

对于时时刻刻把生命置于身外的军人来说,这样的娱乐是再正常不过的;但对于身为贵族的人来说,固然是不能接受这样的粗鄙行为和言语的,哪怕只是一个婢女——更何况是一个假扮婢女的公主——也不能接受和理解这些军人的行为。

但环境就是这样的环境;人就是这样的人——不合群的人,只能是婢女(公主)一人而已。

但真的是这样吗?所谓入乡随俗,那个少年(宁缺)如果真是如此,又何必处处强调自己是个"非典型唐人"呢?

在第二重文字里,我们可以诠释少年的形象和心理活动——外在和内在的差别。

有些现状是无法改变的,比如说生活的环境和条件。当知道无法改变时,就坦然接受。人不能改变世界,就只能改变自己。

但就算如此，也只能接受那些无法改变的现状；对于其他——特别是"我就是我"的所谓理念和立场，还是要秉持内心的想法。

这个少年就是这样的人。

当他发现"着装干净与否"是自己根本无法改变的东西时，他就坦然接受——在西北这黄沙满地、兵卒生活如此单调重复的情况下，怎么可能保持着装的干净？但至少，我可以让我的脸始终保持干净吧?!

这就像衣服是外在的东西——它朝外舒张；而身体上的任何部位，却指向内在。朝外的，无法掌控；但是，朝内的，或许却是自己可以掌控的。

脸是人的一张名片。

它虽然朝外，却指向内心——特别是那些需要自己坚持和掌控的事情。

宁缺就是这样的人。

他改变不了自己穿越的历史，也改变不了四岁生死旋转门的经历，但是他可以改变自己，或者坚持自己的原则和理念。

从第三重文字里，我们可以建构少年的人生态度和价值取向。

任何一场挑战都是战争；哪怕只是战友与战友之间的娱乐，他都是当真的。既然是战争，不一定是你死我活，但一定是输赢关乎生存甚或生命。

"我赢了！"

漫长得似乎要把桌旁对战的二人肺里所有空气全部榨干的划拳终于结束。黑发少年用力地挥动右臂，宣告自己的胜利，极为开心地一笑，左脸颊上露出一个可爱的酒窝。

少年的对手却不肯服输，坚持认为他最后在喊……时变了拳，于是房间内顿时陷入一片激烈的争吵。在旁观战的军卒各有立场倾向，谁也说服不了谁。就在这时，不知道是谁大吼一声："照老规矩，听桑桑的！"

所有人都把目光投向房间一角。那里有一个十一二岁的女童正在搬动水桶，身材矮小瘦削，肤色黝黑，眉眼寻常。她身上那件不知她主人从哪儿偷来的侍女服明显过于宽松，下摆在地上不停拖动。她搬着可能比自己还要重的水桶，明显非常吃力。

那名叫桑桑的小侍女放下水桶转过身来。军卒们紧张地看着她，就像是赌场上的豪客们等待着庄家开出最后的大小，而且很明显这种场景已经不是第一次出现了。

小侍女皱着眉看了一眼那名少年，然后望向桌对面那名犹自愤愤不平的军卒，认真地说道："第二十三回合，你出的剪，他出的拳，但你说的是他……所以那时候你就已经输了。"

房间里响起一片哄笑声，众人就此散开。那名军卒骂咧咧地给了钱。那少年开心地笑着接过钱钞，用手在胸前油渍上擦了擦，然后拍拍对方的肩膀表示诚挚安慰。

"想开一些，整个渭城……不，这整个天下，谁能赢我宁缺？"

——猫腻《将夜》：第一卷 清晨的帝国 第一章 渭城有雨，少年有侍

"想开一些，整个渭城……不，这整个天下，谁能赢我宁缺？"

癞蛤蟆打哈欠——好大的口气！

渣角都是这样出场的：口气越大，越容易被打脸。

但如果是主角呢？那就是理所当然的——主角嘛，总是自带光环。这不是口气大，而是抱负远大。

主角不就是要"醒掌天下权、醉卧美人膝"嘛：我来了，我看见了，我征服了——世界就在我的脚下。

小小一个赌场的输赢算什么？我的征程是星辰大海——赢取天下！

这不是网文男主常见的征服世界的套路吗？

《将夜》和宁缺就这样给了我们一个"套路化"的阅读预期——直到某一个临界点时，突然来了一个逆转！

这个少年是认真的——连玩一场游戏都很认真，遑论征服世界、赢取天下的光荣与梦想！

也许在少年的人生字典里，没有"游戏"两字。

由此可以看出他骨子里的那种坚持和执拗，甚至是偏执和疯狂（冷静）——特别是在生死存亡中培育出来的一种野望；但他所有的认真，并不是因

为我们预期的征服世界、赢取天下,而是因为一件简单至极但又困难之极的事情:活下去。

比起"醒掌天下权、醉卧美人膝"来说,其实,活着才是一个人最大的野心——要活下来,就必须敢跟兽斗、跟人斗、跟地斗,甚至跟天斗。

至少,猫腻在这部《将夜》之中,浓墨重彩地赋予那个叫宁缺的少年的,就是这样一种活下来的野心。

赌命,赌人生,赌天下——只用一个字形容就可以:赢!

我一定要赢!

所谓赢取天下,也不过是直指一个目标:活下来!

第五节 旁观者说：
从"你就不是个男人啊"到"你就不是一个自带光环的主角啊"

千呼万唤始出来，犹抱琵琶半遮面。

主角宁缺的确出场了，但——似乎并没有自带主角光环。

甚至，从婢女（公主）的视角看去，怎么看，这都不是一个好人：不是一个好士兵；不是一个好少年；甚至，不是一个好男儿……

因为，好男儿不会奴役自家的侍女。

于是，女主桑桑也出场了。

她的出场，给婢女（公主）的"旁观看人法"提供了一个参照物和例证。就像那句社交俗语所说：你要想知道对方是什么样的人，就要看他与什么人交往，对别人是什么态度。

宁缺对桑桑的态度，成为婢女（公主）推断宁缺是什么人的重要依据。

这是猫腻又挖的一个坑——没错，坑的就是你。

庖丁解牛猫腻的《将夜》，所谓的逆转，都是在"事后诸葛亮"的解读、诠释和建构中，才能体会到的那种思路、逻辑和结构。

如果按照正常的阅读顺序、节奏和脉动，我们只会猜测和预测——

假设宁缺就是主角，那么主角就应该自带光环；

那么，从马士襄和兵卒口口相传的"那个人"，到婢女（公主）眼中的"少年"，千呼万唤始出来，主角一出场，就应该自带光环：霸气侧漏，小弟纳头便拜；婢女（公主）立刻四十五度角仰望，无限倾慕……

于是，按照这种"主角出场链"的合理逻辑来说，婢女（公主）这一个"第三只眼看宁缺"和"旁观者说主角"的关键环节，就是必不可少的。它造成了

第七章 主角活法：
从"奴役侍女"到"虐侍渣男"？

"欲扬先抑"的阅读预期被打破和逆转的效果。

比如，婢女这"第三只眼"对宁缺越鄙视，公主的"旁观者说"就越应该对主角青睐——当落难王子（灰小伙）遇上帝国公主（逃离白富美），会不会上演一场"罗马假日（末日危机）邂逅记"？……

但是，猫腻偏偏不让剧情这么演！

在火堆旁与公主并肩而坐一夜，这种画面无论是放在长安还是草原上都显得那样的梦幻。那种画面才是真正的童话，并不真实。

一个小小的边城军卒，机缘巧合救了位贵人，事后拿到相应的封赏，然后从此天上人间老死不相往来——这才是真实世界里面的故事。

这个世界有英雄史诗，但同样没有什么童话。如果罗密欧不是贵族的儿子而是个掏粪工，想必朱丽叶为他去死的时候心理挣扎会激烈很多。

宁缺对这种事情的认识一向自认为非常清醒。他知道火堆旁少女的侧脸只是一种虚妄的影像。最关键的是，他未曾真的动心，只是有些欣赏那样一个女子也有那样一个时刻，所以心中并没有什么怅然感慨。

——猫腻《将夜》：第一卷 清晨的帝国 第十九章 雪山里什么都没有

就像一场"王子与公主相依而偎"的篝火晚会之后，帝国的铁骑于清晨打碎了短暂的美梦；宁缺"千呼万唤始出来"的出场，竟然并没有自带光环！

修行废柴就是废柴！

没有出现让修行导师（如吕清臣）虎躯一震的"惊艳资质"，也没有出现令公主殿下（李渔）爱慕的"特殊条件"……宁缺就是一只蝼蚁而已。

就算他是令马贼闻风丧胆的梳碧湖砍柴人，也不过是稍微强壮一点的蚂蚁而已——再彪悍的蚂蚁，也不过是不能修行的废柴！

从彪悍的蚂蚁到修行的废柴，从"你就不是个男人啊"到"你就不是一个自带光环的主角啊"，从"非典型的唐人"到"大唐全境守护使"……

主角所有的目标和使命，就是这一件最基本的事情：活着，就要好好地活下去，且活得更美好。

第六节　故事信息经济学：
从"奴役小侍女"到"超级女英雄"？

但比主角宁缺的出场更引人注意的，是女主角桑桑的出场方式——正是因为她的出场方式，才让婢女（公主）的冷眼旁观如此呈现：这就是一个渣男啊！

"那里有一个十一二岁的女童正在搬动水桶，身材矮小瘦削，肤色黝黑，眉眼寻常。她身上那件不知她主人从哪儿偷来的侍女服明显过于宽松，下摆在地上不停拖动。她搬着可能比自己还要重的水桶，明显非常吃力。"

这是一个十一二岁的小女童。她正在搬水桶，而且是一个比自己还重的水桶。这个不起眼的细节，其实透露着很重要的信息。

如果按照正常的思维逻辑来看，这就是在描写一个女童，看不出有什么不同。如果你用心揣摩，就会发现猫腻又用了"对比"的手法：

其他人特别是他家的少爷正在玩乐（玩猜拳的游戏），她却在干活；

她矮小瘦弱，却搬着比自己还重的水桶；

从"游戏结果需要求证于她"这件常事，反推这是她经常干的活——习惯性的动作，最能体现一个人的身份和角色。或许她家的少爷经常奴役甚至虐待她这个侍女，至少在婢女（公主）看来是这样的。

身材矮小瘦削，衣服却宽大不合身；皮肤黝黑，眉眼寻常……这是一个很正常的人物，猫腻描写得也很正常；主角宁缺就像是寻常的人物，而不是非常的主角。

但是"寻常"这两个字，让我们似乎嗅到了不寻常的味道。

比如，寻常的干着重活的小侍女，却成了不寻常的"裁判"：她来裁判兵卒的输赢——"那名叫桑桑的小侍女放下水桶转过身来。军卒们紧张地看着她，就像是赌场上的豪客们等待着庄家开出最后的大小，而且很明显这种场景已经不是第一次出现了。"

在所有兵卒的眼里，这个不起眼的寻常侍女，似乎成了"终极裁判"——猫腻通过对第三方的神情和反应的描写（如"紧张"），开始不动声色地描绘这个"眉目寻常"的小侍女"不寻常"的本领，以及她在众人心目中隐然可见却又非必然可证的地位。

这是一种反差：像奴仆一样干活的小侍女，哪里来的在众人心中不同寻常的地位？

难道，就因为她不同寻常的默记和计算的本领？

"第二十三回合，你出的剪，他出的拳，但你说的是他……所以那时候你就已经输了。"

这是心算、人算还是天算？不管如何说，这都是一种非同寻常的"算"能力。从桑桑最终的人物设定来说，她的确当得上"算力无双"——人算不如天算。

猫腻的系列作品，越到后面，就越侧重于凸显主角甚至群像人设的"算"能力：《将夜》还好，算是小荷才露尖尖角；但是，从《择天记》中的陈长生"算"人生，再到《大道朝天》中的井九和阴三谋"算"天下……猫腻笔下的人物越来越"算力无双"。

但在这里，只是一个小小的钩子，扯出一个线头而已——我们还看不到金毛线球，更看不到金毛线球通往的大阴谋/大圈套论、大迷局/大格局论，更看不到这多重阴谋、多重圈套、多重迷局和多重格局嵌套编织成网的故事迷宫。

就像桑桑在此时的算力惊人，也就是惊人而已，还不能让人"惊为天人"——从人算走向天算，那才算是真正地走向了我们解读、诠释和建构的"身份（自我）的悬念"。①

在这个还不能算是"冰山浮出一角"的开局小细节里，所谓不同寻常的"小算力"，不过是桑桑"身份（自我）的悬念"的开胃菜而已；就像她每天必须费力地用劲搬着比自己还重的水桶，不过是某种大阴谋/大圈套论、大迷局/大格局

---

① 参阅庄庸、杨丽君等主编：《爽点宇宙：中国网络文学阅读潮流研究（第2季）》，华语网络文学智库丛书，中国青年出版社，2020年版。该书在第七章中专章解读、诠释和建构了网络文学造词、理论与方法论原型（模型）：身份（自我）的悬念、大复仇情结、阴谋/圈套论（大迷局OR大格局）。

论的小线头而已。

只不过，我们现在处于不对称、不完美、不充足的信息之中，会做出"失之毫厘、谬以千里"的阅读预期和故事猜测；就像婢女（公主）"即见即得"，只能根据自己的旁观者视角所捕获的不完整信息，做出自以为是、理直气壮的推断和判断：这个叫宁缺的少年，正在奴役甚至虐待他那个叫桑桑的小侍女。

这就是我们所说的：信息经济学在网络文学创作和阅读之中，同样是一种很重要的原理和机制。

猫腻或无意、或刻意，在利用"不对称的信息"，制造所谓的"故事信息经济学"：用最少的笔墨，制造最大的误区，让我们在藤枝缠绕中看不清故事的脉络；甚至营造迷林迷雾，让我们深陷故事的迷宫。

它在传递信息的同时，又在遮蔽信息——掩盖所谓的事实、真相和秘密，让我们被包裹在故事的现象、潮流和趋势之中。

就像此处，猫腻笔尖顺势一划，从寻常的小侍女干粗活的正常细节，滑向桑桑算力无双的不寻常之处，是想做什么呢？

让我们注意到这个不起眼的小侍女的"令人惊艳"之处？然后突然来一个"人品大爆发"——小侍女从"丑小鸭"逆袭成"白天鹅"，拯救了这一帮濒临崩溃的大老爷们儿？

甚至，天外陨石突袭，小侍女挺身而出，犹如超级女英雄凤凰女，单身托石，只手擎天，像女娲娘娘一样把它送回天外天，从而拯救了这个像小赌馆一样的兵营，拯救了整个地球和人类？

好吧，虽然从整个故事布局来看，小侍女桑桑的确有着从"丑小鸭"到"白天鹅"的变化轨迹——但那是一个很长很长、长达数百万字的故事，而不是这几百字就能展现的逆转。

第七节 故事弹簧法：
从"黑白桑桑双人设"到"大复仇终极之战"

但，IP 影视改编剧《将夜》的确很想把这种漫长的变化轨迹，浓缩于一种"人设"极简法的塑造之中——

原著中，从此刻、此地、此事一出场就定位为"瘦、小、黑"的小侍女桑桑，到夫子登天、举世伐唐、昊天降临人间时"大放光明、雪白丰腴"的神国桑桑，是一种历时性的变化。

IP 影视改编剧把这种历时性变化的轨迹，改编成一种人间桑桑和天女桑桑共时性存在的状态。

这从理念精髓和内在逻辑上来说，没有错；错在"两个桑桑皆白衣"的人设造型，而且是换成了不同的演员来演。

事实上，形象是通往理念的时空隧道——"黑桑桑"（黑衣小侍女）和"白桑桑"（白衣胜雪昊天神国之天女）的共存状态，或许更符合两个桑桑"白即是黑、黑即是白、知黑守白"的一体两面甚至与昊天神国三位一体的状态。

这不仅仅是一种从历时性到共时性的蝶变，亦是从阴到阳、阴阳相生、太极归一的变·化，更是一种同生共融的态势——所谓白衣和黑夜，不过是"衣架子"的时装秀而已。

庞大而抽象的理念，形象和具象为人，其实需要的不过就是一把恰到好处的"剪刀"而已：信息为布，剪裁为裳，就像"天上的阿芙洛狄忒"和"地上的阿芙洛狄忒"都被讲故事写爽文的那一把无比厉害的大剪刀，咔嚓一声，剪进了"维纳斯的小黑裙"里！[①]

[①] 参阅庄庸、杨丽君等主编：《爽感爆款系统：中国网络文学阅读潮流研究（第 3 季）》，华语网络文学智库丛书，中国青年出版社，2020 年版。

猫腻使用金笔或键盘智造的网文之剪娴熟无比。同样是咔嚓一声，剪掉了那有可能在整个故事布局之中恣意蔓延的彩虹布匹，让从小干粗活的寻常小侍女"黑桑桑"在不由自主地滑向拯救世界和人类的超级女英雄（非人类神明）"白桑桑"时，突然紧急刹车——前方高能！

故事的悬崖峭壁突兀出现。再不刹车，我们就会滑向那无底的深渊，粉身碎骨都是轻的了！

当然，猫腻的手法（写法）没有这么激烈，反而是温和且不动声色的。这不是硬着陆，而是软着陆——因为他采用了一种积力、蓄势、储能和发电的故事创作手法。

故事就是一匹烈马，而且是被针刺、喂药、打了鸡血的脱缰之千里马。如果没有笼头的牵绊，当它用尽全力地奔向陡然出现的悬崖峭壁时，它如何能够止步？从而不会把我们拽入深谷，永堕万劫不复之地？

这会是一个很糟糕的阅读体验：我以为我是在向上飞，结果我是在往下坠。尤其是，我们以为我们是在"爽文故事的爽草原"上纵马狂奔，奔向那金光大道和旭日东升的亢奋未来，却没有想到，突然天崩地裂，悬崖峭壁陡然而起，将我们导向"毁灭之地"和"末日图景"！

这是作者在讲故事写爽文时玩的把戏！犹如我们在解读、诠释和建构"爽文故事大草原"时所指出的那样，网络文学固然会构建这样一种策马奔腾、一跃千里的爽感体验；但"文似看山不喜平"，在任你纵马驰骋之际，爽文作者也会构建"阅读的阻碍"——欲阻还迎，因阻有助。因为有了"阻碍"和"阻力"，反而会造成特别的"助力"和"爽感"。①

因为，在"爽文故事大草原"之中，作者往往会建构"登山梯"（登山看风景，拾级而上）和"深渊大峡谷"的阅读阻碍（故事助力）模型，从而让读者在犹如大草原一样的爽文故事之中纵马奔腾时，突然刷地图、升级、打怪、看风景。或千里草原突飞登，或万马奔腾忽堕谷，是常见的两种极端"强化阻碍与借

---

① 参阅庄庸、杨丽君等主编：《爽感爆款系统：中国网络文学阅读潮流研究（第3季）》，华语网络文学智库丛书，中国青年出版社，2020年版。该书在导论中对"从阻力到助力，创造爽点、智造爽感"的网文机制，进行了解读、诠释和建构。

力物、激活阻力与助力、智造落差与爽感"的方式；但事实上，大多数讲故事写爽文的人，都不会这么极端，而是在这两种极端模式所勾勒的宽广抛物线谱系中，寻找适合自己行文讲故事的小切入点。只有极少数人才会构建"登山梯"和"深渊大峡谷"的复合螺旋故事模式：我们既是在向上攀升，又是在向下钻探。①

猫腻采用了不同的手法（写法）：当烈马无缰，读者策马奔腾，从大草原带奔往"悬崖即陡山"，突然一脚踩空时，不是在往下掉，亦非在往上飞，而是在继续往前冲——笔直地往前冲，似乎那条金光大道仍然笔直往前；然后，顺势向上一"撩"，构成一个盘旋向上的通道，在螺旋上升的过程之中逐渐钻探下降；最后，既盘旋于原来千里奔腾的爽文故事大草原之水准线，又嵌入金光大道凹凸线下的价值洼地，平安软着陆——整个过程就像是一个弹簧，因为不停地积力、蓄势、储能和发电，于是愈发具有弹性、强力和爆发性。

这就像猫腻在《择天记》中浓墨重彩地描绘陈长生在大朝试与霍光的"榜首争霸战"时，化拳为剑，向上一"撩"，从而将勇往直前的拳头化为盘绕回旋的剑意，击中了位于拳头和蔚蓝天空之中的霍光——三点成一线，却又盘旋往复，活生生地就像是突然爆发之后又进入新一轮积力、蓄势、储能和发电的"弹簧"。

所以，我们把这种写法解读、诠释和建构成一个网络文学造词、理论与方法论原型（模型）：故事弹簧法。

陈长生的速度确实很快，拳头确实很直。

按道理来说，他的拳头肯定会落空，无法击中以曼妙纵云身法飘起的霍光。

他的拳头确实也落空了，落在了空中，发出一声嗡鸣，仿佛一座古钟被敲响。

毫不承力的空气，似乎都被这一拳击破。

然而他的拳没有就此停下，而是继续前行。

被击破的空气里，仿佛出现了一条通道。那条通道无法用肉眼看见，给人的

---

① 参阅庄庸、杨丽君等主编：《爽文时代：中国网络文学阅读潮流研究（第1季）》，华语网络文学智库丛书，中国青年出版社，2021年版。该书在庖丁解牛知白《大逆之门》时，对"爽文故事大草原""登山梯OR深渊大峡谷""复合螺旋攀升（钻探）"模型，进行了解读、诠释和建构。

感觉却是真实存在的。

昭文殿里的大人物们，看着光镜上的画面，也感觉到了那条通道的存在。

那条通道是陈长生用拳头击穿的，却不是直的，而是一条弧线，前端微微上翘。

这根无形的线，很平滑，很好看，有一种自然天成之美。

笔直的拳头，如何能够在空中击出一条弯曲的通道？

只能有一种解释，那就是他的拳意，在最后散发的那一刻，改变了方向。

世间有哪种拳法可以做到这一点？

霍光向天空飘掠。

陈长生的拳头沿着那根无形的曲线，向着天空而去。

"燎天一剑！"

昭文殿里响起薛醒川的惊呼声。

确实没有拳法可以做到在最后时刻改变拳意的走向。

昭文殿里的大人物们都是见多识广之辈，非常肯定绝对没有。

但有剑法可以做到，在剑招的最后改变剑意的走向。

先前昭文殿里的大人物们在心中默默数过，世间大概只有三种法门可以做到这一点，其中便有这种剑法。

离山剑法里的燎天剑！

昭文殿里接连响起座椅与地面的摩擦声。

大人物们震惊起身，看着光镜上那个正在握拳轰天的少年，惊骇莫名。

国教学院的学生，怎么可能学会离山剑诀里的不传秘剑？

传闻里，离山剑法里的燎天剑，是那位传奇的离山小师叔自创的秘剑，从不示人。直到数百年前，他云游四海回到离山，才在当代掌门的苦苦请求下，把这记剑招记录进了离山剑法总诀里。

这记剑招很出名，却极少有人学习。因为这剑招学起来太难，对神识的凝练程度要求太高。

这一代的离山剑宗弟子,据说只有秋山君和苟寒食学会了这一招。

现在,这一记剑招出现在陈长生的手中。

他没有用剑,用的是拳头。

燎天的一剑,自然变成了轰天的一拳。

在他的拳头与碧蓝的天空之间的,是霍光。

于是他的拳头在轰破碧蓝天空之前,首先要落在霍光的身上。

轰的一声闷响。

那是拳头与身体接触发出的声音。

陈长生的拳头,轰在了霍光的胸腹之间。

简洁,准确,有力。

轰的第二声闷响。

那是身体与空气撞击发出的声音。

霍光的身体,骤然间离地而起,向着天空飞去,片刻后,就变成了一个小小的黑影。

——猫腻《择天记》:第一卷 恰同学少年 第一百五十一章 天空

以小见大——猫腻在许多具体的场景之中,都会有这种张力突然外放的爆发点,如《择天记》中陈长生与苟寒食的"终极榜首之战"和《将夜》中宁缺与夏侯大将军的"终极大复仇之战"。但在"草蛇灰线、伏脉千里"的故事布局之中,猫腻却极常用"弹簧法",进行积力、蓄势、储能和发电。

这两者猫腻都很擅长,只是一个取舍问题。猫腻的选择,是经常悬崖勒马,笔锋内敛却又盘旋一撩,让人在止步于极端的飞升感或悬坠感时,平安软着陆,像弹簧一样积力、蓄势、储能和发电,等待着真正的"大情节引爆点"。

猫腻所有的"爆发场景",都是长期的积力、蓄势、储能滴水成海、水到渠成然后"突然发电,大放光明"的结果。就像宁缺与夏侯大将军的"终极大复仇之战",是他十六年积力、蓄势、储能和发电复仇记的结果:不但前面有一场又一场对相关部将复仇的"小爆发点"推波助澜、后浪推前浪、小波推高潮,甚至就在"终极大复仇之战"之际,仍然不忘积力、蓄势、储能和发电——如为了保持实力极其不对称的宁缺和夏侯大将军的"公平之战",书院大先生陪知守观天下行走叶苏聊天,二师兄一人立于帝国军方之前,三师姐余帘(此时身份尚未揭晓,以魔宗二十三年蝉的身份现身)阻击悬空寺天下行走七念……这些修行强者或者势力集团,因为各种原因想要阻碍宁缺的复仇。

这犹如烈火烹油、添薪加柴、积蓄火药,一步步地推动"爆发的临界点"的到来,最终让那一场"大复仇之战"爆发得远超预期——宁缺漫长的十六年复仇计划,我们原来预测它只会是火星引爆的大火药桶;但由于这种种积力、蓄势、储能和发电,它最后引爆的,却是一场千年未遇的火山大爆发。

这不是量变,而真的是质变。

猫腻惯用"弹簧法"积力、蓄势、储能和发电,就是为了引爆从量变到质变的故事高峰体验和阅读浪潮。

第八章

故事信息经济学：从『多重弹簧法』到『多维能量宇宙』

猫腻在宁缺和桑桑出场时，没有任由我们的猜测和想象，滑向可以预见的爽文运动方向，而是往回一收、一撩，盘旋成了弹簧状。

这亦是因为爆发的能量还不够，需要一轮又一轮的积力、蓄势、储能和发电。

就像弹簧要一遍又一遍地施压，压得越紧，空间就越密，缝隙就越逼仄，就越具有爆发的能量和反弹的力量。

不是不爆发，而是爆发的能量不够。这个点还不是引爆点，所以需要往回收、向下压、向内紧缩。回旋，是为了积蓄更多的力量和能量，朝外开拓、扩张和爆发。

于是，从黑桑桑到白桑桑的"变化轨迹"和"引爆点"，就需要像弹簧一样长期、持续的积力、蓄势、储能和发电。因为，黑桑桑的"非常算力"，不过是"白桑桑"天算高于一切人算的弹簧压紧点之一；在这两者之间，还有一个长长的从人算到天算"算力无双"的算法抛物线，需要一点一滴的积力、蓄势、储能和发电。

更为重要的是，从小侍女黑桑桑到少爷宁缺，同样需要这样一个积力、蓄势、储能和发电的弹簧法过程。而婢女（公主）这第三只眼和旁观者视角，显而易见就是这样一个在弹簧上层层加码的关键环节——当然，是在一个相对独立和具体、切割和圈定的小情节、小事件和小高潮点之中，层层加码，给弹簧施压。

猫腻将"搬水桶时还能算得精准无误"这个细节层层递进，凸显这个黑桑桑的不寻常之处——要知道，正常人在做一件超出自己能力的事情时，基本上都是身心集中，无暇顾及别的事情。但这个黑桑桑，一边做着超出自己能力的事情，一边却又能准确地获悉和掌握身边正在发生的事情。这不是一般人能做到的，更何况只是一个看似木讷、呆板、蠢笨的小侍女。

猫腻为什么要在这个"小赌怡情（搏命）"的非游戏场景之中，凸显寻常小侍女黑桑桑的非常之处？为何没有滑向"女超英（女超级英雄）拯救世界"或"婢女（公主）一怒出手拯救和解放农奴侍女"的套路？而是笔锋往回一收、笔尖往上一撩，又回到了宁缺所谓的"赢取天下"不过是"游戏无赖"的活着人生？……

无他，给自带光环的主角"压弹簧"而已。

越是强调寻常小侍女不同寻常的算力，就越会加重婢女（公主）的怒火，就越会让她觉得"宁缺真不是个东西"：从不是个好主人，到不是个好男儿……你，就不是个好东西！

一旦形成这种阅读预期，并不停地积力、蓄势、储能和发电，就会形成像大火药桶一样的能量。连正向引爆都有可能引爆强劲的阅读潮流，更何况结果是巨大的逆转……

第一节 角色互动：
从"主配角的对比"到"路人间的暗战"

猫腻写作的手法真的值得挖掘。

似乎每个字都有它存在的意义，都值得你去推敲。但关键是，如果你真的去推敲，整个思维就有可能被他裹挟。

但如果你一目十行，估计又很难看懂他在说什么、他想表达的是什么；如果你十目一行，却又有可能陷入他挖的坑，难以自拔。

这就是一个悖论。

作为作者，猫腻真的在把自己的观点和故事，凌驾于读者的目光和思考之上，就像是要驱使他们插上想象力之翅。

这是怎么做到的呢？

从婢女（公主）的视角看宁缺和桑桑的出场，猫腻就在某种强烈的对比之中，试图主宰我们阅读的预期和走向。

婢女的脸色很难看，于是一直站在旁边偷偷观察她脸色的校尉脸色也难看起来。他用手攥住门帘，深深吸了口气，正准备咳嗽两声，却被婢女瞪过来的两道严厉目光阻止。

阻止校尉惊动对方，婢女远远跟着那名少年和侍女离开了营房，一路沉默观察打量。校尉不知道她想做些什么，只好归为贵人亲近人物时惯有的谨慎怪异习性。

一路上那名叫宁缺的少年没有显示出任何特殊的地方，买了些吃食，和街畔酒馆里的胖大婶打了声招呼，显得特别悠闲。唯一让婢女觉得怪异、让她脸色越来越难看的是：那位瘦小的侍女在他身后吃力地拖着水桶，少年却没有丝毫帮手的意思。

帝国是个阶层森严的国度,但民风朴实。就算是在都城长安那种浮华阴暗地,哪怕是最冷漠的贵人,想来也无法看着一个十一二岁的瘦弱女童如此吃力而毫不动容。

"军中允许士卒养婢?"清秀婢女强行压抑心头的怒意,对身旁的校尉发问。

校尉挠了挠头,回答道:"前些年河北道大旱,无数流民涌向南方和边郡。路旁到处都是死人。听说桑桑就是宁缺那时候从死尸堆里抱出来的。宁缺也是孤儿,从那之后两个人一直相依为命。"

"后来他报名从军,唯一的条件就是要把这个小丫头带进渭城。"他看了婢女一眼,小心翼翼地解释道,"都知道军中不允许这种事情发生,但他们的情况有些特殊,总没办法把一个小丫头逼进绝路,所以大家都当……没看见。"

听到这番解释,婢女的脸色稍微好看了些。然而当她看到宁缺提着半只烧鸡晃荡的模样,再看到他身后数米外的小侍女因吃力地拖动水桶而憋红的黑瘦脸颊,心情又变得糟糕起来,冷声道:"这哪里是相依为命?他分明是想要那个丫头的命。"

——猫腻《将夜》:第一卷 清晨的帝国 第一章 渭城有雨,少年有侍

从婢女(公主)旁观者的视角之中,我们又看到了一重强烈的对比:

主角行令时的"认真无比"和现在逛马路的悠闲之间的对比;

无比轻松悠闲的少年宁缺和吃力拖水桶的小侍女桑桑之间的对比。

猫腻貌似想通过细节,使用隐藏的对比手法,把主角宁缺隐藏在暗处的性格凸显出来——这的确是一个很巧妙的写作手法:暗和明相互映衬。笔墨越隐蔽,人物形象和特质就越鲜明。

这种写作手法有一个很大的好处,就是避免了读者在阅读上产生的乏味。要知道,直观地描述人物的性格,哪怕你的文笔再好,都会让读者产生一种疲惫感。因为太老套了,没有新鲜感。

猫腻使用一次次的情景化,抓住细节来映衬和影射人物的性格。这让读者的思维始终处在一个活跃和探索的层面,势必能让其沉浸其中,阅读体验鲜活

灵动。

每个人都是侦探，都有窥探欲和求知欲，试图在字里行间挖掘出事实、真相和秘密。比如，顺着笔锋挖出宁缺隐藏着的另一面——懒惰又冷血?!

就像那个婢女（公主）感到的一样——但关键也在这里：眼见未必为实，耳听未必为虚。

所有的人物形象、特质、关系以及关系的亲疏远近，都是第三只眼看到或者旁观者说出来的——但婢女（公主）这第三只眼看到的现象和事实，和带路校尉这旁观者说出来的关系和真相，本身是有矛盾和冲突的。

婢女（公主）这第三只眼看到的是少年军士"蓄奴养婢有罪"，且少年宁缺游手好闲而小侍女桑桑负重前行，于是可推断少年宁缺刻薄寡恩，且少爷和侍女之间一定是"奴役和被奴役"的残酷关系。

但是，带路校尉"旁观者说"出来的却是两个人是"从死人堆里爬出来"的关系，生死相依：一方若死，则另一方也不能独活。因此，宁缺将带上桑桑作为从军的唯一条件——法大情理更大，法甚严但严不过生死。

这就解开了婢女（公主）对"蓄奴养婢有罪"的定论和问责连扣环，同时也极具技巧性地消解了婢女（公主）对"奴役关系"的可能性推定和道德谴责——即便是主人和奴仆，宁缺对桑桑也不是通常意义上的剥削、掠夺、奴役甚至虐待。

这世界上还有哪一种所谓的亲密关系，比得过生死相依？

因此，从婢女（公主）这第三只眼到带路校尉的旁观者说，猫腻通过"现在进行时"的言语，来交代"过去完成式"事件的来龙去脉，同时又透露出这个故事发生的现状和原因——知其然，更知其所以然。

这是最简单也最直接的方式，一箭双雕，让读者可以获取两个关键信息。

第一，宁缺带婢从军的来龙去脉，消解了婢女（公主）的有罪推定和问责机制。

第二，宁缺和桑桑之间"从死人堆里爬出来"的亲密关系，瓦解了婢女（公主）的道德审判和谴责机制。

这是"剧中人"亦即婢女（公主）和带路校尉的互动对话——高手过招，不拘身份；高手在民间，小人物也有头脑；就像马士襄具有边城带头大哥（土鳖将军）的政治智慧一样，带路校尉亦有自己底层小人物的狡黠：在不得罪"贵人身边的人"的大前提下，兵来将挡、水来土掩，见招拆招，一手太极推拿，轻轻松松就把问罪的皮球推到一边去了。

你以为婢女（公主）对"军中养婢"的有罪问责，仅仅限于宁缺一人？若是坐实了，连累的可是上上下下的经手之人、袍泽兄弟，甚至连"渭城最高军事长官"马士襄也难辞其咎。

但任您抡起"军法的大棒"，我自有"情理的胡萝卜"来应对——把一个小丫头"逼进绝路"，岂是贵人所为？换一句话说：连边军上上下下都能当"睁眼瞎"，你这个贵人身边的人还要当针眼，丢不丢人，跌不跌份！

这就是将——军了！

第二节　不对称的信息：

从带路人"信息的披露"到第三方"信息的噪音"

一言可活人，一语可立人。

路人甲亦可以"温酒亦风流"，跑龙套的亦可以跑出"代主角光环"。

这个带路校尉，说到底就是一个"带路人"——带了一堆"断头路"，过了本章，就要"领盒饭"了。

但是，猫腻寥寥几笔，把一个看似在贵人面前谨小慎微、如履薄冰，实则已经在底层摸爬滚打了很多年，察言观色、拿捏分寸的本事已经炉火纯青的老油条，雕成了"立体人"。

跟这样的老油条过招，看似聪慧无比实则只有小聪明且是"精致利己主义者"的大唐帝国公主殿下李渔，还嫩得很、生涩得很！

何况，这个带路校尉，并不仅仅是客串跑龙套的带路人，还兼任了"第三方专业（专职）评论员"的角色、职责和使命——亦即在文中肩负着解读、诠释和建构作者意图、主角动机和故事剧情线的功能。

这是网络文学在讲故事写爽文时用得比较多的功能性角色：他或为作者代言，解读笔尖之下隐藏的信息和意图；或是替观众（读者）掌眼，诠释正在倾情演出的关键角色那一举一动所代表的意义与价值、动机与走向；或者揭秘隐藏的信息，又遮蔽某些事实和真相，驱动着故事剧情线的一波三折、跌宕起伏……"第三方专业（专职）评论员"角色甚至已经成为一种重要的社会现实、心理需求和文化机制体制。①

---

① 参阅庄庸、杨丽君等主编：《爽点宇宙：中国网络文学阅读潮流研究（第2季）》，华语网络文学智库丛书，中国青年出版社，2020年版。该书在庖丁解牛无罪《剑王朝》时，对"第三方专业（专职）评论员"的原型（模型），进行了相关解读、诠释和建构。

这就像你看大赛，有时候知其然但不知其所以然，或是一时半会没看明白，但"第三方专业（专职）评论员"一说你就恍然大悟，原来是这样啊！或者你进场晚了，听一听"吃瓜群众"的议论，迅速地捋清楚剧情线——原来"瓜"是这样的啊！

就像带路校尉在这一个故事场景中的角色，他不仅仅是和婢女（公主）看似大拙其实大巧的互动对话的推手，还负责揭晓主角宁缺和桑桑"生死相依"的信息、事实和秘密——让我们产生"原来如此"的恍然大悟之感；但最重要的是，他还承载着传递作者猫腻的意图和信息的重要功能！

猫腻既在传递信息，又在遮蔽信息。他控制着信息的透露，从而掌控故事的节奏。

就像吃瓜群众的"议论纷纷"，在传递信息的同时，也在制造噪音；第三方专业（专职）评论员在揭露现象、潮流和趋势之时，同时又因为自身的利益诉求要扭曲所谓的事实、真相和秘密……他们都在影响我们对事件、事情和事物本身的解读、诠释和建构。[①]

作者更是在传递信息时有动机和意图地制造噪音，误导我们走入阅读的误区，刻意造成阅读预期的逆转。

换句话说，作者在有意识地制造不对称、不完美、不充足的信息，从而将我们导向不同的阅读方向、轨道和节奏。

猫腻惯用此道：通过讲故事写网文，解构、重构和建构"不对称的故事信息经济学"，一层一层地给"故事的弹簧"加码，积力、蓄势、储能和发电，等待着濒临极限的"情绪潮流（阅读高峰体验）大爆发"。

此处、此事、此景之下，带路校尉其实就履行着这样的功能。他在揭晓"宁缺带婢从军"和"宁缺和桑桑生死相依"的事实、真相和秘密之时，同时又制造出了另外一重"信息的噪音"：游手好闲的少爷宁缺和负重而行的小侍女黑桑桑，已是渭城街头一景；带路校尉甚至渭城所有的吃瓜群众，都已经见怪不

[①] 参阅庄庸、杨丽君等主编：《文运迷楼说：中国网络文学阅读潮流研究（第4季）》，华语网络文学智库丛书，中国青年出版社，2020年版。该书在庖丁解牛烽火戏诸侯《剑来》时，对主角和配角客串"第三方专业（专职）评论员"的原型（模型），也进行了相关解读、诠释和建构。

怪了！

何以如此?!

不是生死相依吗?

不应该相濡以沫、相互扶持吗?

怎么会是这样的奴役和虐待?

为什么渭城军民居然无一人阻止?

难道这是阳光底下的小罪恶之花，开久了，大家也就都习惯了它的臭味和原罪?……

充满疑问和质疑的我们这些剧外人观众，和婢女（公主）这剧中人、局外人看到的视角、视线和视野是一样的——我们被作者猫腻刻意放到和婢女（公主）等高的视角，看不到他们生死相依的亲密关系，只看到不平等、不自由的奴役和虐待关系。

于是，婢女（公主）和我们剧外人观众，就有了同一心声："这哪里是相依为命？他分明是想要那个丫头的命。"

真是掷地有声啊!

路见不平一声吼，该出手时就出手!

于是，公主救小婢的套路文就此诞生了……

但是，猫腻不动声色地又笔锋一回旋，把我们的视线绕成了一个弹簧。

我们没有看见公主救小婢的套路。

我们的情绪等待着被引爆成高潮体验，却戛然而止，没有可持续的后劲和动力。

我们悬在半空中，上又上不去，下又下不来。

我们确实很"尬"很"憋"屈……

不想像"哑巴吃黄连"一样憋成内伤，那就像婢女（公主）一样爆发?

只是，猫腻真会让婢女（公主）和我们如愿以偿、如期所获地引爆情绪和阅读体验吗?

他不停地延迟和滞后我们的情绪与体验引爆点，在故事的弹簧之上层层加码，加重那种紧张感、逼迫感和压抑感；同时，又不停地通过螺旋方向的调整，逆转我们预期、预料和预测的方向、道路和节奏……

而这一切,都是通过这两种手法来完成的:调控"不对称、不完美、不充足的故事信息",建构最经济的"故事弹簧法"!

第三节 人设、关系和情感的逆转：
从"不平等的假象"到"代入感的真相"

在这里，猫腻在传递部分信息时，又制造了信息的噪音，通过调控这种不对称、不完美、不充足的信息，将我们的阅读预期导向婢女（公主）这第三只眼的误读，让我们跟着她的目光，去"追随"宁缺的脚步：宁缺是一个什么样的人，就在他留在岁月长河的足印里。

但是，婢女（公主）这第三只眼，只能看到当下的脚步；带路校尉这旁观者，也只能看到过去的一隅；两者在揭露某些真相时，又遮蔽了某些事实——我们无法深入人物真正的内心和事件的现场，洞悉他到底是怎么想的以及到底发生了什么。

我们能借助婢女（公主）这第三只眼和带路校尉的旁观者说，看到某些现象甚至"假象"；在假象之中一步步沦陷，直到真相揭露——从现象到假象，就是"不对称的信息"制造的噪音；从假象到真相，就是"弹簧法"的积力、蓄势、储能和发电；从现象到真相的临界点和引爆点，就是人设、关系和情感的逆转。

渭城确实很小。没过多时，前后四人便到了南向某处屋外。屋外有一片小石坪；坪外围着一圈简陋的篱笆。婢女和校尉站在篱笆外向里望去。

小侍女把有她半个身子高的水桶艰难地挪到水缸旁，然后站上缸旁的板凳，拼尽全身气力异常艰难地将水倒入缸中。紧接着，她开始淘米洗菜。趁着蒸饭的空当，又拿了抹布开始擦拭桌椅门窗。不多时便有水雾升腾，将她瘦小的身子笼罩在其中。

虽说昨夜下了一场雨，但雨水不够大，门窗上积着的黄土没有被冲涮干净，反而变成了一道道难看的泥水痕迹。这些泥水痕迹在小侍女的抹布下迅速被清除，屋宅小院顿时变得干净明亮起来。

很明显这些家务活儿她天天都在做，显得非常熟练快速。还是孩童的小黑侍女像蚂蚁般辛勤忙碌，像仆妇般东奔西走，累得满头大汗、脸蛋通红，看上去有些滑稽，又有些令人心生同情⋯⋯

那个叫宁缺的家伙很明显缺乏这两种情绪。他安静或者可以说是安逸地躺在一张竹躺椅上，左手拿着卷有些旧的书不停翻看；右手拿着根硬树枝在湿泥地上不停划动。偶尔沉思入神时，他便随意将手中树枝一扔，掌心向上伸向空中，片刻后便有一壶温度将将好的热茶放到掌上。

渭城里的军卒早已习惯这间小院里的日常生活画面，所以并不觉得奇怪。站在篱笆外的贵人婢女目光则是逐渐冰冷。尤其是在看到那个小侍女忙着做饭打扫的过程中，还不敢忘了留意观察少年军卒的要求，随时准备沏茶倒水捶背捏腿时，她的脸上霜色愈发重了，仿佛要凝结了一般。

——猫腻《将夜》：第一卷 清晨的帝国 第一章 渭城有雨，少年有侍

两个不同身份的人，会通过不同的视角来看待问题（桑桑的伺候和宁缺的享受）。猫腻删繁就简、传递信息又制造噪音的笔墨，将我们的阅读目光指向两个不同角色的不同内心和本能想法，以及它们可以显化和显露在外的情绪。

但正是这种人心、人性、人的情绪，让我们的阅读走入了误区。

在带路校尉（全体军卒）的旁观者立场看来，这是再正常不过的事情；但在婢女（公主）这第三只眼看来，这貌似是最不正常的事情。在这两个剧中人、局外人的正常和不正常看法之间，猫腻无意或有意地制造出了一个不对称的信息杠杆，让我们从阅读的目光到脑海的思量，产生了从正常到不正常的"逆转"。

当我们怀着平等、自由、博爱等所谓的现代人观念，很自然地阅读这段文字时，第一反应就是遇到了障碍物、阻拦物或者眼里揉进了砂子——这不就是"童工"嘛！但第二反应是：这是一个"阶层森严"的世界观设定，所以"不平等"才是合理的。于是，我们才能强行把"拧巴的脖子"拧回来。这是第一重逆转。

当我们试着站在带路校尉的立场上看待这个问题时，就会轻微或下意识地逼迫自己接受这种"不平等"的现象和理念——在一个等级森严的社会和世界，低

等的人就应该伺候高等的人，小侍女就应该伺候恶少爷；每个人都喜欢被伺候；我的地位比你高，那你理所当然地就该伺候我……这是无可厚非的。

我们看多了穿越文，看惯了现代人穿越成为王侯将相、公主明珠后，尝试跟所谓的下人、奴仆、贱民讲"平等"的套路——甚至讲平等讲出了性命的问题，比如猫腻《庆余年》中的叶轻眉和《平凡的清穿日子》中被打杀的穿越者——现在反而觉得这种入乡随俗、到了哪个山头唱哪支歌的场景，更符合我们熟悉而陌生的异世大唐帝国和架空论语世界。

但问题在于，由于在上一个场景中，我们已经跟着婢女（公主）这第三只眼和带路校尉的旁观者说，发出了同情共理、不平共鸣和引爆情绪之问题，所以，如果现在仍然顺着同样的思路、逻辑和结构下来，则难以避免进一步的质疑和批判：这是相依为命，还是真的要她的命？

于是，所谓"不平等"的世界和"要命"的关系发生了直接的冲撞，在我们阅读的脑海里引发了震荡——还好，不是"脑震荡"——这就是第二重逆转。

但就算我们在理性上意识到了这种问题的逆转，在感性上我们仍然"合乎情理"地把婢女（公主）的情绪和反应，解读为：她把自己代入了进去，同病相怜！

在婢女（公主）的眼里，桑桑的行为让她联想到了自己；

她整个思维和情感，都被桑桑现在的境遇和宁缺的行为所引发的情绪流裹挟了；

等于桑桑和宁缺主仆二人这种现象，就是她和她的主人关系与际遇的影射……

于是，看到桑桑这样，她似乎看到了自己——

有缺点的人，在别人身上看到与自己相似的缺点，会更愤怒；

遭遇过苦难的人，看到别人对苦难的反应（比如逆来顺受、自怨自艾而不是反抗），会比看到"自己不反抗的作为"更为愤怒……

这就是所谓的同情、共理或移情？

第四节 阅读的错觉：
从"谬误带节奏"到"拐点爆情绪"

我们合乎情理地推断——在这里，婢女（公主）的愤怒是因为：

第一，桑桑揭开了她伪装起来的傲气。也就是说，不管她再怎么傲气、清高，桑桑却不断地在"告诉"她，她也是个侍女，只是个下人。婢女隐藏的自卑就这样被桑桑硬生生地挖出来了，直接暴露在了那个校尉面前，所以她愤怒。

第二，她对宁缺的愤怒实则也是对自己主人的愤怒。从宁缺的身上，她看到了主人的影子；宁缺激发了婢女内心对主人暗藏的不满、怨怼，甚至积蓄已久的"杀心"——我们或许会猜测"公主和婢女之间可能会有一些不得不说的虐剧故事"。

在这里，猫腻成功地让所有人都产生了一种"错觉"——因为直到现在为止：我们并不知道那个贵人是谁，更不知道这个婢女是谁。

我们并不知道那个贵人就是公主；我们以为婢女就是那个贵人或公主身边的贴心人或重要心腹——谁说贴心人和心腹就不会有怨怼与愤怒？最后捅主人致命一刀的，难道不都是所谓忠心耿耿的人？

我们迄今并不知道公主就是婢女、婢女就是公主。

从上文到现在，我们频繁地使用"婢女（公主）"指向这"婢女即公主"的同一身份，都是为下文庖丁解牛故事文本提供便利，但是按照正常的阅读节奏，我们上述"同病相怜"的推论是合乎情理和逻辑的……

当"婢女即公主"的身份揭晓后，才让这一切发生"出乎意料"的逆转！

"坐吧。"

宁缺转头看着火堆旁的婢女，看着她脸上被火光照耀得愈发清丽的容颜，在心里轻叹一声，极为恭敬地行了一礼，然后规规矩矩地坐到离她不远不近的地方。

虽然他坚持认为，和世人所传颂的不同，她就是个白痴。但就算是白痴，双方的身份地位之差就像是繁星与稻田里的泥鳅，所以他必须注意自己的礼仪，必须恭敬。

因为她不是婢女，她是大唐四公主李渔。

李渔静静地看着少年的侧脸。那张青稚面容看上去十分普通寻常，除了偶尔笑时绽开的小酒窝和那几点火光下并不难看的雀斑外，找不出来任何特殊的地方。

然而就是这样一名普通的少年军卒，在战斗中的表现，让她不止一次联想到草原上那头冷漠地跃过灌木的猛虎。不知为何，刚刚经历一场惊险的刺杀、余悸未消的她，只要看着离自己不远的宁缺，便觉得心情变得放松平静了很多。

或许是因为少年如猛虎般守在自己身旁。

可问题在于她并不喜欢这个少年。从渭城划拳驱侍再至一路所见，无论是伪装成婢女，还是现在恢复公主身份，她都极为不喜欢这个边城军卒的做派。

更令她感到不悦的是，她总觉得宁缺对自己的恭敬只是表面功夫，看不到任何诚意，甚至总觉得他应该会在某些阴暗角落里暗自嘲笑自己——不得不说，女人的直觉永远是很可怕的武器，无论是乡村里的农妇还是深宫里的怨妇。

——猫腻《将夜》：第一卷 清晨的帝国 第十六章 他从山中来，带着小姑娘

这一切，猫腻都是故意的。

他成功地让我们产生了第一重"错觉"，让我们觉得婢女（公主）所有针对宁缺的情绪和反应，都源自这种"同病相怜"的际遇与不平：这会是引爆情绪的共鸣点吗——不在沉默中爆发，就在沉默中灭亡？

直到后面，当婢女被揭露为"公主"，我们被推翻了第一个错觉，同时又制造出了第二重错觉：这会不会是一出公主拯救小婢的套路戏？

但凭什么呀？

不同阶层的人哪里来的同一话语体系、同一际遇、同一命运？所以，"公主"

对"侍女",哪里来的同情共理心?

对于侍女伺候少爷、少爷"奴役"侍女,又哪里来的闷气和侠气——路见不平一声吼,该出手时就出手?

这是在理性和逻辑上的有错求证;但是,在感性和情理上,我们确实被调动起了情绪:他就不是个好士兵;他就不是个好少年;他就不是个好男儿;他——就不是个好东西!

如此奴役从死人堆里爬(扒)出来的同伴;

如此虐待相依为命的小侍女……

宁缺算什么东西?

黑桑桑也是!可怜之人必有可恨之处——报恩也不是这样报的;任劳任怨也不一定就是美德;就算他把你从死人堆里扒了出来,你也不必用一辈子的奴役来偿还这样的债!

但是,当桑桑被揭示需要不停地劳动以保持全身温暖时,我们又被推翻了前面所有的错觉和谬论……这就是猫腻给我们挖的坑。

这种文字很巧妙:它在诠解,也在瓦解,同时又在建构。它在诠解故事文本和剧中人物的信息和意义,也在瓦解我们读者的阅读预期和接受理论,同时又在建构故事的迷宫和世界观。

比如,它似乎间接地回答了桑桑为何愿意这样为宁缺任劳任怨,瓦解掉了所有的误读与预期(比如所谓报恩的情感和奴役与虐待的关系),但又在建构男女主角"相依为命"所谓的时空、情感、命运共同体。

相依为命包含了太多的东西;它不只是一种情感的关系,更是一个命运的共同体。这就注定了他们要为同一个事情去战斗——在这个昊天主宰的世界里,为了"活下去"而战斗。这决定了桑桑和宁缺在整部《将夜》之中那种极其奇特的关系,以及角色和故事的逆转。

在这里,猫腻为我们演示了一种特别写法,就是如何把人带进坑里,让人产生错觉,下意识地进行了推论——在错误的信息中控制着故事的节奏和预期,等待那个逆转点的到来,引爆情绪的拐点反应和体验潮流。

只有在此时、此刻、此事上,才会知道"真相"是什么,才会回过头发现那种"假象"的错觉与误区。

但恰恰是把这种阅读的"错觉"和后来故事的"真相"一一对比,我们才能发现这样一种写法的奇妙之处:就是要让你产生误解,产生错觉……让你不停地像压弹簧一样,压紧、压抑、压缩;直到真相揭开时,你才会发现,猫腻给你挖了一个大坑,而你早就掉进了这个坑里而不自知。

只有当那个引爆点突然爆发时,你才会意识到自己踩到了一个积力、蓄势、储能和发电的故事弹簧之上;

但你已经来不及反应,就像坐直升火箭一样,噌的一声,被送到星辰大海的外太空去了!

如前所述,这种写作的手法(写法),被我们解读、诠释和建构成了"故事弹簧法"。

讲故事写网文,猫腻所采用的"故事弹簧法"的手段,遵循的就是"不对称的故事信息经济学"——他在传递信息的同时,亦在制造信息的噪音;

通过控制和制造不对称、不完美、不充足的信息,来掌控故事的预期、节奏和逆转,积力、蓄势、储能和发电,直至引爆情绪和体验潮流的变化轨迹、临界点和引爆点。

恰如我们的解读、诠释和建构,亦是一种信息披露和信息噪音制造的过程:既在揭晓谋篇布局的思路、逻辑和结构,又在遮蔽人物故事的事实、真相和秘密。

第五节 他者的目光：
从"折叠的纸片人设"到"多维的能量宇宙"

庖丁解牛《将夜》，让我们清晰地看到猫腻是如何通过"不对称的信息经济学"和"故事弹簧法"来描写人物、塑造人设的。

从人物的外貌特点描写入手，去刻画一个人的性格特质，是常规的路径；从外貌特点描写到性格刻画，往往是以一两个特殊细节来进行桥接的。因此，在小说里设置场景，用极具特征的细节抓住人物的外貌形象特点和性格特质，往往比直接用常规的言语去描述人物，更有说服力、更有视觉性、更具冲击力。

但是，仅就这种"外貌描写—细节特征—性格特质"的人物描写（塑造）方法而言，还是比较单向扁平的。只有把它们分别切割和圈定出来——如把小侍女黑桑桑和少爷宁缺单独切割与圈定出来，进行厘清与界定，我们才能比较"静态"地分析所谓的写法和方法。

但这样并不足以解读、诠释和建构猫腻的"人设法"——把人物形象设计当作创意去创作和创造。但如果我们并不局限于这种扁平的、线性的、单向度的描写法，而是陡地提升到"不对称的信息经济学"和"故事弹簧法"的格局，我们将会立刻看到，在这两者之间，猫腻创作和塑造《将夜》人设的方法和写法就像是"折叠的世界"活了过来，从纸面的二维空间"立"成了三维甚至多维宇宙。

起承转合之间有一条线，亦即从第三只眼到旁观者说，可以通过剧中人"他者的目光"来看主角的人设。比如，从渭城最高军事长官马士襄到带路校尉，再到婢女（公主）李渔，一步步地为主角宁缺的出场做铺垫。

而这种剧中人"他者的目光"，又始终被置于作者全能的上帝之眼和我们读者的剧外人阅读视角之中——这本身就造成了三重"他者的目光"的折叠：

从带路校尉的旁观者说到婢女（公主）这第三只眼，构成了第一重他者眼中的宁缺——宁缺本身的形象和性格其实都在这他者的目光之中被扭曲和剪裁了。带路校尉和婢女（公主）眼中的宁缺是有差异的。

他们自己知道这种差异的存在；我们看到了宁缺这两种形象的迥异之处；甚至，我们也看到了"宁缺本身的人设"相对于"宁缺在他者目光中的形象"极其微妙与关键的偏移。

因为，带路校尉和婢女（公主）"他者的目光"，始终都置于我们的阅读视角之下——我们看到了他们看到的宁缺；我们还看到了他们没有看到的宁缺；他们看到的宁缺和我们看到的宁缺，有一样的地方，但亦有不同之处。最重要的是，他们对宁缺的看法，裹挟了我们的观点，可能会造成我们轻微（无意识）的抵触——就像婢女（公主）"居高临下"地看宁缺，会造成我们自己都没有意识到的反感。

为什么？因为我们的目光，被置于作者全能的上帝之眼之下，又有可能超越作者上帝的全能视角，同时还有可能处于相互交织编绕、角力拉扯、纠结博弈的复杂局势之中——我们读者的"阅读之眼"和作者的"上帝之眼"其实都是全能的，但又是被遮蔽的：就像我们永远都不可能全部猜中作者全能之眼中的"主角形象与特质"，作者也永远都不可能知道读者全能之眼中所接受和建构的"他是什么样的主角"。

这是一种极其微妙又极其复杂、难以解释与分说的局势。猫腻营造出这种"折叠的人物"局势，以至于在作者和读者的第三重目光之下，他者目光中的宁缺必然会发生折叠和扭曲；这就使得宁缺本身的形象和特质，也必然会发生解构和重构。

这是一种极有趣的"人设众创塑造法"——人物角色是作者塑造出来的，但是人设却不一定是。至少在猫腻的作品之中，人设往往是作者之眼、阅读的视角和剧中人他者的目光共同塑造（众创）出来的：他在不停地变化、不断地逆转；逆转既在意料之外，又在情理之中，恰又合乎逻辑——人物的逆转在讲故事写爽文里，其实是一种爽点制造、爽感创建甚至引爆神爽高峰体验与阅读潮流的写法。

猫腻的"故事弹簧法"为什么能够积力、蓄势、储能和发电？

就是因为这种"人设众创塑造法"层层折叠，形成了一种降维打击的锤打，触到极点时，将折返转场和升维，引爆整个故事的能量——

它强行把高维度、多场景、多界域的"多元化"的人物角色，压扁、锤平、摊薄成一个二维平面上的"红片人"，而且是在剧中人他者目光中极薄、极透、极没有分量的"小纸人"，从而将我们的阅读预期导入一个极其浅薄、表面和肤浅的浅水滩——沉重的灵魂和思想之舟就此会搁浅。

但是，那些多维度、多位面和多重多元的故事能量并没有消失——它被紧致地挤压到了一个平面狭小的空间，甚至一个立锥之地、方寸之点，酝酿并逐渐形成某种狂暴之至的能量源，就像被折叠、挤压到扭曲变形的火山之口，成为所有喷薄欲出的能量宣泄的出口。

于是，整个故事宇宙里所有多维的能量，都被挤压到一个小纸人折叠的世界里时，就必然会带来跨越不同场景、维度、界域的积力、蓄势、储能和发电抛物线；它们构成了长长的变化和接触的轨迹。而这条抛物轨迹上必须能催生和制造出不同的引爆点；当这些引爆点被触发时，情绪的风暴和阅读的潮流就会奔涌而出，让那个纸片人瞬间引爆多维宇宙的能量……

这就是锤炼"纸片人"引爆"多维宇宙能量"的所谓故事弹簧法。从他者的目光到主角的人设，从婢女（公主）这第三只眼到宁缺的出场……都体现了这种人设众创塑造的弹簧法：从他者的目光，到两者的正面交锋，都是猫腻挤压故事弹簧的手法而已；所有他者目光"负面的挤压"，都是在积力、蓄势、储能和发电，等待着构建那个临界点、逆转点和引爆点，让主角来一个"能量大爆发"，成为自带主角光环的"完美明星人设"或"超级焦点人物"。

第六节 篱笆墙的幻象：
从"屠龙公主"到"超级女英雄"

猫腻会这样做吗？

会！

但不是在这个场景——从婢女（公主）这第三只眼，到公主和少年的第一次交锋，不过是N重大弹簧中一圈一层的小弹片，积力、蓄势、储能和发电到了一定程度，小小地爆发一下而已。

它绝不是将情绪引爆至高潮的大引爆点。

但——这正是猫腻"故事弹簧法"的精髓！

一次小小的爆发，让你期待更大高潮的引爆点。在这两者之间，一次又一次、一遍又一遍、一重又一重……地积力、蓄势、储能和发电，期待下一次的爆发。

如果真是你的侍女倒也罢了，可你难道不是从死尸堆里捡出的她吗？不是说你们二人相依为命吗？就算退一万步说，她是你的侍女，可你难道不觉得她的年龄还太小，不应该承担这么重、这么辛苦的劳作吗？小小少年怎么就养了一身懒骨头，为什么就不能自己动动手？

或许是引发了童年时的不好回忆，或许是心中对某些美好情感的想象被某个家伙破坏得太过彻底，婢女径直推开篱笆走了进去，目光落在竹躺椅上，落在那名少年一直认真读的旧书上，淡淡嘲讽道："以为看的是什么圣贤大作，能让你忘记身边发生的一切动静，没想到居然只是市面上随处可买的太上感应篇！莫非像你这种人也奢望能踏进修行之道？"

宁缺坐起身来，好奇地看了一眼这个衣着华贵、似乎永远不应该出现在渭城的小娘子,又看了眼表情尴尬的校尉,停顿片刻后解释道:"只能买到这本,所以也只好将就着看。也就是好奇,哪里有什么奢望。"

婢女明显没有想到这少年竟会回答得如此自然随意,弄得自己反而不由一室,旋即望向门旁正在倒灶灰的小侍女,不悦地说道:"我堂堂大唐,怎么会有你这样的男人?"

宁缺疑惑地皱了皱眉头,顺着对方的目光望向正拿着抹布呆站在窗边的桑桑,明白了对方言辞间的锋利由何而来,左脸颊里酒窝隐现,笑着说道:"看你应该比我大,要不然……你就当我不是男人,是个男孩儿吧。"

婢女这一生大概从未见过如此厚颜无耻赖皮之人,袖中的拳头缓缓攥紧,神色冰冷正欲发作之时,目光却落在竹躺椅旁的那片泥地上,落在那些树枝画出来的字迹上,心思不由微微一动,眸中隐现异色,让她浑然忘了自己想要说些什么。

——猫腻《将夜》:第一卷 清晨的帝国 第二章 能书能言穷酸少年

推门可见山,推门可损人。

婢女(公主)推门进去,曲径不通幽,未登堂入室,就在院子里,直接"怼"(贬损和攻击)上宁缺?!

难道不是这样吗?

一路走来,所见所闻,无不是少爷宁缺"奴役和虐待"侍女桑桑的恶言劣行,积蓄了满腔不满、怨恨、愤怒的情绪,就等待着某一个"点"引爆。

这或许就是那种所谓"同病相怜"的同情共理机制所引发的吧?

我们将弹簧蓄压到最后,不亦是渴望像婢女(公主)一样,推门就"怼"人?

都不用登堂入室,就站在院子里,直接"怼"天"怼"地"怼"宁缺!

"怼"得他哑口无言!

"怼"得他羞愧难当!

"怼"得周围吃瓜群众的"瓜"落了一地……

一定是这样的!

这就是一个破院子——破少年,破男人,住的不是破院子,又能是什么?

虽然，"它就是一个破院子"是一种事实的陈述，而非情绪的感受——因为，它就是由"一圈简陋的篱笆"围起来的小石坪，称它是院子都算抬举它了。如果不是小石坪上摆了一张竹躺椅，宁缺安逸地躺在上面，摆出好吃懒做的少爷架势，我们怎么可能称它为院子？

但，小石坪就是舞台，院子就是小世界，少爷宁缺和小侍女桑桑就是角色——他们正在上演少爷奴役和虐待小侍女记！

还差了一个主角——一个拯救世界、改造社会、改变小侍女悲惨命运的超级英雄！

我——婢女（公主）——传说中的屠龙英雄来了！

推开槛高板厚的时空旋转门，闯入铜墙铁壁一般的篱笆墙，痛殴无良恶龙少爷，拯救善良小侍女于水深火热之中，然后——抱得美人归！

好吧，角色不对。既然主角是"女超英"（女性超级英雄）式的人物，痛殴和屠戮的又是无良恶龙少年（男人），拯救和改变的是像姐妹花一样的善良柔弱小侍女，那么，这必然是一个女权主义的好莱坞大片——一个简单的女超英婢女（公主）拯救被奴役和虐待的小姐妹的故事，被赋予了厚重而大气磅礴的"推翻男性的统治权、解放全世界的女性"之时代主题！

姐妹们，起来！

全世界的姐妹联合起来，推翻无良恶龙少爷的统治，就是在解放自己、解放（塑料花似的）姐妹——小侍女黑桑桑和大唐帝国公主殿下李渔，后来的的确确建立了看似鲜花怒放实则就是塑料花的姐妹情谊——解放全世界被压迫、被压榨、被欺压的所有女性同胞们！

让我们就此翻身做主人，从奴役通往自由之路吧！

大片就是这样炼成的！

剧情就应该被赋予厚重的时代主题。

看起来，把自己当作"女超英主角"的婢女（公主）的的确确想上演这样一部"小剧场大戏剧"——小石坪，大舞台，篱笆墙内的小剧场、小人生、小斗争，怎么不可以映照和折射篱笆墙外的大人生、大世界、大宇宙？

宁缺的小院子就是一个小剧场。婢女（公主）要站在世界的中心，上演一部

"我为我自己代言"的主角戏!

是的,主角不是无良恶龙少爷宁缺——他是反角。小侍女桑桑也不是主角——她还没有觉醒到可以自己解放自己的先进地步;她是等待拯救和被拯救的对象!

那么,主角只有一个——那就是像超级女英雄一样出场的屠龙公主!只有她才能把陷入恶龙奴役和虐待的女主角拯救和解放出来,还她以自由,还她以光明,还她以荣耀的王冠!

咦?!

是不是串戏了?!

被恶龙少爷欺压的黑桑桑不是等待拯救和被拯救的对象(小侍女),怎么成了恢复光荣与梦想、重戴和承载荆棘王冠的公主或女王?

小侍女就是落难公主?

那像超级女英雄一样的屠龙公主又是谁?

当然还是婢女(公主)啊!

呀呀呀!我们的脑袋已经被搅成一锅粥了,甚至已经成为糨糊了——不会被猫腻大大,随手用来给篱笆墙院子的小破门,糊上两道门神吧?

不对,糊上两组连环画:

一组是屠龙公主手持屠龙宝刀,屠杀无良恶龙少爷,象征和隐喻超级女英雄们从父权、男权和孩权统治的世界中,把女性解放和拯救出来的英雄事迹?

一组就是屠龙公主拯救和解放了小侍女(落难公主),然后二合一;将灵与肉重新结合的公主本尊,回归天国(王国或神国),成为"欲戴其冠,必承其重"的荆棘女王?

这是哪儿跟哪儿啊!

你想多了!

一汪池水,本清澈见底,给我们这么一搅,反而混浊起来,看不见底了!

各位看官大人,你们是不是真的这么想?

猫腻的原文本来很简洁明了的啊,一看就明白发生了什么故事;为什么我们非得用一根"搅泥棍",把它搅得浑浊不清呢?

选文悦读　猫腻《间客》：
宇宙需要有道理的活法

康德说过,世界上有两件东西能够深深地震撼人们的心灵,一件是我们心中崇高的道德准则,另一件是我们头顶上灿烂的星空。

当许乐从这行字上收回目光,以"头上的星空"(宇宙间存疑的道理)和"内心的法庭"(自我奉行的道德与道义)审判所谓的"帕布尔标准"时,这两块"东林又臭又硬的石头"撞出了"宇宙间到底有没有道理""人生到底需要什么样的活法"的核心问题。

从帕布尔到许乐,都在以自己的理念、原则和标准为标尺,来衡量、审判甚至裁决他人。

他们都坚"信"自己的理念、信念、信仰无比正确。这种相信、坚信和确信的"×信"核心自带"圣光"光环,从而构成我们解读、诠释和建构的"信心、信任、信用、信念和信仰"结构,形成所谓的"公信力"。

但是,无论是帕布尔"为××,请他人去死"(表面是为了联邦和人类的利益,其实是为了"我"的理想和信念),还是许乐"因为你有罪,所以你该死"(因为"我"审判你有罪,所以"我"裁决你死刑),都是一样的"审判官"思维——因为我是审判官,你是被审判的对象,我根据我内心的信念法庭和头顶的星空法则,审判你有罪。

这两条折线是彼此冲突的——帕布尔认为伟大的信念和事业可以牺牲小人物,但许乐认为这是不对的:再伟大的信念和事业,都不能强制"不愿为此牺牲的人"牺牲;许乐坚信自己可以为小人物向大人物讨一个公道,但帕布尔讥讽他不一样是"谁的拳头大,谁就更有道理";所以,许乐和帕布尔"不过是一样的人"?

这种尖锐的冲突，不过是"审判官"社会现实、心理需求和文化机制体制的浓缩：每个人都是审判官；人人都认为自己是对的；每个人都把自己置于道德、道义、道理的最高法庭大法官之角色和位置，以自己为标尺，衡量、审判和裁决他人。事实上，每个人所谓的标尺，都是出自自己的利益诉求和利己叙述，把"私器"（私人观点）当作"公器"（公共标准），强制他人认可与认同、理解与接受——但"谁"又能成为真正的"标尺"？不过是加剧了观点的冲突、标准的混乱和社会的撕裂而已，从而导致整个社会越来越难以达成"有史以来最大的公约数"，亦即缺乏共识……

这带来最基本、最根本、最核心的问题：这个社会有没有"公认的道理"？这个世界有没有超越所有人的分歧与撕裂、无须妥协和解就能达至共识的"真正的道理"？这个宇宙有没有天经地义、理所当然的"真理之道理"？

第四卷 星光流丰　第一百六十五章 简单的故事最强大、最疯狂

进入三一协会需要极苛刻的条件。只需要想一想施清海这个惊才绝艳的家伙，大概便能同意帕布尔总统先前所说的，那些在小酒馆里饮酒清谈的人们绝对拥有超人的智商、非凡的能力，简而言之确实是一群变态的天才。

一个刚刚被律师事务所开除、在飘雪的首都冬日浪荡街头、愁苦喝到烂醉的失业黑肤律师，居然只用了半个小时不到，便成功地说服了那群变态天才，并且让他们真的开始执行这个当时看上去异常疯狂的长年计划。这个暂时还没有多少人知道、大概却会被历史书籍牢牢铭记的历史事件，看上去是如此的不可思议。

这大概就是施清海曾经说过的人格魅力，许乐默默想着。他右手紧紧握着真皮文物沙发的扶手，指头感受着微凉光滑的触感，心情异常复杂。

沉默地看着透明墙后那个面色黝黑的中年男人，许乐的浓眉皱得极紧。为什么这个男人眼眸里的目光总是这样平静深沉而令人生出信任的感觉？为什么他那双像尺子一样直的眉毛显得这样镇定？为什么他的神情如此寻常却总能让人看出内里隐藏着的悲悯？

因为他对联邦这片星空爱得深沉？真是强悍的演员啊！好吧，再怎样在心中

嘲讽他，可这个中年男人真的拥有某种特质，可以说服人、打动人、感动人，感染身边所有人站在他的身旁，一起向某个不确定的目标勇敢而嚣张地前行。

比如当年小酒馆里正在开会的三一协会会员们，比如冷酷骄傲的杜少卿，比如曾经的许乐和施清海。

"协会会员和总统先生之间并没有太多共同点，除了我们都曾经当过兵，只是服役的兵种和役务各不相同。在这之后，我们的人生似乎也没有太多相同或者是相通的地方。"

李在道将军继续缓声说道："后来我们在圣达菲小酒馆里又聚过几次，只是各自还有各自的事业或者学业，所以很快便分开。在那天之后，我和拜伦资助帕布尔先生重新杀回司法界。在严苛地自我摒弃所谓自由主义者的精神洁癖之后，帕布尔先生成功地进入产业工人协会，紧接着他成为三大工会和老兵协会的指定律师。"

"拜伦年龄稍大一些。在我们当中，他是第一个参加竞选、走上政坛的人。我依然留在部队，但按照计划离开了前线野战部队，回到一院重新教书育人。在这十几年的教育生涯里，我发掘了一些很不错的年轻人才。我可以很自豪地说，这些青年是我们这项伟大事业将来能否真正成功的关键。"

许乐望向一直站在门旁的杜少卿。

杜少卿保持着沉默，鼻梁上那副墨镜反射着机要室内的光芒，清亮惘然莫名。

"不，少卿进入协会，并且能够接受我们的理念与我无关。"李在道说道，"帕布尔先生亲自说服了他。"

许乐不知道此刻应该感慨些什么。

整个联邦部队都清楚，总统先生从来没有掩饰过对两个人的特殊欣赏和照顾。无论是晋级还是相关控诉，都在总统先生的亲自关照下非常顺利。这两个人就是许乐自己和杜少卿师长，只不过他一直没有想过这种欣赏的背后隐藏着怎样的故事。

"这是一个很简单的故事，是想向你说明，我们的想法或许有些疯狂，但我们是实用主义者。我们是在一步步做这些事情。"帕布尔总统静静地望着他，说道。

"做什么事情？不间断谋杀？包括临海州体育馆里那些躺在血泊中的女服务生，包括当时还不满十岁的钟家小姑娘？"

许乐盯着墙后面的人们，脸上没有丝毫情绪，说道："不要忘记，我当时就在现场。我知道你们做过些什么事情。我亲眼看着那些至死都不知道发生什么的普通民众痛苦地死去。"

"总统先生，有件事情，到这时候我还是非常不明白。"

他说话的语速特别缓慢沉重，眉头皱得特别痛苦："当时总统大选，莫愁后山是你的伙伴和幕后支持者。你为什么要去杀邰之源？为什么要让那么多人死去？"

紧接着他望向一直沉默的杜少卿，问道："你说你是联邦军人，所以你要服从命令。那之后的事情我不问你。但临海州体育馆事件爆发时，他还不是联邦总统，他只是一个议员，为什么西门瑾会参与其中？少卿师长，你和你的铁七师能不能做出解释？"

杜少卿依旧沉默，没有开口解释。

"我来解释，少卿当时并不知情。"

帕布尔总统看着身旁忠诚的将军，继续说道："至于第一个问题，原因其实很简单。七大家中邰家是最强大的，却也是最看不清楚面目的。历任政府甚至没有办法触及它的核心要害区域。但这个前皇族有个最大的问题，那就是人丁稀少。连续数代单传的事实，有时候忍不住让人们想到，这会不会是上苍对于前皇族的某种惩罚。"

"七大家中最强大的邰家事实上也是最脆弱的邰家。只要那位被人们称为太子爷的年轻人死了，邰家自然消沉直至消失。"

帕布尔总统微微眯眼，缓声说道："至于当时正在进行的大选，相信愤怒绝望的邰夫人，无论是出于发泄情感还是出于打击她所认为的凶手，都会继续帮助我。"

他看着许乐说道："而且这种帮助会更加不遗余力、不计代价。也就意味着，无论发生什么事情，我都会赢得总统大选。"

"我一直以为你是政治家，不是政客。"许乐沉默片刻后说道，"现在才知道，你的胸膛里不停跳跃着的依然是一颗政治家的野心。"

"不是野心。"总统先生并未动怒，极有耐心地微笑解释道，"如果仅仅是为了所谓的野心，就不会有后面的那些事情发生。"

"我是联邦总统。李在道将军是军方领袖。还有少卿师长，包括死去的拜伦和那些同伴……当年小酒馆里的人们以及后来新加入的伙伴们，已经站到了联邦权力的巅峰之上。没有更多的可以追求的权力，我们又能有什么野心？"

帕布尔总统望着许乐微笑着说道，声音浑厚低沉、格外动人。

"如果真的要说到野心，那么我们的野心很简单，就是要彻底把七大家从联邦社会体系中清除出去。"

"有一个很有趣的统计事实。联邦与帝国开战之后，第一军事学院的声望及重要性才被推到如今的地位；三一协会自然出现距今约六十年，成员却有数十人，从概率上讲有些古怪。有很多成员并没有加入我们的队伍。我们并不强求甚至没有主动要求过。我只是想提醒你，这些成员当中没有一个人拥有七大家背景。"

"所谓天才，不过是高智商加上常人难以想象的努力。那七个家族早已无孔不入地渗透进联邦社会之中，攫取了绝大部分最顶端的资源。他们的子弟不需要付出如此艰辛的努力。而三一协会的成员们都来自社会底层，他们先天拥有改变这个社会形态的渴望和动力。"

帕布尔总统表情严肃，声音低沉有力："这个由七大家和政客们共同把持的体系，自联邦成立以来已经持续了三千七百七十二年，自皇朝崩溃建立共和以来持续了超过万年。这个体系已经僵化，正在腐朽！"

"最好的时代？最坏的时代？不，最悲哀的是，如果你往历史源头望去，就会发现所有的时代都是一模一样的时代，没有进步，没有发展，只是一个所有人挤在一起艰难呼吸的泥沼！而一代一代拥有智慧和创造力的人们，就在这片大泥沼中逐渐沉没，然后死亡。"

"以前有人试图改变这一切，比如那几届已经被人们忘记了的政府，比如那位被暗杀了的总统。好吧，死亡终究是永恒的，是最令人恐惧的。所有……那些前人和政府被迫在血与动荡之前让步。"

帕布尔总统的脸上浮现出一丝淡淡嘲讽的笑容，然后迅速敛去，变成一句砸在地上沉闷作响的话。

"因为历史的原因，以前的人们没有找到正面对抗那七个家族的方法。而现在又是因为历史的机遇，这个方法或者说力量，已经被我们紧紧地握在了手中。"

"你是说军队。"许乐问道。

帕布尔总统用沉默代替了承认。

在联邦的历史中，军队向来是一个被边缘化的极弱势的群体，因为联邦在宇宙里没有敌人。那些有所想法的政治家们，在面对那七个庞然大物时，总显得那样的束手束脚。然而因为帝国人的出现，联邦军队在三十七宪历的头几十年间迅速扩张强大，终于成了一支可以独立站上政治舞台的强大力量。

许乐用力地揉着额头，很长时间说不出话来。控制着联邦政府的人们，居然是一群坚定的乔治卡林主义分子。

这个世界太疯狂了。

他仿佛看到日后或者几年之后，联邦各大城市企业被全副武装的士兵警惕看守着的恐怖景象。他紧紧蹙着眉头，沉默了很长时间之后，说道："在费城……老爷子曾经对我说过，他去过帝国，回到联邦，燃烧自己的生命与每一滴血来维护联邦的存在，是因为他坚信：联邦是一种比帝国更美好的制度；在这里生活的人们比帝国人更加幸福。"

透明墙后的李在道将军微微仰眉，注视着他。

"我也是这样想的。抛却出生地和血缘的关系、侵略和反侵略的关系，我为联邦而战斗，正是因为这一点。"

许乐抬起头，看着墙后的总统先生，认真地说道："你们的理念也许会被很多联邦民众、后世的年轻学生们尊敬甚至崇拜，但如果政府真的像吸毒一样习惯了依赖军队解决内部事务，你的政府……会变成军政府。你们也许会成功，但终将失败。"

帕布尔总统沉默片刻，回答道："我明白你的担忧，但请你相信，我不是南水！我们不是青龙山里的人们！我们很冷静。"

"冷静？"许乐站起身来，盯着墙后总统先生的脸，问道："你没有上过战场！你没有开过枪！或许你没有亲手杀过人！你不知道扣动扳机，看着一个活生生的头颅在面前像西瓜一样爆裂，脑浆和血水近距离喷到头盔上是什么感觉。"

"你可以问杜少卿，看有没有人能够在战场上保持绝对的冷静！当子弹出膛，有同伴倒下或有敌人倒下的时候，冷静只是一种很荒唐的词汇，就像根本没有存在过。"

"如果联邦被你们这群人变成战场，那么，战场上只会有它应该有的东西，就是杀戮。"

"危险或许有，但是可控。"帕布尔总统依旧表现出了极为可怕的耐心和平静，"最关键的一点是，政府现在不能对那些家族做出任何退让。"

"莫愁后山的那位夫人依然打着她那荒诞而落伍的主意。西林钟家控制着兵权，不听命令。那些腐朽的老人们弱视、近视，看不到真正的危险，满足于掌控一切的生活。"

"你的七组曾经说过一句话：为什么要战斗？因为敌人在那里。而现在帝国人在那里，这些畸形而麻木的家族在这里！如果我们不再战斗，安于现状的联邦，总有一天会成为帝国人的奴隶。"

"除此之外，你能想到任何别的方法吗？不，年轻人，席勒说过，垃圾是从来不会自己走进垃圾箱的。"

这句席勒的名言，许乐曾经在曹秋道的坟墓前听施清海说过。后来施清海为了扫垃圾而冲进了像垃圾箱一样的议会山大厦，然后死在了广场上。

此时听到总统说出这句话，他感觉非常糟糕，就像是生吞了一颗苍蝇，脸色有些发白，向着面前那堵墙走了两步，压低声音怒道："我不喜欢年轻人这个称谓。"

"这就是你们杀死钟瘦虎的理由？因为西林钟家不听联邦的话？因为你们要集中力量和帝国战斗？"

许乐瞪着透明墙后的总统三人，愤怒地说道："可那个家伙已经在西林和帝国人战斗了十几年！"

"当老虎在前线浴血奋战的时候，你们在做什么？"

"李在道将军，你借着军神光环压力的借口躲进一院教书，培养着有野心的继承人！"

"杜少卿,你在演习!你在一天重复一天地演习,在背后诅咒那位是真正英雄的同学!"

"而总统先生你呢?你在不停地打官司,营造自己的好名声,竞选议员,做着那一个个动人而全部是……废话的演讲!"

许乐面对着那堵透明而冰冷的墙,用沙哑的声音说道:"把古钟号送给帝国人的舰队,你们杀死了他。这是出卖……这是背叛!"

第四卷 星光流年 第一百六十六章 我们都是臭石头

做律师时最雄辩、参政后演讲最能打动人心、在今夜如此时刻依然能够冷静清晰侃侃而谈的帕布尔总统,在许乐发出这声质问后,终于第一次安静下来。那双直如尺的浓眉间,那双湛然有神、格外坚定的眼眸里,不知何时竟现出那么一抹极淡的神伤。大抵是他偶尔在某个安静的夜里,也会想起晚蝎星云那朵烟花,心生歉疚?

注意到总统的神情,许乐嘴唇微微翕动,想要说些什么,终究却只是无助而难过地摊开了双手。

他曾经听总统提起过那次官邸的晚宴。在餐桌上,总统和钟瘦虎发生了一场激烈的争执。关于进攻帝国、关于很多事情,两个人的观点有极大的差异。钟瘦虎警惕着联邦政府削弱西林本土军事力量的企图,并不同意在当时情况下由第四军区担任进攻帝国本土的主力。

大概就在这次争论之后,帕布尔总统终于下定了决心,把那个早已启动只等待着批准的阴谋计划,正式搬上了以太空为背景的舞台。

原来,那是一场最后的晚餐。

许乐孤单地站在透明墙这头,无力地将双手摊在身体旁。当年他杀死麦德林,被关进倾城军事监狱,那位老爷子还在费城钓鱼未曾相见,整个联邦鸦雀无声。以七大家为首的政客们希望他马上就死。只有总统先生和西林那头老虎鲜明地表露出回护的态度,结果……

"总统先生,您还记得那一年在星云奖上的讲话吗?事后我专门找来看过。"

许乐抬起头来，看着墙后的帕布尔总统，轻声说道，"当时关于麦德林的事情，你曾经说过这样几句话：人死并不如灯灭；灯有光明，照不见的地方是黑暗。做错了事情，就必须付出代价。"

"接着你说道：或许我不是一个成熟的政治家，但我是一个执着的联邦法律敬奉者……若我死了，你们可以把我的坟墓挖开，看一看里面究竟是什么颜色。对于某些死了的人，我同样是这种态度。"

房间里一片安静。许乐停顿片刻后问道："您现在还没有死，不过似乎我们可以提前发问：当您决定把钟司令夫妻和古钟号上那些士兵的性命出卖给帝国舰队时，你敬奉的联邦法律被放在了什么地方？将来你的坟墓里究竟会是什么颜色？如果你做错了事情，是不是应该付出代价？"

帕布尔总统抿着厚实的嘴唇，下颌现出几点深陷。沉默了很长时间后，他回答道："我承认自己做过一些超越尺度的事情。然而为了这个联邦，我将要付出的代价必须以后奉上。我早已做好了被历史审判的心理准备。"

许乐望着他嘲讽地说道："如果都让历史去审判，帝国远征军也可以这样说：我们不需要抵抗。麦德林也可以这样说：我们不需要去理会。钟司令更有理由这样去说。"

"总统先生，难道你不觉得这种说辞又无耻又虚伪？如果只有历史有资格审判你们，那你们又怎么有资格去审判别人？"

帕布尔总统的眉宇间沉重渐现。谈话至此时，许乐的话终于成功地激怒了他。他缓缓自椅上站起，走到那堵透明的墙前，看着近在咫尺却远在左天的许乐，一字一句说道：

"无耻？虚伪？许乐上校，请你不要忘了，你也曾经在未经法庭定罪的情况下，用你自己那支捅入咽喉的笔审判了麦德林！"

隔着透明而冰冷的墙，许乐和帕布尔总统面对面站立，一眨不眨地睁着眼睛，用坚持的目光注视着对方坚持的眼。

帕布尔总统指着许乐的脸，沉着脸说道："你的经历应该让你比大多数民众更清楚，联邦的法律并不能完美地保护弱者。在大多数时刻，它只能保护权贵去逃脱应有的惩罚，所以麦德林专案被终止，司法部焦头烂额。所以……你才会自己去扮演法官的角色！"

"联邦政府是民选的政府，面临着帝国入侵的危险，却还要时刻警惕西林的军阀。钟家和那些家族违法乱纪的事情做得少吗？但又有哪个地检署能够成功地将他们送入监狱？联邦有宪章的光辉，但在这些拥有无数替罪羔羊甚至已经习惯随身携带替罪羔羊、随时应对宪章定位的权贵面前，法律究竟算什么？"

许乐看着总统愤怒的控诉，眼睛眯了起来。因为替罪羔羊和宪章光辉这几个字，让他想起了多年前虎山道的那片刀光和满是春日桃花的地检署，心中默然承认他说的这些是事实。

"你杀死麦德林的时候，并不需要法律替你做背书，那么你又有什么资格要求政府需要？"帕布尔总统表情沉凝地看着他，说道，"我欣赏你和施清海，是因为你们做事的态度，而这也正是我此生秉持的态度。"

"罪恶必须付出代价。为了实践最终的公平与正义，善良的人们应该不惜代价。因为道德是一个需要被力量细心呵护的脆弱东西。"

"当年我因为那场公益官司被开除出律师事务所，和妻子被那些人大笑着赶出住所，提着破烂箱子在飘雪的街头流浪，寻找可以租住的小黑屋时，我就确认了这些。哪怕日后被埋进坟墓里，我也问心无愧。"

帕布尔总统的愤怒因为这些话而逐渐平静。他把宽厚的手掌放在透明墙上，望着许乐极为冷静地说道：

"我们不是席勒笔下的忧国骑士团，而且我们并不激进。我们并不打算用军队去疯狂地横扫一切。只是当联邦改革遇到那些家族丧心病狂的垂死挣扎时，军队将是联邦政府最有力的保障。"

"我们有很长远的细节规划。这届政府已经推动议会通过了金融合算法。接下来的五年内，我和同伴们将借助当前的战争局势推动更多法案的通过。"

"在规划中，我和政府将推出提高平民学生接受高等教育和就业机会的平权法案、双环医疗保险法案、收入税征收修正法案。然后政府将努力使基金股权置换法案得以通过。"

帕布尔总统微仰下颔，目光坚定而深远："历届政府都无法弄清楚，那七个家族通过那些多如海鱼的基金会，究竟掌握着多少资源；他们瞒着政府监控，能够对哪些事关联邦安危的产业施以致命性影响。而我的任内必须完成这些事情。"

"乔治卡林说过，信息不对称是联邦社会不公平的根源。我们想做的，就是敞开这些信息，由联邦普通公民进行最有效最直接的监督。"

"许乐，不用担心联邦政府会变成军政府。我们将会迎来一个全新的真正的民选政府。"

帕布尔收回目光，平静地望着沉默无语的许乐，说道："你对联邦是有功的。我不想给予你任何不公平的待遇。我只希望你能够冷静些，能站在最高的层面上，为联邦民众的切身利益考虑。"

"我知道，这听上去像是一个只存在于人们幻想中的理想国。但……理想从未像今天这样距离现实如此之近。"

"这是联邦最好的机会。"

"我们是理想主义者？自由主义者？实用主义者？不，我们都是为坚持自己的正确而奋战到底的人。"帕布尔总统望着许乐，沉声说道，"我们骨子里都是一样的。我们就是块来自东林的又臭又硬的石头。"

总统举起右臂指着身旁的李在道和杜少卿，平静而极富感染力的目光穿透无形的墙，落在许乐的脸上。

"加入我们，许乐。"

真到了那一天，不，真的会有那一天吗？许乐沉默地听着，下意识里思考着，没有说出自己的疑问。他忽然觉得自己的大脑有些转不过来。原来杀死麦德林的自己和自己憎恶的那些人骨子里都是同一种人？但麦德林和那头老虎怎么能等同起来？

"在你们的道路上，有很多死去的人是无辜的。"他皱着眉头，声音微哑地说道，"这样不对。"

"世界上从来没有完美的正义。"帕布尔总统默然说道，"为了一个长远的目标，总是需要有人为之牺牲。"

许乐在心中默然回忆着沈老教授的话——宇宙里从来没有什么道理——于是问道："那为什么不是你或者我牺牲？"

帕布尔总统沉默片刻，然后说道："席勒早年曾经写过一本传奇小说，书中讲述了一场围绕着襄城的战争。在他晚年的时候，又曾经写过一本《小兵物语》，讲述了战争当中被男主人公顺手牵来成为挡箭牌的无辜死者。小兵的死挽救了那座襄城的英雄，间接拯救了数十万民众。然而对于他来说，却是如此的悲哀。"

"我想这个故事，可以回答你先前的问题。"

"我看过这个故事。在我看来，这个小兵的死亡并不是牺牲，因为并没有人询问过他的意见。这就是悲哀的源头。"

许乐眯着眼睛说道："同样，你们也没有询问过临海州体育馆的女服务生、古钟号上的西林士兵，愿不愿意为了你们的宏伟计划而死亡。"

"所以，这并不是牺牲，这始终是谋杀。"

"那基金会大楼中，死在你和施清海枪下的那些特勤局特工，应该算是牺牲，还是被你们谋杀？"帕布尔总统的目光骤然变得极为锐利，压迫感十足地盯着许乐的眼睛，沉声质问道，"如果那些无辜的特勤局特工在你们眼中是可以被牺牲的，那钟瘦虎这些人为什么不能为了联邦而牺牲？"

这是非常锋利而直指内心的审问。许乐的眼睛眯了起来，眼瞳骤然紧缩。沉默了很长时间后，他紧紧抿唇抬着头，说道："几年前在铁塔上，我曾经对一个女孩儿说过，需要牺牲无辜者获取的正义并不是正义。"

"那我们和你们的区别在哪里？区别在于我和施清海从来没有伤害无辜者的主观恶意，包括那些基金会大楼内的特勤局特工。"

"也许这在你们听来是狡辩，因为无论有没有主观的恶意，都造成了一样死亡的结果。但就像当年在雪后宪章广场上想的那样，我始终坚持……动机比结果更重要。"

"可能有些天真……但请允许我坚持。"

第四卷 星光流年 第一百六十七章 天真的死亡

"动机结果，公平正义。"帕布尔总统皱着眉头，盯着许乐的眼睛，说道，"在我决定特赦你之前，邰夫人要杀你，利家家主要杀你，就连最高法院的两位大法官都表示了反对，你认为那个时候联邦的公平正义在哪里？"

"总统先生，您是联邦最出色的雄辩家，我没有奢望能够说服你什么。我只是希望能够说服我自己。"略一停顿后，许乐说道，"今天晚上我已经说了太多的话，甚至比平时一个月加起来说的还要多一些，就先聊到这里。"

虽然说就聊到这里，但他偏又拧着眉头继续开口，望着透明墙后面的人们感慨道："我本来准备结婚了。但看样子短时间内是结不成了，也有可能一辈子都没法结了。真的有点失落。"

他望着李在道，问道："你父亲会怎么看？你儿子如果知道会怎么看？"

他带着一丝很复杂的情绪，望着帕布尔总统问道："你知道乔治卡林究竟是谁吗？"

"这很容易让人联想起监狱里的会面室。"他轻轻拍打面前透明的墙体，说道，"只是我暂时无法确定，究竟我是囚犯，还是你们。"

最后许乐说道："现在你们可以开枪了。"

官邸机要室的绝密电话响了起来，帕布尔总统拿起话筒，沉默安静地听着，隐约能够听到第二序列之类的词汇。看来这个电话应该来自宪章局。

挂断电话之后，帕布尔总统安静地看了许乐很长时间，忽然开口说道："我本来就没有想过要处决你……联邦政府会以逃犯的名义逮捕你，并且进行审判。"

"当年宪章局和西林军区在西林的逮捕行动，一直没有被停止。而且你应该没有忘记，关于你的通缉令，因为元帅大人出面，我还没有来得及发出正式的特赦令。"

随着无声的命令，总统官邸二楼走廊里沉默紧张地待命了很长时间的特种精锐军人们开始行动，用最短的时间撞破两扇早已被列为文物的木门。

轰的一声！军人们端着大火力枪械高速冲入，指头紧张地抵着温烫的扳机，黑洞洞的枪口没有一瞬间离开许乐的身体。

而在这个过程中，许乐出奇的冷静，没有做出任何抵抗或试图抵抗的动作。

因为他知道，只要自己有任何动作会引起这些士兵的怀疑，他们绝对会毫不犹豫地射出枪械里的子弹，或许……

透明墙后的那些人就等着他的反抗，因为联邦政府需要一个枪毙他的理由，那么他就不能给对方理由。

许乐沉默地举起双手，任由这些精锐的特种兵冲到身前，扭过臂膀，系上超强度腕式固定器，脚踝处被合上沉重的金属定位阀，然后像S3的特产粽子那样被层层绑缚在一个特制的金属架上。

金属架一横一竖，就像是一个十字。冰冷而粗壮的直架紧紧抵着他的脊椎骨。因为特种兵粗暴的紧缚动作，后背与金属架接触的部位传来生冷的疼痛，却成功地令他的姿势显得更加挺拔，下颌仰得更高。

经过两次最谨慎的确认，确认束缚架和手腕上的超强度固定器以及脚上沉重的金属定位阀，足以让一个真正的史前怪兽也无法移动分毫，这些来自首都警备区卫一师的精锐特种兵们终于松了口气。官邸书房中那种诡异而紧张的氛围也终于淡了些许。

联邦军队是一个尊重强者的地方。这些年所有的军人都清楚，部队青年一代真正的最强者是许乐和李封。尤其是在许乐突袭帝国然后平安归来之后，他在部队里的名声更是无比响亮。这些平日里无比骄傲自信的精锐特种兵，在许乐的面前却没有什么骄傲自信。他们满怀警惕，甚至敬畏、紧张地担心着：如果他真的暴起反抗，要死多少人这个房间才会真正地安静下来。

整个过程中，许乐没有反抗甚至没有任何主动的动作。然而紧张的特种兵们虽没有作战，却像是经历了一场最艰险的战斗。表情勉强保持平静的他们，作战服里早已是湿漉一片。

在被推出书房那扇破损严重的门之前，被紧紧束缚在十字金属架上的许乐眯着眼睛，余光望着桌上那杯茉莉花茶，向透明墙那边问道："这杯茶有没有毒？"

前夜从张小萌处得知了施清海出事的细节后，他就再也没有喝过一滴不是自己处理过的液体。所以这杯茉莉花茶，他一口都没有喝，此刻只是很奇妙地想知道总统先生的答案。

帕布尔总统皱了皱眉头，宁静深远的眼睛里流露出淡淡疲惫及失望，并没有回答他的这个问题。

因为他的沉默，许乐微眯着的眼睛里也流露出淡淡的疲惫和失望。

书桌上的高权限通话系统内，一直不间断地传出情报回报：许乐已经被押出了走廊，已经走到了楼下，已经进入了草坪，已经被押进了经过改装后的特殊装甲车，然后被移交给驻扎在广场西侧的铁七师。

总统官邸书房和机要室间的那堵透明墙已经被收回到建筑结构之中。帕布尔总统、李在道和杜少卿沉默地听着书桌上传来的声音。片刻后李在道抬起头来，平静地看着总统先生那张黝黑而疲惫的脸。

"在道，我知道你想说什么。"帕布尔总统微蹙着眉头说道，"这个年轻人不是普通人。他是元帅亲自挑选的接班人，是联邦民众心目中的英雄人物。他不是一个普通人。你不可能就这么随随便便把他杀了。"

李在道眉头微皱，准备提出自己的反对意见。

帕布尔总统举起手阻止，继续沉声解释道："他如果就这样死了，难道你就不担心部队里的战士会起疑心、会寒心？"

"而且因为议会山和莱克的事情，那些家族已经开始警惕我们了。如果许乐真的死了，邰夫人以及像利缘宫这样的老人们，肯定会以此为借口，做出一些我们很不愿意看到的事情。"

"最关键的是——"总统先生站起身来，低头整理着颈下的领结，平静地说道，"刚才行动之前，我接到了崔局长的电话。联邦中央电脑已经做出了第三序列安全警告。该警告直接针对……许乐。"

他抬起头来，微眯着眼睛说道："这正是你一直在查的第一序列权限的问题。我一直在想，如果联邦中央电脑认为许乐对于联邦如此重要，那我们随便结束他的生命，就是对联邦最大的不负责任。"

李在道将军默然思考片刻，微笑着摇了摇头，轻声说了几句之后，便和杜少卿一道离开了官邸书房。

书房的那两扇木门早已破碎。刚才被许乐用专业手法系在门锁上的窗帘带，果然很强悍地固定住了锁的位置，却没有办法阻止特种兵们直接把门砸了两个大洞。

帕布尔总统坐在书桌后方，望着那两个破洞和清晰尖锐的老木茬，无意识地皱了皱眉头，陷入了怪异的沉默。

他是联邦最有权力的男人，然而当他一个人坐在书房里，再也看不到那个他一直觉得很熟的青年后，不知怎么，竟会觉得有些孤独。

孤独的沉默持续了很长时间，一直持续到官邸办公室主任布林小心翼翼地走了进来。

帕布尔总统似乎没有听清楚他在说些什么，下意识里点了点头，然后起身准备离开。

在离开书房之前，他看着桌上那杯茉莉花茶，忽然停住了脚步，端起早已凉透的茶喝了一大口，觉得心情平静了很多。

总统先生推开了卧室的门，却迎来了一记响亮的耳光。精神有些疲惫的他没有反应过来，只来得及略微侧了一下身体，让那记饱含愤怒失望的手掌打在面部下缘，然后在手掌再次落下时，用力地抓住了对方的手腕。

"你在做什么？"帕布尔总统盯着妻子的眼睛，震惊地问道。

"许乐是个好小伙子。你们不能这样！"

总统夫人满脸泪花，妆粉一塌糊涂，露出眼角的皱纹。很明显，她今天晚上一夜都没有入睡。她压低声音却又极为痛苦地叫道："他是为了救你，才被你们抓住。你这样做对得起他、对得起自己的良心吗？"

帕布尔总统觉得一股极辛麻的刺激涌进自己的脑海。他愤怒地盯着妻子的眼睛，像被激怒的公狮般吼叫道："你什么都不懂，都不明白！"

"我不明白什么？"总统夫人愤怒地抽回手腕，抹着眼泪悲伤地说道，"你知道李在道的性格。当年我每天夜里给你们煮面条吃，我也知道他的性格。他一定会马上杀死许乐。"

"他马上会杀死他！"

帕布尔总统紧紧地皱着眉，眉头像川字，像一条不知道去向的河流。他知道妻子说的是真的。他也不想去思考，究竟自己是假装不知道，还是在默认这件事情的发生。

总统夫妻此时并没有发现，他们那位可怜的童年患有自闭症的女儿，此时正在门口瞪着眼睛看着他们。

帕黛儿淡褐色的眼瞳里充满了悲伤和失望，已经没有天真。

第九章

硬"怼"软爽：从"公主原型"到"故事迷宫"

提出好的问题，就成功了一半。

"问答链"是讲故事、写爽文、IP化（改编剧）很好的驱动力。

所以，提出这个问题，并去寻找答案，就可以让我们考察和梳理讲故事的思维、逻辑和结构——

猫腻的原文本来很简洁明了的啊，一看就明白发生了什么故事。为什么我们非得用一根"搅泥棍"，把它搅得浑浊不清呢？

庖丁解牛故事文本，在字里行间传递的信息、现象和潮流之中犁地三分，既是在解读、诠释和建构我们所谓的网络文学造词、理论与方法论原型（模型），以深入解读、诠释和建构故事的脉络、发展趋势和价值观念，又是在制造信息的噪音，遮蔽所谓的事实、真相和秘密。

为什么？因为作者猫腻和作品《将夜》本身，也在传递真相的同时，制造这种信息的噪音！不然，怎么会让整个故事形成迷局甚至迷宫呢？

好吧，谁规定我们必须按照某种套路来解读呢？

我们为什么不能力透纸背，穿过字里行间，去诠释屠龙公主的原型呢？

我们又为什么不能从多重维度的故事宇宙（故事迷宫）折返回来，建构这二维平面里婢女（公主）言语行为的意图、动机和思路逻辑呢？

谁规定她必须按照"规定动作"上演自己的戏剧套路？

即使是猫腻在《将夜》的故事剧本里预设了婢女（公主）的所有戏份与台词，也是不行的！

因为，即使猫腻创造出了"婢女（公主）"这样一个玩角色扮演的人物形象，但我们却是在庞大的"公主宇宙"（以公主为原型的故事和世界观设定集）之中解读、诠释和建构着这种"公主人设"。

高贵的大唐公主殿下李渔扮演成不那么高贵的侍女，从而在身份和阶层上与小侍女黑桑桑形成了一种错觉和假想上的平等：大侍女，小侍女，大家都是侍女嘛！大哥别说二哥，都差不多！差的不过是"被伺候的人"：我伺候的是高贵而优雅的公主殿下，你伺候的是无良且低贱的恶龙少爷！跟对了人，才能找对人生的道路和方向。

但这种所谓抹平身份和阶层的角色扮演，其实只是一个小把戏而已。尤其是从小侍女黑桑桑到昊天神国白桑桑的"身份（自我）的悬念"逆转之旅，所谓大唐帝国公主殿下尊贵与优雅的身份、阶层和地位，不过是"小菜一碟"罢了——想当主角的公主殿下，其实不过是绿配链中的一环，或是跑龙套团中的一员，甚至是炮灰一枚。

然——

何以绿配链也能成为关键一环?

跑龙套团何以能跑出"代主角的光环"?

炮灰一枚也能像烟花般绚烂,成为璀璨星空中的一颗明星?

这固然是因为猫腻把这样一个不管存在多少集都必然领盒饭的公主炮灰人物,写出了她存在的形象、理由和价值,也是因为我们基于庞大的"公主宇宙"世界观设定集,对这个完美(不完美)、明星(非明星)的"公主人设"进行了解读、诠释和建构。

两者之间,产生了巨大的张力、矛盾和戏剧性,以及"不对称的信息经济学"和"故事弹簧法"积力、蓄势、储能和发电所造成的既在意料之外又在情理之中并合乎逻辑自洽的阅读预期—逆转—结局。

第一节　超强"怼"话术：

从"阅读的阻力"到"情绪的助力"

从我们阅读的视角看，婢女（公主）有绝对的理由，破门而入，站在小石坪大舞台的中心，吸引全世界的注意力。

我就是主角。

我就是整个宇宙的中心。

因为上述所有弹簧积力、蓄势、储能和发电所沉淀下来的故事能量，都在支撑着她引爆这种故事情绪潮流：你就不是一个好少年！你就不是一个好少爷！你就不是一个好男人！你就不是一个好东西……

已经抵临引爆点。

是时候引爆积累、增长和创造"最大阻力"的故事堤岸了，让情绪的洪流决堤而去、一泻千里，吞噬掉所有负面的东西，来一场黄河之水天上来、飞流直下三千尺、万里奔流不复还的酣畅淋漓、气势磅礴、汹涌澎湃的大宣泄。

"最大的阻力"就是"最大的助力"！

故事阻碍之堤修得越高，情绪助力之流倾泻得就越通畅。

所谓推波助澜，就会演绎成波涛汹涌，后浪推前浪。

婢女（公主）确实不负众望。

推门而入，抢戏做主角，反虐虐仆狂，"怼"得确实毒舌无比、辛辣尖刻，直戳心窝——非如此，不足以解气。

"如果真是你的侍女倒也罢了，可你难道不是从死尸堆里捡出的她吗？不是说你们二人相依为命吗？就算退一万步说，她是你的侍女，可你难道不觉得她的年龄还太小，不应该承担这么重、这么辛苦的劳作吗？小小少年怎么就养了一身懒骨头，为什么就不能自己动动手？"

这样"怼"天"怼"地"怼"人的话，不但有情绪、有情商、有情感，还有里有面有逻辑，层层递进，鞭辟入里，环环相扣，丝丝相连，犹如绵密的针脚，前后衔接，推波助澜，让人无法应对——你尚未还击前一浪，后一浪就已经扑面而来，把你整个吞噬进了波浪里，连浮出水面冒个泡、喘口气都成了奢望，又何谈狙击、还击和反击？

这就是话语术：话语有术，犀利如刀；剥皮刻骨，挖髓伤心。

对这段话语进行语言、结构和逻辑上的分析，庖丁解牛，可谓层次分明。

第一句，否定黑桑桑侍女的身份：她不是你的侍女，只不过是你从死人堆里"扒"出来的而已。于她，你有"恩"但无"权"：有生死活命的恩情或恩义，但没有视她为奴仆的权力与权利——你没有把她当作自家小侍女的合法性。这从"合法性"的根基上，就否定了宁缺视桑桑为侍女的权利。此为"无权"。

第二句，否定两个人的亲密关系和情感：生死相依？啊，呸！你就是要她的命！这里呼应上文所述的"观感"，牵扯下文中的"判断"。生死相依的话，你会把她当劳工一样，往死里用?!就算是你救了她的命，她欠你一辈子，要以一生的劳作来报恩还情，难道你就如此心安理得？你有恩便无义，她还债你无情。所谓的生死相依被简化为赤裸裸的剥削与利用，所谓的亲密关系被恶化为生存和还债的奴役与虐待，哪里来的情感和情分？此为"无情"。

第三句，在假设条件之下，否定其用"童工"的行为：就算退一万步讲，你合法、合情地把她当作自家的小侍女，那她也是一个人而且是一个不足劳工年龄的小女孩，而不是一头拉了一圈又一圈、看不到眼前的胡萝卜更看不到未来的前景和希望的磨坊小黑驴啊！她是人不是驴啊！你把人当驴子用；你把小黑侍女当小黑驴用……这合理吗？救了她的命，天经地义，理当如此?! NO！不合天理，没有道理。此为"无理"。

第四句，在关键链的转移过程中，直接由远到近、由间接到直接，否定了对象——对面这个人：从"她"（不是你的小侍女）到"你和她的关系"（从生死相依到无情奴役），从"不合理的虐待童工行为"到"无良的你"，矛盾的焦点终于直接对准了宁缺这个罪魁祸首：你就是懒骨头（贱骨头），无情又无义，无良又无行，无能又无德，是谓"六无人员"……此为"无·人"：要什么没什么、该有什么就缺什么的人!

这几句话,层层递进,全面、深入、持续地否定了宁缺的为人和品行,也成功地让读者对主角产生了"厌恶感":这简直就是一个"十恶不赦的大罪人"啊!

不"怼"他,还能"怼"谁?!

婢女(公主)"怼"得真是爽啊!

就是要把他"怼"到犄角旮旯,让他永无翻身之地!

但同时,又勾起了我们的好奇心:就像弹簧被压到极点,反角被逼入死角,绝地反扑,会带来什么样的反弹之力?

是不是要从"怼"发展成为更为激烈和猛烈的"互怼"战争?

婢女(公主)将会如何应对?

会不会毫不犹豫地扬起如来佛一样的五指山大掌,铺天盖地地打下去:我让你翻身,我让你反跳,我让你像孙猴子一样上蹿下跳……我就给你一巴掌!一掌把你打入尘埃,打入地底,打入深渊,打得嵌入十八层地狱深处,永世不得翻身!

这才对嘛!

这才叫"怼"嘛!

我们预期并顺着婢女(公主)这第三只眼,"怼"得宁缺无话可说、无路可退,但我们还是期待着他的反击;当然,我们更期待婢女(公主)更高级的"怼"、更猛烈的虐渣,从而引爆更为强烈的"造爽"情绪潮流和高峰体验……

让爽文故事的暴风雨来得更猛烈些吧!

但——且慢!

这里缺了一个双引号!

第二节 预期与误读：
标点符号居然也玩缺席？！

没错，这话不是婢女（公主）"说"的！

而是她心里"想"的！

我们以为她是直接推门而入，毫不客气、劈头盖脸地"怼"了宁缺一顿；就像机关枪，先嗒嗒嗒地扫射一遍，让情绪的子弹飞啊飞啊飞满天——至于有没有误伤，有没有错杀，干卿何事？

由此，我们可能会像故事通常的套路一样进行预期：

婢女（公主）采取了行动，"怼"了宁缺一顿；

按照矛盾和冲突原理，宁缺必然做出反应和反击，"怼"了回去；

他的回"怼"必须激发婢女（公主）更强更庞大的怒火，于是她采用了更猛烈、更激烈、更强烈的"怼"弹炮火……

鸟枪换大炮，战争就是这么升级的！

我们预期甚至渴望看到这样一场不断升级的"怼"战争！

然后，一个标点符号的隐性缺席，却让我们所有的预期落了空：婢女（公主）和宁缺居然没有天雷对地火，"怼"出一场世界大战来！

是的，隐性缺席！

这个标志着"话没有说出来而是闷在肚里想想而已"的双引号是缺席的！

然后——

我们以为它是漏掉了的；

是我们看走了眼；

不是真的缺席，而只是作者的错漏或者网站的误差……

所以，按照正常的逻辑、思路和结构，我们理解和接受了如下的场景：婢女（公主）推门进去，难道不正像《红楼梦》中的王熙凤出场一样，人未到语先闻？

先"怼"人；

再推门；

人进院；

然后，面对面相"怼"！

犹如高手摆擂台赛，已经在场的人睥睨天下，傲视群雄——"屠龙刀在手，倚天不出，谁与争锋?!"

那傲娇的样子、找抽的德性，怎么看怎么让人生厌。

所有场外的人都恨不得啪啪打他的脸——奈何有这心，却没有这个机会。

抽他？就你这小身板，上去是找抽的吧！

那擂台场上的人，就是一条霸王龙啊！

仿佛听到了吃瓜群众的心声，众望所归，有人大喊一声："倚天剑来也！专治屠龙霸王不治之症！"

人还没来，声就先到了；

声到了场中，人才开始进场；

人进到场中央了，篱笆墙外的吃瓜群众才反应过来，啪啪鼓掌（打脸）：殴他，殴他，就在群瓜深处！

没错，这就是我们这些剧外吃瓜群众想当然的发展逻辑和故事情节！

但——怎么跟我们预期的不一样呢？

猫腻只用了一个隐性缺席的标点符号，就打破了我们所有的阅读预期，让我们在大失所望之下，又隐隐然逆转到了另外一条阅读的方向和道路之上。

没错！话没有说出来就不算是"怼"人！仅仅在心里想了又想、酝酿了又酝酿的"怼话"，再怎么庞大、喧嚣和躁动，都没有办法把情绪的暗流引爆成体验的潮流。

但是，猫腻不可能让我们把情绪憋回去吧？

憋出内伤，还怎么引爆爽感的阅读潮流和高峰体验呢？

那么，婢女（公主）还能怎么"怼"?!

第三节 错位与逆转：
在"第三只眼·旁观者说"和"主角代入感"之间

是的，该"怼"还得"怼"。

只不过，看怎么个"怼"法。

阅读预期中扎心窝、戳痛点的"怼"法，在猫腻完全不讲套路的故事节奏之中落了空，我们不得不发出了疑问：如果婢女（公主）按照顺理成章的逻辑"怼"了下去，那么"魂归何处，墨归哪里"？又以什么作为"怼"的切入点和着力点，从而构建所谓的"虐渣—造爽"支点、杠杆和机制体制[①]？

假若宁缺就是一个渣男，婢女（公主）"怼"得越狠、虐得越惨，自动代入为婢女（公主）第三只眼的我们这些剧外人，获得的情绪感受和阅读体验就会越爽。

但如果宁缺就是主角，那么婢女（公主）就是一个渣角。她现在越是把宁缺"怼"得厉害，越是想啪啪打肿对方的脸"充胖子"，就越会被扮猪吃虎的主角反虐——硬"怼"得越狠，反虐得就越厉害；打脸越起劲，最后被啪啪打脸时就越像猪头。

无论是哪一种方向和可能，它们都遵循着同样的"故事弹簧法"——弹簧被压得越紧、越密、越没有腾挪转移的回旋空间，所积之力就越厚，所蓄之势就越大，所储之能就越多，所发之电就越强，就越会造成所谓的"报复性反弹"，就

[①] 参阅庄庸、杨丽君等主编：《爽点宇宙：中国网络文学阅读潮流研究（第2季）》，华语网络文学智库丛书，中国青年出版社，2020年版。该书把"虐渣—造爽"的支点、杠杆和机制体制解读、诠释和建构为网络文学造词、理论和方法论原型（模型），并以此对无罪《剑王朝》的故事文本进行庖丁解牛。"故事弹簧法"是另一个解读、诠释和建构的网络文学造词、理论与方法论原型（模型），可以视为"虐渣—造爽"的补充和辅助模型，用来解读讲故事、写爽文、IP化（改编剧）的网文技术创作标准，甚至泛文化娱乐全产业链创生爽品、制造爆款的创作与生产机制体制。

越容易带来虐渣—造爽的爆发性情绪感受和高峰体验。

"故事弹簧法"其实是"虐渣—造爽"机制体制中的技术手册和操作指南：

在讲故事、写爽文、IP化（改编剧）中，虐渣—造爽是最重要的爽文支点、杠杆原理和转化机制体制；

但是，虐渣—造爽的支点、杠杆和转化，要取得最大化的三果（结果、成果和效果），甚至"四最化"（利益最大化、效益最优化、收益最好化、获益最佳化）的大效果，就必须用好"故事弹簧法"的技术和方法。

"故事弹簧法"的技术和方法，可以不停地积力、蓄势、储能和发电，从而在阅读预期—逆转—结局的故事链之中，构建"V"形结构，创造临界点、拐点/反弹点特别是引爆点，从而可以将需求暗流引爆成最大化的爽感潮流，甚至智造从虐渣到造爽、从虚到实的超爽甚至神爽之旅。

毫无疑问，从"事后诸葛亮"的阅读视角来看，猫腻就是要在婢女（公主）这第三只眼和少年宁缺的主角代入感之间，刻意造成从"故事弹簧法"到"虐渣—造爽"机制的逆转和爆发——因此，我们在婢女（公主）这"他者的目光"之中沉沦得越深，像弹簧一样创造和增长的力量就越深厚，未来V形的逆转线就越陡峭，从虐渣到造爽的引爆点就越剧烈和强烈。

但在所有后文未显、意图未明、临界点或逆转的拐点未曾勾勒彰显之际，我们所有的目光都被猫腻的笔触粘到了婢女（公主）这单向度的第三只眼或他者的目光之中——至少最主要的视线都被聚焦在这种视角轴之中了。

因此，我们只能看到婢女（公主）之所看，想她之所想，感受她之所感受，如她一样预期、判断和行动……

第四节 议价能力：
摆个POSE（姿势）吓唬你

但这仍然只是假想和假象。

因为：我们毕竟不是她！她毕竟不是我们！

猫腻在无意或有意地让我们产生错觉——"我们或许可以像她一样行动"或"我们或许可以预期她像我们想象的一样行动"——的那一瞬间，又毫不留情地打断了这种错觉：她究竟没有像我们想象的那样，推开门去，直接"怼"人和虐渣！

猫腻仅仅用了一个隐性缺席的标点符号——"双引号"，就智造了这种错觉、预期和逆转。

我们错误地以为那个双引号是隐性存在的，所以才会预期她将直接推门"怼"人，并产生她会如我们所预期的一样行动的错觉。

但是，当那个隐性存在的双引号真正缺席时，所有的错觉和预期（我们把自己替代为对方，想象自己在故事中采取了推门"怼"人和虐渣的行动），都被无情、意外却又合理地打断了！

我们除了惊愕，还能做什么表情？！

做什么表情都是多余的！

婢女（公主）不会按照我们阅读的预期采取行动的！

猫腻没有按照套路文的逻辑讲故事，甚至猫腻就是不想让婢女（公主）按照我们预期的那样行动：不走寻常路，不爱大套路！

我们想象婢女（公主）会"怼"人，但猫腻偏偏不让婢女（公主）走套路！

他一定是故意的！

他就是有意的！

别忘了从陈长生化拳为剑、勇往直前却向上一撩，到我们解读、诠释和建构的"故事弹簧法"，最能体现什么？

就是：猫腻惯常采用这种积力、蓄势、储能和发电的"伎俩"（讲故事写爽文的技术）——

起笔就大开大合、奔涌直前、宁折不弯，虽万千人吾往矣，就像小师叔轲浩然充满正气的天地独行和书院二师兄君陌尺量天下的理所当然。

然而，宁缺不是小师叔，也不是二师兄！

所以，即使他也做出了万千人吾独往和理所当然直尺前行的样子，但抵临生死关头之际，总会弯曲一笔，向上一撩——

整个世界与我为敌，我就跟整个世界死磕到底？

NO！我朝整个世界撩个白眼，然后避锋三尺，盘绕回旋！

因为，我就是一个弹簧！

何必硬扛到底，何必硬撞刀尖，何必同生共死、一起毁灭？

那不过是鸡蛋碰石头罢了！

我摆一个同归于尽的姿势，不可以啊？不过是避其锋芒却又可以保持甚至提升议价能力的手段罢了！

是的，宁缺把小师叔的与天同焚和二师兄的与世论理，都摆成了一个"POSE"（姿势），不过是为了增加砝码，把自己的议价能力最大化！

第五节 以杀止杀：
玉石俱焚？不过是"战略威慑手段"

特别是在举世伐唐之后，整个人间进入了"强者宰制时代"——超级修行强者就像制约和影响大唐帝国与西陵诸国联盟力量平衡的重要战略武器——宁缺和酒徒、屠夫展开了"杀人军备竞赛"：

通过摆出不惜屠戮人间、与西陵诸国同归于尽的强硬姿态，迫使西陵神殿甚至昊天神国给酒徒、屠夫施压，让这两个不受制约的超级修行强者停止对大唐帝国普通蚁民无差别、灭绝性的屠杀。

酒徒和屠夫无差别、灭绝性的杀戮，已经给大唐帝国君臣军队、权贵蚁民造成了战略性恐慌，因为谁也不知道自己是不是就是下一个被杀戮的蝼蚁。

而酒徒、屠夫之所以忽然像疯狗一样灭绝人性，以修行强者毁天灭地的能力，屠戮像蝼蚁一样生存的俗世蚁国普通蚁民，就在于宁缺和书院诛杀酒徒与屠夫之心和能力，的的确确让酒徒、屠夫感觉到了恐惧。

所以，他们像疯狗一样到处咬人，就是希望在大唐帝国境内制造出比狂犬病还要令人恐惧和害怕的大面积病毒传染和情绪传播，从而以全境压力给书院与宁缺施压，让他们放弃诛杀之心……

于是，宁缺和书院，酒徒和屠夫，就此陷入了僵局——以杀止杀！

谁先退一步，谁就输了！

这种"杀人军备竞赛"比拼的，不仅仅是双方的实力和能力，还有双方的心理素质——酒徒和屠夫是人世间仅存的经历过上一次永夜的超级修行强者，举手投足之间，足以改变整个人世间的秩序与格局。

但是宁缺和书院的确拥有诛杀这两名超级修行强者的能力。

双方都很忌惮对方，但双方因为种种原因，都不能、不愿或不敢直接杠上。

因此，双方都只有通过杀戮第三方，来逼迫对方低头、服软、输掉所有明面上的棋局。

在这个过程中，宁缺背负着最大的压力。当他摆出与酒徒、屠夫死磕到底的姿态时，他其实是不能、不愿也不敢"玉石俱焚"的！

但他就是摆出了与整个人世间玉石俱焚的姿态，坚决、果断、毫不拖泥带水（至少在表面上装成了这样子）地以杀止杀，把整个人世间和修行世界都杀疼了、杀怕了、杀慌了，特别是把"狗主人"也杀让步了！

> "昊天不愿意，他就不能做……因为他只是条狗啊。"
>
> 他看着程立雪微笑着说道："我是人，为何要在乎狗的想法？"
>
> ——猫腻《将夜》：第六卷 忽然之间 第二十七章 开赌，摆人头（上）

酒徒、屠夫再强再疯，再像一条无比强大的疯狗，也就只是一条狗而已；

狗是有主人的；

你跟狗讲什么道理？

难道狗疯狂地咬人，你也要像狗一样去跟他们对咬，把吃过的亏都疯狂地咬回来吗？

不！打狗要看主人，咬疯狗不如把狗主人打痛！

把狗主人打痛了、打怕了、打让步了，他自然会拉紧拴着疯狗的狗链！

打狗还是要打主人啊！……

这就是宁缺摆出与整个世界（疯狗）玉石俱焚的姿态背后的策略与谋算——

虽万千人，吾独往矣，就是要与你玉石俱焚；

但是，临头一撩，却是像弹簧一样，曲折盘旋，通过报复性的反弹，施加强大的压力，逼迫对手低下高昂的头颅……

弹簧法不仅仅是讲故事写爽文的技术手段，也是宁缺最重要的生存策略：直面不可抗衡的强大敌人时，摆出一个我跟你死磕、血战到底、玉石俱焚的姿态，并不具备真正的战略威慑力；真正重要的是，在正面、直接"接触"的那一刹那，从直线抗争变为曲线盘旋，像弹簧一样积力、蓄势、储能和发电，获得报复性反弹的强大爆发力，从而引爆像"蘑菇云"一样的巨大能量，取得自己想要获得的最大结果、最优成果、最佳效果！

第六节 故事大坑：
从"文武硬怼"到"燎天软着陆"

所以，一切皆是想象。

婢女（公主）并没有推门进院，直接"怼"上宁缺，甚至像讲故事写爽文的套路那样，把宁缺当成反角虐成渣。

或者相反，按照"主角自带光环定律"，像渣角一样，自动送上左脸，被扮猪吃虎的主角打得像"猪头三"一样；再送上右脸，被虐得连爹妈都认不得她长什么样子……

从而，让我们获得"超爽"的阅读潮流和高峰体验。

猫腻并没有采用我们解读、诠释和建构的"虐渣—造爽机制"。至少，在这"一波三折"的剧情起伏线里，并没有在"局部情节点"或"中间环节"上浓缩使用虐渣—造爽机制——

讲故事、写爽文、IP化（改编剧），需要较为完整的剧情线和场景设置；在场景之中一波三折地讲故事，才能设计并使用虐渣—造爽机制。

从虐渣到造爽，需要"弹簧法"的积力、蓄势、储能和发电，亦需要"阅读预期—逆转—结局"的V形结构，更需要"滑落点—拐点即反弹点—引爆点"的爽点设计法。

虐渣—造爽机制需要在一个浓缩得不能再简化的单元场景故事中，进行从虐渣到造爽的完整的爽点创造、爽感建构和超爽（甚至是神爽）愉悦潮流与高峰体验的波浪引爆之旅，而且是长江后浪推前浪，一浪高过一浪——然后，我们的心神就像一叶小舟，在那潮头浪尖"浪啊浪"！

我们以为婢女（公主）推门"怼"宁缺、虐渣角，就是一个完整的"故事和阅读波浪"；但事实上，在整个屠龙公主—渣男少爷（或者逆转为相反的人设和关系）的虐渣—造爽之旅中，婢女（公主）推门进院直接"怼"或"对"上宁缺，不过是这一波三折之中的第二场转折戏而已，而且是起过渡作用的中间场——

第一场戏，从婢女（公主）出场到宁缺出场，是从第三只眼到旁观者说，顺着"他者的目光"来看宁缺和桑桑这一对暂时还未带有主角光环的主仆。

第二场戏，从婢女（公主）直接"对"上或"怼"上渣角或主角宁缺，两者之间面对面的对话与"怼"话、交锋与博弈、攻击与反击……才是浓墨重彩的"虐渣—造爽"戏：它既包括文戏（君子动口不动手；攻心为上，伐战为下），也包括武戏——直接撸起袖子，啪啪打脸，把渣角揍成胖猪头。

第三场戏，戏已完、人未散、余波还未了——"余音袅袅，三日不绝"，这一"怼话"、这一"文武虐渣—造爽战"，给主角或渣角带来了什么样的影响与改变：是关系的突变或逆转，还是"翻天覆地"或春风细雨的改变？

留待他人评说——看看与主角有关，或者非直接相关但隔着"六个人"总会扯上关系的人，会做出什么样的反应！

不管怎么说，婢女（公主）并没有像我们预期的那样，推门直接"怼人"，然后被主角"怼"回去；两个人形成"怼话"（当然，这里也潜藏着"对话"）的故事结构，并构成"虐渣—造爽"的转化机制。

猫腻在此处省略文字数千，于可能会形成"硬怼"的悬崖峭壁前，突然来了一个急刹车，然后往上一撩——犹如《择天记》中的主角陈长生在对决薛河神将时，使用了"燎天剑"，于笔直向前时突然往上撩，画出一个美丽而残酷的抛物线，从而扭转了战局。

只是为什么还有些不甘心呢？不甘心去死？还是说不甘心马上就要死去，却没有办法真正伤到薛河？陈长生不是这样想的。他知道自己可以伤到薛河，所以他继续出剑，不在意自己下一刻便可能死去。

在修行者的战斗里，极少出现在最后时刻临时改变剑势的画面，因为那违背修行常识与自然之理。除非在出剑之前，这种改变已经提前隐藏在剑招里。这样的剑招，非常罕见。最近这些年，这种剑招最出名的叫作燎天剑。

第九章 硬"怼"软爽：
从"公主原型"到"故事迷宫"

燎天剑是离山剑法，是苏离自创的秘剑；单以妙诣论，甚至还在金乌秘剑之上。

陈长生用的就是燎天剑。他会这种剑法，大朝试上曾经用过，只不过那时候他是以拳为剑，而现在才是他真正第一次用这一记剑招。

陈长生的剑以一种难以理解的方式向上挑起，在薛河明亮的盔甲上画出一道仿佛浑然天成的线条。坚硬的盔甲不停碎裂喷溅！

就像被雷电点燃的原野，向着天空喷吐着火焰。

嚓！一道清楚至极的声音响起。

一道鲜血迸射，薛河的左臂被切断，飞向天空里。

几乎同时，薛河的刀落在了陈长生的颈上。

一声如雷般的巨响炸开，原野上的火焰尽数熄灭。

陈长生的膝头重重落在车前的地面上，大地一片震动，烟尘大作。

山海剑等六把残剑，这时候才从空中落下，伴着声响，落在他的身边。

——猫腻《择天记》：第二卷 莫道君行早 第八十五章 苏离的眼光（中）

如果《将夜》那一段推门"怼"人的话加了双引号，是婢女（公主）"说"出来而不是只在心里"想"的，那她推门进院，与宁缺双峰对峙，就必然会形成"硬怼"的局面和局势："怼"话，"怼"人，"怼"决——这会引发双方直接而激烈的矛盾和冲突，再无任何回旋的空间，从而"短兵相接"，形成像陈长生对决薛河神将时使出"燎天剑"后无可避免的决绝和爆发式结果。

不但婢女（公主）和主角宁缺，就是站在篱笆墙内外的"旁观者"都会被裹挟进去，在这种势不可挡、潮奔浪涌的局势与潮流之中，做出不同的反应、抉择和行动，形成不同的情绪、感受和体验。

比如，在这种"硬怼"的局势和潮流之中，从婢女（公主）到主角宁缺，从作者创作到读者阅读，必然会形成一种内动力，推动某种预料、预期和预测式的故事发展：婢女（公主）硬"怼"主角宁缺，如何从"怼话"走向"怼人"，最后形成更为激烈、猛烈和强烈的"怼决"？君子动口不动手，小人动手又动脚。这两人恰好就是"女子"和"小人"也，话说得犹嫌不足，那就撸起袖子，直接下场，亲自动手，又将如何？

这就将"文戏"演变成了"武斗"，甚至"文武全行当"了。但这取决于宁缺如何反应、反击、反"怼"婢女（公主）——假若婢女（公主）将如此难听的"怼"话脱口而出，宁缺如果不直接和粗暴地"怼"回去，那还是所谓的"热血少年"吗？

所谓互动、互"怼"的持续紧张局面、不断激化的矛盾与冲突，就是在这种回应与回击之中形成的：

有反应、有反对、有反击，才会形成反作用力、反阻力、反弹力。

正是因为宁缺有这种"反"应之力，才有可能引发首先"怼"人的婢女（公主）形成更为强烈、猛烈和激烈的"怼"动力，从而让她施予更为强硬、强势和强大的攻击力和打击力，而这也必然招致宁缺更为顽强、倔强和不屈的狙击力和反击力；

两力相"阻"，将会制造更为紧张的关系、更为绷紧的局面、更为恶化的态势……

双方的动态会不断地升级，彼此之间的对抗（对扛）会更加剧烈，整个场面的局势将一触即发，犹如烈火烹油：让暴风雨来得更猛烈些吧！

但——于《将夜》此处，猫腻用笔如剑，就像陈长生"怼"决薛河一样，往上同样"撩"出一条抛物线；然后，朝前、朝下、朝回一绕。犹如下山的盘旋公路，或者我们所说的弹簧向下蓄压的螺旋式。

这使得可能会"硬怼"的整体局势，突然"软着陆"，从而令持续紧张、濒临绷断或爆发的关系，和缓松懈下来；亦让我们已经吊在嗓子眼上的石头被阻了一阻，暂时静止和停滞于时空之中，犹豫着到底该不该"自由落地"，从而在心中砸出一个巨大的坑来。

第七节 以小逆大：
从"互怼升级·越境反超战"到"戏剧战争·小事件大引爆"

但，讲故事、写爽文、IP化（改编剧）常见的套路，还是"怼"天"怼"地"怼"人的"硬怼造爽"。

这一轮又一轮的互"怼"、"怼"扛（对扛）和对决，层层升级，就像添薪加柴、火上浇油、雪上加霜，在某个"引爆点"的临界之处，只需要那最后一"点"，就能引爆戏剧战争大爆发的潮流：

那最后一根稻草，将会压垮长时间负重而行、已然不堪重负的骆驼；

那最后一点火星，将会引爆已经暗潮汹涌的大火药桶甚至活火山；

那最后一道闪电，将会劈开"山雨欲来风满楼""黑云压城城欲摧"的大局势，从而引发一场前所未有的大风暴……

或者这种像"弹簧法"一样积力、蓄势、储能和发电的方法与过程——无论是层层加码，还是添薪加柴和火上浇油，抑或是潮流酝酿和火药累积，所有这种讲故事、写爽文、IP化（改编剧）的过程，其实都运用了"弹簧法"，呈现出另外一种同中有异、逆向而动的发展态势：大战局、大历史、大趋势、大道路，就在那像针眼一样小的"点"上，小小地拐了一个弯，却大大地改变了历史的进程，以及一场战役的结局、一场战斗的胜负。

就像改变整个社会、国家甚至整个人类历史进程的宏大战争，从一开场就爆发"三大战役"式的历史大决战——当双方僵持不下，看似要发展成旷日持久的全民战争状态时，一场小小的战斗之中的一个小小事件，就能扭转整个战局和趋势。

如猫腻在《间客》之中引用那段话所表达的意思：一颗钉子掉了，弄坏了一块马蹄；一块马蹄坏了，惊了一匹马；一匹马惊了，掀翻了一个骑士；一个骑士落马，影响了一场战斗的输赢；而一场小战斗的输赢，改变了整个战局的胜负；而这个战局的胜负，改变了整个人类历史发展的进程……

联邦与帝国，无论是哪一方率先拥有了这种高性能机甲，并且投入到战场之中，便必将赢得战争的主动权。

联邦有个古谚语：丢失一个钉子，坏了一只蹄铁；坏了一只蹄铁，折了一匹战马；折了一匹战马，伤了一位骑士；伤了一位骑士，输了一场战斗。

这种在电影和小说里才能见到的神话战斗，并没有在联邦的历史上出现过，然而这说明了细节、后勤对于战争的重要性。更何况新一代MX型机甲，可以改变战争的某些形态，用科技的力量，带来战争上的实力变化。

所以当国防部向果壳机动公司下达了严厉的时间期限时，工程部的主管以及工程人员，没有丝毫意外。他们也明白自己研发出来的机甲，有着怎样重要的意义。如果想要以一名工程人员的名义，在历史上留下自己的名字，那么这一次的MX型机甲研制，肯定是最好的机会。

时间急迫。十年的研发时间结束，进行了标准的实验室参数获取和模拟演练之后，果壳机动公司工程部便将四台MX原型机甲送到白水公司，让下属的白水公司在百慕大三角星域的区域冲突中使用，以获取战场上的第一手数据。

百慕大三角星域的区域冲突一直不停，而且白水公司选择的实验性武器星球，也远离了帝国奸细能够渗透的部分——所有的这一切都是为了保密。即便如此，联邦军方依然派出了第三军区最强大的一支战舰，远远地跟随着白水公司的作战小队，进入了百慕大三角星域的边缘。

一方面是为了配合果壳机动公司工程部收集数据，另一方面自然是为了保密。在那个荒芜矿星上，所有能够接触到那几辆新式MX原型机甲的流民暴徒，最后都必须死去。

为了一代机甲的诞生，需要一支舰队进行保驾护航，这充分说明了联邦对于此事的重视程度。

那个边缘荒芜矿星上的小股暴徒势力，被白水公司的作战小队花了七天的时间消灭。在第三军区舰队的封锁下,这个消息没有遗漏丝毫,也没有引起任何势力的注意。然而当果壳机动公司工程部的工程师仔细计算战场上新式机甲的数据时,才发现一个很致命的问题。

这个问题如果不解决,联邦新一代机甲MX便只能永远安静地站在实验室中,永远无法成为联邦与帝国战斗时的强悍武器。

这个难以解决的问题,惊动了从果壳机动公司董事会到工程部的所有高级主管,激怒了本来兴奋不已地等待实验结果的联邦军方。所有人都等待着一个超出当前时代的机甲诞生,结果却迎来了如此糟糕的一个消息!

——猫腻《间客》:第二卷 上林的钟声 第一百一十三章 是一团麻

人类发展史上许多影响历史进程的"宏大战争",最后让输赢和胜负拐了一个大弯的,的的确确是许多莫名其妙的小人物、小事件、小概率。

只不过,在书写历史时,真相被掩盖在"超级英雄创造历史"的宏大叙事之中;但不排除这样宏大的历史逻辑,会被运用于讲故事、写爽文、IP化(改编剧)的理念与技术之中——两者的思路、逻辑和结构是同样的,所以,造词、理论和方法论亦可以相通;将两者扭结和连接起来的,就是所谓的"原型(模型)",特别是"故事原型"。

我们在庖丁解牛无罪的《剑王朝》时,曾分析过斯皮尔伯格导演的《夺宝奇兵》中的"热抢灭大刀"场景,解读、诠释和建构了这种"小物件决定人生角斗场大胜负"的故事结构和方法。①

从某种意义上说,越是以弱胜强、越境反超的大事件大场景,越是持续紧张、矛盾激化和冲突加剧的"局势",以及激烈、猛烈和强烈的"战斗场景",扭转战局的胜负手,就越有可能是不起眼的小人物、小事件、小物件(小因素)——因为,这越容易造成既在意料之外又在情理之中、逻辑自洽完整的"逆转"。我们把它解读、诠释和建构为"脑洞故事逆转法"。

---

① 参阅庄庸、杨丽君等主编:《爽点宇宙:中国网络文学阅读潮流研究(第2季)》,华语网络文学智库丛书,中国青年出版社,2020年版。

如果让书舍外面那些还在等待着结果的人们知道了这个结果，大概也会生出和莫离神官相同的看法。要知道，今日和隆庆皇子竞争的并不是那位知命以下无敌王景略，而是一个籍籍无名甚至事先没有任何人知道他能修行的普通书院学生！这种人怎么可能战胜隆庆皇子？

田鼠能够战胜苍鹰？

蚂蚁能够战胜雄狮？

绣花娘子能够战胜夏侯大将军？

宁缺能战胜隆庆皇子吗？

不，这些都是不可能的事情！

除非上苍让苍鹰折了翅膀、断了尖喙！

除非上苍让雄狮提前变成一堆腐肉！

除非皇后娘娘把绣花娘子许配给夏侯大将军当正妻！

除非书院暗中作弊！

——猫腻《将夜》：第一卷 清晨的帝国 第一百五十八章 咔嚓！咔嚓！

从《将夜》到《择天记》，在这段创作时期，猫腻有意识且比较频繁地使用了这种"以小逆大"的脑洞故事逆转法，描绘以弱胜强和越境反超战，从而建构"虐渣—造爽"机制，并越来越聚焦于那个"像针眼一样小"的扭转战局之物（力）。

如在《将夜》之中，从头至尾，宁缺似乎都在进行"越境反超战"：从踏上大复仇之路的第一步，越境反超战胜背叛将军的部将修行者；到营造各种天时、地利与人和的局面，越境杀死巅峰强者夏侯大将军，完成终极复仇计划；再到作为大唐全境守护使，对抗和诛杀万年永夜以来人类最强修行者酒徒和屠夫……宁缺一直都在以弱胜强，越境反超。但是，这种逆转的杠杆，并没有过于有意识或有力地聚焦于"那像针眼一样的点"。无论是"元十三箭"还是"长安惊神阵"，都是相对层级比较强大的"工具"，实在是无法形容其为"弱和小"。

但是，以"小"逆"大"，扭转战局的意识、理念与方法，的确在《将夜》之中就已经开始萌芽。比如，在宁缺作为向导，为婢女（公主）李渔回归大唐

"带路"，遇上不想她回归的人之伏击时，宁缺以梳碧湖砍柴人的"普通之箭"，射杀了相对他来说甚为强大的"修行强者"，从而扭转了整个战局……这就是一个比较典型的以小逆大之案例。

到了《择天记》，猫腻使用这种手法，就越来越明显了；而且，那弱和强、低和高、小和大的对比也越来越鲜明。特别是从"小道士下山"到"逆天改命成功"的前大半部分，所有"虐渣—造爽"机制体制，基本上都是建基于这样的爽点创造、爽感建构和超爽（神爽）体验引爆。

尤以这三大部分为典型：陈长生参加大朝试前后，一路"逆转"，以弱胜强，无论是槐院霍光，还是离山苟寒食；陈长生护送离山小师叔南下，一路"扭转"战局，越境反超，杀伤聚星境巅峰强者，无论是薛河神将还是梁红妆；诸院试战，陈长生打破剧中人旁观者的预期，越境战败高境强者，已是家常便饭。

在这种以弱胜强、以低超高、以小逆大的逆转之战中，陈长生所凭借的"工具"虽然极其强大，但是相比对手或战局来说，仍然很"小"；把这像针尖一样"小"的点，逆转成为"能炸掉敌人那强大的碉堡"的强大杀器，仍然取决于陈长生自己的见识和能力。

这是猫腻在《择天记》之中，比在《将夜》之中更有意识地强调和强化之点；而这种强化和强调，使它更容易成为爽点，并引爆爽感潮流甚至超爽（神爽）体验。

例如从"胜霍光"到"伤薛河"，陈长生"逆转"形势、扭转战局、决定胜负的一招，都是"燎天剑"。这是离山师叔苏离创造的惊艳绝伦的剑招甚至绝招。在苏离师叔向来自恋极了的口吻之中，这个剑招就是这样被夸耀的。

但是，招是死的，人是活的。同样的绝招，别人把它用"绝"了——从绝路走向灭绝的末日之路。但是，在陈长生手里，它被"用绝了"——比绝招还要"惊艳绝伦"，臻至"绝顶"：会当凌绝顶，一览众山小；原来绝招还能绝顶，就这样用绝了，别人还怎么用？

比如，谁能想到"燎天剑"这一招剑法，还能当拳法用？陈长生就这样用了！所以，一撩，一拳，把霍光轰上了天。连那些"巨头"们都没有想到。

谁又敢在生死关头的笔直狂奔路线上，想到并敢用"燎天剑"，从而以伤己身的代价,换取对方而且是超过自己太多的强者的性命之忧?陈长生在对战薛河神将时,就这样用了!这已经超出了薛河神将的预期与掌控。

绝招用到合适的地方才能叫"绝"!而能够用到合适的地方,靠的是见识、决断和能力——能把它用到绝顶的人,才能叫"惊艳绝伦"。

"燎天剑"是绝招,创造它的离山小师叔是一个绝妙的人,但是能够且敢于这么绝地用它且用到绝顶的陈长生,才是那个让我们从眼睛到脑海都"惊艳"的"绝伦之人"。

但是,相对于离山小师叔,相对于那些超强巨斗,甚至只是相对于"燎天剑"本身……陈长生都是如此不起眼、平凡平常平庸之至,甚至黯然无光、黯淡至极的普通之人。

普通之人遇上超强之敌,败,惨败,一败涂地!谁都会这么想。

平凡之身拥有非凡之资,资质,特质,绝佳的根质?谁都没有想到。

非凡之资遇上绝世之招,能用?敢用?怎么可能会用?谁都不看好。

但,那个最平凡的人,就这样使用了一手绝世之剑招,而且,让它出乎意料、大放光芒、璀璨星空!

这哪里只是绝招啊!这简直是在整个宇宙放了一个大招啊!让整个宇宙都绚烂到了极致、惊艳到了极点的绝顶一招啊!

如此平凡之人,却让绝世一招绽放了如此璀璨的光芒!

他惊艳绝伦的非凡之资,亮瞎了超强敌手和所有旁观者"巨头"的钛合金狗眼!

什么是爽点?

这就是爽点啊!

这就是爽感啊!

这就是超爽(神爽)啊!

第十章

废柴·飞蚁：

从信天、战天到择天记

正是夏侯大将军和亲王李沛言策划的"将军府灭门惨案",毁掉了宁缺"这四年的幸福时光",也毁掉了他在异唐世界美好生活的愿望和希望,故事的基调才会由此转为宁缺向夏侯和亲王的大复仇记——而不是从穿越救国到拯救苍生、从改变自己到改造世界的套路。

因此,这种灭门与复仇主题背后的"身份(自我)的悬念"(从将军之子到门房之子、从冥王之子到冥王之女、从冥王降临子女到昊天的分身),以及"大阴谋/大圈套论、大迷局/大格局论"(从冥王入侵到永夜传说、从修行强者飞蚁到昊天神国圈养牧羊、从昊天信仰的本质到天外天理论),也就成为整部《将夜》宏大世界观设定集和故事布局的轴心杠杆和架构。①

在这个故事布局之中,宁缺这个穿越者,除了在跟夫子探讨异唐世界本质时,"卖弄"了有关地球、月亮、宇宙的天文科普知识之外,基本上就没有再利用任何的"穿越者优势(金手指)",反而正是因为从地球穿越到异唐,雪山气海不通,成了一个不能修行的"蝼蚁废柴"——身份是"门房(家丁)之子",资质是"修行废柴",穿越到《将夜》中俗世蚁国和修行世界二元架构的异唐世界之中,宁缺没有任何穿越者的优势,反而处处受制于与原住民极其不对称的劣势。穿越者"金手指福利系统"的黄金定律和爽文套路全部失效:金手指点江山,激扬文字,改变人生,改造世界。

比起穿越者以金手指的优势,完成碾压(震撼、威慑)原住民、改变人生、改造世界的黄金三部曲,《将夜》更为关注的是主角宁缺从穿越者到原住民转变的心路历程——寻找和确立在异唐世界的自我意识、身份和位置。从"蝼蚁废柴"到"飞蚁强者",从"非典型唐人"到"典型唐人",从"生而如蚁"到"美如神明"……这个过程是如何炼成的?

在这个过程之中,宁缺从蝼蚁演变成飞蚁,成为凡人对抗昊天的关键链。

但——谁又是飞蚁?

这是从开篇就钩住我们,并且在整部《将夜》中将我们一钩到底的问题之饵!

飞蚁到底指谁?

那几只特立独行的飞蚁,都是哪些人?

他们到底看见了什么,又因何而恐惧?

最重要的是,恐惧之后,他们分别做出了什么样的选择?

选择比什么都重要。

---

① 参阅庄庸、杨丽君等主编:《爽点宇宙:中国网络文学阅读潮流研究(第2季)》,华语网络文学智库丛书,中国青年出版社,2020年版。

因为，在态度和行动之间，选择才是区分不同飞蚁的分水岭。尤其是，这种选择基于不同的信念——人和天，到底是一种什么关系？

《将夜》整部作品，其实就是一部三代飞蚁的选择史：信天、战天还是择天？

集万千选择于一身，所有的选择，最后竟然都系于宁缺从梦境到现实的选择！

第一节 修行强者：
史上最强大的三代飞蚁

人类之中，总有那么一些人，不安于现状，不甘心匍匐在地上。

在抬头望了一眼天空之后，就总想飞升天外天，看一眼天那边的风景是什么——这就是想看天外天的"飞蚁"。

就连夫子这样"世界上最高的人"，都想看一看天那边"有月亮的世界"是什么样子的，何况其他的修行强者?!

他们就是飞蚁。

毫无疑问，从故事一开始到前半部分，《将夜》都在让我们相信：飞蚁指的就是那些修行强者。

他们不停地修行和攀升境界，向着天道无限地接近，由此也就跟天产生了不同的关系：回归、融合、威胁、挑战……并据此做出不同的选择，从而带来不同的命运和结局。

《将夜》整部作品，其实就是一部三代修行强者的飞蚁选择史。

第一，前代堪称"父辈的旗帜"。

如小师叔轲浩然和莲生大师的不同选择，是虽万千人吾往矣的浩然之气，还是恐惧到了极点，以暴制暴、以邪对邪、以外道对外道？

都是不愿意做狗。

但轲浩然修行浩然气，骑驴仗剑直指天，正面挑战想把所有飞蚁训为狗的昊天——即使视凡人如蝼蚁、无所不能的昊天，被逼得出手灭了他。强大如斯，顶天立地，虽败犹荣，虽死犹生，足以傲视人世间一切势力。因为，他宁可入魔，也要与天争，争的不仅仅是生存的权利，还有选择的自由。因此，小师叔轲浩然是典型的"有些人死了，他还活着"。

莲生大师是有能力而不争，有实力却不战，没有振翅而飞，不做飞蚁战天鹰，反而因为恐惧把目光从昊天转向人世间，并因为这种恐惧而羞耻，把愤怒之火撒向人世间，掀起了腥风血雨。

又如夫子和知守观观主陈某的不同选择：是韬光养晦、有所为有所不为，还是无为而为？

夫子其实一直在思考，怎样才能避免成为昊天的"美食"：从一直避而不见，到最终的不免一战。在这个过程中，夫子追求的是：人活着就是要有意思，比如与其问成为昊天的美食有没有意义，不如自己做一个美食家更有意思。把有意义的事变得有意思，就是要做一个"吃货"——所以，夫子归根到底就是一个吃货。

但问题是，如果只是他一个人做吃货，那就只是"有意思"而已；但如果把整个人间都变成吃货的天堂，这个命题就被置换成了"有思想"——于是，从有意思到有思想，夫子其实寻找的是"人"的权利：不仅仅是生存，也不仅仅是自由的选择和选择的自由，而是人也要有"吃肉"的权利！

为什么只有昊天才有吃肉的权利，人只能喝汤——甚至只有被"吃"的命运？

为什么不是我是吃货我做主？

而陈某却甘为昊天的"美味"。因为昊天是神圣的，人间是世俗的。神圣吞噬世俗，是天经地义的事情。你不能拒绝，只可愉快地接受。但一旦发现昊天由神圣变成世俗，他就取而代之，从世俗之飞蚁，成为神圣之昊天，从而维持这天经地义的"美食"法则。

再如酒徒、屠夫和佛祖的不同选择：

是一辈子都在躲，从不敢抗争，到最后为了永生而妥协，甘心做一条听话的狗？行尸走肉，徒有其表！他们是典型的"有些人活着，但他已经死了"。

还是因永夜而敬畏，因敬畏而沉默，在沉默之后避世，在避世之中算计？比如佛祖躲在棋盘里对昊天进行惊天的算计……

从小师叔轲浩然"死了还活着"，到酒徒屠夫"活着却死了"，是两个极端。

其他的人，无论是夫子还是陈某，也无论是佛祖还是莲生，其实都不过是在生存、信仰、自由这条"将夜"抛物线上，做出不同选择的"父辈的旗帜"而已——每一个旗帜，其实都代表着一种风向标、一种状态、一种追问。

恰如屠夫和酒徒虽然活着，但其实他们已经死了；小师叔轲浩然虽然死了，却一直活着。在这两个极点之间，不同的飞蚁，都在主动或被动地面临拷问，并寻找答案，比如：什么才是活着？什么才是美好？什么才是人应该追求的生存和自由的权利？甚至，什么才是"人"？……

比如，像知守观后山那些苟活于世、畏惧夫子甚于昊天的强者飞蚁，是"人"吗？是真的在"活着"吗？

"我们真有活着离开这些洞窟的一天吗？"

"我们真的能够重见天日吗？"

"我们要等到什么时候？"

"我们已经等了几十年。有的人已经等到老死。难道还要继续等下去？"

这些带着怨毒、绝望、不甘的情绪问出来的问题，就像是深秋里寒冷的雨水，不停地冲洗着洞窟外的山崖，给洞窟里的人带来了无尽的痛苦。

很久之后，那道浑厚的声音再次响了起来，带着怅然，带着坚毅，带着对未来的期望和对某人的怨恨，沉声说道："等待着，永远等待着！准备着，时刻准备着！等待着，准备着那个老不死的去死！这是我们唯一能做的事情。"

——猫腻《将夜》：第三卷 多事之秋 第三十一章 青山不得出

第二，中生代是"兄长辈的守与改"。

如：大师兄和二师兄怀有希望的坚持；叶苏信念崩溃重构之后的改旗易帜；唐和七念选择了不同道路，虽说都是在沉默地抗争，却是为了不同的目的。

第三，最后是"新生代自己的选择"。

如：宁缺和陈皮皮师兄弟，一个秉承了浩然剑意，一个继承了天下溪神指，却各有羁绊；书痴、道痴、花痴三痴，各有不同的选择；隆庆皇子……

父辈的旗帜太过于星光璀璨，使得后面两代修行飞蚁似乎都黯淡无光，以至我们在此处似乎也"乏善可陈"，只有寥寥几笔带过。但事实并不是这样的。过去的荣光属于父辈，但未来的骄傲属于后辈。

整部《将夜》其实说的就是，中生代和新生代如何接过父辈的旗帜，开创未来，做到他们父辈都没有做到的事情。比如，从信天、战天到最后真正的择天……

一部《将夜》，就是一部"修行飞蚁择天史"。

而修行者修行升天看风景，其实就代表着人类不甘于自身经验和想象的局限，总想探索未知和未来的世界与领域。

因此，从夫子、小师叔等这样的大修行者，到叶苏、大师兄、陈皮皮等这样的修行天者，无论是试图飞到天外去"看风景"，还是脚踏实地地"看自身的方圆"，其实都是想"从心所欲不逾矩"。

在这部作品的最后，当"天之规矩和封闭"被打破之后，叶红鱼、莫山山这样年轻一辈的修行天才都要飞到天外去看风景时，宁缺和桑桑这样的非"凡夫"也非"俗子"，却必须要面对"开门七件事"——柴米油盐酱醋茶，以及"洒扫进退皆为道也，夫妇之道尤重要"这样俗世蚁民必须面对的人生修行。

这说明了什么？人所怀念者，唯诗和远方。到远方去，看最美的风景，是人一辈子的梦想驱动力。然而，走遍千山万水，寻找身边的你——生活才是人一生中最大的修行。

不知道《将夜》是不是有着这样的创作观念？或者是植根于此而不觉。至少从我们的视角来解读，从七念到叶红鱼，一代又一代修行者的历史，就是飞蚁"浴光而起"，想修得更高、飞得更高，到远方去、到山那边去、到天那边去……看风景的历史。

但最美的风景永远在人间，在身边。从桑桑到宁缺，确实是逆此而行——人生就是一种永远无法停止的修行，天道就在人道之中，所以，人间烟火味才是修行世界的最深处。

天道即人道，择天其实是在做人。从一开始，《将夜》就形成了一个太极图式的开放但又闭合的循环系统。

第二节 从废柴到天才：
史上最弱的那一只飞蚁

宁缺这种从废柴到天才的"史上最弱飞蚁"，就因缘际会地成了这个太极循环系统的中心点。

宁缺面对修行天才陈皮皮曾感慨道：面对那些修行者，他就像是一只"蚂蚁"……

这是对自我意识、身份甚至身世的自怜。看似是对中国网络文学玄幻文中"废柴逆袭"套路的承传，事实上却有着比这更复杂的内涵。

"废柴逆袭"的套路是什么呢？开创废柴流的《斗破苍穹》[①]，奠定了最基本的模式：一个令人惊艳的修行天才，因为某种莫名的原因，忽然止步不前，甚至修为大跌；别说曾经远远落在他后面的人都赶超了他，就连路人甲路人乙都鄙视其为"废柴"，直到某一天他发现了真正的原因……

宁缺前世（穿越前在地球世界生活）是一个"奥数少年"——天天坐在自行车后座上参加各种兴趣班、课外辅导班且大多数人无法赶超的"学霸"。

穿越到这个没有月亮的东方玄幻世界，就成了一个"修行废柴"——雪山气海只通几窍，一而再、再而三地被打击，没有修行的可能性。

如果按照"基因"来说，他就会堕落尘埃，被归到这个世界"最普通"的俗世蚁国、亿万蚁民之中。没有修行的天分，就只能挣扎于俗世蚁国中，难为"大道"。

这就将他划到了两个世界界限分明的壁垒之中——他来自"第三世界"，现在却只能算是挣扎于俗世蚁国的普通蚁民，难以找到进入修行大道"世界"的

---

① 参阅庄庸、杨丽君等主编：《爽感爆款系统：中国网络文学阅读潮流研究（第3季）》，华语网络文学智库丛书，中国青年出版社，2020年版。

门径。

这两个世界界限如此分明，以至于《将夜》里说："两个世界的悲欢离合从来都不相通。若能相通，便是圣贤。"

夫子就是在两个世界之间相通的圣贤。但是，由于宁缺来自"第三个世界"——那个世界甚至有手眼通天的夫子都没有见过的月亮，所以宁缺在俗世蚁国的世界中，虽然不能"通"向修行大道的世界，却又跟其有着千丝万缕的关联——比如，他老梦见的那一片"汪洋大海"，就源自昊天。

宁缺认真回忆着梦里的感受，说道："在我的梦境中，那些连绵仿佛不曾间断但又能听出规律的呼吸，最后都变成了某种实质化的存在，暖洋洋的，一滴滴汇在了一起，最后把我的身体包融其中。只是无论我怎样去摸去捧，都没有办法握住那些仿佛比水还要轻滑的东西，只能眼睁睁地看着它们从我的指缝间溜走。"

吕清臣强行压抑住心头的激动，沉声问道："你在梦里面感受的范围有多大？不，应该是说像什么？一盆水？一条小溪？还是一方小池塘？"

宁缺抬起头来，怔怔回答道："好像……是一片海。"

吕清臣身体微僵，然后颓然无力地跌坐回软垫之上，沉默很长时间后自嘲地笑了笑，笑容显得有些疲惫，喃喃道："是啊，怎么可能呢？"

宁缺从他的神情中已经大致猜到事情并不如自己幻想那般，却依然不死心地问道："吕先生，这是不是您所说的初境？我感觉到的是不是天地之息？"

吕清臣老人拍了拍他的肩头表示安慰，声音微涩地说道："初境便是初识。前些日子我曾对你说过，这是指修行者之意念自气海雪山外放，开始明悟天地之息的存在。换句话说，这是世俗人睁开眼看到这个全新世界的第一瞬间。"

——猫腻《将夜》：第一卷 清晨的帝国 第二十四章 好家伙

假若按照《将夜》里吕清臣老人的观点，在这个世界里，修行者进入"初境"时的所见所闻，就代表着他的修行境界：从一盆水，到一方小池塘，再到一条小溪甚至一方湖泊……

"若他能感受到一条小溪甚至一方湖泊……那他日后必将成为世上尊崇的大修行者。"

"当今世上知命境界巅峰人物极少,而其中犹以南晋剑圣柳白资质最为惊艳。这位剑圣当年不到六岁便入了初境,一入初境便看见一道奔流不息的黄色大河!这就是真正的天才!这就是为什么他凭一手黄河剑意纵横南方,现在被世上修行者公推为最有可能突破五境之人!"

"看见一道黄河便是这个世界上最强大的修行者,那么看见一片大海呢?宁缺沉默了很长时间,他虽然隐藏着很多秘密,但从来都不认为自己是个天才,更何况还是这种比举世公认的天才人物更变态的天才。然而依旧有些……不甘心吧。"

因为,"初识时的大海代表着什么?那代表着这整个世界的天地元气。"因为桑桑的原因,宁缺从初识起,就能看到那个不可见的"整个世界的所有事物"——这就是真正的"天才"!

所以,"废柴"下面掩盖着真正的"天才",更何况他是从"第三世界"来的。对于这个没有月亮的世界,宁缺就是"生而知之"的人。生而知之的人,又怎么可能是真正的"废柴"?

因此,在"天才OR废柴"这样一个简单的人设特质上,宁缺就整出了一个复杂的几重体系:生而知之的前奥数学霸少年,术科精通只是小菜,但"永字八法"及类似于五笔的拆字法,让他在两个世界之间得以贯通,从"宁大家"到"神符师",走上了"天才炼成"的超光速之路。

然而,在《将夜》里,除了术科和书法之外,很少强调宁缺"生而知之"的天才知识系统,相反在更多地强调他"蛮拼"的干劲。

无论是从四岁亡命天涯,一日复一日地挣扎于生存的边缘,时时、分分、秒秒都在谋求如何能够"活下来",还是苦练刀箭技,成为最凶悍的"梳碧湖砍柴人"……都很少看到他前世"知识谱系"所带来的穿越福利。

即使在他真正走向修行道时,从始至终贯穿到底的,仍然是那一个字:拼!生而知之的"穿越"知识系统,根本就没有带来多少助力。

这大概是《将夜》与大多数"废柴逆袭文"套路不一样的地方吧。同样是

"废柴逆袭"的爽点模式,《将夜》重点不在于从"废柴"到"天才"的助力,而在于从"废柴"到"天才"的阻力……如果是"助力",就需要朝向外部,着眼于金手指、穿越的福利、生而知之的前世知识系统;但如果是"阻力",就需要转向内部,挖掘人的意志、精神和行为。

也就是说,从"废柴"到"天才",《将夜》拼的是那一口气、那一股劲、那一种"不抛弃不放弃""死磕到底""硬扛到死"的精气神!

这才是猫腻能让那个"人"立于平面之上的真正原因。

因为,在活下来且要活得更美好的强烈的生存意志面前,所有的知识金手指,并不能削减天道无情、视其为蝼蚁从而"天不让你活,你又能奈何"所带来的主要矛盾和根本冲突。

第三节 天道无情：
天不让你活，你又能奈何？

这就触及了"天道"和"人道"、昊天和飞蚁的根本关系。

天人关系，到底是怎么样的？

宁缺因为承传了小师叔的"浩然气"，从而入"魔"，被夫子囚进后山设了禁制的崖洞里，像小师叔一样必须想通这个最基本的问题，才能出来。想不通就一辈子都出不来。

当宁缺终于想通了天地元气、浩然气和魔宗修炼的根本问题，闯关而出后，他和夫子论夜，追问小师叔之死，终于第一次探讨到了"天道"和"飞蚁"的关系（第二卷第二百零一章）。

他们探讨的第一个问题，就是：天道是怎样的一种存在？"思考天道是什么"就成为求解问题的第一步。

虽然，人类一思考，昊天就发笑。但是，夫子的态度很明确，即使我们被取笑，但仍然要思考。人如果忌惮别人的嘲笑，不再思考，那我们又如何学会走路，学会写字，学会修行？

宁缺以自己的亲身经历和感悟例证并赞同之。他多年苦苦求索修行之道，而被他人取笑，却仍能坚持下来并取得今天的成功，不正是证明了这一点吗？

最重要的是，他和桑桑的亲身经历，也证明天道是一个无情的、虚无缥缈的存在。若是天道有情，他和桑桑又何以一生"颠沛流离、凄苦不堪"？如果天道真的有心，苍天真的有眼，又如何能够俯瞰人间的悲欢离合而无动于衷？人世间又哪来这么多的不公不平不忿？……

所以，宁缺这简简单单的几句感悟，却是浓缩了整个人类从古至今，对于苍天、命运、天道的愤怒与诘问：天道哪有心？苍天哪有眼？命运哪曾公？——所以，它哪里是有情、有心、有性、有生命、有温度的存在？

天，就不是一个东西！

夫子对宁缺的回答有些满意。夫子从自身思考出发，对天道做出了自己的定义和判断："昊天有没有生命，我们不知道；有没有具体的形态，我们不知道；昊天在哪里，我们依然不知道；但他有没有意识，师弟他以死亡为代价再一次做出了确认。"

三个"不知道"，将"昊天"之可怕勾勒得淋漓尽致，因为"未知"的东西最可怕。但是，与这三个未知所带来的可怕相比，小师叔轲浩然以生命为代价，确认"昊天是有意识的"，这一点更可怕。

因为，如果昊天没有意识，那么所有的有情、有心、有性、有生命、有温度都可以翻过篇章。但若是他有意识，却仍然无眼无心、不公，冷眼旁观人世间的悲欢离合而无动于衷，导致宁缺和桑桑甚至整个人类都颠沛流离、凄苦不堪，那这样的昊道何其冷酷，这样的昊天何其无情，这样的命运何其恐怖！

哪怕再愚蠢，人类也要思考，更何况夫子这么睿智的人和宁缺这个前世的学霸。当史上最高的那个人和史上最弱的飞蚁一相遇，就思考出并重新定义了"天道"：天道就是一个有意识但是虚无（无情）的存在。

所以，遇灾逢难，呼告"苍天有眼"，吁请"青天大老爷"做主，实在是人类自己一厢情愿的事情。

夫子问道："你有没有想过天道是怎样的一种存在？"

宁缺想了想。对于天道这种虚无缥缈的存在，自己还真没有什么概念。

"没有。您刚才不是说过，当世人思考的时候，昊天总是在发笑？"

"但有些时候，即便被取笑，我们依然要思考。如果婴儿迈出第一步时摔倒被人嘲笑后，便不再尝试，那他必然一辈子都不会走路；如果你学书法时，写的第一个字太难看，便不再继续，那么你必然不可能成为现在的宁大家。"

"老师，我觉得你这时候就是在取笑我。"宁缺笑着说道。

他想起自己多年来苦苦求索能够踏上修行之路的方法，捧着太上感应篇茶饭不思时，也曾被渭城里的人们取笑过。而自己并没有放弃，才最终有了今天。

然后他想起自己和桑桑颠沛流离、凄苦不堪的一生，确认自己一直以来秉持的看法是正确的，那么苍天肯定没有一双始终俯瞰着人间悲欢离合的眼睛，因为命运对待世人并不公平。

所以他思考片刻后回答道："天道是很虚无的存在。"

夫子对他的回答有些满意，说道："昊天有没有生命，我们不知道；有没有具体的形态，我们不知道；昊天在哪里，我们依然不知道；但他有没有意识，师弟他以死亡为代价再一次做出了确认。"

微寒的夜风卷动了崖下的流云，挟着湿冷的水汽，一往无前地撞向绝壁；然后四处流散，渐渐漫至崖坪之上，平添几分凉意。

夫子抬头望向高远而冷漠的天穹，悠悠说道。

"如果真有天道，它俯瞰世间，大地上那些艰难求存的百姓，甚至那些看似可以呼风唤雨的修行者，也只能是些蚂蚁一般的存在。"

"如果真有天道，它根本不会对蚂蚁投予丝毫怜悯与关注；而当那些蚂蚁里有几只忽然抬起头来望向它，甚至开始生出薄如羽翼的双翅飞向天空，试图挑战它时，它的意识和意志又怎会允许这种事情发生？"

"如果真有天道，那么天道无形，更加无情。"

——猫腻《将夜》：第二卷 凛冬之湖 第二百零一章 如果真有天道

于是，夫子连续用三个"如果"，无情地揭开了"青天"温情脉脉的面纱，将"昊天"背后鲜血淋漓的残酷真相撕在人面前；而《将夜》也终于冷峻地将"蚂蚁哲学"的三种"天道—人道"关系，赤裸裸地挖掘了出来：

第一，如果真有"天道"，那大地上艰难生存的百姓，只能是像蚂蚁一样渺小的存在——这就是"俗世蚁国"中像蝼蚁一样的蚁民。即使是那些看似能呼风唤雨的修行者，在天道眼里，也不过就是几只"飞蚁"而已——能够飞起来，飞向天空，但仍然只是蚂蚁而已，不值一提。

第二，如果真有"天道"，"它根本不会对蚂蚁投予丝毫怜悯与关注"，所以俗世蚁国，生离死别、天灾人祸、不公不平……均不会获得昊天的同情心。因为，它本就无心、无形、无情。

第三，如果真有"天道"，那它就是权威、主宰、规则的集合体，甚至游戏规则本身，绝不会容许任何像蝼蚁一样的人挑战他的规则。

"而当那些蚂蚁里有几只忽然抬起头来望向它，甚至开始生出薄如羽翼的双翅飞向天空，试图挑战它时，它的意识和意志又怎会允许这种事情发生？"

于是，冷酷、残酷、血腥的镇压、毁灭就势在必行。

你是一只飞蚁又怎样？

你飞得再高又能怎样？

折断你的双翼，消灭你的肉体，让你的灵魂在整个宇宙间灰飞烟灭！

就像小师叔轲浩然逆天、抗天、试图诛天，却反而被昊天"天诛"一样，最后毁得渣渣都不剩。

第四节 天人关系：
人间有信，但大道无情

但不战天，选择信天，就可以了吗？

人间有信，但天道无情——选择相信昊天，结局就一定会美好吗？

假若大道无形无情，人类应该怎么办？

《将夜》通过展现宁缺的疑惑，探讨了三种"飞蚁"对待天道的"人道"。但越是探讨，就越是留下了更多的疑惑。

第一种就是像西陵教典记载的一样，"羽化成仙"，回到了昊天光辉的怀抱，进入了完美的永恒。

第二种就是像小师叔这样，想要飞上天穹，却因为触动了天道的尊严而遭天诛，最终壮烈地死去。

第三种就是像夫子这样，收敛了自己的飞翅，在天穹之下、人间之上，寻找着什么。

这的确留下了一系列的疑问：

人世间亿万蚂蚁，生出双翅的肯定不只这几只，那么他们都去了哪里？

小师叔战天，究竟只是因为骄傲，还是因为别的不可知原因？

那些回归昊天的飞蚁，真的是得到了平静永恒，还是背后有一个巨大的圈套和阴谋？

为何柳白、颜瑟、光明大神官等一系列强大的修行者，明明可以跨越更高的境界，距离苍穹更近，却为何心生疑惑，迟迟不肯跨出那一步？

为何酒徒、屠夫之流，经历无数次万古长夜，使出洪荒之力，也要隐匿形迹，跟昊天玩躲猫猫的游戏，就是不肯回归昊天所谓"神国光辉的怀抱"？

夫子滞留人间，遍走大地，到处寻访长夜踪迹，到底查看到了什么？

……

这背后,或许隐藏着难以置信、让人不寒而栗的真相。

就如我们常在科幻片里看到的场景,那些星球霸主就像牧场场主一样;

地球就是一个巨大的牧场,圈养着昊天的"食物";

那些最大最强的飞蚁,犹如养得最肥最壮的猪……

养肥了干吗?自然是要送入昊天的"饕餮之口"!至于那些不肯被驯服、不肯屈服、不肯顺服的人,自然会成为提前被屠宰的一批。

这是不是就是真相?

若真相真是如此,飞蚁应该如何选择?

假若大道真的无形无情,人类应该如何看、怎么办,才能让自己生存下来,且活得更美好?

宁缺问道:"您在找什么人?"

夫子说道:"我想找到一些和我一样的人。"

宁缺问道:"您找到了吗?"

夫子说道:"我找到了酒徒和屠夫。我从他们那里,知道了关于昊天更多的事情,也知道了一些永夜的事情,于是我想邀请他们一道做些事情。"

宁缺说道:"他们没有同意?"

夫子点头说道:"不错。"

"那您怎么做的?"

"我和他们打了一架。"

"谁赢了……"宁缺摆手说道,"抱歉,这个问题很白痴。"

夫子叹道:"他们当然打不过我。恼火的是,他们还是不肯听我的。"

"您究竟想做些什么?"宁缺问道。

夫子看着宁缺说道:"你先前不是问我这些年,我都在做什么?"

宁缺点点头。

夫子说道:"这些年,我的绝大多数时间,都用来思考一个问题。"

宁缺问道:"什么问题?"

> 夫子说道:"怎样才能战胜昊天。"
>
> ——猫腻《将夜》:第四卷 垂幕之年 第七十三章 夫子的故事(下)

敢于拔剑而起,抗天、战天甚至捅天一剑的人,千年以来,唯有小师叔一人而已。

就连同样惊艳绝伦的莲生大师,叫喊着要改天换地,创造一个新世界——也不过是在苍穹之下,把那个天之牧场建设得"更大、更花团锦簇、更有诱惑力和吸引力"而已。

但"天之牧场"的本质属性,没有发生根本的改变。

或许正是因为如此,夫子才长留人间,试图找到方法,采用更温和的方式,改变人类"蚁国生民"、修行者被圈养的命运。

但这些都只是猜测。师徒二人此次论天道说蚂蚁,不过是揭开面纱之一角而已。更多残酷的真相还掩盖在厚厚的帷幕之后。

但只要人间有信,大道却无情,修行强者和昊天世界"普遍而持续的紧张关系",就会一直存在。

第五节 浩然之气：
从"浇心中块垒"到"拔剑问昊天"

由此，剖析书院对昊天的态度，就可以挖掘"蚂蚁哲学"第三个层面的内涵和意蕴。

它基本上由三部分组成：夫子、大师兄等代表对昊天的立场；从小师叔到宁缺，代表对昊天的观念；还有二师兄、陈皮皮等，代表对昊天的态度。

这其中，尤以小师叔轲浩然最有代表性。因为小师叔对昊天的观念，与魔宗特别是创建魔宗的那位光明大神官最有比较性："都是那般的倔强不甘充满棱角。"但是，细细品味，"却又有本质上的不同"。关于这一点，作者在《将夜》第二卷第六十八章之中进行了比较和区分。

> 数十年前，依然是这片青翠山谷，千顷湖水静掩其间。
> 忽而狂风大作，魔宗山门阵法启动。湖水宣泄一空，水落而石出。
> 石出块垒现，横亘天地间，堵塞世间路。
> 一名青衫书生骑着一头小黑驴行走世间。
> 忽然前路被堵，满山满谷的石头令他不悦、令他不爽。
> 于是他抽出腰畔佩剑，将这座传说中的块垒大阵尽数斩成齑粉。
> 然后他骑着小黑驴继续呵天骂地而行，眉儿和神采同样飞扬，好不快哉。
> 何以浇块垒？
> 凭胸中一股浩然气足矣。
> ——猫腻《将夜》：第二卷 凛冬之湖 第六十九章 何以浇块垒（下）

何以浇块垒？以千顷湖水，以天地元气，但最重要的是，"凭胸中一股浩然气足矣"。

同样是惊艳绝伦的人物，开创魔宗的光明大神官，只能将不甘与愤懑锁于块垒石中，以沉默的姿态，对昊天表达自己无声的抗议。

但是，小师叔轲浩然，不爽时就拔剑而起，捅上一捅，即使要将昊天捅出一个洞，也无所畏惧。

这就是本质的区别。

光明大神官对昊天再不甘与愤懑、再沉默与倔强、再不满与抗议，他的骨子里却仍然"保持着敬畏"。

但小师叔，态度却是极其自由和恣意，洒脱飞扬，潇洒慷慨，"手持一柄青钢剑呵天骂地举世无敌"……骨子里只有两个字：无畏！

这一点区别，却是其后在魔宗山门，当宁缺遇到又一个惊艳绝伦的人物莲生三十二，揭开那段翻手为云覆手为雨的尘封已久的往事时，像剥洋葱一样，一点点剥开来的。

如今来到荒原，在莽莽天弃山脉间感受到那股像雪崖青松般骄傲自信的气息，小师叔便在他的精神世界里鲜活起来。他依循着那道气息穿越山脉，进入青翠山谷，在湖畔破境悟道，坚定而自信地踏过块垒重重，来到了魔宗山门。

在这里，他终于听到了小师叔的故事，也猜到了这个故事的结尾；震撼悲伤惘然之余，忽然间明悟这是自然而然的故事进程。

像小师叔那样骄傲自信的人，当苍穹覆盖的人世间已经没有任何存在值得他多看一眼时，他理所当然会拔出腰畔的剑，指向头顶那片苍穹。

只是，人终究还是不能胜天吗？

宁缺沉默地站在骨山之间，茫然不知该如何言语。

——猫腻《将夜》：第二卷 凛冬之湖 第七十六章 入魔（一）

因为这种本质的区别，昊天可以容魔宗苟活于世，却绝不能容小师叔长留人间。一如叶红鱼所说，"轲先生……最终受天诛而死。"

直到此时，宁缺才忽然明白小师叔是怎么死的。"（他）竟是以这样一种方式，离开了这个世界。"

这就是"战天"。只不过,小师叔败了。但他虽败犹荣。这样的人物,使得骄傲强大的书院二师兄以生命去崇拜,值得红袖招简大家以余生去追忆,也成了宁缺"最大的偶像"。

在魔宗山门,当宁缺、书痴莫山山、道痴叶红鱼都陷入莲生大师设计的困局,几乎还手之力,甚至"思遍身旁所有保命手段,竟是找不到一个打破当前危局的方法"时,宁缺却因小师叔留在剑痕中的浩然气,找到了一线生机——"我有一股浩然气,便当自由而行。这就是天地之间的至理。"

然而,秉承浩然气,选修浩然剑,却带来了一种更为恐惧和不安的选择:"修炼浩然气,需要背弃昊天,甚至与昊天为敌。"

一秒即一生,一刹那即是万年。宁缺陷入了艰难的抉择:"一旦入魔,便是莲生这样的人物最终也只能藏匿于黑夜之中。若要像小师叔一样傲然行于世间,无论修行到何等境界,最终结果也依然是遭受天诛而死……对于修行者而言,这是最艰难的决定。"

对于宁缺来说,这的确是一生之中最艰难的决定。"(他)似乎思考挣扎了整整一生那么长。事实上却只思考了三十粒葱花从小手心里落在煎蛋面上的时间那么短。"他最终选择的理由,仍然是"活着":"他要活下去。他要和某人一起活下去。这是最重要的事情。与之相比,昊天只是一坨屎。狗屎。"

再一次基于活着的理由,选择了"最后一次拜天"。从此,与天斗,成了必然的选择。

夜色早已铺满山外的世界,房间里黑暗无比。
他执刀站在骨山前,冷汗湿透棉衣,沉默不知如何前行。
斑驳石墙上的剑痕停止流动,沉默等待。
体内的剑意缓慢停止流淌,沉默等待。
他的意志也在沉默等待最后的决定。
一旦入魔,便是莲生这样的人物最终也只能藏匿于黑夜之中。若要像小师叔一样傲然行于世间,无论修行到何等境界,最终结果也依然是遭受天诛而死。

宁缺抬头看天，却看不到，只看到了冰冷的石墙和黑夜的色彩。

对于修行者而言，这是最艰难的决定。

对昊天的敬畏，会让他们根本不敢触碰那个黑夜的世界。

即便是对昊天没有丝毫敬畏之心的修行者，基于生死间大恐怖的大考虑，也会十分挣扎；大概会苦思冥想半生白头，也得不出最后的结论。

似乎思考挣扎了整整一生么长。

事实上却只思考了三十粒葱花从小手心里落在煎蛋面上的时间那么短。

他要活下去。

他要和某人一起活下去。

这是最重要的事情。

与之相比，昊天只是一坨屎。

狗屎。

——猫腻《将夜》：第二卷 凛冬之湖 第八十七章 入魔（十二）

这种选择让莲生大师彻底"失态"了。

因为，他没有想到书院在出了一个轲疯子之后，又出了一个宁疯子。而他们的选择，都是"如此变态"——为了活着，居然敢于抗天、择天，直到灭天。

也正是在这里，两个同样惊艳绝伦、亦友亦敌的人物，终于"分道扬镳"。

莲生大师一辈子自负天降英才，却始终被轲浩然力压一头，从而羡慕嫉妒恨，一生都在构陷、设套，却始终没有正视他和轲浩然的本质区别——或者说，他从一开始就很清楚他和轲浩然的差别在哪里，却始终认为自己才是对的，轲浩然是错的。说到底，两个人之间的根本区别，还是"畏天"，或者"战天"。

"这是两种完全不同的选择。其实我大明宗不过是藏在黑夜里躲避昊天神辉的长青苔的石头，虽然号称不敬昊天，但实际上却是格外畏惧昊天的存在。所以昊天可以允许我们的存在，哪怕是作为光明的对照。而当你拿起那个人留下的这把剑，你便会因此而失去所有的敬畏，甚至对昊天的惧怕，这才是真正的魔道。昊天不会允许你们这样的人存在。"

在莲生大师诅咒式的话语之中，所有抗天的人，"会一个接着一个被昊天毁灭"。强大的速度越快,被苍天灭得就越快。因为,"苍天可曾饶过谁?"

然而,对于宁缺这种信奉"活着,就比死了好"的人来说,为了活下去,甚至可以朝冥冥之中的宿命砍上一刀,甚至可以直面与天之战:"人要胜天,何须天来饶?"

这句平淡而骄傲的回答,才是"蚂蚁哲学"真正的答案。

上苍视人类为蝼蚁,生与死,皆为恩赐。

但是,人虽渺小如蚁,活着却也是自己最基本的权利。

人要活下去,就不能看老天爷的脸色。

天若容我,我且相安;我活与不活,皆为己事;非天之恩,无须敬天;若天不容我,我可灭天!

第六节 重构合法性：
从战天到变天的关键环节

小师叔轲浩然战天，夫子破天，宁缺最后变天——这就是宁缺从书院那里传承且必须做出选择的"择天记"。

但这里面演变的关键环节是什么？

仍然在于从小师叔轲浩然到宁缺的传承——里面到底隐藏着什么样的"惊天大秘密"？

即使昊天如此无形、无情，即使小师叔之类的飞蚁被天诛得连渣渣都不剩，但仍然有一股倔强、不屈、反抗的"浩然气"长存人间，世代由传人接续。

虽然《将夜》一再强调这种"浩然气"是小师叔自创的，是一种逆天的东西，根本就不存在于"昊天神辉（元气）"里，但事实上，它虽不属于昊天所赐的元气，却是"天地元气"中最重要的一部分。

《将夜》之中最重要的一个概念就是"气"。天地有元气，所以人才有修行。而在昊天道（不管是知守观还是西陵神殿）的教义和信仰里，这股元气来自昊天的恩赐。

宁缺被夫子囚进后山崖洞之后，必须读通读透三本书。这三本书中的第一本就是《天地元气原初考》，从而接触到一种极具叛逆性但也极具革命性的观点：天地元气，并不是昊天赐予的礼物，而是大自然自身的存在——这就动摇了昊天道的根基。假若天地元气并不是昊天赐予的礼物，而是自然存在的东西，那么，昊天还有什么统治的合法性？

直到此刻，我们还是局限在《将夜》的文本和框架体系内，来思考这种"气"的概念。但我们若是把视野拓宽一些，将其放到网络文学整个玄幻文中的"气"概念和中华传统文化中的"气"概念里面来看呢？

事实上，《将夜》这部作品，极具中华传统文化的基因和接续千年文脉的特质，除了梦回大唐、书院等设定之外，还有一种概念——"天地元气"就植根于中华文明基元的"气概念"。这种"气"，就是先天虚无之气；就是太极，一生二，二生三，三生万物。儒家称其为"太极"，佛家称其为"圆觉"，道家称其为"金丹"……融合儒释道三家文化又具有鲜明理学渊源的《西游记》，开篇就承袭传统，把这种"先天虚无之气"称为"灵根"。

这个概念是不是特别熟悉？

没错，网络文学玄幻文中常用的"灵根"概念，其实就是脱胎于此、化用于此的。只是在使用过程中（如金灵根、木灵根、水灵根），很多使用者并不知道它是传统文化中的一个基本概念，而且就是这种先天虚无之气。

这种灵根或太极之气，在《将夜》之中被界定为"天地元气"。所以，我们看不太出其与大多数网络文学玄幻文相似的"灵根"套路，却体悟出了一些中华传统文化的文脉渊源。

也就是说，如果借助《西游记》评注中所阐述的中国传统文化体系，天、地、人三才，都因为"气"而运作——这就是"灵根"，那么《将夜》中的"气海"之说，可视为对这个传统知识谱系的解构与重构。对这个知识谱系的解构与重构，毫无疑问，是对中华优秀传统文化的传承与创新。

恰恰是这种"接续千年文脉"的中华文明基元和基本概念，包含了这部作品"天道—人道"之争的轴心，那就是：天地元气，到底是昊天赐予的礼物？还是自然而然存在的东西？

甚至，按照中华传统文化的观念，天、地、人三才，都是"一气所生的"：天得一以清，地得一以宁，人得一以灵。天、地、人都是由同一种气而生的。天和人是"平等的"，那么天还有什么"存在的合法性"，可以像俯瞰蚂蚁一样俯瞰人？天若视人如蝼蚁，那天也是蝼蚁；人若视天为人，则天人可以合一。因此，传统的天人合一、天人交战问题，会从"俗世蚁国、大道何为"的天道人道信仰问题，走向小两口"举案齐眉"的情感解决问题。

宁缺站在光明神殿之前，就像是一只不起眼的蚂蚁。

第十章 废柴·飞蚁：
从信天、战天到择天记

> 他看着眼前的神殿，沉默不语，心里生出极为复杂的情绪：有些畏惧，有些兴奋，有些向往，却又想要逃避。
>
> 他冒险离开长安，来到西陵神国，潜入桃山，便是为了来到光明神殿，去见神殿里的她。在这个过程里，他一直表现得很淡定。然而当他真正来到光明神殿之前，将要与她相见时，便再难控制自己的情绪。
>
> 不管他怎样说服自己，神殿里的她是桑桑，是自己养大的黑瘦丫头，是血浓于水的亲人，但事实上她就是昊天。
>
> 有个词叫天壤之别，这是用来形容二者之间遥远的距离。还有个词叫天人相隔，用来形容永远也无法接触的事实。
>
> 他是凡人；她是昊天。他和她之间的距离便是天与地的距离；他与她之间隔着一道贯通天地的高墙——天人相隔，其实便是永隔。
>
> ——猫腻《将夜》：第五卷 神来之笔 第六十四章 问天（上）

在这种"天人合一"问题的框架体系之中，再来看此处的天道视人道如蚁民的问题，那么，动摇的根基，还没有走到天、地、人三才"一气所生"的激进程度，而是停留在"天地元气是昊天所赐还是自然存在"的质疑和思考。

然而，这里面已经潜藏着"浩然之气"从何而来的问题——"浩然气"在《将夜》里一直被明确说成是小师叔自创的。但是，在中华传统文化之中，那种天地元气，"具众理而应万事"，故谓灵根。"此灵根也，以气言之，为浩然正气；以德言之，为秉彝之良。"所以，浩然正气长存天地间，本身就是天地元气的一部分，甚至就是天地元气本身。

按照这种逻辑推演，"浩然之气"和"昊天神辉"就是一个硬币的两面。这，才是从昊天—蚁民的天人对立，到昊天—小师叔的天人交战，到最后宁缺—桑桑的天人合一逐渐演变的关键环节。

选文悦读 猫腻《择天记》：

我们活在一个年轻人的时代

为了××，请你去死——但，"谁"又应该活下来？

从《间客》中许乐的逼问，到《择天记》中陈长生的拷问，对奉行这种"请你先死"的理念和标准的人，提出的最大质疑、批判和反问就是：既然你们如此伟大，那为何不敢为人先、为世人垂范、作千年之表率，先"死"为敬？！

当王之策以"为了人类（人族）"的名义，要求陈长生、徐有容等这些新生代的年轻领袖"先去死"，而他们这些"老不死的"因为更重要、更有能力、更需要维护人族和世界而"不能死、不愿死、不敢死"时，陈长生代表（被代表）这一群、这一类、这一届、这一代年轻人，"温和而坚定"地诘问：

为什么不是你们这些"老不死的"先死？

为什么不是你们这些老一代（父辈）交出时代、世界和人族的权杖？

为什么不是你们废除"让整个世界按照你们的意志运转"的标准？

为什么不是你们这些"已经老去但又不甘心老去的曾经的年轻人"放弃自己陈腐、老朽且与这个时代脱节的理念和目标？

因为，你们不再年轻了啊！

这是年轻人的时代！

虽然，你们曾经年轻过。但属于你们年轻的时代已经过去了啊！

这个世界是你们的，也是我们的，但是，归根到底还是我们年轻人的！

它是不是我们年轻人的，不是你们说了算！

而是我们年轻人自己说了算！

所以，说到底，这仍然是一场"权杖之争"：权杖掌握在谁的手里，真理

（理念）就在谁手里!

掌握在老一代（父辈）的手里，整个世界就须仍然按照父辈的意志运转!

掌握在新生代的手里，时代、世界和整个人类的未来，就会按照年轻人的标准预测——未来为我而来!

这就是两代人的战争!

这，就是年轻人的语气、情绪、态度和观念!

《择天记》是猫腻第一次旗帜鲜明地描写"世代战争"的作品，亦是他系列作品之中唯一一个浓墨重彩地描述这种"为年轻世代代言"观念的案例。

第七卷 敢教日月换新天 第七十七章 年轻人的时代

唐三十六没有随陈长生和徐有容离开。

他站在国教学院门前，看着黑压压的人群如退潮一般迅速散去。

百花巷很快恢复了平静。

苏墨虞带着国教学院的教习与学生陆续返回。

看着已经变成废墟的枫林阁、垮塌的断墙、乱糟糟的树林以及那些清楚的战斗痕迹，想象着就在不久之前的那场惊天之战，众人的情绪难免有些异样，觉得像是做梦一般。

当然，这是一场美梦，因为现在的国教学院是离宫一派。

苏墨虞没有理会教习与学生们荡漾的心情，也没有急着去安排整修事宜，而是更关心别的事。

"没什么事吧？"

他盯着唐三十六的眼睛问道："我看他的眼睛红得厉害。"

这句话里的他自然说的是陈长生。苏墨虞担心他是不是伤势太重。

唐三十六摊手无语，心想陈长生与皇帝陛下抱头痛哭的事情也要告诉你吗？

安静的偏殿里，流水落入池中，叮咚作响。水瓢在上面无序地飘动，就像是野渡无人的一只舟。

王之策的视线离开水池，望向殿外。

天还没有黑，天光落下，景物非常清楚，但他没有看到吴道子。

天地间有一抹白，非常圣洁，像雪也像莲花。那是徐有容。

她站在光明正殿门前，歪着头向里面张望着，看着很是可爱。

凌海之王等人陪同着她，沉默不语，准备着战斗。

几年前，这样的画面就已经出现过一次。

那次陈长生自寒山归来，身受重伤，与教宗在那方静殿里谈话。

当时徐有容随时准备出手。

今天很明显，她也在随时准备出手。

哪怕今天坐在陈长生对面的是王之策。

在国教学院里，陈长生眼看着要被商行舟斩于剑下，徐有容不得不出手，却被王之策拦了下来。

但王之策非常欣赏当时她的应对。如果他没有看错，那应该是天下溪神指。

"我最佩服的是，她居然没有把所有的时间与精力放在大兄的刀法上，你也一样。"

王之策的话非常真诚。

因为他非常清楚那套名为两断的刀法有多么可怕。

不仅仅因为他是周独夫的结义兄弟，这是整个大陆都知道的事情，是已经上了史书的事情。

陈长生与徐有容不知道吗？他们当然知道。

那年他与王破在洛水畔行走时展示了一番周独夫的刀意，王破便借此破境，一刀斩了南铁。

现在两断刀诀就在他与徐有容的手里。

拥有两断刀诀，便能继承周独夫的传承，很可能成为第二个星空之下最强者！

换作别的修道者,谁能忍受这种诱惑?

他们必然会天天对着那套刀诀苦练不辍,把所有的时间甚至整个生命都花在这上面。

但陈长生没有这样做,徐有容也没有这样做。除了曾经在天书陵里共参过一段时间,他们再没有专门为了修行两断刀诀相见,甚至经常会忘记这件事情。

"两断刀诀太过酷烈,感觉有些不舒服。"

这就是陈长生对王之策做出的解释。

他想了想,又补充说道:"而且我们有自己的道法。那也是很好的。"

这个答案很平静,源于自信。

王之策最欣赏的便是此,不解也是此。

从天书陵到剑池,再到周园,那么多的奇遇,都没能让陈长生的心境有所变化。

有谁能把天书碑当作石珠就这么随随便便系在手腕上?

他与徐有容如此年轻,究竟是从哪里来的自信可以让他们在面对这个世界时如此从容平静?

"这个世界是我们的,也是你们的,但最终会是你们的。"

王之策看着他说道:"我原以为你们还年轻,可以等着我们老去,不必如此冒险。"

陈长生明白他是在解释为何会应商行舟的邀请现身京都。

他不知道该说什么。

因为向他做解释的人叫王之策。

这个事实确实很容易让人感到惘然无措。

徐有容转身望向群殿深处那方黑檐。

确认静殿里的谈话很顺利,她自然不会破石壁而起风火,凌海之王等人也散了。

这时候,她听到了王之策的那句话。当然,这也是因为王之策想让她听到。

那句话让她的眉挑了起来,就像是准备燎天的火焰。

一道人影映入她的眼帘。

"看起来,你的战意并没有完全消失。"

莫雨看着她微笑着说道:"都这么多年了,你还是这般好战。"

除了像她和陈留王、平国这样从小一起长大的人,很少有人知道徐有容的真实性情。

徐有容看着她说道:"在你的眼里,我看到的也尽是不满。"

"你我做了无数准备,结果尽数落空,难免有些不适应。"

莫雨说话的时候耸了耸肩,显得特别不在乎。

如此简单的一句话,却不知隐藏了多少血雨腥风。

如果没有陈长生看似天真愚蠢的安排,或者今天京都真会血流成河。

"你的小男人确实不错。"

莫雨叹道:"王大人却是可惜了。"

徐有容嘲笑道:"你还真以为他是书里那样?"

当年在皇宫她还年幼,莫雨已是少女,读书时不知对王之策发过多少次花痴。

世间这样的少女太多。在她们想来,王大人必然是活在云上,采露为食。

如果真的看见了,她们才会知道,那样的谪仙人是不存在的。

那就是一个会妥协、有些可悲甚至无趣的老男人。

就在莫雨与徐有容谈论王之策的时候,王之策听到了一句话。

那句话是对他先前那番解释的回应。

很强硬,而且直接。

"既然这个世界注定是我们的,那你们为何不退?就一定要年轻人等吗?"

"等的时间久了,我们也会变成像你们这样无趣的老人。"

"那这个世界岂不是一直都是你们的世界?"

不是陈长生,也不是唐三十六。

说话的人是凌海之王。

王之策看了他一眼,认出他是一位大主教。

所谓国教巨头,根本不会被他放在眼里。

但有件事情，落在他的眼里，便再难出去。

凌海之王很年轻。

国教巨头里，他是最年轻的那一个。

唐三十六曾经这样说过。

年轻就是正义。

王之策想了想，说道："有道理。"

一辆马车向着离宫外驶去。

有些变形的车轮，碾压着广场坚硬的青石板，摩擦声有些难听，看着更是寒酸。

青石板上的血渍早就已经洗干净了。

吴道子愤怒的喊叫声从车里不停地传出来。

"我要杀了你们！"

"你们这群王八犊子，居然敢如此对待老夫！"

没有人回应吴道子的骂声。

一个人都没有，早就已经清场。

这是离宫表达的尊敬。

凌海之王站在檐下，看着那辆渐远的马车，神情很平静。

安华站在他的身边，想着今天自己做的事情，听着这些骂声，脸色有些苍白，神情有些无措。

吴道子的愤怒来自失败，更是因为，他在离宫里没有感受到尊敬。

按照惯常的道理，无论胜负，像他这种辈分的老人，都应该受到尊敬。

更何况，他代表着王之策。

但没有。

从陈长生到徐有容，从凌海之王到安华，再到外面的王破与莫雨，都没有表明这种态度。

或者，这代表了一个时代的结束。

那个时代。

吴道子很愤怒，更是失望，但王之策却很平静，甚至欣慰。

因为他今天感受到了一种力量。

一种曾经非常熟悉的、在大周建国之后却渐渐远去的力量。

那种力量有些粗砺，容易令人不悦，没有规矩，却有着非常鲜活的生命力，非常动人。

千年之前天下大乱，朝堂崩坏，魔族南下，民不聊生，路有白骨。

然后，有野花盛开。

周独夫、陈玄霸、陈界姓、商行舟、楚王、丁重山、李迷儿、秦重、雨宫、凌烟阁上那些人。

还有他。

当时他们都很年轻，但他们敬过谁？怕过谁？

原来，那个时代没有结束。

现在，还是那个时代。

年轻人的时代。

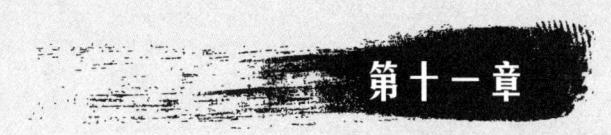

第十一章

尺量世间：从「强者立言」到「蚁民发声」

昊天设局、夫子邀战,天上人间、举世伐唐,已经是势在必行、在所难免了。

以"夫子登天、举世伐唐"为里程碑式的大事件,整部《将夜》分成了前后两部精神气质完全不同的大历史,但都是以"蚂蚁哲学"贯通到底的。

第一部可以说是英雄(强者)非常冒险史——英雄创造历史,强者主宰世界,神明制定规则。这是一个等级森严的结构。飞蚁代表着人世间最强的修行者。

他们非常之旅的历险记,轴心就是和神明(昊天/冥王)博弈"规则":

第一,遵循或者平行于神明制订的游戏规则。前者如西陵神官,后者如夫子。

第二,利用游戏规则的漏洞,游走于灰色地带,如酒徒和屠夫。

第三,试图挑战、破坏甚至重新制订游戏规则,如轲浩然和莲生大师……

不同的强者会做出不同的选择。不同的选择会带来不同的命运。不同的命运最后会反噬并影响规则本身。甚至,有的强者会参与博弈的所有阶段,并在不同的阶段,采取不同的策略。

所以,才有莲生大师"改天换地"、推翻旧世界、开创新世界的疯狂魔念;

才有小师叔和夫子的"战天之邀";

才有佛祖"敛聚众生意"、自成天地的僭越之举;

也才有知守观主"敢叫日月换新天""我来重新做昊天"的替天行道……但毫无例外都失败了。

这就需要一种更强有力的理念和力量,来完全打破、变革甚至颠覆它,重建一种不同于过去的新世界、新秩序。

于是,第二部就转为了民众集体书写史——蚁民颠覆世界,平民创造历史,民众书写规则。这是一个常人可以胜过强者的新世界。飞蚁代表着人世间团结、凝聚和协作的集体力量。

它们最大的体现,就是借助君陌的剑、叶苏的教义和宁缺的笔,将一个个小写的人,汇聚并书写为一个大写的人,从而打碎、融合并重铸了桑桑(昊天)、夫子和知守观观主陈某三种不同的规则之力,真正书写、创造和筑就新世界、新秩序、新规则——从人世间到修行世界,再到天外天;从"人"到"从",再到"众",才是最大的规则。

天上人间,开始从"强者立言"进入"蚁民发声"时代——而蚁民第一次对神明一样的存在说"不",就是从书院二师兄那把尺之所向开始的。

二师兄君陌是从小师叔轲浩然到小师弟宁缺起承转合的桥梁。[①]

[①] 参阅庄庸:《猫腻与〈将夜〉》,网络文学名家名作导读丛书,作家出版社,2019年版。

第一节　莫道不销魂：
最是伤心的那一低头

事情的变化，发生于君陌率领农奴义军攻打悬空寺（第六卷第九十一章），惊醒了那个寄身于棋盘之中的神明一样的存在——佛祖，让所有站起来的奴隶又跪了下去，高昂起来的头又低了下去。

这又是一种至高无上的存在和俗世蝼蚁所形成的不对称的关系。

从棋盘里醒来的佛祖，托体于巨峰，形成了威压之势；而那些胆敢毁灭他的奴隶义军，又成为他俯瞰或者漠视的蝼蚁般的人类。

为什么这些神明一样的存在，总是视人类如蝼蚁呢？而且，全无传说中的悲悯，只有威严之怒。

而这，对蝼蚁一样的奴隶义军，形成了摧毁性的打击。

首座闭着眼睛，深陷的眼窝里没有任何最轻微的颤动。他似已经死去，又或者还活着。他正在回到生命之初……的死亡。他在化为脓血。

嗒嗒嗒嗒，最纯净最污秽的脓血滴落在崖洞的地面上，顺着一道肉眼无法看到的细缝，向山峰深处渗淌流去，一直渗了很久很久，终于来到了地底。

地底是炽热的岩浆河流。

河流里飘着一方棋盘。

那是佛祖的棋盘。桑桑登上那艘巨舟时，将它隔着万里掷回山峰，将它镇压在峰底高温的恐怖岩浆里。如果没有外力，它将永远无法苏醒。

直到今日悬空寺将灭，无数僧人死去，神魂飘入棋盘中补其精神，又有首座以身化血相饲，于是这张棋盘终于醒了过来！

山道上，七念浑身淌着血，带着数千名僧人，与难以计数的起义奴隶对峙。

佛唱声声里，山峰的崖体开始剥落，到处烟尘阵阵，簌簌大响。

这座山峰名为般若，是佛祖的遗蜕所化。

般若峰崖坪渐毁，山崖渐平，渐渐显出模糊的模样。

那是佛的模样。

忽有白鹤自西方飞来。

忽有天花自云间乱坠。

佛光，照亮天坑底的世界。

佛祖死了，但还活着，无法寻找。

桑桑和夫子都没有找到，也没有办法完全抹掉他的存在。

佛祖自棋盘里醒来，托体于巨峰，静静地看着人间，看着那些胆敢毁灭自己的蝼蚁般的人类，全无悲悯之意，只有威严之怒。

义军们看着峰顶方向，满脸惊恐不安。看着万丈佛光里那张威严的面容，身体难以控制地颤抖起来，脸色变得极度苍白。

那是真正的佛。

他们没有懂过佛经，却是自幼便虔诚地信着佛，直至君陌出现。

他们开始怀疑佛祖是否存在。即便存在，有无意义。

今日，佛在人间出现。

那种根植于灵魂深处的敬畏，让他们艰于思考。

他们下意识里松开手中的兵器，对着山峰化成的佛，恐惧地跪倒。

佛唱声声，万僧肃穆。

没有人敢站着。

君陌站着，微低着头，神情淡漠。

——猫腻《将夜》：第六卷 忽然之间 第九十一章 灭佛（中）

这里有一种"肯定之肯定""否定之否定"的双重螺旋结构，隐藏在字里行间——而旋转的关键就在于"看见"或"看不见"。

第一，他们从未"看见"过佛，甚至从来就没有懂过佛经，但他们自幼就虔诚地信着佛，相信着佛的存在，相信着佛的悲天悯人，相信着"相信佛就可以解救他们的命运"。这是第一重肯定。

第二，君陌的出现，让他们开始怀疑佛祖是否存在；即便存在，有无意义——特别是对他们的生存是否有意义。如果佛祖存在，如果佛祖真的悲悯，那何以对悬空寺奴役他们视而不见？存在即虚无。这是第二重否定。

第三，但是现在佛在人间重现，证明了他的存在，否定了"佛祖并不存在"的第一重质疑。这是第三重肯定。

第四，佛祖的重新现世，却不是以"慈悲"待人，而是以威压怒人。唤起的，不是自幼形成的虔诚，而是根植于灵魂深处的敬畏。它其实是否定了存在的意义。这是第四重否定。

第五，他们只是"下意识里"本能地敬畏，而非"经过思考"后理性地接受。这又间接地肯定了君陌启蒙的价值和意义：从"艰于思考"，到"能够思考"，其实才是这场起义的关键。身体的行动，其实不如大脑的革命重要。但思想解放却又必须经过身体的运动。这是第五重肯定。

第六，因为看见，所以恐惧。因为看见了山峰化成的佛，所以他们再一次恐惧地跪倒。这呼应了开篇中"看见—恐惧"的肯定式否定结构：因为恐惧，才会从站立本能地变成跪倒；但又开启了后面的"看见—不恐惧"的否定式肯定模式：看见了之后，才会从跪倒变为勇敢地站立。

这种否定—肯定的核心转化机制是什么？

还是在于思考！

看见了，不思考，等于没看见。

因为思考，才能看见那些看不见的东西，才会做出自己真正的抉择。

就像低头，是为了更好的抬头。

所有这一切，都是在为后面的场景做铺垫。

第二节 测量人间：
二师兄就是一把尺子

"君陌站着，微低着头，神情淡漠。"

或许，他在思考——思考自己如何抉择。所有奴隶也低着头，但他们的低头，却是艰于思考。

在两种不同的低头之间，是君陌，以那把铁剑为标尺，以其眉为标尺，甚至以他整个人为标尺，丈量广阔的天以及无法被测量的似海人心。

于是，君陌的形象就再一次从不同的视角，被塑造了出来。首先，他就是一把尺子——一把可以衡量世间万物的标尺。

从细节特征来看，他的眉就是一把标尺。"他的眉很直，像剑，可以战；像尺，可以量。"

从事物特质来看，他的剑不是一把标尺——这是一把人世间的君子剑。以君子剑来区分礼仪，不守礼者、不合理事，皆以铁剑斩之。他先修佛而后斩佛，就是觉得他们奴役蚁民，不守礼、不合理。既然如此无礼、如此不合理，当以一剑斩碎。

甚至，他整个人就是一把标尺——冠正、形正、心正，犹如一把铁铸的板尺，用以训诫并校正人世间的所有歪、畸、邪、逸之枝。

君陌身着僧衣，发极短，袖管在风中轻飘，看着就像个年轻的僧人。

他站在山道上，于佛光之中正对着峰顶，仿佛就在佛祖眼前。

他沉默不语，也没有举起铁剑再战。

他不畏惧任何敌人，哪怕是佛祖。

棋盘被昊天镇压多年，就算此时佛祖复活，借山峰重临人间，相对佛祖真正全盛时期，也要弱上无数倍。至少先前，他有机会打断那个过程。

佛祖也许真的是等待着道门和书院两败俱伤，然后回来。

但他不在意，他不再在意，他什么都没有做。

他负着手，铁剑在身后，非常疲惫。

他的眉很直，像剑，可以战；像尺，可以量。

他不想战了，因为战遍人间，依然孤单。

峰间，所有人都跪着，那些跟随他苦苦战斗了多年的人们，在佛祖现出真身的那瞬间便跪了。他一个人站着，真的很孤单。

他也不想量了，因为人心真的很难量清楚。

他眉间生出层浅浅的霜——那霜来自心底，有些冷。

佛唱声里，他就这样低着头站着。

——猫腻《将夜》：第六卷 忽然之间 第九十二章 灭佛（下）

比如，烂柯寺之役，七念欺骗了大师兄李慢慢，设局套住了小师弟宁缺和桑桑，甚至践踏了书院的尊严和骄傲。

于是，君陌手持方正铁剑而上，先逼问："君子可欺之以方？"

后喝"君子当以方欺之"，斩了七念的身外法身。

因为，你错了，就必须改正。你不改正，我就用剑来帮你改正。

这样一把标尺，可以量人、量事、量物、量人世间，甚至量天和地一切规则，但就是量不了自己和人心。

"因为人心真的很难量清楚"——比如那些好不容易站起来、跟随他苦苦战斗了多年，却在佛祖现出真身的那瞬间又重新献上了自己膝盖的奴隶义军，他们的人心怎么思量？

而君陌，一个人站着，真的很孤单。但他本身就立于天地之间。如何用自己这样一把测天量地的标尺，来测量他自己那一个人站着的孤单？

因为守规则，因为有自己的道，因为手握天地间最方正的君子剑，可以衡之以方，守之以礼，所以，君陌不畏惧任何敌人，哪怕是佛祖！当佛祖借着山峰重现人间、复活于眼前，只要君陌愿意，他甚至可以以手中的标尺之剑，打断佛祖复活的进程，给予其重创。但是，他什么都没做。

因为，他不在意，他不再在意——与佛祖一战的成败。因为，他最在意的人和事，并不是佛祖，并不是那些强大的敌人，而是"那些跟随他苦苦战斗了多年的人们"，以及率领他们战遍人间那么多年的自己——如果苦苦战斗了那么多年，所有人仍然选择跪了；如果他战遍人间那么多年，仍然还是一个人的孤单，那么，他的战斗还有什么价值和意义？

所有人都跪了，只有他还站着。就算他能测天测地测量人世间所有的规则和道理，他又怎么能够测量那些站了又跪了的人的人心，又怎么能测量被他们追随最后又被他们抛弃的自己的孤单？

如果你连自己以及这些自己曾经为之战斗过的人，都无法测量，那么你又如何测量那些大道朝天的真理与规矩、生命与尊严？

那些激情燃烧的岁月，瞬间就成了灰烬。君陌的心有些冷。心冷就会霜冻。才下心头，即上眉头。

他的眉就是一把标尺，但现在这把眉尺生出了一层浅浅的霜。

他的铁剑就是一把标尺，但现在这把铁尺被难以测量的人心腐蚀出了一层抹不掉的锈。

他的人就是一把标尺，但现在这把方正的标尺被他最在意的那些人和事动摇了最根本的基准线——

因此，君陌只有低头，看着所有那些低头的人。他或许第一次开始思考，这样的标尺，是否还有存在的价值和意义。

第三节 三点一线：
选择支撑，还是被迫放弃

二师兄低头是因为失望，奴隶军低头是因为恐惧。

一个词组，两种意味；一个动作，两种意义……却扭结到了一起，形成了一种强烈的对比和反差，也形成了巨大的张力。

而张力之中，就是那三点成一线的逆差：以额触地的奴隶军、背影萧索的二师兄、万道佛光背后的佛祖的真颜……在这个极具视觉冲击力的场景和画面中，看到这三点成一线——不，而是三"体"一边倒的势态了吗？

仿佛佛光与佛祖，就是天，就是地，就是那座巍峨大山，挟泰山以超北海之势，直接就向二师兄君陌碾压而来——面对这种滔天气势，他是一个人，而且只是一个在天地间游荡的萧索独旅人；对于后背而言，他也不过是一只较大的飞蚁而已。

是的，在君陌身后的那一大堆的奴隶军，加起来的整个面积也不过是个小黑点而已！

所有奴隶都低着头，恐惧地以额触地，不敢直视佛光，更不敢去看佛祖的真颜，自然看不到他有些萧索的身影。

就像是一群蚂蚁，一群沐浴在佛光里不敢动弹的蚂蚁。

——猫腻《将夜》：第六卷 忽然之间 第九十二章 灭佛（下）

"天地——一个人—蚁群"，这种极不对称的视觉感受，形成了摧枯拉朽的整体氛围。而后君陌这样一把尺子撑住了天地将倾、碾压蚁群的局面。极其压抑，紧绷着，最后那根弦似乎就要断了。

为什么？因为，在这种整体倾轧和碾压的态势之中，最刺痛我们情感神经的"刺激点"，是那一堆蚁民的恐惧——他们不敢动弹，不敢直视佛光，更不敢面对佛祖的真颜，自然也就看不到二师兄君陌萧瑟的背影，更不可能给予他精神和力量的灌注与支撑。

说好的汇聚人的力量呢？说好的我把后背交给你们，你们就是我最好的背景呢？说好的把你们的力量源源不断地注入我身体和精神的脊梁，让我可以正面抗击佛光和佛祖的威能呢？

不对，不是我一个人在前面战斗，你们在后面做辅助和后勤，而是我们一起战斗。我的力量就是你们的力量；你们的勇气就是我的勇气；我们一起抗击那万道佛光和佛祖的真颜。

但为什么，当疾风来了，你们全都成了伏地草，却把我一个人凸显出来！

人世间最绝望的，并不是在面对那极其强大的敌人时，还要一个人孤独地战斗；而是，你拼尽四海八荒之力、倾尽心血为之战斗的人，却放弃了希望，放弃了你，把你一个人留在了那里！

那一刻，君陌或许就是失望甚至绝望的吧？

他战斗的目标，从来就不是佛徒、佛光和佛祖，而是这些奴隶、这些蚁民的心——他们心中的恐惧、希望和信心。

君陌看着这些牧民，问道："你们真不想知道上面有什么吗？"

没有人回答他。那名老牧民虔诚地说道："上师，那处乃是佛祖神国，岂是我们这些罪孽深重的凡夫俗子能够去的地方？"

君陌没有理他，看着人群，想要听到有人做出不一样的回答。然而过去了很长时间，湖边依然安静一片。

他的神情显得有些疲惫，有些淡淡的失望。

就在这时，宁缺牵着的那名小女孩开口说话了。

不知道是不是因为宁缺的手很温暖，给小女孩带来了很大的勇气，她用湖水般透亮的声音，轻声说道："我想上去看看。"

无数双目光望向小女孩。她的母亲甚至昏了过去。

小女孩低着头，显得有些不安和害怕。

宁缺轻轻捏了捏她的手，安慰道："不用怕。"

小女孩勇敢地抬起头来，指着崖壁中间某处，说道："我不只想，而且我真的上去过。虽然没有爬多高，但我爬到了那里。"

"在那里，能够看得远一些。跑到戈兰湖那边的小羊，都被我看到了，然后找到了。再然后，我在崖上面看到了一朵雪莲花。"

小女孩看着人们说道。

湖畔的牧民们震惊地抬起头来，顺着小女孩细细的手指望向崖壁那处，发现那里并不高，确实可以爬上去。那里居然有雪莲花？

"崖壁再高，只要敢爬，那么总有一天可以爬到最高处。可如果爬都不敢爬，那么雪莲花再近，又怎么能被你们看到？"

君陌看着崖壁那处，平静地说道。

——猫腻《将夜》：第五卷 神来之笔 第一百一十章 崖壁上的雪莲花

这就是这寥寥数句话所形成的张力。

强大无比的佛光、佛祖，一个人孤独的君陌，似一堆墨点的奴隶蚁民，形成了一边碾压的视觉画面。穿透人心，并构成情感神经刺痛点的，却是三种精神宇宙的核。

佛光佛祖构成了庞大的信心，这是如天地一样辽远和广阔的"壹"。

奴隶蚁民涌动出如潮水般的恐惧，这构成了如小黑点一样渺小和软弱的"1"。

从庞大的"壹"到那渺小的"1"之间，是君陌那一个像标尺一样支撑的"一"：一是像棒槌一样骄傲的高冠，及其所连接的脊梁；二是从小师叔、夫子到他自己，内心孕育的理想与信念；将这两者连接到一起的是"道可以践行"的对奴隶和蚁民的希望和信心……

然而，这样一根从未因为自己而弯腰折断的棒槌，现在却要因为他人的恐惧和绝望，而成为不可承受重量的"生命的芦苇"？

这又是一个不可抗拒的"选择"问题！

君陌似乎已经在做着自己的选择。他选择的前提和依据，是蚁民的选择。

看来，似乎这种选择的结果已经出来了：蚁民选择了恐惧，放弃了希望；君陌选择了坚守，放弃了他们……地方不行，就换个地方再来；人不行，就换群人再来。

第四节 大转折：

因为看见，所以不再恐惧

但是——

人生总是会有许多转折！

只有极少极少的选择才能称得上是大转折。

这次大转折来得格外意外和突然，但仔细思量，却又在情理之中、逻辑之内。

有一只特立独行的飞蚁、一名年轻的奴隶，抬头看了一眼——就是看了这一眼，然后，人生的大转折、时代的大转折、历史的大转折，就不可避免地发生了。

要看出为何是"大"而不是"小"，就必须要回到开篇，找出那看似相同却迥异的话。

"然而千万年间，相信蚂蚁群中总有那么特立独行的几只，出于某种玄妙的原因，决定暂时把目光脱离腐叶烂壳，向湛蓝青天看上那么一眼，然后它们的世界便不一样了。"

与当下这段话，几乎一模一样。

但是，格式变了，连接词如"然而""然后"的位置也变了；于是，起承转合的逻辑和内涵，也就变了。

但是。

然而。

千万年来，相信蚂蚁群里总有那么特立独行的几只，出于某种玄妙的原因，决定暂时把目光脱离腐叶烂壳，向湛蓝青天看上那么一眼。

然后，它们的世界便不一样了。

因为看见，所以恐惧？

不。

只有看见，才不会恐惧。

一名年轻的奴隶，用颤抖的手支撑着自己的身体，难以抑制心头强烈的好奇和关心，恐惧不安地抬起头来，向山道前方望去。

他看到了佛光，看到了佛光里孤单落寞的君陌。他也看到了佛的容颜。

原来，佛长那个样子。

原来，佛就是那个样子。

看着佛光里的君陌，他忽然觉得很惭愧，觉得很丢脸。

一种说不清楚来源的勇气，来到他的身体里。

他用颤抖的手摸到剑柄重新握住，然后颤颤巍巍地站了起来。

他站了起来。

他望向四周的同伴，想要说些什么，想要号召他们像自己那样勇敢地站起来，却发现没有人望着自己。雄浑庄严的佛唱声里，他的声音太小。

他觉得有些孤单，于是明白了君陌的孤单，以及骄傲。

他想对君陌说些什么，却也不知道该说些什么。

他望向万丈佛光，看着那座佛，看着那些佛的弟子们，想要和他们辩论一番，却发现自己连他们唱的佛经都听不懂。

他越来越烦躁，挠着头，有些着急。

越着急，就越觉得那些佛唱很烦人，直至烦心。

他的胸膛不停起伏，呼吸变得急促起来。

最终，所有的情绪汇集到一起，变成三个字，从他的双唇迸了出来。

他望着万丈佛光里的佛，大声喊道："闭嘴啊！"

——猫腻《将夜》：第六卷 忽然之间 第九十二章 灭佛（下）

由小到大，转折就在层层发生的变化中。

第一重转折就是从天上飞鹰和飞蚁之间的关系，转向佛光佛祖等人间飞蚁和俗世蚁民的对比。

如果将其视为象征和隐喻，飞鹰象征着昊天，飞蚁隐喻修行强者，那么就连小师叔轲浩然这样连昊天都有所忌惮的绝世强者，其实也不过是飞鹰俯瞰的蝼蚁而已。

但是，在开篇中，老鹰眼里不会有一般的蚂蚁，因为蚂蚁连成为鹰嘴里食物的资格都没有。蚂蚁眼中也没有老鹰，因为它们眼皮子浅，看不见这种强大的生物的存在。

蚂蚁也是象征和隐喻，指那些俗世蚁国中像蝼蚁一样存的蚁民。只有蚁民中强大的飞蚁，才能看到飞鹰，也才会明白自己有资格成为昊天的"食物"。

这其实是一种强者面对更强者的关系。这种关系是神圣领域的——因为飞鹰是天，昊天是神圣的。

但是，在这里却收缩和转向，转向了佛祖这等"最强的飞蚁"和奴隶这种"最弱的蚁民"的强弱关系，并且从天上转向人间，从神圣变为世俗。

这种转折看似是由大转小，其实是由小转大——天上事小，人间事大。至少，在君陌这里，或许就会如此认为。

第二重转折，是对特立独行的飞蚁的重新定义、定性和定位。蚂蚁群中那几只特立独行的飞蚁是什么？

开篇，针对这句话，我们就提出了这个问题，并对这个问题进行了解答，提出了"飞蚁三世代"的说法：从父辈的夫子、小师叔、酒徒、屠夫，到兄长辈的大师兄、二师兄、叶苏、唐，再到第三代的宁缺、叶红鱼等——不管哪一代人，飞蚁都是人类中的修行强者。

君陌这个人间的飞蚁，居然敢直视昊天，把她当作寻常的邻家女孩！

讲经结束，牧民们纷纷跪拜行礼，然后各自散去。君陌向宁缺走来，伸手拍了拍他的肩膀，然后看着桑桑问道："你在寻找回去的路？"

面对昊天时能够如此自然，不是谁都能做到的事情：观主做不到，讲经首座做不到，酒徒屠夫做不到，便是大师兄也做不到。

君陌能够做到。因为他从来都没有怕过死。他此生只敬老师与师叔以及大师兄，那么他自然无所畏惧，视昊天为寻常。

而且多年前，在长安城北的无名山上，从看到桑桑跪在崖畔捧灰那幕画面开始，他就决定把她当作值得怜惜的小女孩。现在亦如此。

——猫腻《将夜》：第五卷 神来之笔 第一百一十一章 君陌修佛

但现在，这个定义却来了个大转折。

特立独行的飞蚁，不过是指奴隶蚁民中首先抬起头来看了一眼的人——即使再率先做了什么事，也不过是普通的人。不是修行强者，也不是俗世蚁国里的强者。

这种对飞蚁的定义，从修行强者转向俗世普通人；定性，从强者（如俗世强者）转向凡人（在俗世中那个年轻奴隶都是最弱者之一）；定位，从修行世界转向俗世蚁国……具有极其重大的意义。

就像说革新不是由强者领导的，而是由普通人发起的，而且是由处于最底层的最普通平凡的人发起的——这个人可能是你，可能是我，也可能是他，可能是我们身边的任何一个人。芸芸众生，凡人蝼蚁，却成了和修行强者并肩而立的飞蚁！

这恰恰是君陌所做的一切最具革命性的地方。

甚至相比而言，宁缺聚起了整个长安城的凡众之力，写出了大写的人，都没有君陌所做的事情具有革命性。

因为——他让奴隶摆脱了从身体到精神的枷锁，让人真正成人，动摇、改变甚至重塑了整个世界和社会的根基。这是连他的老师——有几层楼那么高的夫子都没有做到（或者说不屑去做，或者说没有时间去做——夫子一直抬着头看天或者别的风景）的啊。

第三重转折，在于飞蚁"看见"后产生的"情绪"。看见是一种事实，情绪却是一种感受。同样的事实让不同的情绪主体产生了不同的感受。

不同的人，面对同样一句"因为看见，所以恐惧"，感受也不一样：一个变成了陈述句，一个变成了疑问句。

开篇是陈述句：因为看见，所以恐惧。因为看见了飞鹰，看见了昊天，看见了所谓神圣领域的真相和法则，所以恐惧。首先让我们看到恐惧的是代表三大不可知之地在天下行走的叶苏、七念和唐这样的修行强者。

而且，别说这些中生代的修行强者了，就连有几层楼那么高的夫子这样的修行界高山仰止的丰碑式人物，也因为偷窥到了昊天的秘密，发现了那绝对光明背后的黑暗，从而寝食难安。不然，他怎么会从南走到北，从西走到东，甚至围着世界走了一圈，就为了找到一个答案？

就像他对大师兄所说的，他看不破昊天的意图，所以只能寻找、坚持和等待。直待最后有所悟，觉得昊天这一切，都是在针对他布局。所以，他才会对大师兄说：恐怕回不到家喽！

但是，这里却是疑问句：因为看见，所以恐惧？不！它马上否定，接着肯定：只有看见，才不会恐惧。

年轻的奴隶，俗世的蚁民，居然能看见之后不恐惧。修行强者恐惧，俗世弱蚁却不恐惧——这种对比是如此鲜明而且强烈。

虽然说这里有无知者无畏的成分在，但即便如此，比起修行强者一直清醒地意识到这个问题而不敢有所作为，俗世蚁民第一次从"精神上的觉醒"到"行动上的抉择"，更为重要和影响深远。

因为，无论是恐惧还是不恐惧，这之后的抉择更为重要。而清醒地意识到自己因何抉择、又为何抉择、如何抉择，才是最重要的。

第五节 史上第一人：
我对神明说"你闭嘴啊"

那名年轻的奴隶"选择"抬头去看——这是"第一个"——人群中的第一个更需要勇气和抉择。

这里用极简的笔法，勾勒出"史上第一个人"极细腻的心理。

首先，他心底仍然恐惧和不安，以至于双手颤抖；

但是，他难以抑制自己的关心——君陌应该为此倍感欣慰；

最重要的是，这唤起了他强烈的好奇心。

授人以鱼不如授人以渔，给人以物不如给人以种子。君陌要做的，并不是强加或者施舍给这些人什么东西，甚至不是要在他们心中播下优良的种子——那颗优良的种子其实早就深埋于他们心底，等待着被唤醒，然后发芽。君陌只不过是把希望的阳光、雨露和气候带进他们心底，把他们心灵的土壤改造得更为丰润而不是更加贫瘠，然后静候那颗种子发芽、开花和结果。

现在，那颗种子终于破土了！

觉醒之路终于完成了最重要的一环。短短的一句话，就把心路历程最关键的三个环节勾勒出来了：

外力带来难以抗拒的恐惧；

同样是外力，引发他对外来人的关心；

但最重要的是，他自己的好奇心被激发了，从而开启了他由内到外的真正的觉醒……

意识到自我的存在是重要的！

意识到自己的处境并产生改造它的愿望更重要！

意识到"环境可以影响人、人也可以重塑环境"并真正付诸改造世界的行动最重要!

但所有这些重要的事情,最基础和根本的前提,却是从心灵的土壤里破土而出、由内到外的好奇心。

有人说,哲学家的任务是认识世界,革命家的任务是改造世界。君陌不是哲学家,他是行动家。所以,他直接付诸改造世界的行动,并没有科普认识世界的方法。

但年轻的奴隶自我觉醒的好奇心,将这断裂的关键环节衔接和贯通了起来。从认识世界,到改造世界,好奇心帮助他看见了那些看不见的东西:他看见落向自己的佛光、孤单的君陌、佛的容颜……又是三点成一线,层层推进。

这是一个跟前面佛—君陌—蚁民的场景,形成逆向追溯关系的视觉方向。这是第一次从一个普通蚁民的立场和姿态,去平视而不是仰视这种关系。就像他拿起手电筒,对着那个领着他们奋战的人,对着那个他们抗争的最大对象——照过去。

这种观照和那种佛光从佛祖穿透君陌、碾压蚁群的探照,形成了一种强烈的"/"双向激烈运动的关系。

假若以45度的倾斜角度计,佛光试图形成单向度的碾压;

而年轻的蚁民却以此观照,撬起了那庞大的压力之球;

在这双向抗衡的过程中,君陌整个人都犹如标尺,也毫无疑问地成了最佳杠杆——但这个杠杆之所以有价值和意义,就在于终于形成了从蚁民立场出发的观照。

若是无此观照,面对佛光的探照,君陌再能"/",又能支撑多久?

君陌身后站着数千名农奴。看上去,他们似乎和以前没有什么变化,依然衣衫褴褛,浑身肮脏。甚至有的人还带着饥色。但如果仔细观察,便能发现他们的眼神依然平静,却不再像以往那般麻木,变得鲜活起来——人类的眼睛用来看见自由,寻找自由,才会鲜活,仿佛有生命一般。那是真正的生命。

农奴叛乱一年间,除了四处征战,或是躲避围剿,花时间最多的一件事情就是学习。最开始的时候,君陌教崖畔那个部落的牧民识字;然后那些牧民变成老师，教别的同伴识字。从来与知识或者说文明没有接触的他们，一旦开始接触后，显得那样的饥渴，竟以难以想象的速度开始成长。

七念看着那些农奴的眼睛，知道君陌没有说谎。

——猫腻《将夜》：第五卷 神来之笔 第一百二十四章 反正，都是剑（上）

好奇心让年轻的蚁民看见。因为看见，他形成了从己出发的观照——相对于佛光的探照来说，这或许是身为奴隶的蚁民的第一次觉醒。

这使他获得了观照世界的新方式，第一次萌发了自觉自为的新意识，并重新认识了世界：原来佛就是那个样子的。看到君陌，忽然有了羞耻之心——人有了羞耻心，方能有勇气和自立；犹如亚当、夏娃有了羞耻心，寻找遮羞布，人类的文明才有了起源。

这里同样以极简的笔法，勾勒出极具波澜的发展。

一个人极短的变化史，其实浓缩了人类发展的极简史：年轻的奴隶有了羞愧之心，身体里便拥有了说不清来源的勇气，他便站了起来——从跪着到站着，比起从爬行到直立，同样是极小的一个变化，却带来了极大的飞跃：从爬行到直立，是由猿到人的身体史上的量的飞跃；从跪着到站立，却是人之所以为人的精神史上的质的飞跃——从此，他站起来了！

人类身体史上第一个站起来的人是孤单的，因为他会被视为异类；人类精神史上第一个站起来的人是孤独的，因为他没有知音。

这第一个站起来的年轻奴隶既是孤单的，又是骄傲的。

因为：

第一，只有他自己站了起来，四周的同伴没有看他。

第二，在雄浑庄严的佛唱声里，他的声音太小，别人听不到他的号召。

第三，但是他感觉到了自己的勇敢、孤单和骄傲。

第四，他把自己视为了君陌的同类或者同道……

这种心理变化同样微妙、复杂而且重要。

然后，猫腻用极其凝练而又细腻的笔触，将这种"史上第一个人"从心理到精神的变化史，勾勒了出来，并于极要点处隐藏了窗口——开轩槛之窗，可以纳千顷之汪洋。

从横向来说，有同伴、君陌、佛宗弟子等对象关系重心的迁移：想号召同伴像自己一样勇敢地站起来而不行，想和君陌像同道一样说些话而不得，想跟佛宗弟子辩论而不得……他还能做什么？

从纵向来说，有心中事、胸怀意等主体感受推波助澜又层层受阻的递进：首先，第一次站起来，他心中特别想做些事，无论是号召同伴、与同道对话，还是跟敌人辩论，都遇到了阻碍；

其次，胸中积累了不能直抒的臆；

而且，层层垒积：从表层的烦躁，到中间的烦人，再到深层的烦心，三烦叠加，形成了胸中最大的块垒；

最后，由内到外，所有的感受都酝酿成了情绪，情绪都在驱动行动，从胸腔，到喉咙，再到嘴唇，最终引爆情绪的火山喷发——

你闭嘴啊！

第六节 人类极简史：
从身体站立史到精神独立史

蝼蚁第一次对高高在上的神明一样的存在说："你闭嘴！"

这是不是很像人类有史以来第一次对神明说"不"！你别再说了，你别再高居神坛了，你别再灌输了……总之，你别再是神了！

这是一句划时代的话。对于人类极简史来说，再极简，都不能简掉人类对神说的那个"不"字——因为那是人类独立思考的由来。

对于奴隶义军发展轨迹来说，再简短，也不能忽略掉这第一个站起来的人让那"神明一样的存在"闭嘴的话——因为，从跪着到站起来，就是从身体到精神独立的里程碑。

如果你精神上跪着，即使身体上站着，又有何意义？不但身体上站着，精神上也要站着，才是真正独立自主的标志！

因为，对于整个奴隶义军非常简短的站立史来说，这第一句"闭嘴"，真的是标志性的里程碑事件：在这一句话之前，他们曾经在身体上站起来了，但在精神上，他们一直跪着；但在这一句话之后，他们不但从身体上站起来了，而且在精神上也真正站起来了。

他望着万丈佛光里的佛，大声喊道："闭嘴啊！"

就在这一瞬间，佛唱仿佛停了片刻。

有很多人听到了这三个字。

君陌低着头，眉眼间的疲惫不知为何淡了些，唇角微微牵起。

七念想起自己多年前在荒原上，和叶苏的那段对话。

"首座讲经时，我曾见过无数飞蚂蚁浴光而起。"

"会飞的蚂蚁最终还是会掉下来。它们永远触不到天空。"

"蚂蚁会飞也会掉,但它们更擅长攀爬,擅长为同伴做基础,不惧牺牲。一个个蚂蚁垒起来,只要数量足够多,那么肯定能堆成一个足以触到天穹的蚂蚁堆。"

七念悚然而惊,浑身寒冷。

叶苏最后开始相信蚂蚁,开始带着那些蚂蚁向天空飞去。

他却早忘了当年说过的话、相信过的道理。

他望向那名站在佛光里的奴隶,忽然绝望。

这只是第一只蚂蚁,还会有更多的蚂蚁站起来。

是的,跪在佛光里的奴隶们,互相看着,眼光虽然惘然,却有更多的人站了起来。有的人喊着闭嘴,更多的人沉默。

但他们站起来了。

越来越多的奴隶,在万丈佛光里缓缓站起,像黑色的潮水。

越来越响亮的喊声,在天地间回荡。

闭嘴!

闭嘴!

——猫腻《将夜》:第六卷 忽然之间 第九十二章 灭佛(下)

因为,这是一句呐喊。虽然依旧弱小,却如平地起惊雷,或如闪电,劈开了人自由和独立的第二个阶段。

因此,这句简简单单的话,其实浓缩了人类从身体站立到精神独立的极简史:

从爬行到站立,物质工具的使用(比如木棍、拐杖,或者如同君陌手中的铁剑甚至他自身像棒槌一样的高冠)至关重要。因为只有利用这些工具,才能在支撑中勉强站立起来,然后逐渐娴熟地行走;

从身体上的站立,到精神上的独立,大脑的思考就成为转折的关键;

而对神明说"不",让其"闭嘴",是这种独立思考"转折中的转折"。

否则,即使你身体站立起来了,大脑却仍被控制着,那么精神上就仍然是跪着的。即使君陌再以铁剑、再以棒槌、再以他自身为标尺，不是量天量地量他人，而是作为借给奴隶义军的那棒槌一样的精神拐杖，又能走多远？

别人的拐杖终究是别人的，你不可能拄着别人的拐杖走一辈子的路，哪怕是君陌的也不行。人必须找到自己精神的拐杖，学着从站立走向独立。人最终必须学会丢掉拐杖。

这都是从对神明说"不"、让祂"闭嘴"开始的。这一句呐喊，标志着一个人精神独立史的真正开端——现在，有多少人在身体上站着，但在精神上仍然对祂跪着？因为他们从来没有意识到应该说"不"，让祂"闭嘴"！没有这振聋发聩的"发声"，又怎么能开始精神上真正的独立？

语言是世界的开端。一个"不"字，中断了神明创造世界的传说进程；一句"闭嘴"，开创了人类自己创造历史的新起点。

放在这波澜壮阔的世界史诗级发展史之中来看，即使这样一个年轻奴隶的发声再不起眼，也掀开了改变历史进程的时代潮流——飓风起于青苹之末，笼挫四海环宇于笔端。

君陌低着头，听着，唇角越来越高，最后变成笑容。

起始是微笑，然后是展颜的笑，最后是开怀放声大笑。他笑得快意无比！

哈哈哈哈！

终于还是站起来了，那些不愿做奴隶的人们。

"你听到没有？"

他看着七念，脸上的笑容渐渐敛去，喝道："闭嘴！"

他的声音像钟声般，飘荡于峰间，清人心脾，震人心神！

万峰一时俱寂！

七念和无数僧人喷血倒地！

佛唱就此终止。

山峰化作的佛祖，依然静静地看着眼前的他。

君陌看着他，喝道："你就算真是佛祖，又如何？我修佛，我便是佛。这世间众生，只要愿意，皆可成佛。那还要你这佛作甚！"

峰间峰下，天上地下，没有唯我独尊，只有数百万的老弱妇孺、浑身伤疤的奴隶、饱受羞辱的妇女。所有的目光，都看着他。

所有的力量，都追随着他，跟随着他，因为信任而交付给他。

一道难以想象的磅礴力量，充斥着他的身躯。

他举起手中的铁剑，向佛斩去。

在这一刻，他有如天神，但他不是天神。他的剑仿佛来自幽冥，但他不是幽冥的使者，也不是人间的代表。他只是书院里的一名书生。

那名路见不平，便要拔剑的高冠书生！

天空里出现一道清晰的剑影。云层被切开一道大缝。阳光从那道缝里洒落，冲淡了峰间的佛光，却让世界依然明亮。

铁剑落下。

佛，被铁剑所斩！

多年前，他在烂柯寺里，将佛祖石像斩成无数石头。

多年后，他真的把佛祖斩成了无数石头。

如雷般的轰鸣声，不停地响起。

山崖迸裂，泥石俱下。树木连根被拔，寺庙摇摇欲坠。

到处是僧人的痛哭声、惨嚎声。

所有人都离开了山峰，远在数十里之外，看着不停崩塌的崖体，神情微惘，被这画面震撼到不知如何言语。

七念还有很多僧人，都没有走下山道。

忽然间，天地间响起一道极为刺耳的声音。那是地底深处岩石与岩石的摩擦声；是沉重山体破裂，然后滑动，在断面上产生的异响！

巨峰从根部断裂，然后向着东方缓缓倒下！

山峰实在太高，起始时的速度很慢，直到最后才缓缓加速。当山体最终落到原野上时，没有砸中人，然而引发的地震，却带来了很多麻烦。

满天烟尘，仿佛提前进入黑夜。不知过了多长时间，烟尘渐敛，人们才能看清楚眼前的画面，再次被震撼得无法言语。

巨峰，就像君陌手里的铁剑，把大地斩出一道极夸张的数十里宽的口子。峰体本身则变成了那道口子上铺着的道路。

峰顶所指的正东方，陡峭的崖壁被震出一个极大的豁口，与山峰遥遥相对，看上去就像是两道桥梁。只要走过那片盛开着野花的田野，便能相通。

奴隶们惊愕地看着那处大豁口。有胆大的人开始向那边走去。在西面的人们，则是登上了巨峰化成的桥梁，也开始向那边行走。

走了很长时间，终于走到崖壁下，走到那道已经变成缓坡的豁口前。

数百万奴隶，顺着那道山坡，向上方行走。

他们走得很沉默，从日暮一直走到清晨。

他们现在已经知道地面是什么，却依然期待，然后紧张，甚至有些畏惧。

沉默地行走，只有脚步声，密密麻麻，沙沙沙沙。

任何看到这幕画面、听到这些脚步声的人，都会因之而动容。

不知道走了多长时间，终于有一道光线，落在最前面一名少年的脸上。

他张大了嘴，眼睛微眯，被光线刺得有些迷糊。

噢，爷爷，太阳居然在地面上，和我们一样高。

迎着朝阳的光线，世代生活在地底的奴隶们，终于走到了地面的世界，就像那个孩子一样。人们赞叹，人们沉默，人们哭泣，为了那些永远没有来到过地面、看到这样的太阳的祖辈。

原来，天空很近。

原来，大地没有边缘。

原来，这就是自由的味道。

痛哭与狂欢的舞蹈，从清晨开始，再到日落，再到满天星辰出现，还有那轮明月，始终没有结束。

君陌走到那株菩提树下，开始休息。

他看了眼树下佛祖涅槃时留下的痕迹，没有说什么，又抬头望向明月说道："在这件事情上，老师你不如我。"

——猫腻《将夜》：第六卷 忽然之间 第九十二章 灭佛（下）

《将夜》这样的小墨珠，浓缩了文明的史诗之海。

或者说，只有放在整个文明的史诗框架中，来观照这样一段场景，才会看出他选择了一个多么好的聚焦点，可以穿透字里行间的小事件，去窥探那波澜壮阔的大历史。

一句"闭嘴啊"，简简单单的三个字，却中断了神明的声音，让很多人第一次听到了"人的声音"——而且，不是圣人、超人、强者的声音，而是平平凡凡、如他们自己一样普通的人的声音！而这样平凡的声音，却强行中断了神明创造世界的历史。

这才是真正的大转折：从神的发声，到圣贤英雄、修行强者发言，这人世间，何曾有普通人发过声？何况是这些处于社会底层的奴隶！

他们又何曾有机会、有权利发声，让那些所谓的神、所谓的圣贤、所谓的英雄豪强、所谓的修行强者，倾听他们的声音？

这些高高在上的神明、圣贤强者、帝王将相，又何曾在意过这些蝼蚁一样的存在？

但是，现在，请你们统统闭嘴——静听我们这些凡人蚁民的声音！

第十二章

理所当然：我用什么给世界讲道理（规矩）？

理所当然。

书院讲究的就是理所当然。

小师叔轲浩然理所当然，二师兄理所当然，甚至最后连宁缺也学会了理所当然。

理所当然，虽万千人吾往矣——

从为自己代言，到为他人代言？

从为强者代言，到为普通人代言？

从只能让强者发声，到让蚁民能为自己发声！

恰恰是在这一点上，二师兄桥接起了从小师叔轲浩然到小师弟宁缺的真正传承。

他那像棒槌一样的"高冠古义"，就是接力棒——他以自己的眉、以自己的铁剑、以自己整个人为标尺——把轲浩然的精神和宁缺的践行，衔接了起来：理所当然。

宁缺最后不但做到了，还将夫子、书院众师兄没有做到的，在二师兄那里已经萌芽却尚未蓬勃更遑论成熟发展的这种真正革新性的种子，催发出来，让其开花结果：那就是——民众其实是不需要启蒙的，或者说不需要他人来启蒙。他们需要完成的只是自我革新。

并不是你选择做他们的代言人，而是，他们的选择，才让你成为这股时代潮流的代言人！

他们才是真正的力量之源。

也正是以此为关键点，才将君陌率奴隶起义、叶苏领蚁民创新教、宁缺聚长安城之力书写"大写的人"这三大举世伐唐之后最重大的里程碑事件勾连了起来。

以两次长安城战为桥接，从君陌到叶苏再到宁缺，构成了从0到1的"转场升维"——

社会结构的变革，必发轫于思想革新、大脑革命和语言创新——所以有叶苏教义之革新；

人从身体上站起来，到精神上站起来，不跪天、不跪地、不跪神明一样的存在，跪的只有世间的公理和正义——所以有君陌剑尺之衡量；

人活着，就要有活下来且活得更美好的权利，要有选择的自由、自由的选择，逆天改命，"我命由我不由天"，更不由那些像神明一样存在的强者主导，因此要择天换地来适应自己——所以有宁缺觉悟之抉择。

从第一层叶苏新教的"星星之火"，到第二层君陌奴隶义军的"可以燎原"，都可以称之为铺垫；再到宁缺与长安城民"扭转乾坤"，才可以说是真正舒展开第三层波澜壮阔的新历史画卷。

　　以此为起点和内核,《将夜》书写了一部人类从跪着到站起来、从身体上站起来到精神上站起来的小史诗。①

---

　　① 参阅庄庸:《猫腻与〈将夜〉》,网络文学名家名作导读丛书,作家出版社,2019年版。这部导读著作的内容,其实是本书不可或缺的中间部分内容。它包含着"蚂蚁哲学"之中最核心的一些观点。

第一节 强者为王：
从"强为普通人代言"到"凡人以强者姿态发声"

从为自己代言开始，宁缺一直走的路，就是为他人代言；而且，遵循的其实是这个世间的游戏规矩：强者才有能力发声——你为之代言的那些蝼蚁，其实仍然只是看客。

所以，你看，宁缺——

从一开始的"强者为王"：让自己变得更快更高更强——个人能力决定发声的机会；

到"越境作战"：抢占、构建并利用天时地利人和等各种资源禀赋，特别是学会了把书院构建成自己的资源禀赋，来玩大人物的游戏；

再到"游戏规则"：利用修行世界、大唐军方和俗世蚁国之间的规则漏洞，游走于灰色边缘之间；

最后到他来制订规则——手执长安城的权杖、大唐的权杖、整个人世间的权杖，甚至是举唐伐天的权杖……

他的思维模式，一直都是"强者为王"及其衍生和变体。

弱者是发不了声的！

神明为什么不把蝼蚁放在眼里？不就是因为：他们从来就不是强者！

蚁民没有办法也没有能力像强者一样发声。即使发了声，也没有用。因为，没有人听到，听到了也没有人在意。

哪怕是身边距离他咫尺之遥的同伴。因为，他们都去听神明的声音了。如果神明不在，他们就听强者的话好了——强者，永远是神明发声的代言人。

所以，宁缺这一生，就是强行"代普通人发声"：你们决定一家人被满门抄斩的命运时，问过门房儿子的意见没有？

你们决定屠掉两个普通边境村落全村百姓的性命时，问过那个唯一幸存下来的少年的意见没有？

你们举世伐唐、决定拆掉长安城时，问过全城百姓的意见没有？……

不！你们这些大人物，在决定世界任何事情时——哪怕于你们而言微不足道，却关系到一个普通人、普通家庭甚至是普通民众身家性命的小事件大命运——从来就没有低过头，听过任何一个人的声音！

你们视自己为神，视他们为蝼蚁，可以随意决定他们的命运，何曾在意过他们的发声——即使他们发了声，你们也不曾在意！

现在，他们这些人中，有些人死了，再也没有办法发声；有些人活着，却没有能力发声；有些人发的声太弱，谁也听不到他的声音——那就只有他宁缺代他们发声了！

其实，宁缺选择这条路完全是被逼的。他在骨子里就不是个想为他人代言的人。他是一个只想让自己和桑桑活下去的自私的人。

所以，起初，他只是想为自己发声——为什么只有将军的儿子有生存的权利，门房的儿子就不能上演以自己为主角的王子复仇记？凭什么?!

但紧接着，他不得不为桑桑发声——凭什么这个他从死人堆里扒出的女婴，就要成为你们口中的"食粮"、眼中的"他物"？你们问过她的意见吗？别以为孩子就没有权利表达自己的意见。

慢慢地，他不得不为那个边境少年发声——因为他死了，死在这个视他为唯一的朋友和伙伴的宁缺面前；他再也不能为满村被屠的村民复仇了；宁缺不得不把这为边境普通村民发声的包袱，扛在了自己身上。

逐渐地，举世伐唐，宁缺不得不把为渭城那几百条性命向西陵、向胡人、向伐唐联军发声的责任，又扛在了自己的肩膀上——因为渭城有雨，少年有侍，宁缺和桑桑从来就没有自己的家园和故土，但是，渭城让他们扎下了根。因为，这里有将军，有士卒，有伙伴，还有乡亲。

最终，绝地反击，宁缺不得不扛起整个长安城、整个大唐国民的个运与国运之运——因为这既是他的选择，也是大唐人的选择。他必须写出那个"大写的人"，把无数"小写的人"汇聚起来，形成一股愤怒的咆哮潮流，发出最有力的

"大唐声音",湮灭所有试图毁掉大唐的国、大唐的民、大唐的骄傲和荣耀,以及大唐所有的精气神的人——因为,大唐所有的人,对他们说:不!

也正是以此为转折,宁缺完成了从他自己"强行为他人代言",到二师兄君陌所倡导的"由他人自己代言"的精神转向。

第二节 自己发声：
从"强者无须发声"到"凡人为自己代言"

二师兄君陌从不替他人代言。他甚至自己都不发言。他只付诸行动。而他付诸行动的实际结果，就是让他人自己发声："闭嘴啊！"

这或许是他心中早已存在的想法，也或许是忽然听到却又不觉得意外的说法。我们不得而知。

因为大师兄李慢慢心中有一片海，挤出来的却是两滴清泪；二师兄君陌却从来不会在心中图谋什么，更不会刻意去做一件事。

他从来都是言行如一、知行合一、心想事就成的——心中这样想了，就这样去做了：他认为他们这样做不对，那么就用手中这把铁尺去纠正；

他觉得自己应该走到奴隶中间去，于是他就把自己变成他们中间的一把标尺，用来衡量这世间所有不公平、不公正、不公开的事情；

他觉得自己应该冲在所有人前面，但他并不觉得自己就是他们的领导者、代言人——这不是有没有资格的问题。

若是人世间其他人听闻君陌都没有资格为这些蚁民代言，那还有谁敢说自己有资格——当然，那个新生之后的叶苏除外。

颜瑟微微一怔，忽然想到一桩事情，不怀好意地嘲笑道："传闻南晋柳白的第一步已经踩到了黄河滔滔浊浪之上，却不知你的脚掌可曾触到云端？"

听到南晋柳白四字，二师兄表情微变，眸子里全然未有一丝警惕悚然之色，反而是兴奋神光大作，说道："余生也天才，又入夫子门下，若不能先柳白跨出那步，岂不羞死？"

颜瑟听着这回答，顿时愕然无语，心想连世间公认第一强者柳白都无法摧毁此人的骄傲与自信，这可真是全无办法，沉默片刻后试探着问道："叶苏……如何？"

二师兄微微蹙眉，面露憎恶之色，似乎是在说你居然把我和那等废柴相提并论，实在荒唐。

颜瑟倒吸一口冷气，心想你居然连观里的天下行走都不放在眼中？

接着他继续问道："其余两个你觉得机会如何？"

二师兄看着神符师的脸，觉得他问的问题越来越愚蠢，根本懒得再回答，直接说道："闲话少叙，你究竟是想有个传人，还是想南门一定要有个神符师？"

——猫腻《将夜》：第一卷 清晨的帝国 第一百六十章 春晨之风光

但就算是叶苏，也得在二先生君陌面前执礼以敬。就算君陌不把板子拍在他身上，他也会用那把尺子衡量自己。因为，除了二先生之外，人世间有资格衡量他自己的，也唯有他叶苏自己而已。

叶苏会这么想，是因为他即使坠落尘埃，也还是个天才。他有资格如此骄傲。

但君陌不会这么想，是因为，他比叶苏还骄傲。

骄傲得不用去考虑资格的问题。他甚至从来就没有考虑过这些问题。君陌似乎从来不考虑问题，他只是用行动去解决问题。

因此，有没有资格为他们代言？是为他们代言，还是让他们自己代言？……这种问题只有宁缺这样从21世纪穿越过来的比较矫情的文艺小青年才会思考。

二师兄从来不思考这种小文青伪哲学的问题。他只是很自然地冲在奴隶义军的前面，很自然地为他们挡住万道佛光、千道咒剑。

第三节 书院的规矩：
谁的拳头大谁就是规矩？

二师兄和宁缺何以如此？是因为他们出身书院——他们的骨子里浸染了书院的精气神，他们甚至是继小师叔轲浩然之后的"书院代言人"。

在猫腻的《将夜》之中，书院是最讲规矩（讲道理和讲礼）的地方。

在宁缺进书院的第一课上，曹知风教习便讲"道礼便是规矩"，且"用拳头讲规矩"。

因为有一个将军虎子提出：大唐以武立国，而不是靠"讲规矩"。于是，曹教习便按照这学生"只要拳头大便有道理"的逻辑，推断出"那我这时候打你就是道理"。

当这招致司徒依兰要"讲道理"而不应该"用拳头"的质疑和反驳后，曹教习说：好，我来给你们讲道理。无论是云麾将军，还是什么将军，就算他们的拳头比我大，势力比我强，却依旧不敢来打我！为什么？因为我是书院教习，而这就是我大唐的规矩。

最后，铿锵有力地得出结论：书院定的规矩就是最大的；我就是书院；我就是道理、礼和规矩——"现在我的道理就是这么简单：礼，就是规矩，就是我的规矩！"

这看似驳斥了"拳头大就是硬道理"的例证，但其实混淆了"用拳头""讲道理"之间的关系，且让其更为复杂。

就像宁缺当时当地所思所想的一样："书院定的规矩就是最大的……这和礼可没什么关系，只能说明书院里有个拳头最大的家伙。只是那家伙是谁？喝酒切桃花的夫子吗？"

"礼是什么？这是一个很宽泛很宏大的命题，但我们不能因为命题宏大便不再去探索研究，因为这个命题很重要。这个字如同苍穹那般高远不可触摸，那我们是不是就不应该向苍穹投以探索好奇的目光了呢？当然不，我们白昼观云探风，夜晚观星探幽，我们想知道苍穹是什么，我们想知道有什么在上面。"

"极宏大的命题，要以一种被我们能理解的方式做出解答，那么我们的答案必将具体而微，向微妙处、向具体细节里去问询。我们仰望星空，看星辰移动，在心中画出那美妙而恒定的线条，最终便成为观星之术。"

"苍穹是什么？便要从这样具体的一根根线条、一道道云气、天地间呼吸的上沿、元气波动的上限去体会去感悟。而礼字，同样如此。如果你们要问为师，礼之一道若往具体去探究，往具象中去觅名词，会得出怎样的答案……"

"为师只能说出自己的理解，所谓礼，就是规矩。"

负责讲解礼科的教习先生乃是书院礼科副教授，年龄约有六十几岁，说话速度极为缓慢，吐字非常清晰，讲课内容倒也算有条理。台下各方横直书案前的学生们听得极为认真，然而宁缺却早已是昏昏欲睡。教习先生双唇间吐出的字眼越清晰，他就越觉得脑海里那些瞌睡虫越庞大、越无法抗拒。

入院试时他礼科成绩是丁等最末，前生后世对这些内容都未曾产生过兴趣，最近这些年更是成日介忙着写字儿冥想杀人放火……睡觉，实在是无能为力。

迷迷糊糊间，宁缺忍不住有些惆然地想道，如果今后几年在书院的生活，便是每天把清晨大好时光尽付于这枯词滥调，那该是何等的痛苦。

紧接着书舍里发生的事情，把他从这种绝望幻想中拯救了出来。他再一次明白在大唐地位至高的书院果然不是一般地方，这里的教习果然不是一般人。

当老教习说道礼便是规矩时，书舍里忽然响起一道极不赞同的声音："先生，我大唐帝国威服四海，圣天子君临天下，重修礼记，靠的可不是什么守规矩。"

书院规矩课堂上可以提问，所以这名学生的质疑倒也正常。但这毕竟是入学第一天，所以书舍里的气氛骤然变得有些怪异。宁缺自昏睡状态中醒来，问旁边书案上的褚由贤，低声道："谁啊？"

书院讲究有教无类，因材施教，能入院读书的学生有很多普通百姓家的儿女。但敢在第一堂课上便对教习先生提出质疑的学生，必然家世不凡或者自视不凡。此时站在书案旁的那名学生原来是某大将之子。

教习先生冷冷地看着他,问道:"那依你之见,难道人在世间生活,可以不讲规矩?"

"不错。"那位将军虎子瓮声瓮气地说道,"我大唐以武立国,靠的就是不去管那些迂腐规矩,甲坚矛利便自然能永远胜利。但这并不能说明我们就不守礼。"

教习先生脸上的皱纹渐渐平伏,面无表情地看着这名身材魁梧的学生,说道:"你这句话意思就是说,只要拳头大便有道理?"

那名学生有些尴尬地挠挠头,说道:"这么理解倒也不为错。像我大唐数攻燕国,哪一次不把他们打得喊爹喊娘,他们甚至要把太子送来长安为质。但他们的皇帝哪里敢对我大唐陛下有一丝一毫无礼?还是要尊称为圣天子。"

宁缺在书舍后方听着这番话,暗想这家伙礼科成绩肯定不会比自己更高。

教习先生缓步向那学生走了过去,脸上依旧没有丝毫表情。但当他走到那学生身前时,声音却陡然拔高,举起枯树干般的右手,劈头盖脸就打了过去,愤怒地咆哮道:"拳头大就是道理?那我这时候打你就是道理!"

书舍里响起一阵惨嚎。那名身材魁梧的将军之子,不知道是害怕书院规矩,还是过于尊师重道,竟是根本不敢还手,被枯瘦的苍老教习瞬间打到鼻青脸肿,口角流血,看上去显得异常凄惨。

不知过了多久,教习先生终于住手,气喘吁吁地瞪着将军之子,阴沉地训道:"如果你说的是对的,那我这时候打你就是对的,因为我拳头比你大。"

从教习先生开始痛揍将军之子,书舍里就已乱成一团。学生们震惊地站起,却没有人敢去拉晋入狂暴状态下的先生。直至此时,司徒依兰才不服地说道:"先生!如果你认为自己比他厉害,所以可以打他,那岂不是证明了他先前的观点?"

宁缺依然坐在书案旁,但他的嘴也张到了极大——怎么也没有想到,初入书院第一天,便会看到如此火爆的一幕。此时听到司徒依兰的反驳,心里也觉得大有道理。

先生回头冷冷地看了司徒依兰一眼,说道:"我就是想要证明他的道理,有问题吗?"

司徒依兰紧紧抿着双唇,想着入书院前父兄们的紧张叮嘱,但终究还是没有忍住，将心一横，颤声说道："是，如果您认为他是错的，那就不应该用他的道理去教训他。既然礼是规矩，您就应该用规矩去束缚他，去惩处他。"

教习先生冷冷一笑，看着她说道："云麾将军一辈子没读过书，这女儿倒教得不错。不过据我所知，你们两家将军府虽然交好，但你和他却没有什么来往。"

"这和交情无关。"司徒依兰强忍羞恼之意，仰着脸倔强地说道，"我只讲道理。"

"好，我来给你们讲道理。"教习先生看着书舍内的学生们说道，"无论是云麾将军，还是什么将军，就算他们的拳头比我大，势力比我强，依旧不敢来打我！为什么？因为我是书院教习，而这就是我大唐的规矩。"

书舍后方褚由贤满脸怯意地低声说道："这书院怎么乱七八糟的。不过宁缺，你可千万不要冲动，去惹这位教书先生。"

宁缺当然没有虽千万人吾独往的那种勇气，看着正在擦拭手上血迹的教习先生，在心中默默想道："书院定的规矩就是最大的……这和礼可没什么关系，只能说明书院里有个拳头最大的家伙。只是那家伙是谁？喝酒切桃花的夫子吗？"

教习先生重新拾起书卷，面无表情地看着犹有不甘的司徒依兰，说道："不管你们服不服、信不信，什么时候你们能够把书院的规矩破了，再来和我讲道理也不迟。至于现在，我的道理就是这么简单：礼，就是规矩，就是我的规矩。"

礼就是规矩，就是我的规矩——这是何等铿锵有力、掷地有声、霸道无理、蛮横混账的强势宣言啊！宁缺怔怔地看着那位像老树干般的教习，发现自己越发弄不明白这座书院是个什么样的地方，却又越来越喜欢这个鬼地方了。

——猫腻《将夜》：第一卷 清晨的帝国 第八十一章 书院里的燕国教习

正因为夫子的拳头最大，所以，书院的规矩也最大；作为小人物的宁缺，是代表书院的天下行走，连天下屈指可数的大人物，都不得不听他"讲道理"。

但是，当夫子登天之后，举世伐唐，在这千年未有之大变局之中，书院已没有了最硬的拳头（夫子）、最锐利的剑（轲浩然），西陵诸国、整个人世间以及那个至高无上的昊天神国又如何肯低下高昂的头颅，静听宁缺、书院甚至整个大唐，想跟这个世界讲的道理？！

这是一种很精微但又很庞大的矛盾与张力。

影视剧版《将夜》将它提取和简化为这样的台词："我拳头硬，我的礼便是规矩！鄙人曹知风。"这样的话更为掷地有声、铿锵有力，但失掉了这种矛盾与张力，便是让整个故事发展的更为现实和广阔的空间，变得逼仄、狭小，甚至几无"立锥之地"——当曹知风的"礼"遇上二先生（二师兄）君陌的"拳头"时，讲道理定规矩的话语权，就自动转移了。

> 然而曹知风却笑不出来。他脸上的笑容瞬间敛去，压抑着怒意问道："二先生究竟想说什么？"
>
> "曹知风你在书舍里讲过，书院的礼就是规矩；规矩就是看谁有实力定规矩。"
>
> 小书童看着他认真地说道："夫子和大师兄出去游历；那在现在的书院里，我就是唯一有实力定规矩的那个人；所以不管你服还是不服，你都必须服，马上把告示贴出去。"
>
> ——猫腻《将夜》：第一卷 清晨的帝国 第一百五十九章 大唐国师很了不起吗？

谁的拳头大，谁就能定规矩？还是给世界讲道理的人，因为守自己的道、讲世间的公理，本身的拳头就大就硬？

讲道理、定规矩的话语权和制定权，到底掌握在谁手里？

《将夜》整部故事，其实就建基于这个针尖一样尖锐的原点问题，如舞蹈一样绽放，如火树银花一样华丽，如满天烟花一样绚烂，又如群星一样璀璨……照耀出一个星光点点的银河系，以及背后那个比波澜壮阔的星辰大海更为辽阔、深邃的"暗夜宇宙"。

第四节 我就是道：
虽千万人吾独往矣

因为守规则，因为有自己的道，因为手握天地间最方正的君子剑，可以衡之以方，守之以礼，所以，君陌"虽千万人吾独往矣"！

这一点在浓墨重彩、堪称史诗笔法的举世伐唐青峡之战中，就像聚光镜凝聚阳光时的焦点效果，特别具有穿透力、引爆点和"燃"属性。

举世伐唐，他一人守在青峡前面，断叶苏，逼道痴，迎柳白，那一把铁尺立于道前：无论何人，皆不能逾雷池一步！

经此一战，他右臂虽断，但只要精神气魄还在，剑就在，规则也就在——他守的就是一种规矩。甚至，他自己就是一种规则。

他遵循的就是自己的道。

我就是道！

叶苏问道："依凭外物，能在修行路上走到最后吗？"

二师兄说道："道门讲究道法自然。这本就是错的。"

叶苏微微一怔，请教道："为何这般说？"

"什么是外物？如果说你我一身之余皆是外物，那么盔甲是外物，剑是外物，天地之间的气息都是外物，然则谁都在用。"

二师兄说道："借车船行千里，凭刀火始耕种，人之异于禽兽者几希，唯善假于物也。这便是人之所以为人的根本，怎么能称之为外物？"

很简单的几句话，让叶苏思考了很长时间，感慨地说道："我本以为你方正守礼，古板严谨，不识圆融，今日才知原来你才是真正的通达。"

二师兄说道："礼者理也，经过审慎思考，确定某个规则有道理，那么就算千万人在前，也能够不退一步，这就是守礼。"

"听闻当年轲先生曾经说过一句话，自反而缩，虽千万人，吾往矣。"

"正是这个意思。"

叶苏看着他认真地问道："书院始终在做让自己高兴的事，那自然是因为你们坚信这些事情是对的。然而真理来源于昊天，道理经由人的判断，不同的立场会带来不同的是非。你们怎么判断这件事情是不是有道理？"

"你说得不错。不同的立场自然会带来不同的是非。但如果你选定了立场，自然是非也就可以确定，也就是所谓道理。"

二师兄说道："书院的立场就是人的立场。我们对天地没有本发的爱憎。对人有好处的我们便去爱，比如稻田。对人没有好处的，我们便去憎，比如灾害。规则同样如此，有好处的便要去遵守，没好处的便要废弃。"

叶苏问道："书院的道理来自利弊？"

二师兄说道："不错。"

叶苏声音微涩道："未免太现实了些。"

二师兄说道："人类所有的爱憎本就起于现实。"

——猫腻《将夜》：第四卷 垂幕之年 第一百四十六章 废而不歇

从一开始，传说中的知守观道门天才叶苏和传说中的书院二先生君陌，终将迎来的"史上最强一战"，就不仅仅是"斗之战"，而是道理之战、规矩之战、理念之战。

叶苏脚踩稻田、剑飞稻海，穿越千山万水/千军万马，终于来到了二先生面前。然而尚未开口，就被二先生当头棒喝："你站的地方不对。"

因为那是种粮食的田，不是用来显摆道法高深的路——明明有路不走，却非要糟蹋稻田，这是不对的。

你是道门天才又如何？

二先生同样要给你"讲道理"！

叶苏却说二先生的道理已经不合时宜，继而暗示：这只是你自己一个人奉行的道理，何以教化和约束他人？

第十二章 理所当然：
我用什么给世界讲道理（规矩）？

教你知错就改，化你讲道评理！

叶苏来到青峡前。

他看了看那张铁篷，又望向二师兄身上焦黑色的盔甲。

最后，他的目光落在那柄铁剑上，微微皱眉，准备说些什么。

二师兄的声音先响了起来，依然是那样的严肃、那样的认真。

他看着叶苏，说道："你站的地方不对。"

叶苏没想到当头便是这样一句话。

他静敛心神，认真请教道："何处不对？"

"那是田，不是路。"

二师兄说道："路用来走，田用来种粮食。明明有路，你却不走，非要从田里走过来。那是糟蹋粮食，自然不对。"

青峡前的书院弟子，本来因为叶苏的到来而有些紧张，此时忍不住乐了起来，感觉就像是这些年师兄教训自己一样。

没有什么废话，也没有皱眉，没有犹豫，直接见着你便是一句话。因为你错了，那么便要说你不对。二师兄就是这样的人。

——猫腻《将夜》：第四卷 垂幕之年 第一百四十二章 二师兄的规矩（上）

再三见招拆招、论道辩理之后，叶苏又问："我不服教。你何以教我？"

二先生便说，打到你服。

叶苏便驳道：武力与道理无关。就算你君陌打赢了我，我仍不同意你的看法，你又能奈我何？

"君陌竟无言以对！"

第五节　不服，来战：
道理说不通？那就把它打通！

这不是原著原文，而是影视剧版《将夜》给我们的感受。

它掐头去尾，前没有二先生因为叶苏剑分稻海之举给他"讲道理"的理所当然，后无二先生对叶苏"武力与道理无关论"的反驳（或不屑于反驳），于是便显得二先生"理亏"。

甚至小到他们二人之战，中到这场举世伐唐、书院数弟子死守的关键战役，大至书院主导、大唐举国应对的举世伐唐……从二先生、书院到大唐举国之力，似乎都"不合理"。

但事实恰恰是相反的。

不服便打到你服，其实这不是二师兄的规矩。这是书院的规矩。说起来有些霸道不讲道理，但其实在这之前，有道理两个字。

叶苏没有动怒，平静地说道："道理与武力无关。就算君陌你能胜过我，也不能让我同意你的看法。真理来自昊天；道理来自对现实的评价，来自贤者的教诲。大先生可以教我，但你不行。"

既然说不通，那便不用再说。像君陌和叶苏这样层次的人，说话只是闲聊或者说只是局限在话语本身，无关心理上的什么攻势，那没有意义。

一人站在青峡之前，一人站在稻田之中，各自沉默。

在原野上观战的数十万人，紧张地看着青峡方向，不知道这场战斗会怎样开始，不知道他们会何时出手、谁会先出手。

就在不知何时的那个时刻，叶苏出手了。

道门天才对书院天才的出手，与所有人的想象都不一样，没有天崩地裂，没有山石滚滚,没有什么恐怖的威势,反而显得极为平淡。

那道薄薄的木剑,从叶苏身前向青峡处而去,淡然平静沉默。剑前的稻浪随势而分,就像是湖水渐分,湖里一道柳枝起伏向前。

无数道目光盯着那柄木剑,有些惊讶,有些不解,甚至有些失望。

然而下一刻,青峡前便出现了一幕令人感到震撼的画面。

随着木剑的飞行,青峡前忽然生出一道云层。

那片云层厚约数丈,晦暗至极。里面隐约可见雷电渐蕴,距离地面极低,只有十余丈。从远方望去,竟似要与地面接触。

青峡出口,被云层覆盖。

云层与地面之间,便是铁篷,以及篷外的君陌。

四师兄服了数剂煎药,精神微振。然而此时看着空中那片云层,感受着其间蕴藏的天地气息,他举着沙盘的双臂再次颤抖起来。

他很震惊。能够施出这样手段的修行者,对天地气息本源以及规律的了解,那该到了怎样恐怖的一种程度?

"这才是真正的五境巅峰。叶苏果然不愧是道门的奇才。"

四师兄看着稻田里飞来的那柄木剑,失神说道:"二师兄铁剑砍人,用的是天地之力。叶苏此时用的也是天地之力。双方境界仿佛……"

七师姐木柚担心地说道:"谁更强些?"

四师兄说道:"不知道,此间大概只有柳白能看出来。"

——猫腻《将夜》:第四卷 垂幕之年 第一百四十三章 二师兄的规矩(下)

这个大史诗小细节的场景,恰恰证明了从二先生到整个书院"理应如此"的逻辑和理念:

第一,你错了就是错了,所以,我理所当然要跟你讲道理。

第二,道理就是道理,没有合不合时宜,也不分谁来说。别人能讲理,你为何不能?

第三,你不讲理,我就来讲给你听。用嘴讲,你听不懂;用拳头或刀剑来讲——趋利避害,你总会吧?

第四，道理你懂，仍做错事；知错不改，教你还不服？那我就打到你服！

第五，打你仍不服？武力与道理无关？还要捍卫"我说话的自由和权利"？……那就继续打！

把你打残、打废了，看你服不服？

就像最后事实上君陌确实是把叶苏打残、打废了。

但最关键的还是——第六，打残的是"人"，打废的是"理念"。

叶苏和君陌之争、大唐与西陵神殿之争、书院与知守观甚至整个昊天神国之争，仍然是"道理""公理"与"真理"之争：你认为的道理只是你的道理；它不是我所信仰的天理；我们之间，找不到"最大公约数"的公理。

更为深层次的是：你的道理只是来自圣人和贤者的现实评价——他们再圣再贤，仍然还是人。而我的真理来自昊天神国的投射和传授——它再虚无缥缈，也是来自天、来自神的。

两者的源（来源、起源、本源和根源）流（流派、潮流、主流和支流）均不同，怎么可以相提并论，甚至寻找两者之间最大的公约数（公理）呢？

每个人都有自己的道。

这与信仰无关，不代表不虔诚。

只是像叶苏这样的人，必然会走上自己的道路。

二师兄的问题，是真实的问题。

叶苏的回答，也是真实的回答。

他已经做好了准备。

这代表着一个令人震惊的事实。

如果昊天同意他的道，他便依旧虔诚。

如果昊天不同意他的道，他还有剑。

因为木已成舟，他愿意做那个刻舟求剑的愚人。

叶苏是道门的天才，是最坚定的昊天信徒，不然观主也不会收他为徒。

谁也不知道从何时起，他发生了这样的变化。

是在荒原雪峰上，还是在长安城的小道观里？

> 总之他握住了自己的剑。
>
> 这一剑敢于问天。
>
> 那该是多么的强大。
>
> 现在,他还是昊天的信徒。
>
> 道门的行走。
>
> 他的这一剑不用问天。
>
> 而是来问君陌。
>
> 君陌能不能接得住?
>
> ——猫腻《将夜》:第四卷 垂幕之年 第一百四十四章 木已成舟

道可以并行而不悖,但是天经地义只有"那一个理"。

我这既然是真"理",你那"道不同不相为谋"的道"理",就必须是假"理"。

退一步讲,"真理"天存神授,信者得道,求真有理。

"道理"君传子授,可教可化——但必须是圣是贤才有资格讲道理。夫子可以教我以道,大先生可以化我以理,但你二先生君陌非圣非贤,还没有资格跟我讲道理——讲道理也是要有资格的。拳头大(武力)也是一种资格,但仅仅是拳头大,那道理也并不一定就是"硬道理"。

因此,叶苏与二先生这一场不是辩论的辩论,切口虽很小,格局却甚大。那中间层层递进的观点、思路和逻辑,更是建构起了一个四两拨千斤的好杠杆。

第六节 大道之战：
这是两个世间最骄傲的人啊

影视剧版《将夜》不但掐头去尾，还抽掉了这中间讲道说理的逻辑骨架和堪称精神气的硬核理念与价值观。

它简化成"我不服教，何以教我"和"道理与武力无关"这一两句"点睛之笔"，又像注水一样，向前缀了两句："哑巴开口说话，馅饼上撒盐巴"（叶苏）、"这个人口味挺重的"（君陌）——这是两个人见面时打招呼说的话；

再到叶苏碎碎念"为什么我非得跟你二先生一战——因为我悟出了一个道理"。这完全没有原著之中"既然道理说不通，那便不用再说""你要战，便——来战"的气势和精髓。

这是两个世界上最骄傲的人"道不同不相为谋"的终极对决啊！

说好的骄傲呢？

大道朝天，各走半边？

NO！狭路相逢！

不是你以道胜，就是我以路消！

砍是一个很简单的动作。

他做得也很简单，就这样砍了下去。

不好回答的问题，那就不回答。就像宁缺当初没进二层楼之前，给陈皮皮写的那道算题，算起来太复杂，那便不算了。

不好解开的绳结，那就不去解。就像木柚当年因为洗澡水冷了，把自己的头发编成一个结，解起来太麻烦，那便不解了。

让小师弟说出答案就好，不告诉就拿门规对付他。

让七师妹自己解开就好，不解开就拿剪刀剪了它。

来到身前的这道木剑很难回答，那便不回答；很难避开，那便不避。他拿着铁剑，就像拿起门规戒尺、拿起剪刀一般，落了下去。

君陌一直视小师叔为偶像，没有学过浩然气，但学过浩然剑。浩然之气，讲究的便是勇往直前。

他握着的铁剑，仿佛要把青峡里的所有巨石全部挑飞，无比壮阔，令人胸襟大畅，生出无尽舒爽痛快的感觉。

在这道简单而畅快的铁剑前，没有神佛，也没有天。

君陌神情平静，自信自己的铁剑，能在木剑临身之前，把叶苏砍成两半。

这不是同归于尽、玉石俱焚，而是考量彼此的勇气。

勇气就是一种骄傲。

世人皆知，书院二师兄是世间最骄傲之人。他就是当世第一勇者。青峡之前原野间的血水与那些死在剑下的无数骑兵，都已经证明了这一点。

叶苏也很骄傲。因为君陌此时表现出来的骄傲，他愈发骄傲。

他也没有避。

——猫腻《将夜》：第四卷 垂幕之年 第一百四十五章 没有如果

但在影视剧版《将夜》之中，整个剧情既没有像原著一样故事逻辑和理念自洽完整的结构，又没有能够匹配剧集"我看青山多妩媚，料青山看我亦如是"的自然景观，也没有"刀光剑影喜相逢，拳打脚踢意酣畅"的视觉特效，整体上缺乏以上这"三位一体"的影像故事新话语、剧情与理念体系。因此，那两三笔"画龙点睛之语"，非但起不了点睛之笔的功效，还产生了一种将钻石扔在一堆干豆芽中的辣人眼、硌人心之感——所谓明珠暗投，不外如是。

因为，一笔画不出"神龙"安天下，三四镜头却是"草龙（豆芽之龙）"舞人间。

第七节　IP魔改之败：
从"调性情绪流"引爆点到"逻辑自洽"故事建筑

这就是我们一直强调的网络文学改编成影视剧集的"IP魔改之败"——讲故事、写网文、IP化（影视剧集改编），须在"金字塔+1"结构上神化而非魔改：

讲故事也是一门技术活；

别拿网文当原材料甚至是废料进行改造；

要遵循原著自身已然构建好的结构，或按照影视图像和视觉符号系统重新建构"逻辑完整自洽"的故事建筑（故事大厦甚或是故事迷宫）体系。①

写网文也要讲理念，别肢解、切割甚至忽略人物甚至整部作品想要表达的观念、思想与价值体系。

人物的言行举止、为人处事、风格做派均应有"理"可据。网络作家抑或是整部作品其实都在表达他的三识（知识谱系、见识谱系和智识谱系）和三观（世界观、人生观和价值观）——甚至，作品为世界立法，作家为世界立法。

有些作家作品最值得称道的，就是于故事建筑之中，提出了能够刷新人的见识与观念，重新定义定向观天下看世界的新视野的"细胞基元"——就像马克思于"商品"这个"元概念细胞"之上建构出了"资本论的理论大厦"。

当下的许多美剧就在"思想原点与观念基元"之上重新刷新人的观念，如《黑钱胜地》以"重新定义金钱"为基础，建构了以"金钱就是让人有选择能力的能力"为主要观点的故事。

IP化也要设计"建基点"和"引爆点"——最典型的就是"戳爽点"：从爽文到爽剧，遵循着同样的爽点原理、爽感建构和爽文化机制体制。

---

① 参阅庄庸、杨丽君等主编：《爽感爆款系统：中国网络文学阅读潮流研究（第3季）》，华语网络文学智库丛书，中国青年出版社，2020年版。

忽视爽点、爽感和爽文化，是很多超级IP从"爽文爆款"改编成"影视渣作"的根本原因。

它们还不足以把握年轻粉丝/受众（年轻世代特别是网络青年）为泛文化娱乐全产业链制定标准的定标运动（亦即我们所说的"青标"）。[①]从爽文到爽剧，不过是爽点和爽感迁移与转化、解构与重构的不同形态与业态。它们其实均存在于爽点宇宙、爽感系统和爽文化共建、共享、共治"爽文时代"的形态、业态和生态系统之中。

从技术、理念和设计层面来讲，IP化影视改编之旅，要聚焦和凝聚于一个轴心点"调性"：它既是这金三角的黏合剂，又是金字塔的关键节点；最终充斥内外，成为整个故事结构的垂直调性、内生品质，又形成整体和圆满的形象与氛围。

青峡前，安静无声。

无数双目光重新落在那处，紧张不安地看着那两个对面而站的人。

不知道过了多长时间。

叶苏忽然咳了起来，素色的衣衫上出现了无数道细密的血口。

他看着君陌，感慨地说道："如果你没有这身盔甲，我不见得输。"

"世间没有如果。"

君陌的脸上没有任何得胜的喜悦，淡然说道："如果你要说如果，那么如果我无甲你无鞘，我赢。如果你无剑我无剑，我赢。"

"如果是十八年前，我赢。如果是十八年后，还是我赢。"

他最后说道："所以不管怎么说，都是我赢。"

——猫腻《将夜》：第四卷 垂幕之年 第一百四十五章 没有如果

多么理所当然！

君陌和叶苏之战、整个青峡之战，甚至书院对抗举世伐唐之战，都充满了这

[①] 参阅庄庸、杨丽君等主编：《爽文时代：中国网络文学阅读潮流研究（第1季）》，华语网络文学智库丛书，中国青年出版社，2021年版。

种理所当然：我就是道，我就是规矩，虽万千人吾往矣！

影视剧版《将夜》忽略了这个场景所透露出来的"理所当然"之调性，无法雕塑出二先生"理直气壮"和叶苏"此方为正理"的理念与态度之争：二先生以书院立足于整个人世间的基调讲道理，叶苏却是昊天神道的虔诚信徒，奉"天理"为真理。

也正是如此，叶苏才会在这一战之中，从近人道到背天道，甚至走己道（自己之道）；并在战之后，从"昊天的信徒"成为"道观的弃徒"，从"神道的叛徒"又成为"新教的圣徒（圣人）"……

这种巨大的转变、改变和蜕变，才会如此让人印象深刻：他终于悟到了真正的"理"，找到了自己践行的"道"，活成了他自己的"人"和信徒以及我们心中的"神"——理应如此，道行而成。

也正是在这一点上，二师兄桥接起了从小师叔轲浩然到小师弟宁缺的真正传承：

他那像棒槌一样的"高冠古义"，就是接力棒；

他以自己的眉、以自己的铁剑、以自己整个人为标尺；

他把轲浩然的精神和宁缺的践行衔接了起来：理所当然。

同时，这又将君陌率奴隶起义、叶苏领蚁民创新教、宁缺聚长安城之力书写大写的人这三大举世伐唐之后最重大的里程碑事件勾连了起来，书写了一部人类从跪着到站起来、从身体上站起来到精神上站起来的小史诗。

选文悦读　猫腻《大道朝天》：
如果人生能够重来，我还是会这样活

我们能够以"王者金腰带"这个网络文学造词、理论与方法论原型（模型），解读、诠释和建构猫腻系列作品之中的一个非常重要的网文特质：

他极其擅长建构伴生配对人设，并把他们羁绊于一种类似"王者金腰带"的关系和情感之中；

由此，就在整个故事布局之中，划出了一条像彩虹一样星光璀璨的故事光带；

甚至，这贯通于猫腻系列作品之中，我们可以把它们当作前后互文和网络链接文（链接网文）来解读、诠释和建构。

从《庆余年》之中"父子仇雠"的庆帝和范闲（君臣），到《择天记》之中"师徒反目"的商行舟和陈长生（师徒）；

从《间客》之中"兄弟相忘于江湖，思于天涯"的军神李匹夫和叛贼封余这对宇宙无敌的亲兄弟，到《大道朝天》之中"青山依旧在，已是两世人"的井九（景阳）和阴三（太平）这对算力无双的师兄弟；

再加上《将夜》之中"平常夫妻床头吵架床尾和，娶个昊天做老婆掐架又如何"的穿越主角宁缺和昊天老婆桑桑（夫妻）……

猫腻把中国传统思想观念和人际伦理最核心的五种关系，全都"配双结对"，创造出了"双子星座"式的王者人设序列——无论他们是主角还是配角：君臣/父子、师徒、兄弟/师兄弟、夫妻；而且还可以进行"互文式"解读、诠释和建构。

比如，在《择天记》之中，未曾展开的余人和陈长生这对师兄弟的恩怨情仇，在《大道朝天》中便演绎成了井九（景阳）和阴三（太平）真人之间浓墨重

彩、旷日持久的大道理念战：

就像陈长生是余人抚养长大的，井九（景阳）也是阴三（太平）"教"大的。

但陈长生和余人之间的"反目"未曾开始，便已戛然而止；井九（景阳）不但前世将师兄阴三（太平）亲手关进深狱，今生将继续埋葬阴三（太平）所为的理想世界……

从《庆余年》（2008～2009年）至《大道朝天》（2017～2020年），猫腻绕了一个大圈子，又像是回到起点——终点即起点；结束即开始——解读、诠释和建构一个"闭环宇宙"。

这种像故事迷宫一样存在的"闭环宇宙"世界观设定集，"接口的线头"就是那个从《庆余年》就提出的初始问题，并导向《大道朝天》终极答案的"问答链"：以改造世界为己任，还是为自己而活？

第七卷 迷神引 第三十一章 看那边洪水滔滔

冥师是冥界毫无争议的最强者，是与谈白真人等阶的人物，居然会被一道钟声所伤！

这个小钟究竟是什么？

童颜再次敲响手里的小钟，脸色更加苍白。

一道无形的气息波动向着四面八方而去，仿佛要凝结一切，又似要摧毁一切。

轰的一声，崖壁坍塌！

冥师发出一声痛苦而愤怒的低啸，破石而出，向着童颜疾掠而来。

童颜运转真元，想第三次敲响小钟，却再也支撑不住，喷出一口血雨。

眼看着，他便要死在冥师的手下。

看着夜空里的无数魂火，童颜眼里流露出遗憾的神色，握住袖子里的一件硬物，道念疾转。

风过崖台，一道清光闪过，他从原地消失。

冥师落到崖边，看着极遥远处的某道气息，抬起衣袖擦掉唇角的血渍，神情微异,说道:"居然带着景云钟与千里玺……"

那抹血渍在宝蓝色的衣衫上格外显眼,就像这时候仿佛还在回荡的钟声。

景云钟是中州派非常特殊的法宝,据说是远古时期在麒麟颈间的天生神物,沉重如山,根本无法像飞剑及别的法宝一般隔空施出,只能由持钟者亲自施为。

不管修行者境界如何高妙,甚至哪怕是谪仙,只要被景云钟在耳边响起,都会魂飞魄散、痛不欲生。就算侥幸活着,也必然没有任何反抗之力。

如果今天是谈真人忽然在他身边敲响景云钟,他再如何强大,只怕也是死路一条。

童颜天赋再高,终究还没有抵达他们的境界,只能重伤了他,却未能完全扭转局面。

但他警惕不解的是,景云钟是谈真人的随身法宝,千里玺应该也被中州派收了回去,为何现在会出现在童颜这个中州派叛徒的身上?

"这时候,世界正在毁灭。"

太平真人看着山崖那边的井九说道:"冥河会来到人间,我们之间的所有分歧、争执都会结束。"

狂风呼啸,剑光如无数落叶,在崖间缭绕着,根本无人能站在近处。广元真人与南忘也驭剑来到空中。

人们听到了他的话,感受到了天地气息的微妙变化,震惊无语。

如果太平真人说的是真话,大漩涡改道,引无数海水入冥,再以冥河为炉……那便真是灭世!

无数的海水与冥河相遇,被千里风廊的风点燃,化作剧毒的水汽,从通天井里升出,向着大地与海洋蔓延而去,世界再如何宏大,又如何禁得住天地这个大炉的蒸煮?

如果这一切都是真的,那该怎么办?所有人的视线都落在井九的身上,想知道他会如何应对。

"还是这一套。"井九收回视线,看着他问道,"你就没想到些新鲜的法子?"

太平真人微笑着说道:"世间本无新鲜事,最老的往往就是最好的、最管用的，比如你我。"

井九说道："数百年来，你要做的事情没有一件能够成功。你应该很清楚原因。"

"我准备了数百年的时间，唯一能够阻止我的就是青山。但现在我就在青山。"

太平真人望向那顶青帘小轿，望向谈真人，望向那团云雾，说道："而这些人也都因为青山而来。谁来阻止我呢？"

朝天大陆的修行强者们都因为青山掌门大典来到此间，那些入冥通道才会变得如此不堪一击。

这局说来简单，实则极妙。

听着这话，大泽令等人极其愤怒，便是那些支持太平真人的青山长老们也神情微变。广元真人更是黯然一叹。

"不必唏嘘。"太平真人看着天光峰四周的人们说道，"今日的事情与你们并无任何关系。那些自下界而来的烟气，对你们没有任何伤害。你们会好好活着，而且应该会觉得更加清静。"

"那我们的家人呢？我们的后代呢？他们都会死去！"天空里传来一道愤怒的声音，不知道是哪家的修道者。

太平真人说道："那些凡人迟早都会死，早一天晚一天又有什么区别？"

这句很淡然的话淡淡地飘在天光峰的四周，却让所有的声音消失了。因为里面隐藏着极大的漠然与冷酷。

不知道隔了多长时间，一道有些微微颤抖的声音响了起来："师父，这到底是为什么呢？"

说话的人是南忘。她怔怔地看着崖畔的太平真人，眼里满是茫然的情绪，就像还是当年刚入门的那个小姑娘。

太平真人看着她怜爱地笑了笑，没有说什么。

有资格来青山参加掌门大典的修道者，很多都知道数百年前那场秘辛，知道太平真人想杀死所有凡人，建立一个只有修行者存在的世界。但并不是所有人都知道他如此丧心病狂的真实原因是什么。

南忘破境入通天后，隐约猜到了些什么，却还是忍不住想要从师父这里得到回答。

"修行的目的是什么？当然是飞升，因为那似乎是人族修行者长生的唯一途径或者说去处。"

太平真人望向灰暗而遍布雷电的天空，平静地说道："那飞升之后究竟是什么地方呢？仙界还是上界？当年我在冥界仰望通天井口，想到这个问题。朝天大陆对冥界来说是上界，但那是真正的仙界吗？不，只不过是另一个地方罢了。"

很多修行者有些骚动不安，心想飞升之后不是仙界那能是哪里？

有些人则是沉默不语，比如谈真人。

太平真人望向谈真人，继续说道："我们与那个世界之间有着极其强大的屏障，飞升便是要打破这个屏障。而你们真的去了那里后，更会发现那里根本不是仙界，而是一个陌生的、寒冷的、近乎死寂的世界。而那个世界里有着极其强大的存在。"

赵腊月说道："你没有飞升，凭何如此确定？"

"从很多年前开始，我便是这个世界站得最高的那个人，自然看得更远。"

太平真人依然看着谈真人，说道："你觉得我说错了没有？"

谈真人依然沉默不语。

太平真人说这些话的时候，没有停止与井九争夺承天剑的控制权。

笼罩群峰的青光大阵，渐渐向着地面落下，表面的缝隙越来越大。

阴云里的雷电不停劈落，把碧湖峰的湖水斩成各种形状。上德峰的暴风雪越来越大，剑峰处的剑意越来越乱，又隔空凝成一道极森然强大的剑意，把太平真人与井九的身体完全笼罩在了其中。

到处都有树木无声而断，山崖塌落，发出沉闷的撞击声。

狂风呼啸，吹得修道者们脸色苍白、衣衫如旗，却依然吹不散那片云雾，看不到白真人的脸。

一道有些苍老而低沉的声音响了起来，还是先前那位果成寺的老僧："禅宗古经里确实一直都有域外天魔的说法。"

事实上除了禅宗古经，还有很多道门典籍里也有隐晦的记载。但因为各种各样可以理解的原因，那些猜测与说法就像满地青草里的一株野花，被掩藏住了身影，很难被发现。

太平真人望向井九说道："你应该知道坠仙岛那个懦夫曾经说过什么，你甚至可能亲眼见到过。你怎么说？"

井九的视线穿过云海与闪电及风雪，落在极遥远的地方，没有回答这个问题。

他对赵腊月说过，飞升后曾经看到数万把飞剑燃烧起火，像流星一般穿行于遥远的星域之中。

如果一道飞剑都是一位飞升成功的仙人，那么那个世界会何其强大而可怕？

咔嚓！数道闪电照亮碧湖峰，然后哗哗地落下雨来。

青山剑阵的剑意尽数落在他与太平真人的身上，本体渐弱，竟连真实世界里的风雨都无法挡住。

"这个世界太弱小了。"

太平真人看着风雨里的群峰，感慨而怜惜地说道。

雨水落在他微黑的脸上，也打湿了他的衣衫，看着有些狼狈，又有些像那些在河堤决口处抢险的老农。

第十三章

自由的锁链：从「解放的普罗米修斯」到「春风亭老朝鱼龙帮」

在《将夜》之中，通过书院二师兄君陌这个"解放者"角色，猫腻揭露出了一条"修行世界"对"俗世蚁国"单向度剥削与掠夺的"自由锁链"，如悬空寺宗教阶层对于穴底蚁民的剥削与压榨链条。

相伴而生的，是奴隶蚁民的"解放"与"造反"。

但这不是由他们自动发起的，而是由修行强者书院二师兄君陌深入到他们之中，像先知和革命者一样，播撒思想的火种，并亲自率领他们揭竿而起：星星之火，可以燎原；而这火种，是外来者带来的。

在希腊神话传说之中，"解放的普罗米修斯"从奥林匹斯山盗取了宙斯之火，把它撒播人间，从而让人类结束了"茹毛饮血"的时代——这是"神之火"。没有"神火"，哪里有人类的解放和人类社会的发展与进步？

书院二师兄不是"神"。但在俗世蚁民眼里，他这样的修行强者无疑像神明一样。因此，就像普罗米修斯给人类带来"神的火种"，书院二师兄给蚁民奴隶带来了人间"希望的火种"——从而让人能从"奴隶式的跪着"到"身体上站起来"，从"蚁民式的盲信"到"精神上站起来"。颇具反讽意味的是：这种革命性的过程，恰恰是要颠覆那像神明一样的存在的身份和地位。

这种从"身体上站起来"到"精神上站起来"的解放与革命，如果没有像神明一样的强者来领导，怎么可能发生？

很多时候，人们就像一群迷途的羔羊，没有像修行者一样承担领导者角色的头羊，是走不出自己的困境的。就像如果没有摩西的带领和指引，犹太人很有可能走不出"埃及困境"。

唯一的区别在于：这个领头羊到底是"谁"？迷途的羔羊该"听谁的"？

摩西听取的是上帝的旨意，因此不需要付出任何代价；普罗米修斯虽然没有听谁的，但最后仍然被宙斯锁在了悬崖峭壁上，被鹰啄其眼、叼其肝——其之上仍然有比他强大的神明。这是他要付出的巨大代价。

书院二师兄听从的，却是他自己的召唤——他就是这样想的；他也是这样做的。举头三尺"无神明"。虽然，在他之上，还有比他更为强大的强者，如悬空寺首座。而且，他确实也让君陌付出了"吐血的代价"。

但终究没有谁，能让书院二师兄交出性命，甚至交出比性命更重要的代价——不自由，吾宁死。没错，在书院二师兄看来，自由比性命重要。

但是，自由是一把标尺，衡量的是别人的性命，而不是自己的生死。书院二师兄用自由这把标尺，衡量的是奴隶蚁民的生和死，而不是他自己的性和命——由此便多了一些类似解放者、启蒙者、导师的"旁观者"角色，少了一些为人而战斗的"亲历者"体验：书院二师兄不是为自己的自由而战斗——他已经拥有了自己的自由；他是在为别人的生死和自由而战斗。

在这个昊天异唐世界里，谁在为自己的生死和自由而战？

假若说书院二师兄是贯通修行世界超凡强者和俗世蚁民"自由大枷锁"的解放者人物，春风亭老朝则是另外一种贯通俗世蚁国统治集团和底层黑暗势力"自由黄金链"的生存标志人物——

因为情义链锁住了自由，所以需要为了自由剑斩黄金链。

第一节 站队的资格：
广挖洞，深积粮？你也就是只"黑暗鼠王"！

你是李渔公主派，还是魔法皇后派？

在先皇还在位、太子还未立、宁缺也没有接班成为大唐甚至整个天下的超级守护者时，春风亭老朝朝小树就被逼要站队。

以此为格局和背景，才会出现朝小树于老笔斋"收买"宁缺、春风亭风紧雨骤一夜战……的情节与场景。

结果，结局"果然"符合"大逆转三板斧"：既在意料之外，又在情理之中，还合乎逻辑并完整自洽。

站队？

凭你也配！

你有什么选择站队的资格？

虽然，站队的选择暗潮汹涌，确实是诱发春风亭事件的背景和导火线。

中年男子沉默片刻后说道："或者……你习惯直接开价？"

宁缺对着恼人的雨水伸出手掌，打了对方一个耳光，干净利落地说道："五百两银子。"

中年男子蹙着眉头建议道："太少了，是不是再加点儿？"

雨夜书铺门槛旁，二人讨价还价的画面着实有些诡异。雇主竟然觉得钱太少了。

宁缺转头看着他问道："你估计今天晚上我要杀多少人？"

中年男子想了想后说道："至少五个。"

宁缺回答道："在草原上，我杀五个马贼说不定还搜不到五两银子。所以你放心，为了五百两银子，我绝对可以拼命。"

"我不需要你拼命。"中年男子微笑地望着他说道，"如果到了需要拼命的时候，你可以先行离开。"

宁缺摇头说道："那不是我做事的风格。情义比金坚确实是句很白痴的话。但既然是做生意，当然要遵守基本的从业道德。"

中年男子微笑着伸出手来："成交。"

宁缺伸手和他轻轻一握然后松开，说道："我姓宁，安宁的宁，宁缺。"

"我姓朝，大唐朝的朝，朝小树。"

"好嚣张的姓，好温柔的名。"

"长安人都叫我春风亭老朝，你可以叫我朝哥。"

"朝小树比较好听一些……我说小树啊，你就是鱼龙帮的帮主？"

"你可以叫我老朝……另外，我从来没有承认过自己是鱼龙帮的帮主。我只是集合了一群兄弟，做些朝廷不方便做的事情罢了。"

宁缺最终确认了他的身份，微笑着拍了拍他的肩膀，说道："长安第一大帮的帮主还这么谦虚！小树啊，你这就显得太虚伪了。"

——猫腻《将夜》：第一卷 清晨的帝国 第五十二章 春风亭，老朝小树

人人都以为春风亭老朝朝小树和长安地下江湖最大黑势力鱼龙帮，不过是舔血刀头过日子，没有背膀子；

不过是一拳一脚打出来的豌豆江山罢了；

秀肌肉也只能秀出四肢发达、头脑简单，哪里秀得出"靠山吃山、靠水吃水"——三山五岳都比不过"靠山"，长江黄河都难抵"背景"。

出来混，靠的是实力和势力，而不仅仅是双拳四腿。

没错——你没看错——这话没毛病。

双拳难抵四腿——人是两只手握起拳头、一撇又一捺可以支撑起来的"人"，但其实也是有着四只腿的直立行走动物。

人若为"人"时，双拳确实难抵拥有四条腿的"野兽"。但是，人若"狂化暴走"成为野兽时，双拳两脚可不就成为四条腿了？

何况，就人的本性来说，既有人性，也有所谓的兽性和神性。

当神性退隐、人性迷失、兽性复苏时，所谓的"人"或许就会蜕变成禽兽——甚至连禽兽都不如，比野兽还野兽。禽兽经过驯化，尚且认主、感恩甚至护人，比如狗。

人是四条腿的动物；打不过，也有可能就像狗一样，撒开腿就跑。但是，人要是变成野兽，却有可能六亲不认，何况其他？

总而言之，双拳四腿只不过是逞匹夫之勇，顶多算是个人技能可选菜单中的基本项——就像体检时必检的那些可有可无但好像缺了又不行的视力、体重等项目，都不能算是"实力"的可衡量指标。

总而言之，在长安城的贵人看来，春风亭老朝朝小树和鱼龙帮不过是"用花拳绣腿堆出来的豌豆江山"——

没有比"靠山吃山"的靠山更值得依靠的"靠山"；

所有彰显个人勇武和彪悍的双拳，都只是花拳绣腿；

所有靠双拳打出来的江山，都是豌豆堆出来的江山。

即使实力再强，又能如何？

广挖洞，深积粮，缓称王？

那也只是钻洞挖仓的"暗黑仓鼠王"！

即使势力再庞大，称霸皇城，又能怎样？

那也只能是摆不上台面的"地下暗势力"！

在真正的势力和实力面前，所有的豌豆都是植物系，而不是动物系，更没法成为"嚼不动、煮不烂、锤不扁"的铜豌豆。

在阳光照耀的地方，所有的尘埃和垃圾，都只能浮显原形、无处藏身，而且只能浮沉。

何况，在"我就是太阳"甚至"比太阳还耀眼、明亮和辉煌"的皇亲贵胄面前，所有的暗黑势力还不土崩瓦解，自行崩溃，转入轮回？

你不是背景，只是阴影。

第二节 分母大概率：
从"堆人数·码人法"到"千万分之一"

毕竟，有资格、有能力成为背景或背影的人，是要讲概率的。

双拳两腿的技能，要成为衡量个体实力的指标，必须要学会像金庸《射雕英雄传》之中的"堆人数·码人法"。

比如：

双拳可抵四腿、七人可战百人的江湖七怪，一出场就先声夺人——七人就能力敌数以百计的江湖豪杰，且战胜之，足见英雄；

然而，丘处机一人却能力抗江湖七怪而不落下风，甚至略胜之。

一人尚且如此，七人成阵又将如何？所以，全真七子的威名全面碾压江湖七怪。

然而，全真七子又如何？成阵团战又如何？仅仅一对"黑风双煞"，就让他们如临大敌——虽不至于"闻名丧胆"，但头痛万千是真的。

然而，这样声名显赫的"黑风双煞"，不过是东邪黄药师的弃徒而已！

由此，又引出来东邪黄药师、西毒欧阳锋、南帝段智兴、北丐洪七公、中神通王重阳这"五绝高手"——这才是江湖上五位武功登峰造极的绝顶高手啊！

但还不是"史上最高的高手"。

在古灵精怪的蓉儿（黄蓉）想方设法、狡黠无比的穿针引线之下，九九归一、五行合一，憨厚但不傻、笨拙但不懒的靖哥哥（郭靖）不但学会了洪七公的降龙十八掌，还融会贯通了"五绝武学"，从而真正成为"天下第一"。

而这个"天下第一"最终死守襄阳，"虽万千人，吾往矣"！

最后以身殉国，以行例证金庸"侠之大者，为国为民"的新武侠理念……

从靖哥哥郭靖到小师弟宁缺，就像是一个"V形"折线——从小师叔轲浩然到二师兄君陌，或许就是其中的拐点、反弹点和引爆点——都是由"万千人守城"码出来的。

一个死守襄阳城，一个活战长安城。

码人码出了不同形态的精气神。

是不是很有点"学高为师，身正为范；学为人师，行为世范"的味道？

大侠与名师、名将，从理念到例证，有时是相通的，都是要靠"人数"堆出来的。不然，怎么会说"桃李不言，下自成蹊"？桃李满天下，方能"春晖遍四方"——培养的后辈或所教的学生为数众多，才能书写桃李芳菲名师的春秋和大爱。

又说"一将功成万骨枯"。一个名将的"头衔"或"封号"，是堆在成千上万人的白骨之上的。

所以，在那首晚唐诗人曹松所作的《己亥岁二首（其一）》之中，才会说：凭君莫话封侯事，一将功成万骨枯。即将踏上战场的将领啊，不要老想着战争打仗，凭借军功，封侯拜相，甚至成为青史留名的绝世名将——因为，史上哪一个绝世名将，不是用一千、一万甚至一千万的士兵枯骨堆出来的？一千万才能堆出一个啊。

这就像一千万人民币堆出一间学区房一样，一岁就上常青藤，也是要拿一千万来铺好所谓的黄金道——都是千万分之一的概率。

虽然都是千万分之一的概率，但其过程和结果仍然有着根本的区别。

从"一将功成万骨枯"到"一千万堆出一间学区房"，虽然暗含贬义，但仍然是众趋之势，甚至发展成众人崇拜和追捧的"国民情结"。

但是，从"陋室一间，桃李万千"的清贫教师风格（如乡村教师），到"虽万千人，吾往矣"的大侠风格（如郭靖舍生取义，为国为民）和书院做派（从小师叔轲浩然剑指昊天，到书院二师兄君陌理所当然地尺量人间），虽然历经彰显、褒奖叠加，但相对于中国广阔的人口基数来说，仍然应者寥寥。真做到者，更是凤毛麟角、屈指可数。

绝大多数长安人都知道，基于某个没有人知晓的缘故，春风亭老朝向来不怎么愿意提及自己帮派的名称：鱼龙帮。他更愿意把这个长安第一大帮叫作春风亭。

很多人猜测这是因为他自幼住在春风亭横二街的关系。敌人们则是暗自嘲讽，认为他就是杀人太多、黑钱捞得太多、坏事做得太多，又不乐意别人说他粗鄙，于是硬要把自己、自己帮派和春风亭这个看似很雅的名字联系在一起。

春风亭地处东城贫民区，建筑破烂不堪。从白昼到夜间，都充斥着小摊小贩和走街串巷的闲人，连清静都算不上，自然也没有什么风雅可言。但今天的春风亭一带格外安静幽静：静到雨落的声音有若雷鸣；静到春夜凉风刮过破旧饼铺招牌的声音有若松涛。从横四街到横一街一片街巷，看不到任何冒雨行走的路人，甚至连婴啼声都没有。仿佛除了风雨和被肃杀之意笼罩的街巷外，其余的都不存在，静得要死。

从临四十七巷走到春风亭，距离并不是太远。两个人像散步的游客般慢悠悠地走着，也没走多久便走进了这片静街暗巷里。

前方的春风亭隐藏在夜色里，隐藏在风雨声中，只能模糊看到一处破旧的小亭，却不知道有多少敌人同样隐藏在这夜色风雨中的春风亭内外。

戴着黑色口罩、背着一大堆东西的宁缺，撑着油纸伞老老实实地走在朝小树的身后方，把一名助手侍者的角色扮演得极好——不知何时，他接过了朝小树手中的伞。

朝小树则一如既往地目不旁顾，负手走着，纵使身上青衫已被油纸伞淌下来的雨水打湿大半，脸上依然挂着淡淡笑意，将伞外风雨夜色都照亮了几分。

破烂小亭四周一片死寂。

埋伏在此间的人全都没有想到，没有他们想象中的三千青衫兄弟，只有春风亭老朝一个人，然后带着一个沉默的少年，以风雨为伴闯了进来。

——猫腻《将夜》：第一卷 清晨的帝国 第五十三章 亭畔谁人青衫湿

朝小树会是这样的人吗？

有概率！

但是，概率很小！

第十三章 自由的锁链：
从"解放的普罗米修斯"到"春风亭老朝鱼龙帮"

千万分之一？

很大的概率，朝小树也只是分母，而不是分子！

混迹于长安城地下江湖的鱼龙帮，如果都成为分子，那岂不是神话？

甚至是笑话！

虽然——它确实让所有人都成为笑话。

我不是阴影！

我也不是背影！

但——我就是我最好的背景！

第三节 从"吃货"到"吃人":
皇亲贵胄也想"吃饱了撑一撑"

都说龙生龙,凤生凤,老鼠的儿子会打洞。

现在真龙天凤的皇族都出面了,天生畏惧的仓鼠不缩回自己的洞里,难道还等着龙炎凤炙?

等着真龙喷出吞噬一切的神火,天凤架起凤凰涅槃时才用得着的烤架,把你们当羊肉串一样烤来吃了?

这让我们联想到了远瞳《黎明之剑》中的地球客高文穿越重生为土著开拓者英雄,"揭棺而起",遇到的第一件大事就是:魔潮来袭,蓝龙显世,一口龙火,把那被病毒传染的大地炙烧得"茫茫一片真干净"。①

众所周知,中华民族是一个大吃货民族。

大唐帝国是一个从"粗放烧烤"到"精致小吃"转型的重要王朝。

历朝历代,皇族都是吃货中的吃货——从"瞪着眼想把你吃了",到"慵懒地看你一眼,你还不够格",越到后面,越不是"你想被吃,就能被吃":吃还是不吃,不仅取决于吃货的心情,还取决于你够不够格被端上席面。

一个取决于作为施加"吃—货"动作的吃货人;

一个取决于被吃之货是不是质量合格、食材优质、尚在保鲜期,或许还能"三包"的吃货之物。

是不是想到了鲁迅的名言?

他在《狂人日记》中揭开了传统王朝仁义道德的面纱:"我翻开历史一查,这历史没有年代,歪歪斜斜的每叶(页)上都写着'仁义道德'几个字。我横竖

---

① 参阅庄庸、杨丽君等主编:《爽文时代:中国网络文学阅读潮流研究(第1季)》,华语网络文学智库丛书,中国青年出版社,2021年版。

睡不着，仔细看了半夜，才从字缝里看出字来，满本都写着两个字是'吃人'！"

从"吃货"到"吃人"，字眼不同，但逻辑是一样的：爷要"吃"你，是看得起你——还不自动跳到碗里来！

矫情个什么劲儿啊！

"我春风亭的规矩就是不掺和朝上的争斗。无论是殿下，还是军部，还是户部，只要事情和这些有关，我就会能走多远便走多远。你越压我，我就会走得越远。"

"你春风亭老朝是长安城最大的黑帮头子，手下几千号人跟着你混饭吃。朝廷把漕运押解这些活儿都赏给你在做，结果你说你想走掉？你觉得你自己能走掉吗？你想走到哪儿去？你手下那三千兄弟能走到哪儿去？刑部大牢还是边塞军囚？"

崔得禄眼神阴森地盯着他，说道："前些年朝堂之上风平浪静，明哲保身或有可能。但现如今四公主已经回来了。她一心要保自己的亲弟弟当太子，却忘了皇后在位。而皇后娘娘也是有儿子的！这些天家大事当然和你没关系，但这时候如果你还不表明态度当哪家的狗，那……哪家都不会容你！"

"做条狗，原来一定要找个主人吗？"中年男子长叹了一声，看着他问道，"所以你要替亲王殿下收服我？"

"不错，现在整个长安城但凡有资格出声音的人都在压你，为什么？因为你是条没有主人的狗。这种情况下，如果你肯投靠任意一家，无论是军部还是谁，只要你有了主人，别人再想打你就要看一看牵着你绳子的那人面子了。"

"我能不能问一个问题？"中年男子忽然微笑着说道。

"请。"

"在皇后和四公主之间，亲王殿下会支持谁？"

崔得禄斩钉截铁地说道："当然谁也不会支持。殿下永远对皇帝陛下忠心不二。只要陛下说是谁，那殿下就支持谁。"

中年男子听到这个回答后，沉默了很长时间，然后缓缓抬起头来，微笑着回答道："抱歉，作为大唐男人，我还是真不习惯做狗。"

崔得禄怔住，强行压抑下心头恼意，苦苦劝说道："人这一生总是会当狗的。有的人想当狗还当不成呢。"

中年男子站起身来，将佩剑系在腰间，潇洒拱手，说道："崔老板，你真不是一个称职的说客，因为你不知道我春风亭老朝的性格。"

崔得禄的脸色有些难看，起身沉声说道："你是不是担心这个决定不能服众？你放心，王爷说过了，只要你肯低头，哪怕只是象征意义上的低头，他都会让军部给你一个交代，给你两颗人头。你堂堂帮主难道还不能震住下面那些小的？"

谈话到此时，他再也顾不得用王府大管事做那层过滤网，直接搬出了亲王殿下。然而中年男子却像是根本没有听到，直接向门外走去。没有人注意到在崔得禄说出堂堂帮主四个字时，他的眉眼间流露出一丝意味难明的笑容。

"老朝，你给我站住。"崔得禄阴恻恻地盯着他的后脑勺，"看来这些年你和你兄弟在长安城混得风生水起，早就忘记了敬畏两个字怎么写！但我必须提醒你，这些贵人是真正的贵人！那不是你一个在阴水沟里爬的蟑螂能明白的世界。"

中年男子缓缓停下脚步，却没有回头。

——猫腻《将夜》：第一卷 清晨的帝国 第五十章 改变长安江湖历史的一场谈话

这就是《将夜》中以李沛言为代表的皇亲贵胄想"吃"下春风亭老朝朝小树这个"人"和鱼龙帮这股地下暗势力的态度，极其轻蔑，极其霸道，极其赤裸裸。

这虽然比不上置于云端之上俯瞰众生的神明，但其对于俗世蚁民的冷漠和冷酷，却比之更盛，且多了一份具有人间烟火气的残酷和凛冽——这是一种冻入骨髓、侵掠魂魄的凛冬寒冽。

这本就是俗世蚁国最上层的皇族势力，对于所谓民间江湖最底层的暗黑势力的全面霸凌和逼迫。

它已经撕掉了《狂人日记》中所谓的仁义道德、大义凛然或者道貌岸然的"温情脉脉的面纱"，直接呈现出现实而真实、暗黑且黑暗的社会逻辑：

爷就是要"吃掉"你——你别无选择！

爷要告诉你什么才是真正的实力和势力——你所谓的秀肌肉，不过是这个社会可笑的赘肉甚至毒瘤。

老虎不发威，你当我是病猫?!

爷不给你动柳叶刀，你还真以为你这颗毒瘤，能在缺太阳、缺月亮、缺星星、缺电灯、缺煤油灯甚至缺蜡烛的黑暗世界，当一个照耀四方、光亮八方甚至指引迷茫人生的灯塔?!

做事时可以事事做白日梦，但做人时不能时时太天真！

这些血淋淋的话，你都甚至没有资格"亲自听爷说给你听"！

第四节 优雅的吃相：
从"黑暗料理"到"炖狗肉"

皇亲贵胄李沛言无须出面，仅仅派出"代言人的代言人"——比如，某个大管事筛选的大掌柜的——就可以了。

人生本来就是一个金字塔式的食物链。

食物链也代表着鄙视链。

皇亲贵胄和暗黑蚁族，一个在食物链的顶端，一个在食物链的底端；中间隔着好几个层级呢。

食物链底端看似可以越阶挑战，但那毕竟只是神话；食物链顶端还得端着点架子，不能太跌份。

还是那句话：爷想吃你，是看得起你！

爷想吃了你这股势力，是想给你一个光明的前途和出路！

这是一种赏识和恩赐。

你不自动跳到碗里，也就罢了。我通过代言人的代言人等长长的食物链和鄙视链"传话"给你，你居然还敢拒绝！

别以为喝醉了，就能不靠人只靠墙——扶着墙，那墙或许靠谱，但绝不是靠山！

也别以为在暗黑势力中称王称霸，就可以在朝堂宗庙摆谱——山中无老虎，猴子称大王。

你一个连孙猴子的徒子徒孙都不如的"广挖洞、深积粮、还称王"的小小蚁民，居然敢在比老虎威压更重的真龙皇族面前秀肌肉，真不知道"死"字是怎么写的！

桀骜不驯又怎样？

那不是"摆谱",那是"食谱"!

现在就差你这道主食材,可以做一道杀鸡给猴看的"黑暗料理"了!

雨水落在地面,迅速被平日积着的灰尘染脏,渐汇成溪,流向街畔的下水道,又迅速被经年的污泥熏臭,正是长安城老鼠们最爱的环境。一只皮毛有些溃烂的老鼠用两只脏黑的前爪扑着一根人类的断指,兴奋地不停噬咬,偶尔歇阵舔舔毛上沾着的血水。在高处视野里发生的那些人类厮杀与它没有关系。它只希望那道淡淡的影子能多割几根手指头,企盼雨水能把那些指头冲到自己身前。

昊天老爷保佑,一家大小这些天的食物就靠您赏赐了。

啪的一声,一坨东西呼啸着砸了过来,就砸在这只老鼠的身前,溅起满地污水和血水。

昊天老爷觉得自己太贪心了,所以要砸死我?

老鼠惊恐万分地快速跑开,快要钻进院墙脚下的鼠洞时,有些依依不舍地回头看了眼快要被啃噬成白骨的那根手指,然后毅然决然地甩尾钻了进去。如果它仔细看两眼,发现那坨溅起雨水血水的东西是一个人类的脑袋,它一定会后悔自己的决定。

老鼠钻出鼠洞,便再也没有办法后悔了。在被那只坚硬的唐军军靴踩成肉泥的那瞬间,不知道它的遗憾是不是没能告诉同类人肉的味道有多美妙。

一名唐军精锐士卒缓慢收回穿着军靴的脚,看了一眼脚边血肉模糊的老鼠,听着院墙外的声音,缓步退回队列。他用手势向同僚比画了一下外面战斗的情况,然后低头看了一眼手中的弩箭,确认雨水没有让机簧出问题。

——猫腻《将夜》:第一卷清晨的帝国 第五十五章 朝小树!朝小树!

这道黑暗料理有一个很俗的名字,但不是"料理鼠王"中的美味,而是中国人家喻户晓的"炖狗肉"。

因为,皇亲贵胄本意并不是想"吃掉"春风亭老朝朝小树,而是想"吃"下他所代表和领导的鱼龙帮这股暗黑势力。

"吃"掉这股势力,最佳的方法是什么?就是对领导这股暗黑势力的领头羊做一个变身、变体甚至变性手术——把"领头羊"变成一头"看门狗",甚至可以是一头助纣为虐的"恶犬"!

同样一把柳叶刀,可以大变神奇生物,比如把"羊"变为"狗";也可以做微创手术,只易毒瘤而不动根本,比如做个阉割小手术,从而把"狼王"变成"恶犬"——

看家护院;

想让它咬哪里,它就咬哪里;

想让它冲着太阳吠,它就冲着太阳吠——就算不能把太阳吠下来,恶心一下太阳也是好的。

但若是那狗仗着身高体壮,恶狗挡道甚至欺客霸主,那就一刀捅了!

以亲王李沛言为首的皇亲贵胄打的其实就是这主意。

所谓先礼后兵就是:敬酒不吃,再罚酒。

这一点就又回到了鲁迅的立场:满嘴"仁义道德",撕开面纱或画皮,核心仍然是"吃人"。

第五节 原来如此：

满嘴废柴的皇帝也需要"看门狗"？

皇亲贵胄也需要"看门狗"，更需要豢养"恶犬"。

春风亭老朝朝小树混得还不错，鱼龙帮也占据着他们想要的渠道和资源。因此，亲王才会"赏"给他一个做狗的机会。

但既然春风亭不想做狗，不想要那条皇家狗链子，那就只有动刀，斩断他的狗腿了。

整个顺序和逻辑就是如此。

只是事情的发展出乎所有人的意料。

春风亭老朝选择宁缺，把后背交给了他，自己一个人来扛——扛得让所有人都觉得他确实"没有背膀子""没有靠山"，只能自己"靠墙走"。

然而，最后掀出来的最大底牌，居然是"大王"——

春风亭老朝最大的背膀子居然是皇帝；

鱼龙帮真正的帮主不是朝小树，他只是朝二哥；

鱼龙帮是皇帝尚未登基前潜伏龙邸的游戏之作：他本想在民间埋下一个所谓"千里眼、顺风耳"的耳目之伏笔，却没有想到会被这帮子想站队的人把底牌掀了出来。

影视剧版《将夜》在进行IP改编时，把唐帝塑造成满嘴都是"废柴"的人——"废柴"不仅成了他的口头禅，甚至成了所有人脱口而出的热门词。

似乎不用这个词，就不足以表达这部剧集的某种主题和内涵似的。

这在一部剧集里，实在是有些匪夷所思，甚至有些滑天下之大稽。

但是，如果放到原著的语境里，用此一词，且只用在此一处，来形容向来儒雅、温和而坚定的唐帝——别忘了他也曾经是夫子的挂名学生——在王牌被炸出来的那一瞬间暴跳如雷的反应，倒也恰如其分、恰到好处。

没错，鱼龙帮——鱼跃龙门成真龙，除了皇帝谁敢用"龙"字？

连这个都体悟不到，即使是皇亲贵胄李沛言，不是废柴又是什么？！

虽然，从日式"废柴主角"到网络小说"废柴流"①，网络文化语境中的"废柴"用在此处，确实有些不伦不类。

御榻上的中年男子自然便是大唐皇帝——昊天世界里世俗权力最大的那个人。他望着身前跪倒在冰冷金砖上的大臣们，平静里透着一丝嘲弄的目光缓缓拂过众人的脸——中都督、上都护、怀化大将……这都是军部的大佬；尚书右丞、中司侍郎、户部的老少爷们、京兆尹、黄门侍郎、长安城的两座雕像，还有坐在椅中的亲弟弟，还有那些老得不成人形的家伙……究竟对这件事情知晓多少？

"一个帮派，能够拿河运生意，能够移粮解库，凭什么？你们都是朝中大员，府中管事一句话，便不知有多少人战栗惊心，凭什么朝小树就敢不听你们的话？你们真的是一群白痴吗？难道从来没有想过原因？"

大唐皇帝陛下像看着一群混账子孙般看着自己的大臣，右手抚着有些隐隐生痛的后脑勺，因为愤怒和失望甚至产生了想要失声大笑的冲动。他瞪着众人，用力地拍打着伏案，斥道："你们想看这个长安第一帮派的后台究竟是谁的，现在你们知道了，知道是朕的，有没有觉得自己变成了世界上最大的白痴！"

"鱼龙帮！鱼龙帮！你们都是饱读诗书之辈、惯见风雨之吏，居然就没一个人想到过鱼龙潜服这四个字？若不是朕的意思，这长安城谁敢用这个名字当帮名？朕对你们很失望，不是失望于你们无视律法欺压百姓，而是失望于你们愚蠢！白痴！这么简单的事情，居然这么多年都没有看明白！你们不是白痴谁是！"

长安城里春雨夜乱斗，最后确实成功地逼出了朝小树的底牌。然而这张底牌一现，顿时风雨消失于无踪。因为这张底牌实在是太过强大，强大到只需要一句话，便可以将所有人定义为白痴，然后开始秋后算账。

---

① 参阅庄庸、杨丽君等主编：《爽感爆款系统：中国网络文学阅读潮流研究（第3季）》，华语网络文学智库丛书，中国青年出版社，2020年版。

跪在殿上的大臣们委屈难过，不知如何言语，默默想着这多年来，谁也没发现鱼龙帮和宫里有任何瓜葛。再说，您是贵不可言的真龙天子，鱼龙帮只是长安阴水沟里的小鲫鱼儿，地位相差千里万里，完全不是一个世界里的存在，谁会想到这之间竟然有联系？

这就像是县衙里的师爷去为难后厨一个小帮工，结果闹到最后，师爷们居然发现这个帮工是户部尚书罩着的！可问题在于，有户部尚书罩着的家伙，又怎么可能在县衙后厨里当个小帮工！

如果朝小树是当年陛下您在民间遇着的旧识，二者有情分，那他怎么会这些年一直在江湖这条臭水沟里泡着？只要您一句话，帝国哪里找不到个四五品的官缺给他？这哪里是王爷大臣们白痴，这纯粹是陛下您把我们都当成白痴在玩啊。

跪在冰冷金砖上的、不安坐在椅中的大唐权贵大臣们俱自满腹牢骚，却没有人敢在此时跳出来与龙椅上那位争执两句。

对于这些帝国的大人物来说，争取或者说收服春风亭老朝只是一件小事情，结果却碰到了天下最大的一座山，心里清楚必然会倒霉。而更关键的是，他们的下属副手负责具体操办这些事宜，在其中动用了朝廷甚至是军方的力量。这已然触碰到了陛下的底线。

此事该如何了局？

——猫腻《将夜》：第一卷 清晨的帝国 第六十五章 鱼跃此时海（上）

真相到此大白于天下，但是，其中意味绵长且仍有余韵。

春风亭老朝既然抱上了俗世蚁国金字塔尖最牛的粗腿，怎么可能接受所谓皇亲贵胄的"杀人放火来招安"？

就算同样是皇族，但"皇帝"和"皇亲"完全是两个概念——真龙只有一条，鱼龙帮只能是皇帝的私家团队；李亲王再贵也就只是个亲王而已，哪里能贵过他的皇帝哥哥？

何况，可笑的是，就算春风亭老朝想要攀龙附凤，要选择站队，那也是站贵不可言的皇帝的队，哪有可能去站皇后或者公主的队——既然已经抱上了现在这个皇帝最粗的大腿，哪里还用得着去抱"未来"那个还不确定的谁谁谁的粗腿？

除非是脑壳进了水、大脑变成了豆腐渣！

春风亭老朝脑子清醒得很，也从来没有"豆腐渣"过。

何况，朝小树朝二哥从来就不是站队的人。

第六节 自由的锁链：
从"情义链"绑架到斩断"黄金链"

朝二哥犯不着站队，他更不想站队。

他连皇帝的亲信都不想做，何况是做皇家的看门狗？

亲王李沛言是猪油蒙了心，事发之前，看不穿真相，所以想要朝小树做皇家的狗；公主李渔则是权欲迷了眼，真相大白之后，居然还想"绑架"朝小树，作为她弟弟登基之路的超级保镖。

他们都没有想到，能够收揽或者绑架朝小树的，绝不是名利、富贵和权欲这样融食物链、鄙视链、权力链等于一体的"黄金链"，而是"朝二哥"这个名分（人设）、情义（情感）和关系所代表的"情义链"。

他不是唐帝的"狗"，而是"兄弟"！

正因为被兄弟这根"情义链"所绑架，他自甘于草莽之间、江湖之远、民间之底，为皇帝老大守住那唯一的"耳目"，甚至自绝于修行大道之中——他曾经有机会进入书院二层楼，成为夫子的亲传弟子！

那可是比皇帝这个挂名弟子还要荣耀的名分啊！

你看看宁缺终于进入书院二层楼后的"嘚瑟劲"，就知道了——夫子亲传弟子、书院天下行走和广受瞩目的十三先生，哪一个不是"大人物"的小标签？

大唐天启已有十三年，谁也没有见过皇帝陛下如此震怒。即便昨夜发生春风亭事件后，陛下也只是重重拍了几下桌子，骂了三十几句白痴。可今天御书房内的皇帝陛下不知摔碎了几盏茶杯，骂了多少句绝对不能让人听到的脏话。

"朝小树！如果你还这么不识抬举，休怪老子收拾你！"

"怎么收拾你？朕……朕……朕还真……不知道！"

"你个愚顽到极点的家伙，怎么连点儿人世间的道理都不懂！"

"好好好，我今天最后叫一声朝二哥，你到底留还是不留！"

御书房内骤然安静，门外的徐崇山和林公公忍不住转头互视一眼，确认看到了对方眼瞳里的震惊羡慕之色与自己并无两般，极有默契地再次转头无言看花看树。

房间里沉默了很长时间，然后响起朝小树平静温和却极为坚定的声音。

"不留。"

啪嗒一声沉闷的脆响，应该是那位大唐皇帝陛下摔碎了自己最珍爱的那方黄州沉泥砚。守在门外的徐崇山和林公公再也无法保持沉默。尤其是徐崇山十分担心陛下震怒之余，会做出一些事后肯定会后悔的决定，抢前两步便准备叩门苦谏。

就在这时，御书房的门被吱呀一声推开，一袭青衫的朝小树平静地跨过门槛走出。待身后房门重新关闭后，回身一掀长襟，双膝跪倒在地，极为严肃认真地三叩首，行了个君臣相见不再见的大礼。

然后他站起身来，微笑着向徐崇山和林公公拱手一礼，离开御书房向宫外走去。身旁没有太监宫女引路，他就这样孤身一人缓步走着，如同游园一般。十几年前他来这座皇宫的次数很多，很有感情。这些年来进宫的次数少了很多，很是怀念。

行至那片叫离海的大湖畔，朝小树若有所思，负手于青衫之后静静看湖。看着湖中金鲤欢快游动，忽然间唇角微微一翘，绽出个阳光透柳荫的清爽笑容。

他平静含笑的目光落处，那些欢快游动的金鲤身形骤然一僵，竟变得完全静止，仿佛是悬浮在晶莹绿波之中的玉鱼儿般，生机盎然却全无生意。

朝小树喃喃念道："久在樊笼里，复得返自然。"

天地是樊笼人被困，心是樊笼身被困。把心上樊笼破了，天地樊笼自也破了。

——猫腻《将夜》：第一卷 清晨的帝国 第六十九章 花开彼岸天（下）

情义无价，但终有偿还的时候。

朝二哥为唐帝守了大半辈子的"耳目",现在是时候追求自己想要的生活和自由了。所以,趁着这次底牌掀开之际,在唐帝试图用权力富贵补偿他时,他毅然拒绝了——

他不但要斩断"黄金链",还要斩断皇家绑缚他的"情义链":兄弟诚可贵,自由价更高;若要修道行,两者皆可抛。

这也是皇帝在书房与他一席谈、怒摔杯盏——估计真的想杀他的心都有了——的原因。

而在这个时候,公主李渔居然还想用"情义链",把他绑架到未来皇帝的黄金战车之上,岂不可笑至极?

为皇家战车拉车,虽说是天下一千里马,但说到底,仍然不过是"皇家狗"而已。

即使黄金为甲玉为鞍,说到底,仍然不过是条"黄金链"——

公主李渔用词用的是朝二叔的"情义链",想往朝小树脖子上套的,却仍然是"黄金链"。

所以说,整部《将夜》里,李渔最大的问题,就是"识人不明"——没有大局观,只有小聪明。

前有错失宁缺这种最大的潜力股,从而失掉皇弟登基最大的臂助;

后有错认燕太子哥哥这种最大的威胁股,从而导致唐军整支军团的覆灭,带来了举世伐唐的深重危机;

中间遇上所谓"朝二叔"这支飙红的绩优股,却在不恰当的时候、不恰当的地点,用不恰当的方式切入了涨停的态势——

朝小树连皇帝"朝二哥"的情义链都敢斩断,更何况公主"朝二叔"这个在辈分上都不亲的所谓黄金链?

"我希望你能支持我。"

"小时候,你是抱过我的。你也抱过我弟弟的。你见过我母亲。难道你就忍心看着弟弟皇位旁落,忍心看着我母亲在冥界幽泉之中,满怀不甘悲怆?"

大唐无所谓夺嫡,由谁继位全在皇帝陛下一念之间、一言之间。那位看似懦弱实则清醒无比的皇帝陛下，不会允许自己的妻子儿女做出任何有伤国体、超出他忍耐限度的争斗。但他却想看看究竟谁表现得更加优秀。

这个世间，那些史上，极少出现像大唐皇室这般透明而开放的例子。但李渔今日在湖畔对朝小树说的这番话，依然显得太过开诚布公，甚至有些赤裸裸，极不符合寻常人对此类宫廷阴谋的想象。

朝小树沉默了很长时间，看着她和声说道："公主殿下和您母亲真的很像，英慧无比，知道对我这种江湖粗人，任何试探利诱都没有意义，反而用江湖口吻比较合适。然而这终究是圣心独断之事。我只是大唐这片海里的一条小鱼，纵使有幸化鳞也起不到任何作用。"

"朝叔叔太过自谦。要知道这些年来，我从未见过父皇这样相信一个人……而且他把当年惊才绝艳的书院备考生，硬生生地压在东城阴沟中不放，一压便是若干年。我想父皇心中对你肯定觉得极为愧疚。"

李渔坚定地看着他，说道："最关键的是，您身在大唐这片海中，那么即便跃出海面，终究还是会重新落入海里。您总有一天必须选择向哪边游动……"

她的话还没有说完，朝小树便笑容一展，英朗逼人，抬臂挥青袖指大湖，说道："我是一条小鱼，但我并不喜欢在池子里待着。即便是一片像海那般大的池子，终究还是池子。所以如果真的需要我选择往哪边游，或者最后我会干脆选择上岸。"

李渔眉尖微蹙，说道："鱼上岸会渴死。"

"但在死之前能呼吸到足够多的空气。"朝小树笑道。

"朝叔叔坚持认为朝堂就是那方池子？可难道您能在天下找到比我大唐更大的池子？"

"江湖虽然小些，但更轻松随意一些。相较之下，我确实宁肯身处江湖之远，也不愿意站在庙堂之上。"

李渔蹙眉看着湖畔的落拓青衫中年书生，忽然发现自己并不是很能理解某些人，叹道："江湖险恶并不少。"

朝小树微微一笑，说道："但江湖够远，所以自由。"

第十三章 自由的锁链：
从"解放的普罗米修斯"到"春风亭老朝鱼龙帮"

> 李渔摇了摇头，说道："能有怎样的自由呢？"
> 朝小树像看晚辈般疼惜地看着她，道："不选择的自由。"
> ——猫腻《将夜》：第一卷 清晨的帝国 第六十七章 花开彼岸天（上）

"自由"二字太关键了。

关键得甚至成了《将夜》的"关键词"：

从人人都有吃肉的自由，到人人都能自由地吃肉；从人人都有选择的自由，到人人都能自由地选择，甚至拥有不选择的自由——

但往往还是会求而不得！

因为人人都有一条"自由的锁链"！

区别无非是这条锁链是由何种材质做成的而已！

悬空寺农奴的锁链是由铁或木头做的，并且是通向愚昧或信仰的锁链。

朝小树的锁链是用黄金做的——信任与信心像黄金一样珍贵，可以铸成承诺和绑架双重羁绊的情义链；同时，它附着于名、利、权等这些等同于黄金的世俗财富权贵黄金链之上。

而酒徒和屠夫身上的锁链，却是对永夜的恐惧和对永生的渴望——它们是如此强烈，足以让他们放弃是非、对错、善恶、黑白等二元价值观的选择与坚守，更别说自由之身和精神的自由！

他们不惜任何代价，追求"苟活于世"，哪怕从此戴上黄金狗链子，成为"昊天的走狗"！

即使神国光辉普照，狗，仍然也只是一条狗而已。

第十四章

苟活 OR 奋战：

从「物竞天择」到「自我抉择」

凛冬将至，永夜已临，唯有做狗，才能苟活？

如果非要人不为人，你将如何选择?!

宁缺成为永夜将来未来、择人择时却尚未择天的关键。

《将夜》对"风起雨落夜将至"这个"将夜"主题，一直是采用虚实两条弧线，来进行颇具张力的叙事和构建的。

一条弧线展示"宁缺的梦境"，极具"个人性"，也像极了巫师通灵、先知或预言家对世界末日"永夜时代"来临的未来图景之洞见和描绘。

另一条弧线，却是通过对昊天（冥王）和夫子做局、设局与破局的梦中梦、实中实的构建，将整个永夜、末法和末日时代的"大势"和"大局"勾勒出来，似乎整个世界不过是"昊天做了一个梦"，或是"夫子破了一个局"，或是佛祖和知守观观主交替做了一个"棋中棋、谜中谜、局中局"……这些"大人物"间的暗战和博弈，主导了整个世界的大势演变。

在这两条弧线之间，便是以小师叔和二师兄等为代表的书院"飞蚁"、宁缺这种"非典型"的唐人与修行者，以及整个唐人"俗世蚁国"的蚁族与蚁民……所做出的抉择和行动。

比起莲生大师"改天换地，创造一个新世界"的宏愿伟誓和精心设计的惊天阴谋，这样堂堂正正、切切实实的阳谋和行为，才真正地由实向虚、由虚向实地改变了世界的格局和演变。

一如夫子对宁缺所言，不管"梦境"怎么演绎，你做什么选择才是最关键的。

你做了选择，世界就变了。

不同的人，不同的境遇，不同的选择。

有的人，选择斩断黄金链，求得自由，如书院二师兄，如春风亭朝小树朝二哥。

有的人，选择戴上苟活链，甘做看门狗，如酒徒，如屠夫。

从初识春风亭朝小树朝二哥，到拜见书院二师兄君陌，再到承传拔剑问天的小师叔轲浩然"浩然剑"……宁缺的选择都是：岂曰无衣，与子同袍。

古今圣贤皆寂寞，此行独路是孤单。

有你同伴，真好。

第一节　造访梦境：

永夜将向"我"奔来

夫子一再拷问或者考验宁缺将如何选择。

比如，在夫子和宁缺再一次讨论天道和冥王时，也再一次触及了这个问题（第三卷第六章）。

这一次桑桑病了。

宁缺又一次做了那个奇怪的梦。

这一次，《将夜》并没有像前几次那样，访问宁缺的梦境，将梦境的内容穷形尽相、细致入微地描绘出来，而是将他几次重要的梦梳理了一遍。

第一次是在护送大唐公主李渔回长安途中，和吕清臣老人对话之后，他做了有关"将夜"的梦。荒原、各国士兵、三道黑色烟尘，构成了主要的意象。然后，那个高大的男人（夫子），站在他身旁，说：天要黑了。

第二次是在朱雀大道上，朱雀神符和大黑伞无形交战，摧毁并重构了他的雪山气海。他又回到了荒原，面临夜晚降临；无数的人不看天，却看着他；然后，雷鸣，开门，有龙出，光明重新降临人间……

第三次是在进入书院二层楼的考试中，宁缺又一次进入了真实与虚幻无法分清的梦境之中。黑夜继续侵噬，光明隐在云层之上；无数的人，仍然看着他，包括很多年前被他杀死的管家和少爷。夫子问他：如何选择？在光明和黑夜交替来临之际，你必须做出选择。你将如何选择？……

梦境在《将夜》之中有着特殊的意象和象征内涵。尤其是宁缺的梦，已经分不清楚到底是现实的预兆，还是虚幻的演绎。因为他对于这个世界来说，是一个"穿越者"，是"生而知之"的人。

他做的梦，到底是冥王入侵世间的宣告，还是昊天对未来大事演绎的警告？

在黑夜和光明交替之中，为何夫子会"侵入"他的梦境，并且要看他做出何种选择？

宁缺做何选择，对于未来时局的演变，会有影响和改变吗？

这些，都是藏在梦里的线索和拷问。

宁缺哪里有听不懂这番话的道理，沉默片刻后说道："老师，这几年里我一直在做一个梦。梦里的故事似乎在一步步地发展。"

夫子问道："为什么要来问我呢？"

宁缺说道："因为梦里面有老师的身影。"

夫子笑着说道："我又不是桑桑那丫头，你何必梦我？"

宁缺恼道："老师，我是很认真地在说这些事情。你能不能不要开玩笑？"

夫子微笑地看着他说道："那你继续说梦。"

看着夫子那双仿佛能够洞悉世间一切事的眼睛，宁缺觉得有些紧张，声音微哑地说道："其实那些梦，老师您应该知道。去年今夜在这崖畔，我们谈到冥界入侵时，你曾经问过我，在我梦里，冥界在哪个方向。"

夫子静静地看着自己最小的学生，说道："这个问题现在依然有效。"

宁缺说道："我看到的黑夜……是从北面过来的。"

夫子微笑着说道："如此说来，与我这些年游历查看所得倒算相合。"

宁缺问道："冥界入侵、黑夜降临究竟是怎么回事？老师去年只是讲传说里有这些故事，却没有说到那些细节。"

"细节？当整个世界都被黑夜笼罩的时候，谁都无法看到细节。当整个文明都断了传承之后，就算有细节也无法流传下来。"

夫子看着绝壁上空的黑夜，看着那些繁星，说道："相传黑夜与白昼在这个世界间轮转交替，有时数万年光明，有时数万年黑暗，光明与黑暗的战争贯穿整个历史。昊天获胜时，便是如今的光明世界；冥王获胜时，便是冥界到来。"

"冥界入侵，白天没有烈日，夜晚没有繁星，世界变得无比寒冷，大地上的生灵只能靠地热取暖。到那时，火山与温泉，还有南海里的热流，将会变成最宝贵的资源。无数的战争将会在那里发生。"

"战争持续不了太长时间,绝大部分人都会死去,因为饥饿,因为寒冷,因为绝望的厮杀。要知道,那必然是难以想象的冷酷而现实的世界。而数十年之后,整个大地都会变得异常静寂,仿佛进入了永远不会醒来的沉睡。无论人类还是禽兽,只有最强壮、最坚毅的那些能够熬过来。"

"这些寒冷而黑暗的年代,佛宗称为末法时代,道门称为冥王降世。"

夫子说道:"而我习惯称之为……永夜。"

——猫腻《将夜》:第三卷 多事之秋 第六章 我们都看见了路尽头的夜色(上)

《将夜》对宁缺这种梦境的构造,确实让人分不清它是不是"庄周梦蝶"或者"蝶梦庄周":

到底是冥王、昊天和夫子构造的梦,让宁缺进入梦境,偷窥到秘密?

还是宁缺自己构建的梦境,生而知之,从而把夫子和其他的人都"拽"了进来?

谁"实",谁"虚",谁把谁从"实"(现实世道)拉入"虚"(虚拟梦境)之中,又是谁把"虚"(梦境中演绎的可能性事件)推入"实"中,成为现实之中可能会发生的大事件?……

这还只是从横向跨境域的角度来说的。

从纵向层次构建的角度来说,这也是一个"实中实、梦中梦"的圈层构建——每一个层次的梦境与真相,都掩盖着下一个层次的事实与秘密。比如,它至少分成了几个层次的梦境与现实结构。

夫子和宁缺对"永夜时代"的讨论,就逐步地把这种"梦中梦、实中实"的圈层结构揭露了出来。

第一个层次,就是宁缺自己做的梦。无论是荒原、恐惧的人、将夜还是天门与光明,看似都是他个人有意识或无意识的梦境,掩盖着他从"第三个世界"(地球)穿越而来,对于当下这个苍穹之下昊天异唐的两个世界(世外的修行世界、俗世蚁国的普通世界)"生而知之"的秘密。

比如,让夫子都困惑、让佛祖都恐惧的"月亮",到底是什么——举世之人,只有宁缺见过。而"月亮"则成为佛祖预言末法时代、昊天做局和夫子破局的关键所在。

第二层次，就是举世皆恐惧，连卑微地活着都成了奢望。无论是大唐帝国的骑兵、月轮国的武士，还是南晋的弩兵和草原上的蛮子……都像极了《将夜》开头中所说的两窝蚂蚁，为了争夺"生存资源"或者"树根家园"而战，已经留下累累尸骨。

此前或许还有寸土必争的意义，但在黑夜即将降临的末日或永夜时代，已经毫无意义。

在物竞天择之前，连修行强者都难以自择，何况普通蚁民？

第二节 苟活于世：
永夜时代强者的活着法则

永夜时代，唯有强者才有可能"活下来"；但是，强者"如何活着"就成为考验人的关键问题。

因为，世外修行世界的强者，只是相对于俗世蚁国世界的弱者而言的；或者，相对于修行者世界的等级层次来说，他们不过是"金字塔尖"的极少数人——他们是生出翅膀的飞蚁，但他们仍然是蚂蚁，在苍穹之下，仍然渺小得不值一提；他们虽然拥有最大的翅膀，可以比其他所有的飞蚁飞得更高，但犹如夫子在开头所言，"飞得再高，又有什么用呢？"

飞得越高，摔得越惨。扑腾着翅膀、头先着地的，不是天使，而是白痴。至于那种狂热地飞向天空，想无限地靠近昊天，甚至重回昊天神辉怀抱的信徒，跟古希腊神话中那个粘着蜡做的翅膀飞向太阳的"蛋白质"（蠢蛋、白痴、神经质）又有什么区别呢？当靠近太阳，整个蜡做的翅膀被融化之后，你还有什么理由能活下来？俗世蚁国修行大道的强者，即使修行的翅膀再大再强，在昊天可以焚烧一切的神辉之前，看起来是"独孤求败"，其实是"银样镴枪头"，中看不中用。

因此，在永夜到来之时，正大光明地活于苍穹之下，已不可能。要想活下去，只能减弱自己的生存欲望，把对生存资源的需求减少到最低，甚至只能像"地老鼠"一样匍匐，把所有所谓强者的尊严、骄傲、自信和强大，都收敛起来，把自己再度变得像被昊天忽视和遗忘的蝼蚁。尽管是"屈辱地活着"，但毕竟还是活着。

好死不如赖活着——经历过上一个永夜时代的修行强者酒徒和屠夫如是选择。

从一开篇就出现的这两个名字极其普通，普通的人、普通的职业、普通的代号,一如我们在日常生活中经常见到的"酒徒"和"屠夫"——甚至都是不入流的俗世人物。但就是这样的俗世人物,却是经历过上一个永夜时代的强者。

强者如蚁,正因为他们重新选择了像蝼蚁一样卑微而渺小地生活,才得以躲过昊天搜索世间的"天穹之眼",才会被世间的其他强者遗忘——若不是夫子提起,谁知道世界上竟隐藏着酒徒和屠夫之流的绝世强者?即使后来他们被昊天遣用,被观主利用,节操碎落一地……那又怎样?只要能活着,哪怕是苟活于世,如蝼蚁一样卑微,但那毕竟还是活着。

如酒徒、屠夫一样选择的,还有知守观里的那些曾经的强者、佛宗史上那些曾经含怒忍气的尊者……就连他们这样的绝世强者,在永夜来临之际,在昊天威压之下,亦如蝼蚁一样,战战兢兢、如履薄冰、朝不保夕,何况那些真正像蝼蚁一样卑微而渺小的蚁国蚁族、蚁民蚁人?

今夜还吹着风,山崖间好温柔,宁缺的心情却不轻松,神情黯然地问道:"老师,您是有大能耐的人,真看不到日后的画面吗?"

夫子说道:"修行修的最终是时间。我虽然活得比普通人要长久一些,但很遗憾没有老到经历过上次冥界入侵,没有看到上次永夜到来之前发生过些什么。大概正是因为这个缘故,我没能完全看懂明字卷。我不知道这个故事会怎样发展下去。而你现在已经是这个故事里的一个人物,所以我也不知道将来你的身上会出现怎样的变化。不过我希望那会是好的。"

宁缺问道:"世间还有经历过上次冥界入侵的人吗?"

以往他并不相信修行者能够活上数千数万年,然而随着进入书院后山、见识增广,他开始思考世间是否真的有永生这种事情。

夫子说道:"我知道有两个人曾经经历过上次的永夜。"

宁缺没有想到居然真有,吃惊地问道:"是什么样的人?"

夫子不知想起了些什么,脸上的神情变得有些复杂,淡然地说道:"一个酒徒,一个屠夫……不过他们不理世事,只怕也算不得人了。"

宁缺再次想起自己做过的那些诡异的梦。

在某个梦中曾经出现过一个酒鬼、一个屠夫。那两个人站在他的身旁盯着他。而在另一个梦中,夫子从那个酒鬼手中抢过酒囊喝了口,又从那个屠夫背上抢了根猪后腿啃了口。难道夫子说的便是那两个人?

宁缺震惊无语,说道:"老师,你真不想听听我的梦?"

夫子看着他微笑着说道:"还没明白吗?那终究是你自己的梦。"

交谈至此,宁缺终于明白了老师的意思。

任何故事都需要推进,才能知道后续的发展;任何画面都需要亲眼去看,才能知道是什么色彩;自己究竟是不是冥王之子,以后会发生些什么,都需要自己在故事里行走,然后选择。换句话来说,自己才是作者。

夫子飘然而去。

——猫腻《将夜》:第三卷 多事之秋 第九章 日后夜临谁来罩?

那些被称为俗世蚁国的绝世强者,在昊天眼中却仍是飞蚁,要么归天,要么伏天。在这些人之中,有三种特殊的另类:

一种就是知守观观主这样的大飞蚁,虔诚地信仰昊天。因为虔诚,所以信仰;因为信仰,所以耗尽一切力气,捍卫昊天"永恒绝对之美";哪怕在这种美之中,每个"人"别说丧失自由,就连生命的意识也都不再具备,人不再为人,都在所不惜。但也正因为这种虔诚的信仰,他具有大神通、大智慧,也具有大隐忍、大坚毅。因此,他才敢于在长安之战中,拒绝昊天令其回归天国神辉的邀请。即使因此在受到宁缺屠戮之后,再受昊天惩罚,从而成为一个没有任何能力的"废人",却仍然敢于算计昊天,特别是试图算计滞留人间的昊天——因为,他信仰的是"天国的昊天",而不是"人间的昊天"。

《将夜》之中这"天国的昊天"和"人间的昊天"之分,让人联想起希腊神话中"天国的阿佛洛狄忒(维纳斯)"和"人间的阿佛洛狄忒(维纳斯)"之分。前者代表着精神的、信仰的、圣洁的、永恒的;而后者代表着肉体的、情欲的、性爱的、凡间的。桑桑这个形象中的"天国昊天"和"人间昊天"之分,或许可以和这种传统文化母题对比起来解读。[1]

---

[1] 参阅庄庸、杨丽君等主编:《爽感爆款系统:中国网络文学阅读潮流研究(第3季)》,华语网络文学智库丛书,中国青年出版社,2020年版。

第二种就是佛祖这种佛宗大能，无论是其开创的基业，还是其所达到的境界，都远超于其他俗世世外的飞蚁。但他仍然"恐惧"——对于昊天以及即将到来的永夜，有着大恐惧。因为恐惧，所以他要躲避。而他的躲避就是"涅槃"。佛祖的涅槃是一种"死了也是活着、活着也是死了"的状态。因为这种状态，佛祖躲过了昊天无所不能的"搜索的天眼"。就连昊天都不知道他是死了还是活着、如果活着又在哪里。在这里，天算居然不如人算。昊天已算不到佛祖的死活、隐匿藏身之所，更算不到佛祖居然留下诸般手段，就是为了对付她，而且居然"成功了"——如果没有宁缺的"痴、狠、辣"，昊天能否脱出佛祖的算计，还真难说得很。所以，佛祖才是世间对付昊天的"第一个飞蚁"。

第三种另类就是酒徒和屠夫这样虽然躲过永夜，但对下一轮永夜抱有极大恐惧的人，虽强大可撼天动天，却怯懦如蚁窟弱者。而且，他们是真正没有原则的人。为了所谓的"神国永生"，他们可以帮昊天对付人类；又因为昊天滞留人间，若无法重返天国，再难以实现允诺给他们的"永生"，所以他们又为知守观观主所说服，反戈一击，帮助观主和佛祖对付人间的昊天。

正是在对付"人间的昊天"这一点上，这三种不同的特殊另类神蚁殊途同归，走到了一起，精心构造起一个"天罗巨网"，将千年来一直在酝酿编织的惊天大阴谋，付诸实践。而这个天罗巨网，想"网"住的，恰恰就是"天"本身——当然，还有一头撞进来的那个叫宁缺的"绝世小飞蚁"，以及被他拖拽出来的那个叫"书院"的曾经庞然大物，以及那个叫"大唐"的曾经骄傲强国。

第三节 战天者：
从"小师叔之前"到"小师弟之后"

如此苟活，对于有些人来说有意义，对于有些人来说却是屈辱。

就像《将夜》之中，反复引用臧克家的诗：有的人活着，他已经死了；有的人死了，他还活着。

因此，总有人难以忍受苟活的屈辱，拔剑而起，对天而战。

那些难以忍受苟活的屈辱、拔剑而战的飞蚁，才是真正的强者。因为，他们战胜了自己对昊天的恐惧、对活着的贪恋；或许相反，因为这世界上还有比对昊天的恐惧更大的恐惧，如对不能选择"不去死"、不能选择"应该如何活"的所谓不自由的恐惧，以及比活着更为深沉、博大和向往的眷恋，如期盼"更为美好的生活"……所以，他们宁可"战"，而不是"忍"；宁可"死"，而非"活"。所以，在飞蚁之中，才会出现"好战"的"战蚁"。

这样的人不是一个，而是一批、一大批。但他们都籍籍无名，因为历史是由胜利者书写的。

在昊天之战中，胜利者是昊天。历史是由昊天或昊天的追随者书写的。因此，在宰制人间的昊天道神教史上，没有这些挑战昊天的"战蚁"们的历史。他们都被抹去了存在，仿佛在历史上从来就没有出现过一样。

宁缺看着脚下的万丈绝壁，看着星光下分外美丽的山瀑，想象着如果没有星光的夜晚，而且是无数个夜晚，不由觉得有些寒冷。

他望向夫子，说道："如果冥界入侵，永夜与白昼的交替在历史上发生了很多次，人类却没有灭绝，只能说明就像老师您先前说的那样，有些最强壮最坚毅的人熬过了漫长的黑夜。我只是有些想不明白，能够熬过那等长夜的人，等若经历了一次天择，剩下的必然都是最强大的修行者才是。可为什么无论是西陵教典还是佛宗故事里都没有这些人的存在？"

夫子说道："你应该看过万雁塔寺的那些石尊者像。佛宗尊者，等同于道门教典里记载的圣人。在传说中，这些人类拥有近乎无限的寿元、无比坚毅的意志，所以他们都曾经成功地熬过永夜，等到了昊天重新胜利的那天。"

宁缺今夜才知道这些早已经被现世遗忘的强大存在，感到极为震撼，说道："这些修行者想必便是最强大的人类，只是为什么没有活下来？"

夫子说道："近乎无限终究不是无限。他们能战胜黑夜，也不可能战胜永恒的时间。另外在我看来，这些修行者远远谈不上最强大。"

宁缺觉得老师的说法有些问题。在那样残酷而现实的永夜之中，物竞天择，能够生存下来的当然就应该是最强大的。

就在这时，夫子看着他忽然问道："你觉得修行是昊天赐予人类的礼物吗？"

这个问题很突然，与师徒二人的谈话看似没有任何关系，所以宁缺一时间有些没有反应过来。待想明白问题之后，顿时联想到自己在魔宗山门继承小师叔衣钵入魔之事，摇头说道："至少不是所有的修行者。"

夫子看着宁缺的眼睛，缓声说道："真正的修行者，修的是自己的心，最终会修向绝对的自我，那便是绝对的骄傲。他们可以像佛宗的尊者、道门的圣人那般隐藏在火山周围，依靠着极少量的苔藓，甚至只需要清水便能活下来。然而骄傲的他们如何能够接受自己变成在夜幕下瑟瑟发抖的老鼠？越强大的修行者越不会甘心，所以当永夜来临的时候，他们没有选择藏匿，而是选择了抵抗。他们抽出自己的剑刺向冥王，然后……死去。"

宁缺知道老师说的话才是对的，像小师叔那等人，怎么可能跪倒在冥王座前或是藏进老鼠洞中？如果日后黑夜真的来临，二师兄肯定会第一个跳出来找冥王大战一场；然后，如夫子所说，死去。

想着那个画面，想着自己梦里的黑夜，想着自己可能便是冥王之子，他觉得绝壁间的夜风变得越来越寒冷，忽然生出跳下去的冲动。只是身旁还有夫子，还有一壶老酒、几两牛肉，生活依然那般光明美好，桑桑还在病榻之上，如何舍得？

——猫腻《将夜》：第三卷 多事之秋 第七章 我们都看见了路尽头的夜色（下）

只有一个"特例"——那就是小师叔轲浩然。

事实上，轲浩然在这些敢于抗天的战蚁之中也是一个"特例"。他或许从来就没有过他们的恐惧、犹豫、纠结和艰难抉择，也或许有过这样的"前史"，但也被抹得干干净净——因为《将夜》之中对于他抉择之前的"心路历程"根本就是一片空白。在那张书写他人生历史的白纸上，起笔之处，全是他的骄傲、自信和强大，对道观、佛宗和魔宗的不屑，以及对昊天的质疑、索问和挑战……言语深处，字里行间，我们看到的是一个从来就没有做过选择题、不为自己留下退路、勇往直前走自己的道的人——诚如二师兄反复提到"小师叔说"（类似于"勇敢是勇敢者的通行证"），以及在青峡之战中践行"虽万千人吾往矣"的撼天动地慨而慷。

小师叔一生最辉煌的时刻，就是以一己之力，毁掉了传说中的四大不可知之地之一的魔宗山门；然后，需要理由或不需要理由，一个人倒骑黑驴，登上西陵桃山，入知守观，斩去昊天道半数强者——许多已经是"过五境、窥天道"的超强者（另一半被夫子所斩；也或许全为夫子所斩），绽尽芳华，让世间无数惊艳绝伦的天才都黯然失色。

每听一句，宁缺的心便颤动一下，细想自己此生竟未见过如此强悍的修行者，便是颜瑟大师和二师兄似乎也远远不如，似这样的人物不是修行天才谁还能是？

他诚实地说道："真正的万法皆通，你确实是个很了不起的人。"

老僧自嘲一笑，说道："那你可知道轲浩然会多少功法？"

宁缺沉默。

老僧缓缓摇头，说道："他只会一种。"

宁缺惊讶地说道："一种？"

老僧平静地说道："轲浩然只会使剑。从最开始像孩子打架般的木片剑，到最后一剑破云洞天的剑，都是他的浩然剑。"

宁缺望向房间四周墙壁上的斑驳剑痕，不解地想道：若小师叔只会浩然剑，那么又怎么能布置下如此强大的樊笼阵，把莲生这种人物困死数十年？

老僧仿佛察觉到他和莫山山心中的疑惑，微笑着说道："你说我是真正的万法皆通，那我告诉你，轲浩然他就是真正的一法通万法通。他此生只会使剑，却能将剑意化成世间所有道法。这房间里的樊笼便是如此。"

一剑幻化成世间万千道法！

宁缺震惊无语，心想：这等境界自己要修多少年才能触碰到？

老僧微笑着说道："遇着这样的人，其实真的很无奈。"

"轲浩然生得不如我好看，骑的那头蠢驴哪及我的坐骑神骏？他的脚好出汗，所以脱了鞋便臭，却偏生喜欢坐着便去抠脚。他脾气也不好，就为了一碗红烧肉，甚至和夫子对骂了整整三天三夜。就这样一个人，却偏偏世人只看他。与他并肩同游时，世人眼中只有他。无论我做出多少惊天之事，世人眼中还是只有他。"

老僧笑容微涩，抬起左手在胸前结了一个单莲花印，像宠溺孩子般轻轻抚摩叶红鱼的头顶，继续说道："我想做出惊天动地的事情，确实有嫉妒他的原因。然则根本还是因为我想寻找到一条通往彼岸的道路。而无论是任何事，他都一直拦在我的身前，所以我必须想到一个方法让他去死。"

——猫腻《将夜》：第二卷 凛冬之湖 第八十二章 入魔（七）

攀至巅峰，世间已无对手，唯一可堪一战的，就是昊天。所以，最后小师叔轲浩然剑指的，便是那凛然不可侵犯的天道。因此，当他斩去半数世间强者，剑指昊天的那一瞬间，"被天诛而死"。犹如樱花，在那一刹那，风华绽放到极致，却瞬间被天道摧毁，只留下那一秒的"惊艳"给世间。那一秒即一生。

小师叔并没有像其他被动或主动的"战天者"，湮灭于历史的尘埃之中。虽然有一双无形的手，推动各方的力量，刻意地遮蔽他的历史，抹杀他的存在，但他仍然活在书院后山里，活在二师兄骄傲、自信和强大的崇拜里，活在夫子和简姨的追忆里，活在宁缺从浩然剑到浩然气的承传里，甚至活在那些强大的修行者的恐惧和敬畏里……

从某种意义上说，从小师叔到夫子再到宁缺，"战天"的精气神一脉相传，只不过是选择的手段不同，最终取得的结果也不同。

小师叔是拔剑捅天，结果被天诛而死。

夫子在被昊天设局算计之后，终于想明白了自己不能再做"墙头的草"，因此，登云战天；同时，又通过人间之力，将昊天留在了人间。

而宁缺最后继承了这一思路，为把昊天留在人间而不懈努力——这种努力把神圣而庄严的"天人之战"，变成了世俗得不能再世俗的"东西风之战"：在中国式家庭里，不是东风压倒西风，就是西风压倒东风。

在这个"飞蚁战天"的脉络之外，世间第一剑道强者柳白受书院之邀，终于迈出那一步，要在昊天"天尺之内"的神圣规则领域里，与天进行惊心动魄的一战，竟只像是一支插曲——尽管大河滔滔、气势磅礴、雄厚宽广，犹如命运交响乐一样，本也可以成为一首前无古人、后无来者的瑰丽史诗，但在前有轲浩然捅天、中有夫子斩神、后有宁缺留天的书院"战天史"之中，最后仍然只是成了一支插曲。

第四节 择天记：举世都逼宁缺做选择

正是在这个逻辑链中，我们不难明白，为什么在宁缺正式触碰到修行之道后，所做的这几个关键的、带有预兆性的梦里，对他"你会做什么选择"的拷问，会如此重要。

因为，他的选择，其实就是一个从梦境到未来自我实现的"新的起点"：要么，世界因此会"灭亡"；要么，世界因此而"新生"。

后者是一个虚无缥缈的希望，世间恐惧的恰恰是前者。整个世界都因他而毁掉了，那那些所谓的信仰之争、生存之战，还有什么意义？

比如，当桑桑被揭穿"冥王的女儿"的身份真相，宁缺仍然坚持护着自己的妻子时，南晋剑阁强者第一时间就选择对宁缺出手的原因，也正是如此。当世界都会因为宁缺这个"愚蠢的举动"而沦入万劫不复的深渊时，就算宁缺背后站着一个再强大的书院，那又有什么意义？

因此，人人都希望宁缺选择，但人人又都怕宁缺选择——一旦宁缺做出让俗世和世外都出乎意料的选择，那带来的打击将会是毁灭性的。就连最后成为宁缺最为信任也最为强大的后盾的书院，其实也对此一直深存疑虑。

就连夫子都不能免俗。不然，他何以会在书院入试的登山题目中，设置出如此如梦似幻、非真但绝不假的场景，考验宁缺会如何选择？又何以会一次又一次"侵入"宁缺的修行梦境，逼问他如何抉择？天将夜了，你非选择不可，你会选择什么？

"天要黑了。"

"我说过，天要黑了，但从来没有人相信我。"

有一个人用轻蔑的口吻在宁缺耳边说道。宁缺霍然转身，没有看见是谁说话，却看见很多人正抬头望着天空。那些人中，有满脸惘然的小贩，有满脸不甘心的官员，有怯生生的小姐，有疯癫般狂笑的僧侣……不管衣着神情有怎样的差别，这些人有一个共同的特点，那就是他们都高高仰着头，像等着被喂食的肥鹅。

荒原上无数人惊恐地抬头看着天空。宁缺下意识里随着他们的目光望去，发现这时候还是白昼，因为天空之上挂着烈阳；但不知道为什么，荒原上的温度很低，太阳的光线很黯淡，天地昏暗有如夜晚将要来临。

一片黑色从天地线的那头蔓延过来，没有什么特殊处，只是绝对的黑。就像梦开始时他看见的那些白花一般，没有任何杂色，就是人类梦境最深处的黑。

看天的人们很恐惧，宁缺很恐惧，而他们都不知道为什么要恐惧。

宁缺左顾右盼，寻找着先前对自己说话的人，想要问问那个人究竟发生了什么事情，为什么天会变黑。然而无论他怎样找也没能找到那个人，只隐约看到一个极高大的背影穿过人群，向荒原外面走去。

他冲着那个高大背影高声喊道：“喂！是你吗？这是怎么回事！”

那个高大男子没有转身，离开人群的背影极其萧索，直至消逝不见。而宁缺的喊声却惊动了荒原上抬头看天的人们。有人埋怨道：“天都要黑了，你不好好看着，非要打扰我们最后时刻的安宁，真是令人厌恶的小东西。”

埋怨的人是少数。荒原上绝大多数人收回看天的目光，吃惊地看着宁缺。他们眼眸里的神情发生着奇异的变化：有的越来越惊愕；有的越来越炽热；有的甚至缓缓流出眼泪……一个酒鬼和一名屠夫站在宁缺身旁静静地看着他，似乎在等他说些什么。所有这些目光汇聚在宁缺身上，仿佛他就代表着某种希望。

被全世界目光注视的感觉很奇怪；被当成希望的感觉很怪异。宁缺觉得自己瞬间变得伟大崇高甚至神圣起来。但他只是个极普通平凡的人，而且他根本不知道这将夜的世界究竟是怎么回事。于是他很恐惧不安，心悸到胸口有种撕裂般的痛。

——猫腻《将夜》：第一卷 清晨的帝国 第二十五章 第一个梦

所以,在宁缺的梦境里,他的选择成为整个"永夜时代"梦境构建层次的基础和根底。因为,宁缺的选择,成为这种末法时代的场景和故事将如何发生的关键——一如夫子所说,这是你的故事,你是绝对的男主角。你如何书写,这个故事就会如何呈现。这个世界将不得不静听你的故事。

在这种梦境预演之中,宁缺的选择,其实也是有层次性的。

第一个层次,宁缺试图不做出选择。就像夫子自诩自己就是"墙头的草",在冥王和昊天之战中,想看风往哪个方向吹,再决定怎么做。原来他以为只有自己是"墙头的草",没想到现在又出现了宁缺这个接班人。出于功利、世俗、精致的利己主义,宁缺第一反应,就是绝对会奉行这种"不选择的选择"。

但是,当梦境和现实都逼迫他必须做出选择时,宁缺的选择,并不是像世人所期望的那样,在光明和黑夜之间选择绝对的光明,在是与非之间必定选是,在正义与非正义之间必定选正义。相反,他选择了绝对的黑夜:既然我已经"黑"了,为什么不能"黑"到底?所以,宁缺才会在书院登山试中,击败了隆庆皇子——他因为对光明的绝对信仰,而无法接受最后的绝对黑暗。隆庆败而不服,认而难信——为什么一个有信仰的人,会败给一个没有信仰的人?

因此,书院二师兄和隆庆皇子在登山试后的对话,才显得那么意味深长:信仰光明的隆庆皇子,败给不信仰光明的宁缺;因为光明即黑暗,黑暗即光明。隆庆皇子因为有恐惧而有信仰,宁缺因为有大恐惧而无信仰。或者不如说,宁缺骨子里有一种更为根本、更为深沉、更为核心的信仰,所以才会无视与超越光明和黑暗的信仰。即使连宁缺自己,也未必知道那种深入骨髓的信仰是什么——直到举世追杀桑桑、举世伐唐、举世都要灭掉人间的桑桑时,他才恍然大悟。

所以,宁缺最终的选择,超越了光明和黑暗的对立,超越了对黑暗本身的选择,直抵那些人心之中最为柔软但又最为坚韧的东西。

正是因为这种"选择",我们发现,整部《将夜》,其实以此划分成了三段重要的里程碑式的"历史":

第一段历史,以这N次"夜将至"的重要梦境为界,在一种"一语成谶"的预兆式梦中,不停地逼问宁缺将做出什么选择。

第二段历史,是以"宁缺和夫子"N次师生对话为轴心,伴随着大师兄、夫子对宁缺的考察、观望和诊断，来猜测他的心性、人性，以及未来可能的发展前景。

第三段历史，就是当梦境和夫子追寻的现实真正"如其所是"地发生，宁缺真的做出选择时，许多人，就连夫子也被迫跟着做出选择。

于是，一连串真正影响和改变人生发展、历史进程和世界格局的大事件就发生了……

从某种意义上来说，《将夜》之中世界历史的演义，完全是由于宁缺的选择，而进入了一种完全不可知的发展方向和道路。

第五节 扭转乾坤：
门房的儿子是大人物

恰恰是在这里，一个惊天大逆转发生了。

天选的主角，其实是个配角；钦定的英雄，原来只是个草根；择天的大人物，原来真的只是个小人物——因为，复仇的，其实不是王子，而只是个门房的儿子。

然而，门房的儿子成为择天的大人物，是否具有合法性、合理性、合情性？因为，它在动摇昊天之下、俗世蚁国的统治根基。

昊天之下，一切都按照既有的轨道运转：太阳照样升起；天地元气照样流动；修行者照样凌驾于俗世世界之上；俗世蚁国照样分成三六九等——人们照样按照"上等人有上等人的人生，中等人有中等人的生活，下等人有下等人的生存"的分类分阶层分等级的"金字塔"理论活着；而且，彼此有着严格的界限、契约和约定俗成的规则——比如，将军府的儿子"王子复仇记"是合理的；但是，"门房的儿子"替自己死去的奴仆爹娘讨个说法，就超出了世人的想象。[①]

这里潜藏着《将夜》之中一个最大的"坑"——或者说叫"伏笔"，以及"剧情的大逆转"。草蛇灰线，伏脉千里。开头"史上最不同寻常的一天"，昊天子女降世，风起雨落夜将至，夫子"看着"都城长安将军府"死"、通议大夫府"生"的俗世悲欢，尤其是"看见"将军府儿子、管家和门房儿子的生死抉择……

从此开始，我们都被导入了一个千百年流传的文化母题、故事原型和类型模式的"惯性思维"之中——这是一个"王子复仇记"的故事：

---

① 参阅庄庸、杨丽君等主编：《爽点宇宙：中国网络文学阅读潮流研究（第2季）》，华语网络文学智库丛书，中国青年出版社，2020年版。该书专题分析了《将夜》之中的"身份（自我）的悬念"。

门房的儿子替将军的儿子去死；

将军的儿子逃出生天，忍辱负重，从头修炼，一步步打怪升级，闯关变强，终于获得大机遇、大神通、大能耐；

然后，王者归来，"明君贤臣"犹如"金风玉露"一相逢，便胜却人间无数……

这样的故事才是大家习以为常的"套路"；这样皆大欢喜的结局才符合人世间等级森严的社会阶层法则。

最终的结果，似乎果然如我们所预料的"皆大欢喜"：明君颁旨，平反冤案；凶手罢官免职；主角扬眉吐气……虽然，还是有"妥协"，有"遗憾"，但总算是给了方方面面一个可以接受的"交代"。

除了复仇主角一个人之外——他就是宁缺！

因为他不是"将军的儿子"，他是"门房的儿子"；他听到为"将军夫妇"平反的圣旨，却没有听到为"门房父母"雪冤的言语……而这一切，大家居然都习以为常，认为是理所当然的。这让从"第三世界"（地球）穿越而来、习惯了"以我为中心，再弱再小也有生存和发展权"的复仇主角很不习惯，觉得这个"理"不正、"言"不"顺"。

所以，宁缺问：凭什么？

他摊开双手，微笑着说道："书上不都是这样写的吗？"

然后他脸上的笑容渐渐敛去，看着夏侯，看着曾静，看着李青山，看着他能看到的所有人，面无表情地问道："但凭什么？"

"凭什么书上怎样写，我就要怎样做？"

"凭什么将军的儿子要活着，门房的儿子就要去死？"

"凭什么我要去死？"

——猫腻《将夜》：第二卷 凛冬之湖 第二百七十七章 这不是书上写的故事

没人能够回答这个问题。

是的，凭什么呀？凭什么呀？……凭什么呀？

"我只是一个门房的儿子。"

"但我要活着。"

"我要活下去。"

这不是书上类型化的故事,这是现实生活中的生存问题。在活着和活下去这个切身相关的细小却重大的问题面前,一切所谓的"理所当然"都失去了其所有的合法性。所以,宁缺说他耗尽前三分之一的人生,都要图谋找夏侯复仇,不是要替将军府里的冤魂、燕境村庄里的焦尸等所有无辜死去的人,当然还要加上一个他最好的朋友,向他讨个公道,而仅仅是因为"你杀了我全家,我自然就要杀你"。就是这样简单!这是天经地义的事情,不需要别的任何理由!(第二卷第二百七十八章)

正因为这是"天经地义"的事情,所以,宁缺抛却书院弟子的身份,被逼交出长安城阵法守护者的权力,以获得一个跟夏侯生死决斗的"公平"机会,才成为真正"理所应当"的事情。

这是对整个人世间的观念(如修行者不能越境战胜敌人)、等级秩序(门房儿子和将军儿子的差距,可以让人牺牲门房儿子的利益)、阶层原则(识大体顾大局:怎可容忍国之柱梁被侮辱、被损害,甚至被毁弃),以及规则的激烈冲撞。

但悖论是,宁缺的"小人物"之战,恰恰是因为"大人物"的等级制度,才得以实现。门房的儿子复仇记的核心出发点,就是:小人物也有生存权。但是,如果他不是靠书院这座大山,不知不觉已经成为此前他必须仰视的大人物,谁会接受他的这种"超级挑战"?

事实上,他要求的"公平"一战的机会,也是因为书院的"全员出动",才真正得到保证。如果没有大师兄看住知守观传人叶苏,二师兄堵住许世大将军以及全体御林军,三师姐这个神秘莫测的魔宗宗主"二十三年蝉"截住悬空寺传人七念和清河七大姓的供奉……宁缺怎么可能获得这公平一战的机会?小人物怎么能挑战大人物?蝼蚁怎么能藐视苍天?小飞蚁怎么能杀死"人上人、强上强"的大飞蚁?

因为,唐律第一,给了宁缺可以和夏侯大将军生死决斗的"公平"机会;书院的规矩,保证了这种越境越级之战的公平执行……这就像以蠡测海,以木量森，以粒看沙，让人可以窥探"俗世和世外两重天""等级法度自森严"的人世间。

大唐尽管也是一个低等人如蝼蚁、高等人敢破唐律规矩的"折叠社会"，但仍然可以成为人人为之骄傲、自豪和荣耀的国度，甚至人人愿意、敢于和勇于献出自己的生命：举世伐唐时，普通退伍兵卒杨二喜们拿起锄头草叉，组织义勇军，跟草原精兵强将死磕到底；在知守观观主举手投足毁长安的生死关头，从热血长安乡下少年到朝老太爷、司徒老祖宗等白发老翁老妪，从偷狗肉的地痞流氓到道观邋遢道人，人人如蚁，但人人均敢抛头颅，洒狗血，掷狗粪……

为什么？因为唐律和书院的规矩，规定了在这个神奇的国度里，蝼蚁也有自己的"尊严"，凡人也是自己的主人！这才是空间可以折叠、等级应该有序、不同层次的人可以相安的基本法度。

这还是在有举世之楷模的夫子、世之荣耀的大唐。

那在大唐之外呢？等级森严、以昊天的恩宠划分统治阶层的西陵神教社会，以及不事生产、需要数以亿计农奴供养的悬空寺佛宗世界……更是以俗世蚁国的蚁族蚁民，作为整个统治的基础，无穷无尽地榨取民脂民力，以供养自己那像吸血鬼一样庞大而贪婪的"身躯和灵魂"。

第六节 鄙视链：
原来这是一个蝼蚁的折叠世界

于是，我们忽然发现，原来在大唐之外，在"将夜"之中，这个人世间还隐藏着一个蝼蚁生存的折叠世界。

蚁族的生存空间，就像是一个折叠的世界。不同的人，活在不同的层面。

在这种折叠的生存空间中，像蚁族一样生存的，除了这种特殊类型和形态的唐人之外，还有另外三种不同形态的蚁族：

一是知守观、西陵神殿昊天道所统治的数以亿万计的信徒和俗世普通民众。

二是悬空寺所统治的像垒积的白骨一样作为血汗佛国基础的农奴。

三就是草原金帐王庭和荒人部族这样像"两窝蚂蚁争夺树根家园"一样的部族。

他们才是这整个人世间存续和发展的根基，却被整个人世间无视、忽视甚至刻意地漠视了。为什么？因为他们在金字塔底之下的"天坑"里。

于是，在系统地梳理《将夜》之中出现的"蚂蚁""蝼蚁""飞蚁""蚁国"这样的概念，以及衍生出来的"蚁民""蚁人""蚁族"这些定义之后，一条完整的"蝼蚁鄙视链"就出现了。[1]

在这条完整的"蝼蚁鄙视链"上，可以分成几个层次的"鄙视关系"。

一是昊天和整个人类的"鄙视关系"。在昊天的视野中，整个人类都像蚂蚁一样渺小，所以它们的悲欢离合、生离死别，在昊天眼里，都是如尘埃一样的小事。昊天对整个人类的悲苦、灾难都无动于衷。这个无所不知、无所不能的伟大

---

[1] 参阅庄庸、杨丽君等主编：《爽文时代：中国网络文学阅读潮流研究（第1季）》，华语网络文学智库丛书，中国青年出版社，2021年版。该书解读、诠释和建构了网络文学中的"蝼蚁鄙视链"，比如烽火戏诸侯《剑来》。

存在，不会在意人类这种蝼蚁一样的生命。

最后她做出了决定，看着酒徒和屠夫，没有任何情绪波动，说道："如果第一个问题指的是关系之间的代称，你们可以叫我桑桑。"

她叫桑桑。她就是桑桑。只不过她在做出用这个名字的决定之后，忽然生出了极大的厌憎，就像厌憎先前说出与酒肉相关的两句话。

听到这个名字，酒徒和屠夫完成了最后的确认。不甘与惊恐渐渐平息，变成脸上数万年的皱纹堆出的苦涩笑容。

酒徒恭敬地说道："听闻您已回到神国，没想到还在人间。"

桑桑说道："有些事情需要做完。"

屠夫看了酒徒一眼。酒徒就像是没有察觉，不肯按照他的意思接话。

桑桑说道："你二人可愿替我行事？"

酒徒声音微涩，说道："替天行事自是莫大的荣耀。只是我二人在您眼下藏匿了数万年时间，早已疲惫不堪。"

她负手看着肉铺的摆设，说道："你们二人算是蝼蚁之中的异类，已经可以飞得很高，却还要住在这种破烂的蚁窟里，实在愚蠢。"

酒徒说道："昊天神国是您的居所，我们不敢去打扰。"

桑桑说道："我赐你们永生。"

酒徒和屠夫沉默不语。如果信仰能够得到永生，早在上次永夜之前，他们便已经投身道门的怀抱，成为最虔诚的昊天信徒。

桑桑看着他们，漠然地说道："真正的永生。"

酒徒和屠夫看到了她的眼睛，便再也无法离开。

那双眼睛透明而美丽，没有任何杂质，最深处有真正的星辉。而每粒星辉都是一个独立的神国，由令人心醉的世界本原构成，有一种被时间赋予的永恒美感。无论世界如何变化，都是那般肃穆。

最令他们震撼的是，他们在那个神国里看到了自我意识的存在。随着自我意识的波动，由规则构成的完美线条，变幻出无数的光影。

酒徒和屠夫双膝渐曲，跪倒在她的身前。

他们躲避了昊天数万年时间,最终还是被昊天找到。他们看到了昊天赐予他们的神国,并且确信那是真实的存在,那他们还要求什么?

——猫腻《将夜》:第五卷 神来之笔 第四章 我爱世人(上)

二是昊天和修行者的"鄙视关系"。即使再强大的修行者,在昊天眼里,也都只是飞蚁。生长出来的翅膀再强大,飞得再高再远,也都只是飞蚁。就连史上最"古老"最"强大"的两个修行者酒徒和屠夫,也都只能在昊天主导的对人类进行"剪枝裁叶"的永夜之中匍匐苟活;并且,由于恐惧下一个永夜时代,渴望永生,因此,他们低调得不能再低调、平凡得不能再平凡,在苍穹之下,在昊天的注视之下,东躲西藏,想尽一切办法延长自己的生命。哪怕这样的活着仅仅是为了活着,已经没了其他的意义。就像他们面对书院弟子的质疑时,所认为的那样——活着本身就代表一切,哪怕已经没有人类的形态和生命。

三就是修行者之间的"鄙视关系"。就连酒徒和屠夫这样的"传奇"修行者,在昊天眼中都是蝼蚁,何况那些远不如他们的世间各种各样的修行者,哪怕是那些强于世间大多数修行者的所谓"绝世强者"。

但就是这样的绝世强者,或许在酒徒、屠夫之类的超级修行者眼中,也都是蝼蚁一样的人物。所以,尽管知守观后山居住着一大堆曾经逾五境的绝世强者,但那又怎样?他们半数为小师叔轲浩然所斩,半数为夫子所斩。而且,有夫子这个连昊天都忌惮的"史上最大的飞蚁"在,这些被腰斩的知守观绝世强者,终其一生都不敢冒头,躲在这种被称为"蚁窟"的巢穴之中,苟延残喘。在夫子登天时,终于觉得觅到了机会,蠢蠢欲动,却被夫子登天一脚,全都被踩成齑粉。在夫子那霸气侧漏的脚下,何尝不是一只只一脚就能踩死的蝼蚁一样的存在?

连这样所谓的不世而出、凌驾世间的绝世强者,都是如此,何况那些在五境之中艰难攀爬的不同等阶的修行者?因此,修行者之间,也有一条不平衡、不对称、不对等的鄙视链。

在俗世蚁国之中,官高一级压死人;在修行世界里,境界高的人轻易就能碾压境界低的人。犹如颜瑟大师对宁缺所说的,知命境界的人看你一眼,你就死了。所以,宁缺才会感慨,自己对于这些知命境界的大修行者来说,真的就像蝼蚁一样。

四就是修行者和俗世世界的"宰制鄙视"。对于修行者来说，俗世之人，犹如蝼蚁一样。那些俗世世界之中不可一世的庞大势力，在修行界眼里，不过就是一堆肥肉或者赘肉。且不说西陵神殿对于俗世蚁国王权、皇权和政权的影响，就算是剑阁最强者柳白战天失败之后，其弟主持剑阁，照样一剑斩掉南晋老皇，另立新皇，从而揭开修行强者宰制人间的时代。

就连唐国这样尊崇书院并依赖书院的国度，仍然有相当一批人如许世大将军，高度警惕书院入世特别是宁缺这样"冷血、残酷和无情"的书院传人入世之后，将会给世人带来何种"毁灭性"的改变。

为什么许世大将军如此警惕那些强大的修行者，警惕书院，警惕宁缺，甚至不顾自己的身份，不顾唐律，不顾大唐军人的尊严和体面，也要对付宁缺，对付桑桑？

正如许世自己所说，如果书院后山之人开始干涉朝政，皇权旁落，国将不国，我大唐……还是如今这个大唐吗？

五就是俗世蚁国之中的权贵者与小人物的"碾压"关系。当年宣威将军灭门案中，即使宣威将军已然是大唐帝国的上层人物，但在更大的大人物、国之柱梁、四大王将之一夏侯，和皇帝最宠幸的弟弟当朝亲王的联手碾压之下，犹如一只大蚂蚁，被碾压得死死的。而夏侯和亲王这样的大人物，也扛不住西陵神殿的势力和压力。

但是，所有这一切，在传说中所谓的"王子复仇记"被揭秘之后，似乎都成了一种铺垫：复仇的原来不是"将军的儿子"，而是"门房的儿子"！

正如宁缺质问的那样，将军儿子的命是命，门房儿子的命就不是命吗？那些被宁缺复仇之手取走的官员将军的命是命，那些被夏侯屠村屠掉的村民的命，难道就不是命？

在这些"大人物"眼里，从门房的儿子，到边境的村民们，他们的命的确不是命，而是蝼蚁。

但是——凭什么?!

第七节 精神转向：
从"强者时代"到"蚁民时代"

事情就在这个拐点上发生了质变。

如果，只是破天、换天、变天……就一定能够缔造新世界、重建新秩序吗？

不能！

因为，在这个蚁族折叠的生存空间里，从横向来说，就像屏风一样，可以折叠成不同的"位面"。当不同的位面自我约束、相互制约或被他律强制时，或许彼此会相安无事。

但是，一旦规矩被打破，"位面"相互贯通，修行强者便能主导这人世间的秩序：从失序危机到秩序重建，那又是一种弱肉强食、强者为王的丛林法则秩序？！

这样的社会，绝不是"新秩序"，而是一种周期性循环的"旧秩序"。

为什么？因为有一个根本的"折叠层"没有被打破：这个世界上最大的，或者说最关键的折叠层，就是"俗世"和"世外"；能否"修行"，就成了一道分水岭。

能够感悟天地元气的人，就成为"昊天的宠儿"；不能感悟到天地元气的人，就成为"上天的弃儿"。正是这一丝一缕薄薄的元气，将人世间隔成了悲欢离合绝不相通的两个世界。

能够让两个世界相通的就是圣人；夫子就是那个能够让两个世界的悲欢离合相通的人。所以，尽管夫子绝不承认自己就是圣人，但是，在所有大修行者的眼里，他就是两个世界里"最高的人"。

除了夫子之外，让两个世界相通的人，还有一个"特殊的人"——那就是宁缺。他原来就是一个不能感悟到天地元气、无法修行的"废柴"。因此，在和吕清臣数次长谈之后，不得不苦涩地自承，相对于那些大修行者来说，他不过是一只微不足道的蝼蚁而已。

"知道那些人世间的最强者,对于现在的我来说没有任何意义。他们是高飞在天的雄鹰,我只是在地上艰难爬行的蚂蚁。他们眼中不会有我,所以我的眼中也不必有他们。"(第一卷第二十一章)

对于所有修行者来说,凡是不能修行的人,都像是蝼蚁。不管他们是宁缺所说的"雄鹰",还是作品中更为常用的"飞蚁"……修行者和凡人之间的差距,并不是一个字或者两个词的距离,而真的是天壤之别。

直到宁缺由于机缘巧合,在朱雀神鸟、大黑伞和知守观神药三者阴错阳差的合力之下,重构雪山气海,真正从俗世世界迈入修行世界时,他才真正意识到两者之间的差距。甚至,并不仅仅是凡世和修行世界的差距以天地计,就连修行者五境之内和五境之外的差距,也以天地计。

因此,平凡的人,相对于修行者来说,是不值一提的蝼蚁;而修行弱者对于修行强者来说,也只是蝼蚁;那些有大神通的大修行者,对于昊天来说,也不过是长出了翅膀的飞蚁而已……按照这样的"鄙视链"传导下去,对于昊天或者自比神通近于昊天的大修行者来说,俗世蚁国的生民,那就更是"蚁族蚁人蚁民"了。

因此,当知守观观主陈某想夺取昊天神格,取昊天而代之,成为"新的昊天"时,他最不能理解的就是宁缺的选择——为蚁民立命?!就像他质疑宁缺时所说的,凡人都是蝼蚁;为蝼蚁一样的凡人拼命,值得吗?

这就是"等级"!

在同一片天地之下,却因为修行或不能修行,将人的生存空间折叠出了差异最大的两个世界。而且,一个世界绝对凌驾于另一个世界之上,对其有着绝对的宰制权力。

从整部作品看,《将夜》对这种生存空间的"折叠",从时间轴上,有一个像屏风一样的转折。

在第一屏时代,夫子尚在人间时,由于他所定下的"唐律第一"和"修行者不得干预俗世事务的约定俗成的规矩",很好地维持了俗世蚁国和世外世界的平衡。

虽然有一些"潜规则"或者"暗流涌动",但总体来说,强大的修行世界,并没有"恃强凌弱",干预、影响甚至完全主导整个俗世的秩序和走向。

但是,在夫子登天、柳白战天而死之后,整个人世间就进入了第二屏时代——修行强者主导人世间的时代。柳白的弟弟柳亦青可以说是这个时代的揭幕者,因为他一剑干掉了南晋的皇帝,从而开启了修行强者宰制王权和世道的序幕。

虽然,同样的事,在大唐立国之初,夫子就曾经做过。

但是,两个时代最大的区别就在于,当夫子颠覆皇权之后,立马"立法",制定了约束自身和人世间的唐律与规矩;并且,他有能力和威慑力,让全体修行者遵守他的"法度"。修行者不得干预或宰制俗世蚁国的生存和发展。

而柳亦青有能力破规矩,却无能力立法,更没有能力自律和他律。在整个强者时代揭幕之战中,他甚至只是一块敲门砖、一块垫脚石、一块用过就扔的抹布而已——在昊天甘降雨霖、普惠人世间、让修行天才个个都像不要钱的大白菜一样疯狂生长之后,他就算千锤百炼、步步生莲、破关升境,也还是一下子就成为那种坐火箭蹿升的"昊天的礼物"分分钟就能灭掉的炮灰。

像柳白、君陌、叶苏这样强大的修行者一直存在。千年前的世界,本就是修行强者的世界。无论是王族还是普通人,都只是在缝隙里苟延残喘的可怜人。

只不过千年有圣人出,随着夫子建唐,西陵神殿做出相应的改变,这种局面便发生了根本性的变化。

有书院和西陵神殿这两座大山,再强大的修行者,都必须服从世俗的规矩,除非他们能够越过五境。然而越过五境,他们会发现自己的头顶,原来始终笼罩着一片青天,让己不得出。

如今夫子登天,苍天也似乎无心再理人间,西陵神殿在战争中损耗极大。两座大山和一片青天的震慑力,都在减弱。

在这种情况下,强大的修行者自然可以呼吸更多新鲜的空气。更何况像剑圣柳白这种只要愿意随时就可以跨过五境门槛的人。于是南晋皇帝悄然死去,便成了一件很自然的事情。因为他根本没有看明白世界的变化。

越强的人拥有越多的自由。一旦他们有能力把这种自由凌驾在人间之上，人间必然陷入混乱，如同大唐出现之前的那些蛮荒岁月。

现在就看像柳白这样的神殿客卿，对昊天道门是否还保有足够的尊敬；同时看书院里的人们，能否像夫子那样替人间百姓撑开一把伞。

如果只从眼下看来，西陵神殿在这场战争中受到的削弱最多。但昊天道门统驭世间无数年，底蕴之深厚难以想象。谁都不知道在哪座山的简陋道观里，是不是还藏着知命境的隐者。

除了七枚大师重伤，佛宗的实力基本上没有受到太大影响。无论是佛宗行走七念还是悬空寺的僧兵，都没有加入这场战争。只是因为佛宗本身的理念所限，他们应该不会做出太主动的事情。

除了道佛两宗，世间诸势力最强的还要数金帐王庭。除却那些狼群一般的骑兵，王庭的国师和那十余位大祭司，便足以震慑绝大多数修行者。

南晋剑阁已经开始崭露锋芒。相信各地的门阀世家里低调多年的供奉，也敢在这风雨飘摇之时出来见天日了。被三大不可知之地控制无数年的世俗世界，必将变得纷乱起来。谁也看不清楚最终会走到哪一步。

如果想要看清楚人间的将来，所有修行门派都必须盯着长安城南的书院。无论书院现在如何沉默，但那里毕竟是书院。

"今后是修行强者的世界。除非夫子回到人间，或者西陵神殿在最短的时间内恢复实力，不然至少会乱上一段时间。"

宁缺隔着青帘，看着车厢里说道："你现在应该清醒地认识到这一点，那些大臣也应该认识到这一点，然后学会接受现实。"

——猫腻《将夜》：第四卷 垂幕之年 第一百九十四章 世内事外

第三屏则是由知守观观主和宁缺的"终极之战"，所开启的人人都可"飞升"时代。知守观观主是以昊天神圣领域的规则，来替如蝼蚁一样的人类做出选择；而宁缺却反其道而行之，挟俗世蚁国的蚁民之欲望和意志，来改天换天。

这个改变，真的是革命性、颠覆性的。从来都是昊天视人类为蚁民、修行者视凡人为蝼蚁，所以他们都习惯了自己做"主宰"。

但是，宁缺却把选择权交给了每一个普通的凡人——他们有权选择自己是否活着，选择自己如何活着，选择如何让自己活得更加美好和自由。

因为，不是大修行者可以灭掉蚁民，而是蚁民可以毁掉欲取昊天而代之的大修行者；不是昊天主宰人类，而是人类创造昊天。

这就是从"小写的人"到"大写的人"进化、进击和进取的终极之战。

这种终极之战，甚至开启了人人如"龙"、人人都可以"飞升"的时代。

凡是修行者，都有可能飞向更远、更高、更为自由的天外。

就连凡人，也可以跨越修行和俗世的壁垒，奔向"我们的征途是星辰大海"的飞蚁、飞升、飞仙之旅。①

---

① 读完本专著之后，可以参阅《猫腻与〈将夜〉》（庄庸著，作家出版社，2019年版）。该书专题分析了"苟活时代"和"人人如龙（从大写的人到人人飞升）"的内容，可以视为本专著的组成部分。